Impressum

Trekking-Reiseführer von Tom Kunkler

Kilimanjaro
Tanzania • Sansibar • Safari
Trekking und Abenteuer am höchsten Berg Afrikas

2. Auflage, September 2007

ISBN 3-00-018738-3 / EAN 978-3-00-018738-4

Erschienen im Eigenverlag / Anregungen und Kritik willkommen

TOKU Consulting e.K.
Tom Kunkler
Nikolaus-Otto-Straße 4
55543 Bad Kreuznach
Telefon 0671-9213607
Telefax 0671-9213608
Email info@kilimanjaro-tanzania.com
Web www.kilimanjaro-tanzania.com

Gestaltung & Inhalt

Umschlag	Online Design GmbH, Bad Kreuznach
Inhalt & Layout	Tom Kunkler
Karten	Harms IC-Verlag, www.harms-ic-verlag.de
Karten & Tabellen	Michelle Kunkler (Kilimanjaro-Karten)
Fotos	Tom Kunkler (ausgenommen der im Quellennachweis aufgeführten)
Lektorat	Barbara Hallermann / Mandy Kürbis

Druck
Raabdruck Lindemann, Bad Kreuznach

Hinweise

Alle Informationen in diesem Buch sind vom Autor sorgfältig recherchiert. Dennoch kann es zu inhaltlichen Fehlern und Irrtümern kommen. Daher übernehmen Autor und Verlag keinerlei Verantwortung und Haftung für inhaltliche und sachliche Fehler im Sinne der Produkthaftung. Die Nennung von Firmen und ihren Produkten sind nur Beispiele und keine Qualitätsangaben gegenüber nicht genannten Firmen. Alle Preis- und Qualitätsangaben sowie medizinische Hinweise sind rein subjektive Einschätzungen des Autors und müssen ggf. vom Leser auf Aktualität und Richtigkeit überprüft werden.

Kilimanjaro

Tanzania • Sansibar • Safari

„Trekking und Abenteuer am höchsten Berg Afrikas“

by Tom Kunkler

Dieses Buch ist meinem Freund und Bergführer

Saidi Hemedi Ngaina

gewidmet, der mich auf allen Kilimanjaro-Routen begleitete, mir die Tür zu seinem Land und neuen Freunden öffnete und mich in die fremde Kultur Tanzanias einführte.

… und meiner Familie.

Besonderen Dank für ihre Unterstützung auch an

Dr. Roger Bühler, Béryl Corman, Horst Daske, Diocless Emmanuel, Emmanuel Gapi, Anita Geibel, Ann Gibbs, Barbara Hallermann, Paul Hammond, Helmut Haase, Werner Ketzer, Ally Kholfon, Thomas Kimaro, Timba Kileo, Michelle Kunkler, Sybille Kunkler (Online Design), Ursula Kunkler, Thomas Kuppek, Pius Laizer, Manfred Lindemann, Walter Lhotzky, Faustus Lukanga, Margaret Lukanga, Living Thomas Maleo, Yassin Mohamed, Eliah Moleli, Allen Mtowe, Donald Mtowe, Patricia Mtowe, Habibu Mtumwa, Bernd Ritschel, Joseph Samba, Markus Sprengler, Dr. Hermann Schreiner, Deogratius Semiono, Michel Sperlich, Cuthbert Swai, Methley Swai, Beth Whalon, Marcus Wirth (Harms IC Verlag), Zainab A. Ansell

und an mein Kilimanjaro Berg-Team

Saidi Hemedi Ngaina (Guide), Shaban Hasan Mkindi (Ass. Guide), Mike Hemedi Ngaina (Ass. Guide), Rama Iddi Kingazi (Koch), Rashidi Izadini Mshangama (Träger), Saidi Salim Kilima (Träger), Faraji Daudi Sadari (Träger), Adam Mavura Addala (Träger)

Persönliches Vorwort

Kilimanjaro, Tanzania, Sansibar – Diese Orte überliefern schon beim Lesen eine gewisse Magie und afrikanische Exotik. Es sind Orte, an denen bereits vor Jahrhunderten Expeditionen durchgeführt wurden, sich seit Jahrtausenden Urvölker ansiedeln und wo schon seit Jahrmillionen die „Wiege der Menschheit" liegt. Genau dort, in der **Olduvai-Schlucht** (Landesssprache **Oldupai**) im Norden Tanzanias, sollen laut Anthropologen (Menschen-Wissenschaftler) vor gut 5-6 Millionen Jahren unsere Vorfahren, die Affenmenschen *(lat. Australopithecus boisei)* gelebt- und später von dort aus die anderen Kontinente besiedelt haben.

Das Land Tanzania bietet den Reisenden auch in der heutigen Zeit vielerorts noch ein unverfälschtes Afrika. Die **Serengeti,** das größte Wildschutzgebiet des afrikanischen Kontinents, oder der oftmals als „achtes Weltwunder" bezeichnete **Ngorongoro-Krater** sind Zeugen zeitloser Faszination. Tanzania bietet mit 14 Nationalparks und ebenso vielen Naturschutzgebieten ein einmaliges **Safari-Erlebnis** inmitten der bekannten afrikanischen Tierwelt. Mit dem weißen Gipfel des **Kilimanjaro** besitzt Tanzania den höchsten Berg Afrikas und mit einem Teil des **Viktoriasees** Zugang zum zweitgrößten Süßwassersee der Erde. Auch die malerischen **Usambara-Berge** oder der aktive Vulkan **Ol Doinyo Lengai**, um nur einige zu nennen, sind Naturwunder, die weltweit ihresgleichen suchen. Auf den Gewürzinseln **Sansibar** und **Pemba** zeigt Tanzania alte Kulturstädte und schneeweiße, teils unberührte Sandstrände.

Tanzania ist ein Land der natürlichen Superlativen, das viele Touristen nach dem ersten Besuch nicht mehr loslässt. Es gibt eine solche Vielfalt zu entdecken, die man beim ersten Besuch kaum erfassen kann. So war es auch bei mir, als ich meine **erste Kilimanjaro-Besteigung** durchführte. Obwohl der Aufstieg über die Machame-Route auf gut 5.000 m Höhe wegen starken Symptomen der Höhenkrankheit für mich beendet war, faszinierte mich das Land in einem besonderen Maße. Der Gedanke wiederzukommen und es erneut zu versuchen, verankerte sich unausweichlich in meinem Kopf. Damals war mir nicht klar, dass die daraus resultierende Entscheidung mein Leben nachhaltig verändern würde.

Nur wenige Monate danach stand ich, optimal vorbereitet und gut trainiert, wieder in Moshi am Fuße des Kilimanjaro. Zudem hatte ich, statt den damals 9 Tagen, nun 6 Wochen Zeit mitgebracht. Die Reise gab mir tiefe Einblicke in ein faszinierendes Tanzania und veränderte mein Leben. Ich lernte großartige Menschen und neue Freunde kennen, die mich meine Einstellung zu vielen Dingen unseres westlichen Lebens überdenken und das Wort „Luxus" neu definieren ließen. Ich schaffte es im zweiten Anlauf auch zum **Uhuru Peak** (5.895 m), dem Gipfel des Kilimanjaro, und forcierte meine Idee ein Buch über den Berg, das Land und die Leute zu schreiben, so wie ich es sehe und erlebt habe. Fortan begannen meine Aktivitäten, die mich die folgenden 2 Jahre in ihren Bann zogen und weitere Reisen nach Tanzania und Bergbesteigungen mit sich brachten. Meine besondere Vorliebe gilt dem Kilimanjaro und der Stadt Moshi, die mir auch als 2. Heimat sehr ans Herz gewachsen ist. Ich möchte dieses Buch nicht zuletzt dazu nutzen, Ihnen den Kilimanjaro als wirklich ernst zu nehmenden Berg vorzustellen. Seine Besteigung ist eine große Herausforderung, die zwar von jedem gut trainierten Menschen im Alter von 15-70 Jahren gemeistert werden kann, doch bedarf es einer gründlichen Vorbereitung, guter Ausrüstung und vor allem guter Höhenakklimatisierung. Denken Sie immer an den Spruch **„Wer schnell zum Gipfel will, sollte langsam gehen“**. Er bewahrheitet sich besonders am Kilimanjaro und erhöht deutlich Ihre Gipfelchance.

Dieser Trekking-Reiseführer ist für deutschsprachige Trekking-Touristen geschrieben, die ihre Reise im Heimatland buchen, die Herausforderung des Kilimanjaro suchen, ausgewählte Safari-Parks kennen lernen möchten und am Ende der Reise noch einen Badeurlaub auf Sansibar genießen wollen. Rucksack-Touristen, die es vorziehen das Land auf eigene Faust kennen zu lernen und erst vor Ort alles zu organisieren, sind mit diesem Buch nicht optimal bedient, da ich auf individuelle und detaillierte Informationen wie beispielsweise Busabfahrtzeiten, Fährverbindungen und lange Adresslisten aufgrund der Schnelllebigkeit selbiger nicht eingegangen bin. Teilweise unvermeidbare Wiederholungen in den Routen-Beschreibungen sind beabsichtigt und dienen der besseren Verständlichkeit.

Ich habe alle beschriebenen **Kilimanjaro-Routen**, den **Mt. Meru** und den **Oldoinyo Lengai** selbst bestiegen und viele Safari-Parks, Sansibar und die aufgeführten Städte bereist. Alle Informationen sind sorgfältig, nach bestem Wissen und Gewissen recherchiert und 98% aller Fotos im Buch selbst fotografiert.

Sollten Sie dennoch auf Irrtümer oder Falschangaben stoßen oder neue Anregungen haben, freue ich mich auf Ihre Kritik unter info@kilimanjaro-tanzania.com

Tom Kunkler

Der Autor

Tom Kunkler ist Jahrgang 1965 und stieg bereits 1983 nach einer technischen Ausbildung in die Selbstständigkeit ein. Er hat innerhalb von 20 Jahren mehrere Firmen gegründet, am Markt etabliert und danach veräußert. Seine beruflichen Schwerpunkte im Management sind Marketing, Werbung und Product-Sourcing. Heute ist er mit verschieden neuen Projekten in der Kilimanjaro-Region erfolgreich tätig.

Tom Kunkler reiste erstmalig im Alter von 6 Jahren nach Afrika und folgte seitdem seinem Faible für Reisen in über 30 Länder der Welt. Seine Leidenschaft gilt dem Survival und dem Leben in der Natur sowie diversen Wassersportaktivitäten und der Reisefotografie. Er hat 3 Kinder und lebt mit seiner Familie nahe dem rheinland-pfälzischen Bad Kreuznach und in Moshi/Tanzania.

Tanzania - Geschichte & Facts

Der Staat Tanzania (früher Tanganyika) besteht erst seit Ende des 19. Jahrhunderts in den heute bekannten Grenzen. Nach fast 80 Jahren kolonialer Besetzung durch Deutschland (1890-1918) und England (1920-1961) erreichte Tanzania am 9. Dezember 1961 die Unabhängigkeit. Erster Staatspräsident wurde **Julius Kambarage Nyerere** (*23.03.1922 - †14.10.1999), der als „Vater der Nation" gilt und dessen Portrait (siehe Foto) noch vielerorts neben dem des aktuellen Staatspräsidenten, dem 2005 gewählten **J. Kikwete** (*07.10.1950), hängt.

Tanzania gilt als einstige „Wiege der Menschheit" und bietet den Reisenden auch in der heutigen Zeit vielerorts noch ein unverfälschtes Afrika. Die **Serengeti**, das größte Wildschutzgebiet des gesamten afrikanischen Kontinents, oder der oftmals als „achtes Weltwunder" bezeichnete **Ngorongoro-Krater** sind Zeugen zeitloser Faszination. Tanzania bietet mit 14 Nationalparks und ebenso vielen Naturschutzgebieten ein einmaliges **Safari-Erlebnis** mit der meist größten Population einzelner Großsäugetieren in ganz Afrika. Mit dem weißen Gipfel des **Kilimanjaro** besitzt Tanzania den höchsten Berg Afrikas und mit einem Teil des **Viktoriasees**, Zugang zum zweitgrößten Süßwassersee der Erde. Auch die malerischen **Usambara-Berge** oder der Vulkan **Oldoinyo Lengai**, um nur zwei zu nennen, sind Naturwunder, die weltweit ihresgleichen suchen.

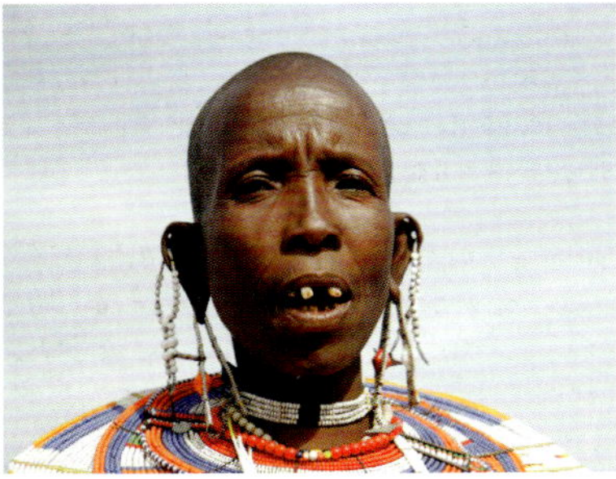

Tanzania ist ein wahres Mosaik an ethnischer und historischer Vielfalt. Durch die jahrtausend alte Kulturen und kolonialen Besetzungen erleben Sie afrikanische, arabische und europäische Einflüsse in jedem Winkel des Landes. Der nördliche Teil Tanzanias grenzt an Kenia und ist die Heimat des „Urstammes **Massai**", deren großartige Legenden hier durch hautnahe Begegnungen bestätigt werden. Für Sonnenanbeter bieten die Küstenregionen um Tanga und Dar es Salaam sowie die arabisch geprägten Gewürzinseln **Sansibar** und **Pemba** ideale Voraussetzungen.

Die wichtigsten politischen und gesellschaftlichen Informationen über das Land Tanzania sind im Kapitel *„Reiseinfos von A-Z"* detailliert aufgeführt. Ich möchte es daher weitgehend vermeiden mich in diesem Kapitel zu wiederholen. Vielmehr sollen an dieser Stelle die wichtigsten Stationen der Landesgeschichte chronographisch aufgeführt werden.

Die Vorzeit

Nach Ansicht der **Anthropologen** (Menschen-Wissenschaftler) liegt die Wiege der Menschheit in Ostafrika, nahe des Rift Valley's, der zum Ostafrikanischen Grabenbruch gehört. Wo die Ausbreitung des modernen Menschen *(lat. Homo sapiens)* in Europa erst vor etwa 1-1,5 Millionen Jahren begann, lebten unsere afrikanischen Urvorfahren bereits vor gut 6 Millionen Jahren auf dem „schwarzen Kontinent". 1959 entdeckte das **Forscher-Ehepaar Leaky** in der 50 km langen und bis zu 100 m tiefen **Olduvai-Schlucht,** an der heutigen Grenze zwischen Serengeti und der Ngorongoro Conservation Area, Knochen eines 2 Millionen Jahre alten Menschen. Auch später gefundene Knochenreste und Werkzeuge in Äthiopien konnten der Gegend den Begriff „Wiege der Menschheit" nicht mehr streitig machen.

Geschichtliche Entwicklung

2000 **v. Chr. - Khoisanen,** ein afrikanisches Hirten- und **Buschmannvolk,** besiedeln die Hochebenen und Savannen Tanganyikas. Sie gelten als Jäger und Sammler. Parallel stoßen die ersten Einwanderer aus dem heutigen Jemen und aus Südafrika nach Tanganyika vor.

1000 **v. Chr. -** Verschiedene **Bantu-Volksgruppen** (Volksgruppen der gleichen afrikanischen Sprachgruppe) aus West-Afrika siedeln sich in der Nähe des Viktoriasees an.

800 **n. Chr. - Arabische Kaufleute**, vorwiegend aus Oman und Yemen, betreiben regen Handel mit den Küstenregionen Kenias und Tanganyikas (auch Pemba und Sansibar) und gründen dort erste Niederlassungen. Sie verbreiten auch den Islam und dehnen ihren Einfluss nach Norden, Süden und Westen aus. Viele der Geschäftsleute bleiben im Land und vermischen sich mit den ortsansässigen **Bantu-Völkern**.

1498 Der Portugiesische Seefahrer **Vasco da Gama** (*1469 - †24.12.1524) segelt als erster den Seeweg nach Indien um das Horn von Afrika. Von nun an suchen die Portugiesen nach Stützpunkten auf ihrem Seeweg nach Indien und finden an der Ostafrikanischen Küste ideale Bedingungen, die die Araber schon seit Jahrhunderten aufgebaut hatten. Kriege beginnen und die Portugiesen erobern sich ein Gebiet nach dem anderen. Auch Sansibar, Pemba und Mombasa fallen den Portugiesen zu.

1500 aus Nordafrika (Sudan, Ägypten) und aus dem Niltal wandern die ersten Völker über das heutige Kenia nach Tanganyika ein. Es sind Nomaden, die heute als **Massai** und **Barabaig** (Ethnische Volksgruppen in Nord-Tanganyika) bekannt sind. Sie bringen Kenntnisse über die Werkzeugherstellung sowie Ackerbau und Viehzucht mit.

1700 Ab dem 17. Jahrhundert erobern die Araber sukzessive von den Portugiesen das Land zurück. Der Sultan von Oman verfügt über eine überlegene Flotte und schlägt so die Portugiesen in die Flucht.

1840 Durch die ständig wachsende Beziehung zwischen Ostafrika und Oman verlegt **Sultan Sayyid Said** seinen Regierungssitz auf die Insel Sansibar. Mit der Umsiedlung steigt der Einfluss der Araber, die mittlerweile nicht nur die Küstenregionen, sondern auch das Landesinnere erobern wollen. Von den Haupthandelsorten laufen bald Karawanenrouten an den Viktoriasee. Die Araber nehmen so Region für Region ein und bekommen kaum Widerstand. Nur im Norden meiden sie das Gebiet der kriegsfreudigen **Massai**. Die Araber bedienen sich der Landesschätze wie Elfenbein, Gold und Edelsteinen (Tanzanite) und verschleppen die Einwohner als Sklaven nach Sansibar und Oman.

1850 Aus Südafrika siedeln nach zahlreichen Bürgerkriegen die **Ngoni** (ethnisches Volk aus Südafrika) in das Land Tanganyika. Nach erneuten Kämpfen mit den bereits ansässigen **Massai** und **Bushman** im Norden ziehen sie sich in den Süden des Landes zurück, wo sie auch heute noch als Randgruppe leben.

1870 Arabische **Sklavenhändler** und Wilderer kommen zunehmend in finanzielle Abhängigkeit der zugewanderten **indischen Geschäftsleute** an der Ostküste, die für ihren überaus guten Geschäftssinn bekannt sind. Da Indien zudem britische Kolonie ist, sind die Inder wiederum der britischen Krone verpflichtet. 1873 kommt es dann unter Druck Englands zur Einstellung des Sklavenhandels, aber nicht der Sklavenhaltung.

1871 **Henry Morton Stanley** (*28.01.1841 - †10.05.1904), ein bekannter britischer Afrikaforscher, wird von einem Zeitungshaus ausgeschickt, um den schottischen Missionar und heute bekanntesten Afrika-Forscher aller Zeiten, **David Livingstone** (*19.03.1813 - †01.05.1873) zu suchen. Livingstone geht bereits 1840 als Missionar nach Südafrika und unternimmt zahlreiche Reisen im südlichen Afrika. 1855 entdeckt er die **Viktoria-Wasserfälle** an der heutigen Grenze zwischen Simbabwe und Zambia und benennt sie nach der damaligen Königin Viktoria. 1866 kommt er nach Sansibar und durchquert Afrika einige Jahre auf der Westseite. Seine Stationen sind der Fluss **Chambeshi** (1866), **Tanganyikasee** (1867), **Moerosee** und **Bangweolosee** (1868), **Ujiji** am Tanganyikasee (1869) und **Manyemaland** (bis 1871). Nach Ujiji zurückgekehrt und in England als verschollen

D. Livingstone

geltend, findet ihn am 10. November 1871 Stanley, krank und in großer Bedrängnis: Er spricht ihn mit den legendären Worten ***"Dr. Livingstone - I presume?"*** an *(dt. Dr. Livingstone, nehme ich an?)* und befreit ihn aus der Not. 1873 stirbt Livingstone auf seiner letzen großen Reise zum Südende des Tanganyikasee, im heutigen Zambia. Das **Livingstone Museum** in Ujiji erinnert eindrucksvoll an den großen Forscher.

1885 Die ersten Verträge mit der Deutsch-Ostafrikanischen Gesellschaft (DOAG) unter der „schillernden" Sozialwissenschaftlerpersönlichkeit **Dr. Carl Peters (*1856)** werden geschlossen und es kommt langsam zur Kolonialisierung Tanganyikas durch Deutschland. 1890 werden **Tanganyika** (ohne Sansibar und Pemba), **Ruanda** und **Burundi** zur **Deutsch-Ostafrikanischen Kolonie**. Es wird Deutschlands größte und bis zum Ausbruch des 1. Weltkrieges profitabelste Kolonie.

G. Rohlfs

Im November 1885 sendet der deutsche Kaiser Bismarck einige Kriegsschiffe nach Sansibar, um dem regierenden Sultan Barghash (†25.08.1896) Stärke über die erworbene Festlandküste zu präsentieren. Der Sultan resigniert schon bald und gibt die Schutzherrschaft der Küste an Bismarcks Truppen ab. Ihm wird, quasi als Abfindung, ein 16 km langer Küstenstreifen als neuer Besitz versprochen. Der Afrika bereiste Schriftsteller **Gerhard Rohlfs** (*14.04.1831 - †02.06.1896) wird als Generalkonsul eingesetzt. Die Briten halten sich aus der Sache heraus, da man sich mittlerweile in Berlin über die koloniale Aufteilung Zentralafrikas geeinigt hatte. Ihnen fällt Sansibar zu.

Auch im Landesinnern schließt Deutschland immer mehr Verträge mit den jeweiligen Stammeshäuptlingen über Land und Steuern. Als Gegenleistung wird den Landeseignern der Schutz vor Feinden durch die deutsche Kolonialmacht versprochen. Deutschland und England einigen sich über die heutige nördliche Grenze Tanzanias. Der Kilimanjaro wird somit „Deutschlands höchster Berg" und der Gipfel zur „Kaiser Wilhelm Spitze".

1890 Am 1. Juli wird zwischen Deutschland und England das so genannte **Sansibar-Helgoland Abkommen** unterzeichnet. Nach zähen Verhandlungen hat Deutschland an England das von **Carl Peters** kurz vorher erworbene, für England strategisch wichtige **Königreich Buganda** (heutiges Uganda) und ein Protektorat (autonomes Schutzgebiet) über Sansibar abgetreten. Im Gegenzug erhielt Deutschland die strategisch ebenso wichtige **Insel Helgoland.** Die duftende „Gewürzinsel" **Sansibar** wurde also nicht, wie allgemein dargestellt, 1890 von Großbritannien gegen die Insel Helgoland eingetauscht (Sansibar-Vertrag). Die Insel war auch nie deutsche Kolonie, sondern bis 1890 freies Sultanat.

Die Grenzen werden endgültig gesteckt und **Bagamoyo** unter **Gouverneur Wissmann** die erste Hauptstadt des Landes. Sie wird aber bereits 1891 von **Dar es Salaam** aufgrund des tiefen Hafenbeckens abgelöst.

1891 Im Norden des Landes herrschen heftige Kämpfe in der **Kilimanjaro-Region**. Der deutsche Gouverneur Wissmann führt zusammen mit dem Heer des Chagga-Häuptlings **Sultan von Mandara** einen Krieg gegen den **Sultan Sina von Kibosho**. Sie sind Sina deutlich überlegen und beschlagnahmen das gesamte Vieh, bis er die deutsche Hoheit über sein Gebiet akzeptiert.

1896 Am 27. August kommt es zum kürzesten Krieg der Weltgeschichte, dem nur 38 Minuten dauernden **Britisch-Sansibarischen Krieg**. Der Krieg beginnt um 9.00 Uhr morgens und ist um 09.38 Uhr beendet. Nachdem der **Sultan Seyyid Hamad bin Thuwayni** (reg. 1893-96) am 25. August gestorben war, behauptet sein Cousin **Khaled bin Barghash,** der die Unterstützung des Deutschen Kaiserreiches annahm, den Thron für sich. Der britische Admiral **Sir Harry Rowson** lässt daraufhin nach einem Ultimatum den Palast des selbst ernannten „Sultans“ bombardieren, woraus dieser sofort die Flucht ins deutsche Konsulat ergreift. **Seyyid Hamoud bin Mohammed** wird kurz darauf von den Briten als Sultan anerkannt (1896-1902).

1905 Der **Maji Maji** Aufstand (1905-1907), benannt nach dem Swahili-Wort „Wasser“, im Süden Deutsch-Ostafrikas bringt den Ausbau der Infra-Struktur ins Stocken. Rund 20 Volksgruppen rebellieren im gesamten Land gegen die deutschen Kolonialherren. Ursache sind die zunehmend aggressiven Maßnahmen, um mit Zwangsarbeit die Baumwollproduktion voran zu treiben, und die Erhöhung der Steuern. Der Medizinmann **Kinjikitile Ngwale** (†10. August 1905) prophezeit den Aufständigen, dass Sie durch die Einnahme eines besonderen Quellwassers unbesiegbar sind und dass sich die Gewehrkugeln der Deutschen in Wasser verwandeln würden. Das Ergebnis sind zehntausende Tote durch die verheerende Kriegsführung der Deutschen. Sie rücken mit Maschinengewehren vor und setzen Häuser und Felder in Brand. Es sollen von 1905-1907 ca. 75.000 bis 300.000 Aufständige gefallen sein. Bei den Kolonialtruppen dagegen fielen nur 15 Weiße und 389 **Askari** (afrikanisch abstammende Soldaten, die für Deutschland im Kolonialheer dienten).

1908 In den Jahren 1908-1914 werden fast 2.000 km Eisenbahnlinie im Landesinneren fertig gestellt, die am Ende Dar es Salaam und Moshi mit dem Tanganyikasee und einigen Städten im Süden verbinden soll. Weitere Planungen werden aber durch den Ausbruch des Ersten Weltkrieges zunichte gemacht.

1912 Nachdem die Eisenbahnen wichtige Ziele erreichen können und die einzelnen Gebiete mit Hilfe von **Akidas** (älteren afrikanischen Untergebenen) kontrolliert werden, beginnt der wirtschaftliche Aufschwung. **Dar es Salaam** wurde als Hauptstadt und Sitz der Kolonialverwaltung mit neuen Gebäuden in teils deutscher Architektur gebaut. 1912 besiedeln ca. 25.000 Einwohner die Stadt – darunter 500 Deutsche. Besonders am Kilimanjaro und in den fruchtbaren nördlichen Regionen werden gigantische Plantagen aufgebaut, um das Heimatland mit frischen Früchten, Gemüse und Rohstoffen zu versorgen. So gelingt es u. a. Kaffee, Kautschuk, Sisal-Agaven und Früchte in großer Menge nach Deutschland zu exportieren.

1914 Der Ausbruch des **Ersten Weltkrieges** (1914-1918) macht Deutsch-Ostafrika zum **Kriegsschauplatz** der Kolonialmächte Belgien, Deutschland und England. Auch nach Kriegsende 1918 geht der Kampf in Ostafrika einige Monate weiter, bis er für Deutschland endgültig verloren ist. Aus Deutschland wird 1914 **General Paul von Lettow-Vorbeck** (*20.03.1870 - †09.03.1964) entsandt, der über große Erfahrung in der so genannten „Busch-Kriegsführung" verfügt. Nach ersten Erfolgen gegen die Briten muss er sich aber im Laufe der Zeit sukzessive geschlagen geben. Zuerst fallen die nördlichen Stellungen und dann die Küste und das Landesinnere. Als der General am 14.11.1918 den Befehl erhält aufzugeben, zögert er erst, ergibt sich aber dann im November mit seinen letzten 155 Offizieren, 1168 Askaris und 1.522 Trägern den Briten. Nach Dar es Salaam zurückgekehrt, tritt er die Heimreise an und wird später Militärberater des deutschen Reiches. Im Alter von 88 Jahren kehrt er 1958 nochmals nach Dar es Salaam zurück und trifft einen Teil seiner ehemaligen afrikanischen Gefährten.

P. Lettow-Vorbeck

1918 28 Jahre deutsche Kolonialherrschaft gehen zu Ende und hinterlassen negative und positive Spuren. Viele der verbliebenen Bauten sind heute verfallen, da das Geld zur Renovierung fehlt. Nur in Dar es Salaam, Tanga und Bagamoyo sind auch heute noch einige Prachtbauten der damaligen Kolonialherrschaft zu bewundern.

1921 Die britische Mandatszeit beginnt (1921-1961). Nach dem Kriegsende werden alle Deutschen enteignet und die deutsche Kolonie in englische Mandatsgebiete aufgeteilt. England erhält das Festland Tanganyika, Belgien erhält Urundi und Ruanda. England regiert mit dem System der **„Indirect Rule"**, was einheimischen Chiefs die Kontrolle und ein Mitspracherecht über ihre Gebiete ermöglicht. Somit sollen die kulturellen Eigenschaften weitestgehend erhalten bleiben. Das Land entwickelt sich fortan eigenständig, aber unter britischer Verwaltung und Kontrolle.

1945 Nach dem Zweiten Weltkrieg wird Tanganyika Treuhandgebiet der neu gegründeten **Vereinten Nationen (UN)**, aber England behält die gesamte Verwaltung. Die Infrastruktur und das Bildungswesen werden mit Hilfe britischer Gelder weiter ausgebaut.

Nach dem Ende des Zweiten Weltkrieges lösen sich einige, ehemals englische Kolonien auf und werden selbstständig. Als erstes wird 1947 Indien unabhängig, was sich andere Kolonien zum Beispiel nehmen, um ihre Unabhängigkeit voran zu treiben.

1953 Der junge Lehrer **Julius Kambarage Nyerere** wird Vorsitzender der **TAA**, die bereits kurz darauf in **TANU** (Tanganyika African National Union) umgetauft wird. Sie kämpft für eine nationale Selbständigkeit und politische Selbstbestimmung des Landes.

1958 Unter dem Einfluss der UN lässt England erstmals neben dem Exekutivrat eine Volksvertretung (Legislativrat) wählen. Alle afrikanischen Sitze gehen an Mitglieder der TANU. Bei einer Neuwahl 1960 wird dann der Einfluss der TANU noch stärker und England muss früher oder später handeln. Es ist nur noch eine Frage der Zeit wann sie die Unabhängigkeit des Landes akzeptieren würden.

1961 Am 9. Dezember wird Tanganyika unabhängig und **Julius Kambarage Nyerere** der erste Staatspräsident des Landes. Seine politische Ausrichtung ist sozialistisch beeinflusst und wird zum Teil durch Weisheiten des chinesischen Präsidenten **Mao Zedong** geprägt. Diese Haltung sorgt nicht zuletzt in den späten Siebzigern für den wirtschaftlichen Zusammenbruch des Landes.

1963 Am 10. Dezember werden auch **Sansibar** und **Pemba** aus dem britischen Protektorat befreit und unter **Sultan Abdallah bin Khalifa** unabhängig. Im Gegensatz zum Festland herrschen aber ständige Aufstände zwischen den Arabern und Afrikanern. Eine Revolutionsregierung unter **Abeid Karume** macht sich stark und gibt den Ton an.

1964 **Julius K. Nyerere** drängt die Revolutionsregierung ein Bündnis mit dem Festland einzugehen, um die Unruhen unter Kontrolle zu bekommen, was ihm letztlich gelingt.

Am 26. April wird die **United Republic of Tanzania** gegründet. Der Name des Landes entsteht aus **Tan**ganyika + **Za**nzibar + Aza**nia**.

Nach der Revolution von 1964 wird **Sheikh Abeid Amani Karume** zum Präsidenten des neuen Bundesstaates gewählt. Er wird am 7. April 1972, vor dem offiziellen Ende seiner Amtszeit, durch ein Attentat getötet.

1977 Die auf dem Festland regierende Partei **TANU** unter Nyerere und die **ASP** unter Karumes Nachfolger **Aboud Jumbe Mwinyi** werden zusammengeschlossen, um eine staatliche Vereinigung zu erzielen. Es entsteht die neue Partei **CCM** (Chama cha Mapinduzi), übersetzt die „Partei der Revolution". Das neue Tanzania erhält eine wirtschaftliche Hilfe meist aus den sozialistischen Bruderstaaten wie DDR, Bulgarien und Jugoslawien. China finanziert die Ta-Za-Ra Eisenbahn, welche später die Staaten Tanzania, Zambia und Ruanda verbindet. Russland und Kuba finanzieren viele Krankenhäuser.

1978 Ohne Vorwarnung marschiert die ugandische Armee unter **Idi Amin** in Tanzania ein, da dieser den Grenzverlauf aus „heiterem Himmel" nicht mehr anerkennen will. Tanzania wird überrollt von dem Einmarsch und die Armee ist zu schwach um Gegenwehr zu bieten. Erst nach der Mithilfe Freiwilliger kommt es am **Kagera-Fluss** zur großen Schlacht, bei der Uganda den Kürzeren zieht. Tanzania marschiert darauf in Uganda ein und trägt zu **Idi Amins** politischem Sturz bei. Der vorherige Präsident **Milton Obote** kommt erneut an die Regierung und sorgt mit Hilfe des tanzanischen Militärs für Ruhe und Ordnung. Erst 1981 ziehen sich Tanzanias Truppen zurück. Das Ende des Uganda-Krieges bringt zwar wieder Frieden ins Land, treibt aber Tanzania in den finanziellen Ruin.

1985 Nachdem die wirtschaftliche Situation im Land in den siebziger Jahren kontinuierlich abnimmt, ist der Staat nach dem Uganda-Krieg, so zu sagen bankrott. Nyerere lehnt dennoch die wirtschaftliche Hilfe der Weltbank und des internationalen Währungsfonds (IWF) ab. Erst als die Weltbank Sanktionen verhängt und der politische Druck im eigenen Land zu groß auf ihn wird, gibt er 1985 sein Amt an **Ali Hassan Mwinyi** ab.

Der neue, zweite Präsident des Landes vollzieht nun, unter Zwang und auf Drängen der Weltbank und des IWF, eine neue politische Richtung. Der Sozialismus ist vorbei und die Zeiten der Marktwirtschaft und der Demokratie werden eingeleitet.

1992 Demokratie und Marktwirtschaft setzen sich weiter durch und in der neuen Verfassung wird erstmals das Mehrparteien-System festgeschrieben und eingeführt.

1995 **Benjamin William Mkapa** wird nach 2 Amtsperioden seines Vorgängers zum dritten Staatspräsidenten Tanzanias gewählt. Erstmals findet auch eine Mehrparteienwahl statt. Mkapa verkündet den **Kampf**

gegen die Korruption, den er aber bis zu seinem Amtsende 2005 nicht gewinnen konnte. Während seiner Amtszeit führt er konsequent den Umbruch vom Sozialismus in die Marktwirtschaft fort und privatisiert ganz oder teilweise staatseigene Industriebetriebe, Banken und Energieversorger. Eine weitere große Aufgabe ist, den seit 2005 unter eigener Flagge laufenden Staat Sansibar nicht zu verlieren und den Tourismus in allen Regionen weiter auszubauen.

1999 Am 14. Oktober stirbt **Julius K. Nyerere** in London an Leukämie. Er gilt bis heute als „Baba wa Taifa“ (Vater der Nation). Seine Beerdigung ist die drittgrößte in der afrikanischen Geschichte. Mehr als 500.000 Trauernde kommen zur Beisetzung in seinen Heimatort **Butiama** und auf dem ganzen Kontinent hängen die Flaggen auf Halbmast.

2005 Der ehemalige Außenminister **Jakaya Mrisho Kikwete** wird am 14. Dezember zum vierten Staatspräsidenten gewählt. Wie auch seine Vorgänger gehört er der Einheitspartie CCM an. Er steht für eine moderne und bürgernahe Politik, die ebenfalls verstärkt dem Problem der Korruption beigehen will.

Die National-Flaggen von Tanzania und Sansibar

1) Tanzania (seit 1964)

2) Sansibar (seit 2005)

1) Tanzania

Grün - steht für Tanzanias Vegetation und Natur
Blau - steht für Wasser und Meer
Schwarz - steht für die dunkelhäutige Bevölkerung
Gelb - steht für den Reichtum an Mineralien

2) Sansibar (Zanzibar)

Eine genaue Definition des Flaggen-Designs konnte nicht recherchiert werden. Die Farben der Flagge bezeichnen die Kultur, die Vegetation und die Bevölkerung des Landes. Auf den Missbrauch oder Beleidigung der Flagge steht eine Freiheitsstrafe. ■

Tipps & Info von A-Z

Alle hier aufgeführten Informationen sind in erster Linie für Berg- und Safaritouristen in Tanzania verfasst. Sie beruhen auf offiziellen Angaben der tanzanischen Behörden und auf eigenen Erfahrungen des Autors. Für die Mitteilung zwischenzeitlicher Abweichungen aufgrund regionaler Entwicklungen sind wir Ihnen sehr dankbar.

Der Autor übernimmt keine Verantwortung oder Haftung für die hier angegebenen medizinischen Informationen. Sie sind trotz größtmöglicher Bemühungen nicht unbedingt umfassend, genau und aktuell. Konsultieren Sie vor Ihrer Reise auf jeden Fall einen Facharzt für Tropenmedizin und lassen Sie sich eingehend beraten. Denken Sie daran: Für Ihre Gesundheit sind und bleiben Sie immer selbst verantwortlich.

Agenturen

Das Berg- und Safari-Business boomt! Daher ist es nicht verwunderlich, dass sich auch einige schwarze Schafe unter die vielen seriösen Anbieter gemischt haben. Ratsam ist es daher unbedingt zuerst einmal bei deutschen Reiseveranstaltern Preise und Informationen einzuholen. Oft sind diese nicht weit entfernt vom „lokalen" Preis der Agenturen vor Ort und bieten zudem die bekannten Vorteile und Sicherheiten europäischer Reiseanbieter (z.B. deutsche Sprache, Insolvenzschutz, etc.). Sollten Sie es dennoch vorziehen Ihre Reise direkt im Land zu buchen, informieren Sie sich zuerst umfassend und nehmen Sie persönlichen Kontakt mit den tanzanischen Unternehmen auf. Oft trennt sich schon aufgrund der Kommunikation die Spreu vom Weizen. Befragen Sie zudem Bekannte, Freunde und Reiseforen über ihre Erlebnisse und Erfahrungen vor Ort. Eine kleine Auswahl seriöser Anbieter finden Sie auf der Website unter dem Stichwort „Tour-Operators", auf der Website zu diesem Buch www.kilimanjaro-tanzania.de (noch im Aufbau) und in umfassender Form auf der Seite des Tanzania Tourist Board www.tanzaniatouristboard.com.

Aids

Der erste Aids-Fall in Tanzania wurde im Jahre 1983 gemeldet. Heute gehört das Land zu den Hochburgen der tödlichen Immunschwäche. Laut offiziellen Regierungsangaben sind derzeit (Juli 2007) etwa 3% der Gesamtbevölkerung, also ca. 1 Million, infiziert. Je nach Regionen und Sozialschicht liegt die Rate mit bis zu 44,5 % jedoch deutlich höher. Alle Bevölkerungsschichten, von arm bis reich und aus Stadt und Land, sind betroffen. Die Kerngruppe sind aktive Menschen im Alter von 15-45 Jahren und natürlich die so genannten „Risikogruppen" wie sie uns aus Europa bekannt sind. Es gelten die uns bekannten Vorsichtsmaßnahmen, insbesondere der Verzicht auf jegliche sexuelle Kontakte mit der einheimischen Bevölkerung. Ratsam ist es auch eigene, sterile Einwegspritzen und Kanülen für evtl. Notfälle in der Reiseapotheke mitzunehmen.

Anreise

Tanzania wird von zahlreichen Airlines direkt oder indirekt angeflogen. Internationale Zielflughäfen im Land, die für den Tourismus von Bedeutung sind, heißen **Kilimanjaro**, **Dar es Salaam** und **Sansibar**. Eine weitere Möglichkeit ist die Anreise über Addis Abeba in Äthiopien, Nairobi oder Mombasa in Kenia. Die internationalen Flugpreise bewegen sich, je nach Saison und Airline, zwischen 700 – 1200 € in der Economy Class. Mit etwas Glück und Geduld kann man auch einen Sondertarif unter 650 € erwischen. Insbesondere **KLM** bietet unter www.klm.de Last-Minute-Angebote für Restplätze an.

Einen hervorragenden Service und ein modernes Zwischenstopp-Terminal in Addis Abeba bietet **Ethiopian Airlines**. Die Airline fliegt mit Afrikas jüngster Flugzeugflotte derzeit 3 mal wöchentlich ab Frankfurt über Addis Abeba nach Kilimanjaro und ab November 2007 täglich über Addis Abeba nach Dar es Salaam und Sansibar. Ein weiterer Pluspunkt der renommiertesten Airline ist auch, dass Sie in der Economy Class bis zu **45 kg Freigepäck** (max. 32 kg in einer Tasche) transportieren dürfen! Buchungen über Reisebüros oder direkt bei www.ethiopianairlines.com möglich.

In Tanzania können Sie bequem und schnell mit Air Tanzania (www.airtanzania.com) oder Precision Air (www.precisionairtz.com) zwischen den wichtigsten Städten pendeln. Flugverbindung von Kilimanjaro nach Dar es Salaam oder Sansibar gibt es mehrmals am Tag und sind kurzfristig buchbar. Die Preise bewegen sich zwischen 180 - 250 € (Round Trip).

Von Deutschland (Frankfurt) aus können Sie z.B. mit Condor (Direktflug), Ethiopian Airlines (via Addis Abeba), KLM (via Amsterdam) oder British Airways (via London) direkt nach Kilimanjaro-Airport fliegen. Empfehlenswert sind der Condor-Direktflug (direkt und kleinstes Risiko auf Gepäckverlust) oder die Ethiopian-Airlines (super Service, preisgünstig, 45 kg max. Gepäck)

Neu: Seit Frühjahr 2007 fliegt Condor ab Frankfurt einmal wöchentlich (sonntags) die Insel Sansibar an. Ethiopian Airlines fliegt ab Ende 2007 über Dar es Salaam ebenfalls mehrmals Sansibar an.

Von Österreich (Wien) aus können Sie z.B. mit Condor (über Frankfurt) oder KLM (via Amsterdam) direkt nach Kilimanjaro-Airport fliegen.

Von der Schweiz (Zürich) aus können Sie z.B. mit Swiss Air von Zürich nach Dar es Salaam (Direktflug) oder mit Ethiopian Airlines (via Addis Abeba), KLM (via Amsterdam) oder Air France (via Paris) direkt nach Kilimanjaro-Airport fliegen.

Hinweis: Da die Fluggesellschaften ständig ihr Streckennetz ausweiten, verändern oder gar canceln, sind die hier getätigten Angaben vor der Buchung bei einem Reisebüro oder im Internet zu überprüfen!

Nach Ankunft am Kilimanjaro-Airport wird man entweder durch den ortsansässigen Tour Operator abgeholt oder kann für runde 10 US$ ein Shuttle nach **Arusha** (50 km) oder **Moshi** (45 Km), den Zentren für Safaris und Kilimanjaro Besteigungen, nehmen. Ein privates Taxi schlägt mit ca. 40 US$ zu Buche.

Arusha

Sokoine Road, die Hauptstraße von Arusha

Arusha ist mit ca. 270.000 Einwohnern die größte Stadt im Norden Tanzanias. Sie liegt direkt am **Mt. Meru** und mit 1.390 m recht hoch über dem Meeresspiegel. Es ist eine heiße, typisch stickige und quirlige afrikanische Metropole. Die geballte Ladung an Autos, Menschen, Dreck und Taschendieben ist nicht jedermanns Sache, aber hier gibt es fast alles, was der westliche Tourist so braucht. Arusha ist die Heimat der meisten Safari- und Bergagenturen und somit automatisch auch eine Touristenhochburg mit vielen Hotels aller Kategorien. Die Stadt ist idealer Ausgangspunkt für Safaris oder Mt. Meru Besteigungen. Falls Sie den Kilimanjaro besteigen wollen, empfehle ich als Ausgangspunkt die Stadt Moshi (siehe unter Moshi). Sie liegt rund 50 km (ca. 45 Autominuten) östlich vom Kilimanjaro-Airport.

Weitere Informationen über die Stadt **Arusha** finden Sie in diesem Kapitel unter den jeweiligen Stichwörtern. Einen detaillierten **Stadtplan** finden Sie am Ende des Buches unter dem Kapitel *„Pläne & Karten > Arusha“*.

Ärzte & Apotheken

Die medizinische Versorgung steht in den meisten Städten Tanzanias mehr oder weniger gut zur Verfügung. Besonders in Arusha, Moshi, Dar es Salaam und Sansibar gibt es internationale Krankenhäuser, Privatärzte und eine große Auswahl an gut sortierten Apotheken. Standorte von Apotheken entnehmen Sie bitte den jeweiligen Ortsplänen der einzelnen Städte. Auskünfte erhalten Sie im Notfall am besten an der Hotel Rezeption.

Empfehlenswerte Krankenhäuser und Notfall-Stationen im Norden

Arusha

AAR Arusha Medical Centre, Haile Selassie Road, Tel. +255 250 8654 (Dr. G. B. Chamba, Mobil 0713-510079, sehr gut ausgestattete Ambulanz)

Trinity Medical Diagnostic Centre, 35 Engira Road, Tel. +255 2544401

Mt. Meru Hospital, Tel.: +255 27 2503352

Moshi

Jaffery Charitable Medical Services, Ghalla Street - neben Sikh Club, Moshi (Dr. Mubarak Janmohamed, Mobil 0713-755596, super ausgestattete Ambulanz)

KCMC Hospital
Tel.: +255 27 54377 oder 2754383 / Fax: +255 27 2754381 oder 2752038
Email: kcmcadmin@kcmc.ac.tz
http://www.kcmc.ac.tz/

Die Notrufnummer für Polizei, Feuerwehr und Krankenwagen ist: **112**

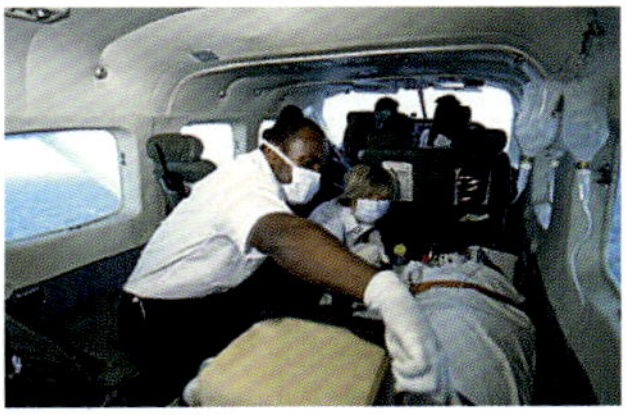

Problematisch wird es bei Notfällen außerhalb der Zentren, da die Infrastruktur und das Straßennetz im Land nicht wie bei uns vorhanden sind. In solchen Notfällen kann auf den Notfalldienst der **Flying Doctors of East Africa** unter deren lokalen Notfallnummern zurückgegriffen werden. Sinnvoll ist es unbedingt schon im Vorfeld eine einmalige Mitgliedschaft bei der AMREF abzuschließen und sich die Rufnummern zu notieren. Die AMREF kann unter Umständen Ihr Leben retten! Eine 14 Tage-Versicherung gibt es schon ab 15,00 US$ pro Person. Im Preis enthalten sind auf jeden Fall die Notfallversorgung am Unfallort und eine Flugzeug-Evakuierung in ein internationales Spezial-Hospital. Die stationären Kosten übernehmen die AMREF jedoch nicht.

Mitglieder Info Link http://www.amref.org/index.asp?PageID=37

IM NOTFALL Website Link: http://www.amref.org/index.asp?PageID=71

Notfälle & Headquarter Nairobi:
AMREF Wilson Airport
P.O. Box 30125
Langara Road
Tel.: +254 (20) 315454, 315455,600090,
602492,600602,600552 600833,600868
Mobile Phone: + 254 733-628-422/
+254-733- 639-088/ +254-722- 314-239
Satellite Phone: + 873 762315580
Fax: +254 20 344170
Satellite Fax: + 873 762315581
Funk: HF 9116 kHz or 5796 kHz LSB
Call sign "Foundation Control"
Email:emergency@flydoc.org

AMREF Dar es Salaam
Flying Doctors Society of Africa – Dar es Salaam Branch
P.O Box 2771
Ali Hassan Mwinyi Road
Dar es Salaam, Tanzania
Phone +255 22 2116610 / 36731
Fax +255 22 2115823
Email: info@amreftz.org

AMREF Arusha
Flying Doctors Society of Africa - Arusha Branch,
P.O Box 15506, Meru Post Office.
Location: Sinka Court Hotel, Swahili Street, Arusha
Phone/Fax: +255 27 2544407
Mobile: +255 748 240 500
E-mail: yananm@amrefke.org oder yanan@habari.co.tz

Deutsche Flugambulanz GmbH
Flughafen Halle 3
40474 Düsseldorf
Telefon: + 49 / (0) 211 / 45 06 51 oder 53
Telefax: + 49 / (0) 211 / 41 55 91 99
24h Notruf: + 49 / (0) 211 - 43 17 17
http://www.deutscheflugambulanz.de

DFR - Deutsche Rettungsflugwacht
Flughafen Stuttgart
Raiffeisenstraße 32
70794 Filderstadt
Telefon +49 (0) 711 7007-0 / Telefax: +49 (0) 711 7007-2349
http://www.drf.de

Flugdienst des Deutschen Roten Kreuzes
Friedrich-Ebert-Allee 71
53113 Bonn
Telefon: +49 (0) 288 230023
Telefax: +49 (0) 288 230027
http://www.drkflugdienst.de

Hinweis: Bitte beachten Sie, dass ein heimischer oder internationaler Krankenschein in Tanzania keine Bedeutung findet. Sie müssen etwaige Arztrechnungen direkt in bar ausgleichen und später mit Ihrer Krankenversicherung abrechnen. Der Abschluss einer Reisekrankenversicherung (meist sehr günstig) ist auf jeden Fall empfehlenswert.

Ausrüstung

Die richtige Ausrüstung für Bergbesteigung oder Safari ist bereits die halbe Miete. Beachten Sie unbedingt, dass Sie bei einer Kilimanjaro-Safari-Kombination über längere Zeiträume mit Temperaturen von +40° C bis -20° C konfrontiert werden. Auch extreme Sonneneinstrahlung, Sandstürme, Regenschauer, Hagel- oder Schneefall können je nach Jahreszeit zu Ihren unliebsamen Begleitern werden. Angemessene Bekleidung (Zwiebelschicht-system) und vor allem erprobte Ausrüstung ist das A und O für eine erfolgreiche Expedition.

Lassen Sie sich einige Monate vor Abreise umfassend in einem Outdoor-Fachgeschäft (z.B. www.globetrotter.de oder www.woick.de) über die notwendige Ausrüstung beraten. Sie muss nicht immer teuer sein, aber unbedingt für den richtigen Zweck taugen. Die wichtigsten Gegenstände für die Kilimanjaro-Besteigung sind sicherlich der **Schlafsack** (bis -15°C im Komfortbereich), eine gute **Iso-Matte**, **Trekking-Stöcke**, warme **Hand-schuhe** und gut eingelaufene, wasserdichte **Alpin-Trekkingschuhe**. Diese sollten aber keinesfalls zu schwer und überproportioniert sein, da die Trails am Kilimanjaro und am Mt. Meru, bis auf wenige Kletter- und Fels-Passagen, vernünftig ausgebaut und gut zu gehen sind. Unterschätzen Sie nicht die Sonneneinstrahlung im Land und vor allem auf den Bergen. Hervorragende Tipps und Infos über die richtige Outdoor-Ausrüstung finden Sie u. a. auch in dem **Buch „Outdoor Praxis“** von **Rainer Höh** (Reise Know How Verlag). Eine Checkliste für die Kilimanjaro-Besteigung finden Sie im Kapitel *„Besteigung Allgemein > Ausrüstung“*.

Empfehlungen zur korrekten Kleidung für die Safari finden Sie in diesem Kapitel unter dem Stichwort *„Kleidung*“. Grundsätzlich benötigen Sie vor allem leichte, körperbedeckende Bekleidung. Ihre Hauptgegner sind die Sonne und Moskitos *(siehe unter Stichwort „Malaria“)*. Eine Checkliste für die Safari finden Sie im Kapitel *„Safari & Nationalparks > Ausrüstung.*

Sollten Sie vor Ort Ausrüstungsgegenstände für die Besteigung oder eine Safari benötigen, kann ich 2 lokale **Outdoor-Shops in Arusha** empfehlen:

Safari Care (Camping & Safari Ausrüstung)
Mr. Tawfik Akrabi
P.O. Box 13836 / Shopping-Arcade at Shoprite Supermarket
Arusha
Phone: +255 (0) 744 488996 / Fax: +255 (0) 272 548168

Explorer (Camping, Safari und Jagdausrüstung)
Boma Road / direkt neben der Tanzania Tourist Board office
P.O. Box 253, Arusha
Phone: +255 (0) 27 2548830 / 1
Fax: +255 (0) 27 2548239

In Moshi gibt es derzeit keinen Outdoor-Shop. Der Outdoor-Shop von TOKU Tanzania im Leopard Hotel, ist ein reiner Großhandel und dient daher nur den lokalen Tour-Operators als Einkaufsquelle). Gewisse Ausrüstungsgegenstände können aber von den gut sortierten Tour-Operators (z.B. von Ahsante Tours oder ZARA Tours) angemietet werden.

Banken und Zahlungsmittel

siehe unter Stichwort *„Geld“*

Bevölkerung

In Tanzania leben derzeit ca. 36,8 Millionen Menschen (Stand 11-2005). 95% der Tanzanier gehören zu 125 Bantustämmen, die sich durch Tradition, Glauben und Sprachdialekte voneinander unterscheiden. Der Rest sind vor allem Araber, Asiaten oder Europäer. Die Hauptstadt ist Dodoma, eine schnell wachsende Metropole im Zentrum des Landes. Die Lebenserwartung der Frauen liegt bei ca. 49,5 Jahren und die der Männer bei 52,8 Jahren. Die Säuglingssterblichkeit beträgt etwa 10% (Vgl. Deutschland ca. 0,7%). Die Arbeitslosigkeit liegt bei rund 40%. Christen und Moslems bilden mit je 39% die größten Glaubensgemeinschaften, gefolgt von 18% Naturreligionen und 4% sonstigen Religionen. Auseinadersetzungen zwischen Anhängern der verschiedenen Religionen gibt es keine; vielmehr herrscht ein friedliches Zusammenleben. Die offiziellen Amtssprachen sind Swahili (Kisuaheli) und Englisch. Die Politik wird durch ein demokratisches Mehrparteiensystem unter Staatspräsident Jakaya Halfan Mrisho Kikwete und der Regierungspartei „Chama Cha Mapinduzi“ (CCM) bestimmt (gewählt 10/2005).

Bildungswesen

siehe Stichwort *„Schulsystem“*

Botschaften / Konsulate

Einwohner von Deutschland, Österreich und der Schweiz benötigen zur Einreise nach Tanzania ein Touristen-Visum und einen Reisepass mit mindestens 6 Monaten Gültigkeitsdauer. Das Visum ist bei der jeweiligen Tanzania-Botschaft im Heimatland oder auch am Zielflughafen in Tanzania erhältlich. Die Gültigkeit für ein Touristenvisum beträgt 3 Monate. Die Gebühren betragen derzeit (Herbst 2007) 50,00 € bei der Botschaft in Berlin oder 50,00 US$ am Zielflughafen. Um Warteschlangen bei der Einreise zu vermeiden, rate ich zu einer Beantragung im Heimatland.

für Deutschland und Österreich

Botschaft der United Republic of Tanzania
Eschenallee 11
D-14050 Berlin
Tel.: 030-303 080-0
Fax: 030-303 080-20
info@tanzania-gov.de
www.tanzania-gov.de

für die Schweiz

Botschaft der United Republic of Tanzania
47 Avenue Blanc,
CH-1201 Genf
Tel.: 022-731 8920
Fax: 022-732 8255

Diplomatische Vertretung in Tanzania

Deutsche Botschaft in Tanzania

Umoja House, Garden Ave. / Mirambo Street
P.O. Box 95 41, Dar es Salaam
Tel.: 00255-22 211 7409 bis 15
Fax: 00255-22 211 2944
24h Notfall Nummer (Mobil): 00255-741-455209
Email: german.embassy@bol.co.tz
www.german-embassy-daressalaam.de

Österreichisches Honorargeneralkonsulat

Slipway Road, Msasani, Plot 1684/2
P.O. Box 105526
Dar es Salaam
Telefon: 00255-222 601 492 / Telefax: 00255-222 601 503
E-Mail: austrianconsulate@bol.co.tz

Botschaft der Schweizerischen Eidgenossenschaft

79, Kinondoni Road
P.O. Box 2454
Dar es Salaam
Telefon: 00255-22 266 60 08/09 / Telefax: 00255-22 266 67 36
E-Mail: vertretung@dar.rep.admin.ch

Bücher & Literatur

Eine hervorragende Auswahl an Fachbüchern, Wörterbüchern, Kochbüchern, sowie allg. Literatur, Landkarten, etc. - in vielen Sprachen - finden Sie im **KASE BOOKSTORE** in Arusha. Direkt am Clock-Tower, im Gebäude von Air Tanzania. Mobile Phone: 0754 380222, kasestores@habari.co.tz

Checklisten

Checklisten für Ihren Aktiv-Urlaub in Tanzania finden Sie in folgenden Kapiteln:

Checkliste Besteigung	> Kapitel *„Besteigung Allgemein > Ausrüstung"*
Checkliste Safari	> Kapitel *„Safari & Nationalparks > Kleidung"*
Checkliste Medizin	> Kapitel *„Reiseinfos von A-Z > Reiseapotheke"*

Unter www.kilimanjaro-tanzania.de stehen die Listen zusätzlich als PDF-Download zur Verfügung.

Dar es Salaam

Dar es Salaam ist die inoffizielle Hauptstadt und Wirtschaftsmetropole Tanzanias. Die Stadt zählt im Jahr 2007 nach Schätzungen ca. 3-4 Millionen Einwohner, die weitläufig bis in die entfernten Randregionen angesiedelt sind. Obwohl Dodoma seit 1973 Hauptstadt des Landes ist, sieht die Realität anders aus. Die größten Wirtschaftsunternehmen, Botschaften und die Regierung haben ihren Sitz in Dar.

Dar es Salaam ist eine heiße und schwüle Stadt, die durch die Nähe zum Ozean zudem eine sehr hohe Luftfeuchtigkeit bietet (ca. 75%). Das Klima ist für europäische Touristen deutlich schwieriger zu adaptierten als das in den nördlichen Bergregionen. Nur von Mai bis September kühlen die Nächte unter 20° C ab. Die kosmopolitische Haftensstadt bietet heute historische Geschichte aufgrund der Vielzahl an Kultureinflüssen. Sowohl arabische, europäische und afrikanische Kulturgüter sind hier überall präsent. Vereinzelt sieht man trotz leerer Finanzkassen renovierte Gebäude aus der deutschen und britischen

Kolonialzeit. Moderne Restaurants sowie große Bank- und Geschäftsgebäude prägen das Stadtbild ebenso wie die vielen traditionellen Märkte und die große Hafenanlage. Dar es Salaam besitzt den größten Flughafen des Landes und ist somit Drehpunkt für Anschluss-Reisen in den Norden, Süden und nach Sansibar.

Weitere Details zur Stadt finden Sie in diesem Kapitel unter den jeweiligen Stichworten und einen detaillierten Stadtplan am Ende des Buches.

Die Hafenpromenade von Dar es Salaam

Dengue-Fieber

Das Dengue-Fieber (*engl. Dandy fever*) wird durch Viren verursacht, die durch den Stich der Überträgermücke (Weibchen von *aedes ägypti* bzw. *albopictus*) an den Menschen abgegeben werden. Diese, **nicht mit Malaria-Mücken identischen Moskitos,** stechen vorwiegend tagsüber und am frühen Abend. Sie sind im Tigermuster schwarz-weiß gestreift und meist an kleinen Wasserstellen wie z.B. Dosen, Töpfen, Kokosnußschalen, Waschbecken etc. anzutreffen. Die meisten nach Europa „importierten" Denguefälle sind jedoch nicht in Afrika, sondern bei Reisen nach Südostasien und in die Karibik aufgetreten.

Das „klassische Dengue-Fieber" ist eine kurz andauernde, selbstlimitierende, fieberhafte Erkrankung mit starken Muskel- und Gelenkschmerzen, Juckreiz und Schwindel, die meist nach einer Inkubationszeit von 2-7 Tagen in Erscheinung tritt. Der Krankheitsverlauf dauert einige Tage und tritt meist mit 2 Fieberschüben auf. Der erste geht rasch vorbei und bescheinigt subjektiv eine Genesung, der zweite dauert 3-4 Tage. Der Genesungsprozess geht nur langsam voran. Ernste Verlaufsformen, die zur Blutungsneigung (hämorrhagisches Dengue) und zum Dengue-Schocksyndrom führen können, werden bei wiederholter Infektion beobachtet und betreffen in den meisten Fällen die einheimische Bevölkerung, selten jedoch den Reisenden. Die Gesamtzahl der jährlichen Erkrankungen wird auf 30 bis 60 Millionen geschätzt. Die Behandlung des Dengue-Fiebers ist **rein symptomatisch**, d. h. ein Medikament gegen die Erreger gibt es nicht. Ein erfahrener Arzt im Land kann schnell und einfach anhand der Symptome eine Diagnose stellen und hilfreiche, schmerzlindernde Medikamente und Maßnahmen beim Patienten durchführen.

Als Schutz gelten die gleichen Mückenschutzmaßnahmen wie bei anderen Moskito-Krankheiten. Siehe unter *Stichwort „Malaria"*.

Drogen

Der Besitz und die Einnahme von Drogen jeglicher Art sind in Tanzania verboten und werden strafrechtlich verfolgt.

Einkaufen

Tanzania ist kein typisches Schnäppchen-Einkaufsland wie andere tropische Reiseziele. Es gibt zwar fast alles, aber nicht an jeder Ecke und schon gar nicht außerhalb der Ballungszentren. Besonders im Norden Tanzanias ist das Angebot meist auf Märkte und kleine Shops beschränkt. Das Angebot an frischen Früchten, Gemüse und Grundnahrungsmitteln ist groß und für unsere Verhältnisse sehr preisgünstig. Aufstrebende Supermärkte wie beispielsweise „Mr. Price" oder „Shoprite" bieten auch importiere Waren und Lebensmittel an, so dass selbst der verwöhnteste Tourist zu seiner „Coca-Cola Light" oder dem authentischen „Heinz Ketchup" kommt. Das traditionelle Straßenbild wird neben Indern zunehmend auch von Chinesen bestimmt, die typische Billig-Haushaltswaren anbieten.

Für Touristen sind die Souvenir-Shops (Curio Shops) mit ihren handgearbeiteten Holzschnitzereien, Massai-Schmuck und landestypischen Utensilien interessant. Die Textilläden (alle in indischer Hand) bieten zudem eine große Auswahl an günstigen Stoffen und Textilien an. Sie können sich von talentierten Schneidern/-innen mit Nähmaschinen am Straßenrand sofort neue Kleidungsstücke Maß schneidern lassen.

Die Geschäftszeiten in Tanzania sind in der Praxis variabel. In Arusha oder Moshi öffnen die meisten Märkte und Geschäfte gegen 9.00 Uhr und schließen gegen 17.00 Uhr. Internationale Supermärkte (z.B. Shoprite in Arusha) haben auch bis 21.00 Uhr oder länger geöffnet. Mittagspause zwischen 13.00 – 14.00 Uhr gibt es im Einzelhandel öfter. Sonntags bleiben viele Geschäfte geschlossen.

Einreisebestimmungen

siehe unter den Stichworten *„Visum" und „Zoll"*

Elektrizität

Die Spannung in Tanzania beträgt wie bei uns 230V/Wechselstrom. Deutsche Stecker oder flache Euro-Stecker passen nicht in die lokalen Steckdosen. In Tanzania finden Sie die typische, 3-polige England-Steckdose (wie z.B. in England oder Hong Kong). Adapter sind sowohl in Tanzania als auch in Europa überall erhältlich. Ein großes Problem im Land ist der Stromausfall. Bedingt durch ein unstabiles Stromnetz (Überlastung) und Wasserknappheit (in den Trockenzeiten) kommt es oft für mehrere Stunden zum Stromausfall. Betroffen sind abwechselnd alle Orte und Regionen im ganzen Land. Krankenhäuser und wichtige Organisationen sind von dieser Regelung ausgenommen.

Essen und Trinken

Tanzania zählt für europäische Touristen sicherlich zu den preiswertesten Ländern der Welt. Im Norden des Landes bekommen Sie in einheimischen Restaurants schon für 800 - 2.000 TSH (ca. 0,50 – 1,50 €) ein wohlschmeckendes Mahl nach westlichem Standard (z.B. Steak mit Pommes, Gemüse und Salat). Eine Flasche Wasser oder original Coca-Cola gibt es für weitere 800 TSH (0,50 Euro) dazu. In Sansibar ist das Preisgefüge auf lokaler Ebene etwas höher, aber noch in Ordnung. In den Hotels auf Sansibar zahlen Sie jedoch oftmals das 5- oder 10-fache gegenüber anderen Landesteilen.

Tanzania hat heute keine typische, eigene traditionelle Küche mehr, sondern sie wird durch die **arabische** und **indische Kochkunst** beeinflusst. Lediglich in abgelegenen Gebieten findet man noch klassische Rezepte wie vor hundert oder mehr Jahren, wenn auch für unsere Verhältnisse durch die Verwendung weniger Grundnahrungsmittel, recht einseitige. Aber gerade die verschiedenen Einflüsse geben heute der **tanzanischen Küche** den Reiz. Ob kleine Straßenlokale oder große Hotelküchen: überall gibt es eine kulinarische Reise durch die Welt. Indische, arabische, chinesische, internationale und westliche Restaurants mit Fastfood gehören mittlerweile zum Straßenbild in den Städten. Das Niveau ist trotz des günstigen Preises vielerorts überraschend hoch und die Speisen sehr wohlschmeckend.

Als kleinen Imbiss findet man an öffentlichen Plätzen oder am Straßenrand häufig **Samosa** oder **Sambusa** (indische Teigtasche, gefüllt mit Hackfleisch und Gemüse), **Mishkai** (kleine gegrillte Rindfleischspieße) und **Mandazis** (süß frittierte Donuts/Krapfen). Eine beliebte Ergänzung dazu sind Softdrinks wie Coca-Cola, Pepsi-Cola, Fanta (mit Mango-, Ananas- und Maracuja-Geschmack) oder Wasser (*swahili: maji*). Alkohol wird tagsüber kaum konsumiert.

Die einheimische Bevölkerung ernährt sich nach wie vor von den Grundnahrungsmitteln des Landes. Sie sehen das Essen lediglich als „Grundbedürfnis“ und bereiten die Mahlzeiten daher ohne großen Aufwand zu. Oft ist die Ernährung sehr einseitig, was auf die früher fehlenden Nahrungsmittel zurückzuführen ist. Grundnahrungsmittel sind nach wie vor **Cassava** (Maniok), Reis und Mais, die oft auch zu einem festen Brei verarbeitet werden. Das Hauptgericht heißt **Ugali** (Maisbrei), der überall und zu jeder Gelegenheit gegessen wird. Ugali wird je nach Region mit Gemüse (z.B. Tomaten, Zwiebeln, Lauch) und Fleisch (meist Hühnchen) angereichert. In den Küstenregionen und auf Sansibar wird Ugali auch oft mit Fisch und Shrimps zubereitet.

Als Fleischgerichte werden meist Hühnchen, Lamm oder Fisch serviert. Rind ist teuer und eine Besonderheit, auf Schweinefleisch wird aus Glaubensgründen (Islam) ganz verzichtet - es gilt selbst bei vielen Christen als unreines und ungesundes Fleisch. Zum Fleisch werden unterschiedliche Gemüse wie Kohl, Spinat oder Bohnen serviert. Gekochte und frittierte Kartoffeln (sehr fettig) finden ebenfalls den Einzug in die tanzanische Küche, werden aber sehr oft durch **Kochbananen** ersetzt. Diese werden getrennt von den Essbananen angebaut und dienen besonders in den Bergregionen als sehr beliebtes Grundnahrungsmittel. Durch die besondere Konsistenz und das lange Kochen ähneln sie sehr unseren Kartoffeln, aber mit einem leicht süßlichen Geschmack. Als Dessert werden meist frische Früchte gereicht, die auf den Märkten (täglich) in Hülle und Fülle zur Verfügung stehen. Frische **Mangos, Ananas, Maracuja, Melonen, Kokosnüsse** und **Avocados** finden Sie überall und zu kleinen Preisen.

Gegessen wird im Restaurant oder im privaten Haushalt mit der rechten Hand und einem Löffel. Moderne Afrikaner benutzen ebenfalls das uns bekannte Besteck. Im Essensraum (Wohnzimmer) ist vielerorts ein Waschbecken montiert oder es wird Wasser zum Händewaschen gereicht. Auch Tischgebete werden Sie in den privaten Haushalten noch sehr oft antreffen.

Supermärkte mit einheimischen, indischen oder arabischen Lebensmitteln gibt es fast an jeder Ecke, auf dem Land und in den Städten. Sie bieten eine große Auswahl an landestypischen Lebensmitteln zu meist attraktiven Preisen. In Ballungszentren (Arusha, Moshi, Dar es Salaam, Sansibar) und an Hauptverkehrsstraßen eröffnen immer mehr Supermärkte mit importierten Waren aus Europa oder den USA, die zum Teil sehr überteuert sind. Hier finden Sie beispielsweise HARIBO Gummibärchen, TWIX und MARS, RED BULL

Energy Drinks oder HEINEKEN Bier. Bei Bedarf halten Sie Ausschau nach Märkten von „Mr. Price“ oder „Shoprite“.
Die Getränkeauswahl in Tanzania ist mittlerweile recht groß und die Zeiten von Wasserknappheit sind vorbei. Das Getränk No. 1 ist ganz klar stilles Mineralwasser (*swahili: maji*), das beispielsweise im Norden des Landes als **Kilimanjaro Water** überall serviert wird. Städte im Süden und Sansibar bieten Mineralwasser aus regionalen Quellen an. Ebenfalls beliebt sind Tee (*swahili: Chai*), Softdrinks und Bier. Es gibt ein großes Angebot lokaler Bierbrauereien. Sehr beliebt sind **Kilimanjaro Lager**, **Serengeti Lager** und **Safari Lager**. Darüber hinaus wird oftmals selbstgebrautes **Bananen-Bier** angeboten, was rund um den Kilimanjaro in den Bananen-Plantagen von den **Chaggas** (Bewohner der Kilimanjaro-Region) gebraut wird. Es gleicht eher einer dickflüssigen, braunen Pampe als eigentlichem Bier. Nutzen Sie die Gunst der Stunde und testen Sie den Geschmack, aber seien Sie bitte vorsichtig mit der Menge - es kann Ihnen schnell zu Kopf steigen. In größeren Hotels finden Sie zudem internationale Biere wie Heineken (Holland), Stella Artois (Belgien) oder Tusker (Südafrika).

An **stärkeren Alkoholika** finden Sie neben internationalen Spirituosen an den Hotel-Bars den lokalen Zuckerrohrschnaps **Konyagi**, der mit 34 % Vol. zum guten Schlaf beiträgt. Er wird auch oft von Trägern und Guides auf der Machame-Route (Whiskey-Route) angeboten. Legenden zufolge kommt daher der hochprozentige Name der Route…

Softdrinks wie Coca-Cola, Pepsi-Cola, Fanta (mit Mango-, Ananas- und Maracuja-Geschmack) oder Wasser (*swahili: maji*) gibt es im ganzen Land an jeder Ecke. Oft besteht der Shop am Straßenrand nur aus einem einzigen Kühlschrank mit den genannten Softdrinks. Eine Flasche Wasser oder original Coca-Cola gibt's teilweise schon ab 500 TSH (0,30 Euro).

Hinweis: Wasser ist in vielen Regionen Tanzanias nicht zum Trinken geeignet und muss vor dem Genuss abgekocht bzw. mit Tabletten (z.B. Micropur forte) desinfiziert werden. Vermeiden Sie deshalb unbedingt Trinkwasser aus unbekannten Herkünften sowie Speisen, die mit kaltem Wasser gereinigt oder zubereitet wurden (z.B. Salat, Eiswürfel, etc.). Auf der Website www.katadyn.de können Sie kostenlos Wasserinformationen downloaden und sich über alle Art von Wasserdesinfektionsmöglichkeiten informieren. Katadyn®- oder Micropur® -Produkte finden Sie im Norden Tanzanias in vielen Hotels oder bei Ihrem Tour-Operator.

Mehr zum Thema Wasser finden Sie in diesem Kapitel unter dem Stichwort *„Wasser und Wasser entkeimen“*.

Feiertage

1. Januar:	Neujahr
12. Januar:	Jahrestag der Revolution auf Sansibar (1964)
März/April:	Ostern mit Karfreitag und Ostermontag
26. April:	Tag der Vereinigung (Union Day) zwischen Tanganyika und Sansibar zu einem Staat (1964)
1. Mai	Tag der Arbeit (Labor Day)
Mai/Juni:	Pfingstmontag (wird nur teilweise gefeiert, Geschäfte offen)
7. Juli:	Gründungstag der TANU (saba saba day)
8. August:	Tag der Bauern (Nane nane day)
14. Oktober:	Mwalimu Nyerere Day (1. Präsident)
9. Dezember:	Unabhängigkeitstag zum Anlass der Eigenständigkeit (1961)
25. Dezember:	1. Weihnachtstag
26. Dezember:	2. Weihnachtstag

Weitere Feiertage des Islams

Id el Fitr:	Ende des Ramadan (Oktober oder November)
Id el Haji:	Pilgerfest; Flucht des Propheten Mohammeds nach Medina
Maulid:	Geburtstag des Propheten Mohammed (29.04.)

Fitness

Fitness & Co. sind in Tanzania noch nicht so populär wie bei uns und ziehen erst langsam ein. Auch die Hotels in Arusha, Dar es Salaam oder Sansibar bieten kaum Fitnessräume oder so genannte Wellness-Oasen an. In größeren Städten gibt es immer mehr Trainingsmöglichkeiten, aber Empfehlungen kann ich derzeit kaum aussprechen. Ein hervorragendes Firness-Center (mit Mitgliedsbeitrag) hat die AMEG-Lodge in Moshi. Die meisten Touristen dürften aber mit der Besteigung des Kilimanjaro und einer 5-Tages-Safari körperliche Bewegung genug haben und sehnen sich eher nach dem Pool als nach einem Fitnesscenter.

Fluggesellschaften

siehe Stichwort *„Anreise“*

Fotografieren & Filmen

Flughäfen, militärische Anlagen, Polizeistationen, die Nationalflagge und Regierungsgebäude dürfen nicht fotografiert werden. Ansonsten ist alles erlaubt, was den „guten Geschmack“ nicht verletzt.

Bitte verhalten Sie sich bei Fotoaufnahmen zuvorkommend und diskret. Fragen Sie um Erlaubnis, bevor Sie Menschen fotografieren wollen, und akzeptieren Sie auch ein „Nein“. Oftmals fragen die Menschen nach Geld oder Fotoabzügen. Es ist mehr als legitim, wenn Ihnen ein nettes Foto ein paar Schilling wert ist, insbesondere, wenn dies die einzige Einnahme der Personen darstellt. Wenn Sie Fotoabzüge versprechen, senden Sie diese bitte auch später zu. Oftmals werden die Leute mit Versprechungen nur „geködert“ und sie hören nie wieder etwas vom Fotografen.

Massai oder **Bushmen** lassen sich in ihrer Umgebung sehr ungern fotografieren, sind aber meist nach zögernden Verhandlungen und gegen einen kleinen Obolus bereit für das Foto. Akzeptieren Sie aber in Massai-Dörfern auch Tabus und private, nicht zugängliche Bereiche. In einigen Parks (z.B. Ngorongoro oder Serengeti) sind original aufgebaute Massai-Dörfer mit Massai-Familien gegen Gebühren zugänglich. Auch wenn es manchmal eher einem Souvenir-Shop in Disneyland ähnelt, kommen Sie hier zu guten Fotos, ohne das kulturelle Leben der Massai zu stören.

Hinweis: Tragen Sie die Kamera oder Ausrüstung niemals offen und für jedermann sichtbar. Das schafft Neider und kann in sekundenschnelle zum Diebstahl führen. Taschendiebe lauern überall und wissen, was eine Kamera Wert ist!

Die Wahl der Kamera

Klein-Kamera
Für den Normal-Touristen ist eine kleine Digitalkamera oder eine herkömmliche Kleinbild-Kamera absolut ausreichend. Sie hat den großen Vorteil, dass man meist unauffällig zu hervorragenden Schnappschüssen auf Märkten etc. kommt. Bei Motiven, bei denen Sie mit Ihrer „großen Spiegelreflex“ eher erschrecken, haben Sie mit der „kleinen“ noch eine gute Chance. Die aufgeführten Pflege-Tipps gelten gleichermaßen für kleine und große Kameraausrüstungen.

Stativ & Zubehör
Stative sind aus meiner Sicht dem Profi vorbehalten. Ob Sie ein Stativ benötigen oder nicht, müssen Sie natürlich selbst entscheiden. In der Praxis benötigen Sie es jedoch kaum und die Mitnahme am Berg kann (muss nicht) zur Last werden. Da Sie bei Safaris meist das Fahrzeug nicht verlassen dürfen, kommt es auch hier nicht unbedingt zum Einsatz.

Der Einsatz des Stativs lohnt vor allem bei Sonnenauf- und Untergängen, Bergaufnahmen, Sternenhimmel und bei allen Langzeitbelichtungen.

Objektivwahl bei Spiegelreflexkameras

Vorausgesetzt Sie wollen Berge & Safari vernünftig fotografieren und 90% der Möglichkeiten abdecken, benötigen Sie in der Regel nur 2 Objektive. Ein **Weitwinkel** und ein **Tele-Zoomobjektiv**. Im Weitwinkelbereich bieten sich Objektive von 28-70 mm und im Zoombereich Telebrennweiten von 70-300 mm an. Damit kommen Sie auch in den Safari-Parks recht nahe an die Tiermotive heran. Wem das nicht reicht, kann auf Telebrennweiten von 300-500 mm setzen.

Hinweis: Bitte achten Sie darauf, dass Objektivbrennweiten bei Digitalkameras, durch den kleineren Sensor, (noch) in einem anderen Verhältnis stehen. Ist die Diagonale des Sensors kleiner als beim genormten Kleinbild (24 x 36 mm), erscheint der Bildausschnitt im Objektiv entsprechend vergrößert. Ein 50mm Objektiv an einer CANON EOS 20D Digitalkamera (Sensorgröße 22,7 x 15,1 mm) würde einem 80mm Objektiv an einer Kleinbildfilm-Kamera gleichkommen. Das Verhältnis steht bei den meisten Canon Digitalkameras derzeit bei 1 : 1,6.

Digitalkameras / Digitale Spiegelreflex-Kameras

Digitalkameras werden immer billiger, leistungsfähiger und beliebter. Falls Sie noch kein „Profi" auf dem Gebiet der digitalen Fotografie sind, nehmen Sie sich die folgenden Empfehlungen zu Herzen.

1) Nehmen Sie mindestens 2 **Ersatz-Akkus** und/oder Batterien mit, da Sie während der 5-8 Tage Ihrer Kilimanjaro-Besteigung oder Zeltsafari keinen Zugang zu einem Stromnetz haben. Genügend Akkus und Batterien sind also ein Muss. Da Akkus bei Kälte (z.B. Kilimanjaro-Besteigung) bis zu 80% der Leistungsfähigkeit verlieren, sollte der Ersatz-Akku im Gipfelbereich körpernah, an einem warmen Platz transportiert werden. Batterien sind gegen Kälte weitaus weniger empfindlich und eignen sich daher besser für den Gipfeltag.

2) Nutzen Sie **verschiedene Speicherkarten** und sorgen Sie für eine regelmäßige **Datensicherung** Ihrer Urlaubsbilder. Wenn Sie alle Erlebnisse auf einer einzigen Karte festhalten und zudem nie sichern, riskieren Sie den Totalverlust Ihrer Daten. Hitze, Feuchtigkeit und Stöße können Kamera und Speicherkarte beschädigen oder gar zerstören.

3) Achten Sie auf eine hochwertige, wasser- und **staubabweisende Kameratasche**. Als Vorteilhaft haben sich vor allem Bauchtaschen bewährt, da Sie die Hände somit auch während der Wanderungen immer frei haben (z.B. für Trekking-Stöcke, etc.) Bei einer Kilimanjaro-Besteigung werden Ihnen Temperaturen von + 40°C bis -15°C, Staub und Regenschauer begegnen. Bei einer Safari leidet die Kamera aufgrund der enormen Staub- und Hitzeentwicklung. Auch unbefestigte Straßen können eine unsachgemäß transportierte Kamera beschädigen und außer Gefecht setzen.

4) **Reinigen** Sie die Objektivlinsen ausschließlich mit dafür vorgesehenen Reinigungstüchern. Auch ein Blasebalg zum Abblasen der Staubkörner vor der Tuchreinigung ist aufgrund der starken Staubentwicklung sinnvoll.

5) **Objektivwechsel** bitte nur an sauberen und windgeschützten Stellen vornehmen!

Analoge Kameras / Spiegelreflexkameras

Was den Transport und die Empfindlichkeit betrifft, unterscheiden sich digitale und analoge Kameras kaum. Eine ordnungsgemäße Handhabung und vernünftige Ausrüstung ist die halbe Miete. In Sachen Stromversorgung hat die analoge Kamera nach wie vor die Nase vorn, da aufgrund der meist mechanischen Arbeitsweise Akku- oder Batterieprobleme wegen der Kälte nicht auftreten.

Filme bringen Sie am besten in ausreichender Menge von zuhause mit. Es gibt zwar Filme im Land zu kaufen, jedoch zu völlig überhöhten Preisen. Da Sie höchstwahrscheinlich außerhalb der Regenzeit nach Tanzania reisen und ausreichend Sonnenlicht haben, sind Filme mit 100 ASA ausreichend. Für den frühen Morgen oder den späteren Abend ist auch ein 400 ASA Film sinnvoll.

Führer, Guides & Team

Die Besteigung des Kilimanjaro und Mt. Meru ist nur mit lizenzierten Führern der TANAPA möglich. Beim **Mt. Meru** kommt zusätzlich ein **bewaffneter Ranger** hinzu, um Sie ggf. vor Angriffen der Wildtiere zu schützen. Wenn Sie über einen europäischen oder auch über einen tanzanischen Reiseveranstalter buchen, bekommen Sie immer ein „Pauschalpaket“, welches bereits Guides, Träger, Verpflegung, Unterkünfte und Parkgebühren enthält. Wenn Sie individuell reisen, wird Ihnen am Nationalpark-Gate ein Team mit Führer zugewiesen.

Alle Guides und Ranger müssen regelmäßig Prüfungen über Flora, Fauna und Notfallmedizin ablegen. Viele der Guides sind bereits seit Jahren am Berg unterwegs und können Ihnen auf beeindruckende Weise jede Frage beantworten. Neben dem eigentlichen **Guide** werden Ihnen in einer Gruppe zusätzliche **Assistant Guides** zugeteilt. Diese sind wichtig, wenn einzelne Mitglieder die Gruppe durch Höhenkrankheit, Unwohlsein oder Unfall frühzeitig verlassen müssen. Lassen Sie sich im Zweifel Ausweise zeigen, um Guides von Assistant Guides oder Trägern (Porter) zu unterscheiden.

Nehmen Sie Ihren Guide ernst, wenn er immer wieder „Pole Pole“ sagt. Es bedeutet „langsam, langsam“ und ist das wichtigste Wort am Berg. Denken Sie immer daran: „Nur wer langsam den Berg hochgeht, kommt schnell zum Gipfel“. Die anderen wohl gar nicht… Falls Sie sich aus irgendwelchen Gründen (z. B. aufgrund der Höhe) unwohl fühlen, sprechen Sie sofort mit Ihrem Guide darüber. Er kennt die Symptome der Höhenkrankheit genau und kann Ihnen ggf.

mit seiner Diagnose das Leben retten. Nicht erkannte oder aus Stolz bewusst verdrängte Anzeichen für ein Lungen- oder Hirnödem, kann in wenigen Stunden zum Tode führen! (*siehe Stichwort „Höhenkrankheit"*)

Am Ende einer Besteigung oder Safari steht Ihrem Team ein angemessenes Trinkgeld zu. Vorschläge über die Höhe finden Sie unter dem Stichwort *„Trinkgeld"*.

Geld

Die offizielle Landeswährung in Tanzania ist der **Tanzania Shilling** = TSH (*Swahili: shillingi*). Der derzeitige Kurs (Juli 2007) beträgt 1 € = 1.650 TSH, 1 CHF = 1.000 TSH oder 1 US$ = 1.250 TSH. Die gängigsten Banknoten sind 500, 1000, 2000, 5000 und 10.000 TSH. Im Land bekommen Sie an zahlreichen offiziellen Wechselstuben (z.B. Forex Exchange) sehr gute Konditionen für EURO, CHF oder US$ Banknoten (größere Banknoten werden im Kurs bevorzugt). Die schlechtesten Wechselkurse erhalten Sie definitiv zu Hause. Wechseln Sie deshalb am Wohnort, wenn überhaupt, nur wenige TSH für den ersten Tag Ihrer Ankunft. Da die Ein- und Ausfuhr von Landeswährung gesetzlich verboten ist, macht es Sinn direkt nach der Ankunft am Flughafen einen kleinen Betrag in TSH zu wechseln!

Parallel zum Tanzania Schilling ist der US$ noch immer als „inoffizielle Zweitwährung" weit verbreitet und wird fast überall als Zahlungsmittel akzeptiert. Bestimmte Organisationen (z.B. Nationalparks, Zoll, Immigration) oder Hotels verlangen ausschließlich US$ als Zahlungsmittel aufgrund der Inflationsrate. Sinnvoll ist es daher einen Teil der Reisekasse in US$ bereit zu halten.

Traveller-Checks sind ebenfalls ein bekanntes Zahlungsmittel in Tanzania, werden aber nicht überall akzeptiert. Der Nachteil ist hier eine prozentuale Bearbeitungsgebühr, der Vorteil ist ganz klar die Versicherung bei Verlust oder Diebstahl.

Internationale Kreditkarten (VISA, Mastercard, Diners Club, Amex) sind in Tanzania noch weitgehend unbekannt und werden nur in den großen Hotels (besonders in Großstädten und auf Sansibar) oder westlich geführten Restaurants akzeptiert. Oftmals werden aber horrende Bearbeitungsgebühren berechnet. In lokalen Restaurants, auf Märkten etc. haben Sie dagegen keine Chance mit Ihrer goldenen Kreditkarte. Eine gute Alternative bieten hier die ATM-Machines (Geldautomaten) der großen Banken, die in jeder Stadt (auch Moshi und Arusha) mehrfach zu finden sind. Hier können Sie mit Ihrer Kreditkarte und PIN Bargeld zu hervorragenden Wechselkursen und geringen Bearbeitungsgebühren abheben.

Keinesfalls sollten Sie sich mit **Schwarzgeld-Händlern** einlassen. Zum einen sind die Kurse nicht wirklich attraktiv und zum anderen wissen Sie nicht wo man Sie in der Seitenstraße zum Wechseln hinbringt. Bitte beachten Sie auch, dass der Schwarztausch in Tanzania strafbar ist. Wechseln Sie deshalb nur an offiziellen Stellen!

Geldbeutel

Auf längeren Auslandsreisen ist es generell sinnvoll Bargeld und Wertsachen auf verschiedene Personen und auf unterschiedliche Körperstellen zu verteilen. Nur so kann das Risiko eines Totalverlustes minimiert werden.

Als Geldbeutel empfehlen sich hochwertige Brustbeutel mit Umhänge- und Gürtelbefestigung, oder Geldgürtel aus dem Fachhandel. Handelsübliche Portemonnaies oder touristentypische Bauchtaschen sind völlig ungeeignet. Taschendiebe lauern überall und sind gerade auf die beiden letzteren Systeme spezialisiert.

Gepäck

Da Sie im Begriff sind eine Abenteuerreise zu unternehmen, vergessen Sie ganz schnell den klassischen Hartschalenkoffer. Angesagt sind, je nach Einsatzgebiet, ausschließlich robuste Trekking-Taschen oder Seesäcke (z.B. von Ortlieb).

Für die Besteigung der beiden Berge **Kilimanjaro** oder **Mt. Meru** benötigen Sie einen Tagesrucksack (ca. 25-30 Liter) zum Selbsttragen und eine robuste, wasserdichte Trekkingtasche/Seesack (80 - 130 Liter, z.B. von www.ortlieb.de), die Ihr Träger trägt (max. Gewicht pro Träger 20 kg). Der Vorteil einer Tasche liegt darin, dass Sie durch die lange Öffnung recht schnell das gewünschte Kleidungsstück finden, was sich im Seesack oft schwieriger darstellt. Gerade nach anstrengenden Wandertagen und in engen Zelten werden Sie das zu schätzen wissen. Der Vorteil des Seesacks liegt im Tragekomfort und in der besseren Dichtigkeit. Dies kann man aber für Ihr kommendes Vorhaben vernachlässigen, da Ihr Gepäck am Berg zusätzlich in Säcke verpackt und von Trägern auf dem Kopf getragen wird.

Für die Safari gelten die gleichen Argumente, nur dass ein Jeep das Gepäck von A nach B fährt.

Tipp: Oft kommt es bei Umsteige-Flügen (z.B. KLM via Amsterdam) zum Verlust von fehlgeleiteten Gepäckstücken. Diese finden sich zwar meist 1-2 Tage später wieder, werden aber erst dann an Ihr Hotel nachgeliefert. Deshalb macht es Sinn die wichtigsten Kleidungsstücke für den ersten Tag am Reiseort im Handgepäck mit sich zu führen. So überleben Sie auch ohne Probleme einen Tag ohne Ihr restliches Gepäck.

Bitte beachten Sie auch das von Ihrer Airline angegebene max. Gepäckgewicht. Es beträgt beispielsweise bei Condor und KLM nur 20 kg pro Person, was mit einer Trekkingausrüstung kaum machbar ist. Übergepäck wird teuer (7,00 – 15,00 Eur pro kg). **Ethiopian Airlines** ist da etwas lockerer und bietet auf der Strecke Frankfurt – Kilimanjaro sogar **45 kg Freigepäck** (max. 32 kg davon in einer Tasche) in der Economy Class an.

Geschäftszeiten

Die Geschäftszeiten in Tanzania sind variabel. In Arusha oder Moshi öffnen die meisten Märkte und Geschäfte gegen 9.00 Uhr und schließen um 17.00 Uhr. Internationale Supermärkte (z.B. „Shoprite" in Arusha oder „Highway" in Moshi) haben auch bis 22.00 Uhr oder länger geöffnet. Eine Mittagspause zwischen 13.00 – 14.00 Uhr ist im Einzelhandel Standard. Sonntags bleiben viele Geschäfte geschlossen.

Die Öffnungszeiten von Banken und Postämtern sind unterschiedlich, liegen aber meist zwischen 9.00 – 12.00 Uhr und 14.00 – 16.00 Uhr. Die Mittagspause wird dort streng eingehalten. Alle offiziellen Stellen sind an Sonn- und Feiertagen ebenfalls geschlossen.

Behörden öffnen zwischen 8.00 und 12.00 Uhr. Ähnlich wie in den meisten deutschen Städten ist nachmittags ein Besuch nicht möglich.

Die Nationalparks in Tanzania unterliegen ebenfalls festgeschriebenen Öffnungszeiten. Sie öffnen meist um 6.00 Uhr und schließen um 18.30 Uhr. Letzter Einlass ist gegen 16.30 Uhr. Diese Zeiten sollten auch dem Hobbyfotografen ausreichen. Im Bedarfsfall können Sie versuchen bei der TANAPA eine Sondergenehmigung (teuer) zu bekommen, um die Abendsonne oder das Nachtleben der Tiere im Bild festzuhalten.

Gesundheit

Das Thema Gesundheit wurde in diesem Kapitel des Buches aufgrund der zahlreichen Einzelbegriffe auf die jeweiligen Stichworte wie z.B. „Malaria" oder „Höhenkrankheit" aufgeteilt. Grundsätzliches zur ärztlichen Versorgung in Tanzania finden Sie unter „Ärzte und Apotheken".

Hotels

Das Angebot an Hotels, Lodges oder Zelt-Camps in jeder Kategorie, ist in Tanzania ausgesprochen groß. Zimmer bekommt man auf dem Land oder in Städten bereits ab 5 US$/Nacht. Typische „All Inclusive" Luxus-Hotels finden sich jedoch nur in einigen Nationalparks und auf Sansibar. Wie üblich lohnt es meistens Mittelklasse- und Luxushotels im Vorfeld mit einem heimischen Reiseveranstalter zu buchen, da dieser durch vorab blockierte Kontingente oft interessantere Preise erzielen kann. Ein Vergleich lohnt sich aber immer.

Viele Hotels verlangen von den Touristen US$, da die Währung gegenüber der Inflation des TSH stabiler ist. Oftmals findet man Preisauszeichnungen für das gleiche Zimmer in US$ für Touristen und in TSH für Einheimische. Wundern Sie sich nicht, wenn der Preis für Einheimische zudem deutlich günstiger ist.

Eine Auflistung von Übernachtungsmöglichkeiten finden Sie beim Tanzania Tourist Board unter www.tanzaniatouristboard.com
Darüber hinaus sind im Folgenden einige Empfehlungen aufgelistet, die jedoch keinen Anspruch auf Vollständigkeit erheben. Viele der Unterkünfte habe ich mir selbst angeschaut, man muss aber gerade in Afrika ständig mit Veränderungen und späteren Abweichungen des Erlebten rechnen.

Preiseinteilung der Übernachtungsmöglichkeiten (günstig § bis teuer $$$)

Camping Plätze (außerhalb)	1,50 – 10,00 US$ / pro Person
Camping Plätze (in National Parks)	15,00 – 40,00 US$ / pro Person
Pension, Gästehaus, kleines Hotel ($)	5,00 – 25,00 US$ / pro Zimmer
Gutes Stadt- oder Mittelklassehotel ($$)	25,00 – 50,00 US$ / pro Zimmer
gehobenes Hotel ($$-$$$)	50,00 – 100,00 US$/ pro Person
Luxushotel ($$$)	ab 100,00 US$ / pro Person

Alle hier in alphabetischer Reihenfolge aufgeführten Hotels sind mir persönlich bekannt, super gelegen und in der jeweiligen Preiskategorie unbedingt zu empfehlen.

Arusha
Arumeru River Lodge ($$-$$$), www.arumerulodge.com ca. 15 km vor Arusha
Arusha Hotel ($$-$$$), www.arushahotel.com
Golden Rose Hotel ($-$$), www.goldenrosehotel.tz.com
Impala Hotel ($$-$$$), www.impalahotel.com
Kibo Palace Hotel ($$$), www.kibopalacehotel.com
Mt. Meru View Lodge ($$-$$$), www.meru-view-lodge.de – Lodge, außerhalb
Ngurdoto Mountain Lodge ($$$), www.thengurdotomountainlodge.com

Dar es Salaam
Siehe unter www.tanzaniatouristboard.com

Kilimanjaro Airport
KIA Lodge ($$$), www.moivaro.com

Machame
Protea Hotel ($$-$$$), www.proteahotels.com

Marangu
Coffee Tree Campsite ($), www.alpinesafari.com
Capricorn Hotel ($$$), www.capricornhotel.com
Marangu Hotel ($$), www.maranguhotel.com

Moshi
AMEG Lodge ($$-$$$), www.ameglodge.com
Bristol Cottages ($$),www.kiliweb.com/bristol.html
Key's Hotel Moshi ($$-$$$), www.keys-hotels.com
Kindoroko Hotel ($), www.kindorokohotel.com
Leopard Hotel ($), www.leopardhotel.com
Springlands Hotel ($$), www.zaratours.com

Sansibar
Siehe im Kapitel „Sansibar" oder unter www.zanzibartourism.net

Safari-Lodges

Chimpanzee Safaris (Betreiber von zahlreichen Luxus Lodges & Tented Camps in den südlicheren Nationalparks des Landes Gombe, Katavi, Mahale und Tarangire) www.chimpanzeesafari.com

Serena Lodges (3-4* Lodges & Luxus-Zeltcamps in vielen Nationalparks, auf Sansibar und Mafia große Lodges im afrikanischen Stil) www.serenahotels.com

Sopa Lodges (3-4* Lodges in nördlichen Nationalparks, private Hotelkette mit teilweise dominanten Gebäuden) www.sopalodges.com

Conscorp Corporation Africa (CCA) – (Luxus-Lodges für die gehobene Safari und Urlaube in den Nationalparks und auf Sansibar, sehr teuer)

Hotels & Lodges Limited – 3-4* Lodges in beliebten Nationalparks und auf Sansibar. www.hotelsandlodges-tanzania.com

HATARI Lodge (Luxus Lodge von Marlies & Jörg Gabriel. Ehemaliges Wohnhaus von Hardy Krüger in hervorragender Lage im Arusha-Nationalpark mit Blick auf Kilimanjaro & Mt. Meru. Gelungene Kombination aus African Culture & modernem Retro-Design, deutschsprachig) www.hatarilodge.com

Momella-Lodge (in die Jahre gekommene 2-3* Lodge mit Geschichte. Hier wurden viele Filmszenen von HATARI mit John Wayne und Hardy Krüger gedreht, spätere Hotel-Lodge von Hardy Krüger & Partner. Freistehende runde Bungalows, freier Blick auf Mt. Meru & Kilimanjaro) keine Email oder Website

Höhenkrankheit / Höhenanpassung

Hinweis: Die hier angegebenen Informationen und Ratschläge gelten immer nur als grobe Richtlinien und sind individuell abhängig vom Zustand der jeweiligen Person oder Gegebenheit. Beim Höhenbergsteigen über die Höhe des Kilimanjaro (5.895 m) hinaus gelten andere Regeln, die Ihnen in einschlägiger Fachliteratur und durch die Beratung von Höhenmedizinern zur Verfügung stehen. **Der Autor übernimmt keine Verantwortung für die Richtigkeit der angegebenen Informationen und ggf. daraus resultierenden gesundheitlichen Schäden der Reisenden.** Konsultieren Sie auf jeden Fall einen Facharzt vor Reiseantritt und lassen Sie Ihre Leistungsfähigkeit überprüfen.

Allgemeine Erklärung

Durch den fallenden Luftdruck in der Höhe kommt es zu einem Abfall des Sauerstoffdruckes in unserer Atemluft, bei dem auch der **Sauerstoff-Partialdruck** (der anteilige Sauerstoffdruck) abnimmt. Der eigentliche Sauerstoffgehalt (21%) nimmt, entgegen allgemeiner Meinungen, nicht ab. Auf einer Höhe von etwa 5.500 m erreicht der **Luftdruck nur noch die Hälfte** des Normaldrucks auf Meereshöhe. Wir atmen dadurch automatisch weniger Sauerstoff ein, was der Körper mit erhöhter und tiefgehender Atmung sowie einem erhöhtem Pulsschlag kompensiert. Die Anzahl der vorhandenen **„roten Blutkörperchen"** reicht also ab einer gewissen Höhe (meist ab ca. 3.000 m) nicht mehr aus, um die notwendige Menge an Sauerstoff ins Gehirn und in unser Gewebe zu transportieren. Schnelle und einfache Bewegungen führen daher in der Höhe schon deutlich frühzeitiger zur Anstrengung als auf Normalhöhe. Bei einer ordentlichen und **langsamen Akklimatisierung** (Gewöhnung an die Höhe) über mehrere Tage, bilden sich zusätzliche „rote Blutkörperchen" und unser Organismus passt sich der Höhe langsam an. Die wissenschaftlich empfohlene Aufstiegshöhe liegt bei 300-500 Höhenmeter pro Tag, was am Kilimanjaro durch die straffen Tour-Programme leider kaum machbar ist.

Wann und wen es warum in Sachen „Höhenkrankheit" trifft, ist bisher noch nicht ausreichend erforscht. Tatsache ist jedoch, dass es den austrainierten Marathonläufer genauso erwischen kann wie den übergewichtigen Kettenraucher. Auch erfahrene Bergsteiger reagieren bei jeder Besteigung unterschiedlich auf die Höhe. Am empfindlichsten reagieren die Lunge und das Gehirn auf den fehlenden Sauerstoffdruck. Von der Einnahme häufig missbrauchter Medikamente wie z.B. **„Diamox"** zur Vermeidung der Höhenkrankheit als Prophylaxe ist dringend abzuraten. Zum einen treten sehr oft Risiken und Nebenwirkungen auf und zum anderen ist die Einnahme nach sportlichen Gesichtspunkten (Doping) nicht vertretbar. **Mit der Einhaltung gewisser Regeln und einer langsamen und sorgfältigen Akklimatisierung lässt sich meist einer Höhenkrankheit vorbeugen.**

Vorakklimatisierung

Eine „Vor-Akklimatisierung“ in den Alpen ist nur dann möglich, wenn Sie sich mehrere Tage auf einer Höhe über 2.500 - 3.000 m aufhalten und innerhalb 7-10 Tage danach am Kilimanjaro die Besteigung antreten. Die oftmals von Reiseanbietern angepriesene „automatische Höhenanpassung“ durch den Innendruck der Flugzeugkabine auf dem Hinflug ist völliger Quatsch. Hier herrscht während der 8-9 Stunden Flugzeit ein Kabinendruck, der mit einer Höhe von etwa 1.600 - 1.800 m gleichzusetzen ist. Von Höhenanpassung kann also keine Rede sein.

Mt. Meru (4.566 m)

Eine hervorragende Möglichkeit der so genannten „Vor-Akklimatisierung“ ist die Besteigung eines kleineren Berges vor der eigentlichen Kilimanjaro-Tour. Dadurch werden Sie tatsächlich akklimatisiert und mit reellen Bedingungen konfrontiert. Der Körper gewöhnt sich somit nachhaltig an Anstrengung und Höhe, was danach einige Tage anhält. Ideale Berge hierfür sind z.B. der **Mount Meru** (4.562 m) und der **Mount Kenia** (Point Lenana 4.985 m - Hauptgipfel 5.199 m). Die genannten Berg-Kombinationen werden mittlerweile auch von einigen Reiseanbietern empfohlen und als Paketpreis angeboten. Versuchen Sie außerdem den heimischen Stress abzulegen und genießen Sie erst einmal ein paar Urlaubstage im Land, bevor Sie die Bergbesteigung angehen. Eine Safari bietet sich zum „Abschalten“ im Vorfeld ebenfalls an. Entsprechende Bedenken, dass eine Safari sich bei der nachfolgenden Bergbesteigung negativ auf Magen-, Darm und Kreislauf auswirkt, kann ich aufgrund meiner Erfahrungen nicht bestätigen.

Ein lang vorbereitetes **Ausdauertraining** (z.B. Joggen, Bergläufe, Radfahren, etc.) steigert ebenfalls nachweislich Ihre Leistungsfähigkeit und hilft dabei, die Strapazen am Berg besser zu bewältigen. Mehr dazu im Kapitel *„Besteigung Allgemein > Vorbereitung“*.

Organisierte Kilimanjaro-Besteigungen sind aufgrund des Preiswettbewerbes oft knapp bemessen, da jeder Tag am Berg mindestens 100 Euro mehr kostet. Es macht sich also in der Werbung super, wenn ein Preisangebot 20-30% günstiger als das der Mitbewerber ist. Es ist jedoch völlig unverantwortlich in 4 oder 5 Tagen einen Berg dieser Dimension zu besteigen, auch wenn der Preis noch so verlockend ist. Auf Werbesätze wie „...Wir bringen sie alle hoch.... oder ... 100% ige Gipfelgarantie...) geben Sie am besten gar nichts! Planen Sie, abhängig von der Route, mindestens 6-10 Besteigungstage (inkl. Abstieg) ein. Sinnvoll ist es zudem einen extra Akklimatisierungstag auf einer Höhe von 3.800 - 4.000 m einzuplanen. Er steigert Ihre Gipfelchance sicherlich um 20-

30%. Es geht nicht darum, „ob“ Sie den Gipfel erreichen, sondern „wie“ Sie den Gipfel erreichen und die Aufstiegstage erleben!

Die goldenen Regeln des Höhenbergsteigens

1) Gehe nicht zu schnell zu hoch!
2) Gehe hoch genug zum Akklimatisieren!
3) Gehe hoch, aber schlafe niedriger!
4) Bleibe nicht zu lange oben!

Man unterscheidet in der Höhenmedizin hauptsächlich zwischen 3 Gruppen der Höhenkrankheiten. Die akute **Höhenkrankheit** (*engl.* AMS = Acute Mountain Sickness), das **Höhenhirnödem** (engl. HACE = High Altidute Cerebral Edema) und das **Höhenlungenödem** (HAPE = High Altidude Pulmonary Edema). Alle drei stellen bei einer Kilimanjaro-Besteigung eine besondere Gefahr dar.

1) Die **Akute Höhenkrankheit (AMS)** tritt meist dann auf, wenn Sie ab einer Höhe von etwa 3.000 m zu schnell aufsteigen und zu wenig Flüssigkeit zu sich nehmen. Beginnende Wasseransammlungen und Durchblutungsstörungen im Gehirn bewirken den immer stärker werdenden Kopfschmerz, der auch mit Schmerztabletten nicht mehr abzustellen ist. Wenn zudem andere Symptome auftreten, gilt entweder der sofortige Abstieg oder zumindest die Nacht deutlich unter der max. erreichten Tageshöhe zu verbringen. Wenn kein weiterer Aufstieg erfolgt, sind die Symptome am nächsten Tag meist verschwunden. Verweilen Sie dann einen weiteren Tag auf dieser Höhe, bevor Sie den Aufstieg weiter fortsetzen. Bei ausbleibender Linderung der Symptome innerhalb 24 Stunden bitte sofort absteigen!

Parallel kann ein Kopfschmerzmittel (z.B. Paracetamol oder Ibuprofen) verabreicht werden. Auf Aspirin sollte man verzichten, wenn man bereits vorher öfter mit Magenproblemen zu tun hatte. Trinken Sie während des gesamten Aufstiegs ständig und so viel wie möglich (mind. 3-5 Liter am Tag) antialkoholische Flüssigkeiten (Wasser, Tee, Schorlen). Eine ausreichende Flüssigkeitszufuhr (mit Mineralien und Salzen) ist während der gesamten Besteigung unbedingt notwendig. Ein vermehrtes Urinieren (auch nachts) weist auf ausreichend Flüssigkeitszufuhr und ordnungsgemäße Akklimatisierung hin, wobei geringe Mengen mit meist dunkelgelbem Urin auf zu wenig Trinken und Akklimatisationsprobleme hindeuten.

Symptome der Höhenkrankheit (AMS)

- Kopfschmerzen
- Übelkeit / Erbrechen
- Müdigkeit
- Appetitlosigkeit / Durchfall
- Schwindel / erste Körperfunktionsstörungen
- Schlafstörungen

2) Das **Höhenhirnödems (HACE)** ist quasi die „Steigerung" der AMS und tritt, Statistiken zu Folge, meist erst ab 4.500 - 5.000 m auf. Es entsteht ebenfalls durch einen zu raschen Aufstieg und nach dem Ignorieren der ersten Symptome. Durch die veränderte Durchblutung und zunehmende Wassereinlagerung im Gehirn kommt es darin zu allmählicher Schwellung und Drucksteigerung. Das Hirnödem ist somit das Endstadium der zerebralen Hirnstörungen und führt, wissenschaftlichen Studien zu Folge, in 40% der Fälle zum Tode. Beim ersten Auftreten der genannten Symptome ist der Abstieg unverzüglich, ggf. auch nachts, durchzuführen. Der Patient MUSS von einem Guide und/oder anderen Personen gestützt und begleitet werden, da es leicht zu Stürzen und somit zur zusätzlichen Unfallgefahr kommen kann. Beim Verlassen der Höhe gehen meist auch die Symptome innerhalb 1-3 Tagen zurück.

In schweren Fällen können parallel die Wirkstoffe Dexamethason, Acetazolamit (Diamox) oder Nifidepin (Adalat) **gemäß ärztlicher Dosierung** verabreicht werden. Die Zugabe von Sauerstoff oder die Lagerung des Patienten in einem Überdrucksack sind, wie die Medikamente, nur begleitende Hilfemaßnahmen, die einen sofortigen Abtransport in tiefere Höhen aber keinesfalls ersetzen.

Symptome des Höhenhirnödems (HACE)

- anfangs Symptome wie bei AMS
- Ataxie (Stehunsicherheit)
- Körperfunktionsstörungen / Sehstörungen
- Verhaltensänderungen
- Halluzinationen
- Desorientiertheit
- Verwirrtheit
- Bewusstseinsstörungen
- Koma

3) Das **Lungenhöhenödem** (HAPE) entsteht durch den erhöhten Lungenateriendruck bei ungleichen Gefäßverengungen in der Lunge. Es tritt meist in Höhen über 4.000 m auf (in Einzelfällen auch vorher) und ist am Anfang nur schwer erkennbar. Erstes Anzeichen sind ein rapider Leistungsabfall, blaue Lippen und rasselnder Husten. Innerhalb von nur 24 Stunden ist das Krankheitsbild dann voll ausgeprägt. Ohne eine schnelle Therapie besteht **akute Lebensgefahr**, zumal es in 25% zu Todesfällen kommt.

Als sofortige Maßnahmen sind eine halbsitzende Lagerung und ein **schnellstmöglicher Abtransport in tiefere Höhen einzuleiten**. Eine Sauerstoff Verabreichung, Behandlung in einem Überdrucksack und Medikamente nach ärztlicher Dosierung (z.B. Nifedepin), sind zusätzlich empfehlenswert. Diamox sollte hier jedoch keinesfalls eingesetzt werden. Nach dem Abstieg ist umgehend ein Arzt bzw. ein Notfall-Krankenhaus aufzusuchen.

Symptome des Lungenödems (HAPE)
- anfangs Symptome wie bei AMS
- Blaue Lippen (Sauerstoffarmut)
- Stark reduzierte Belastbarkeit
- Trockener Husten
- Blutiger Auswurf
- Brodelnde Atemgeräusche
- Apathie (Teilnahmelosigkeit) und große Müdigkeit

Neben den vorab genannten Höhenkrankheiten kommt es am Berg auch häufig zu Magen-Darmbeschwerden (durch Klima und Nahrungsumstellung), zu Erkältungskrankheiten (durch kalte, trockene und staubige Höhenluft) und zu Hautkrankheiten (durch Sonneneinstrahlung und Abnahme der Abwehrkräfte).

Detailliertere Information zum Thema „Bergmedizin" finden Sie z.B. auf der Website von Dr. Walter Treibel www.treibel-bergmed.de.

Impfungen

Gesundheitsämter, Tropeninstitute und der Gesundheitsdienst des Auswärtigen Amtes empfehlen derzeit (07-2007) Impfungen gegen **Tetanus**, **Diphtherie**, **Polio**, sowie **Hepatitis A und B** (Twinrix® Kombi-Impfung). Bei Langzeit-aufenthalten oder Aufenthalte abseits der Zivilisation ist auch ein Impf-schutz gegen **Tollwut, Typhus** und **Meningokokken-Meningitis** (**A und C)** sinnvoll.

Eine gültige **Gelbfieberimpfung** wird nur dann verlangt, wenn Sie von einem Gelbfieberland einreisen oder sich kurz zuvor dort aufgehalten haben. Das gleiche gilt für **Cholera**.

Hervorragende Informationen zu Impfungen und allen medizinischen Fragen auf Reisen, finden Sie unter www.fit-for-travel.de und www.travelmed.de

Hinweis: Der Autor kann keine Verantwortung oder Haftung für die hier gelisteten medizinischen Informationen oder Quellen übernehmen. Alle Angaben sind nur Grundinformationen und ersetzen nicht die vorherige eingehende medizinische Beratung eines Arztes. Trotz größtmöglicher Bemühungen sind die hier beschriebenen medizinischen Informationen möglicherweise nicht immer umfassend, genau und aktuell. **Für Ihre Gesundheit bleiben Sie selbst verantwortlich!**

Insolvenzschutz

Reiseveranstalter in Deutschland, Österreich und der Schweiz bieten Ihnen parallel zur Reisebuchung einen Insolvenzversicherungsschein an. Sollte der Reiseveranstalter vor oder während Ihrer Reise insolvent werden, springt die Versicherung ein. Diesen Schutz erhalten Sie jedoch nicht von einem lokalen tanzanischen Veranstalter (Tour-Operator) bei Direktbuchung. Im Ernstfall könnte Ihr Geld dann weg sein.

Eine Auswahl renommierter Reiseveranstalter finden Sie in diesem Kapitel unter dem Stichwort *„Reiseveranstalter"*. Nicht aufgeführte Unternehmen sind aber **nicht** automatisch als „zweifelhaft" einzustufen!

Internet

Neben Handyläden stellen Internet-Cafés die größte Zahl der Existenz-Gründungen dar. In allen Städten können Sie für kleines Geld in klimatisierten Räumen, an neuen PCs und meist ordentlicher Geschwindigkeit rund um die Welt surfen. 15 Minuten gibt's schon ab 300 TSH (ca. 0,20 Euro) und die volle Stunde für 1.000 TSH (ca. 0,70 Euro) - Stand 07-2007. Hotels und Lodges rüsten ebenfalls auf, wobei die Gebühren im Norden des Landes hier bei dem 4-fachen und auf Sansibar gar bei dem 10-fachen liegen. Der Besuch eines lokalen Betreibers macht also unbedingt Sinn.

Weitere Informationen zum Thema „Telefon / Fax" finden Sie unter dem gleichnamigen Stichwort.

Karten

Landkarten von Tanzania und Sansibar gibt es nicht gerade in Hülle und Fülle. Dennoch kann man auf vernünftige Karten zurückgreifen, wenn man Sie bereits im Vorfeld in Deutschland, Österreich oder in der Schweiz besorgt. Die meisten Karten sind hier zu Lande genauer und deutlich günstiger als in Tanzania.

Hervorragende Landkarten von Tanzania erhalten Sie in Deutschland vom **Harms-IC Verlag** www.harms-ic-verlag.de und in Moshi/Tanzania z.B. in den **Tanzania Coffee Lounges** www.toku-tanzania.com. Dem Harms-Verlag verdanken wir auch die meisten Karten und Stadtpläne in diesem Trekking-Führer.

Tanzania - Straßen & Tourismuskarte, Maßstab 1: 1.400.000
(ISBN 3-927468-25-8)

Arusha Nationalpark / Mount Meru, Maßstab 1:50.000
(ISBN 3-927468-27-6)

Sansibar – Straßen & Tourismuskarte, Maßstab 1: 100.000
(ISBN 3-927468-18-5)

Ngorongoro Conservation Area & Crater, Maßstab 1: 230.000
(ISBN 3-927468-20-7)

Lake Manyara Nationalpark, Maßstab 1:100.000
(ISBN 3-927468-21-5

Kilimanjaro Nationalpark, Trekkingkarte, Maßstab 1:100.000
(erhältlich Ende 2007)

Die am weitesten verbreiteten Touristenkarten in Tanzania sind vom italienischen Kartographen **Giovanni Tombazzi** erhältlich. Seine Karten sind im Original handgezeichnet und geben, anhand gelungener Illustrationen neben den jeweiligen Parkinfos, hervorragende Informationen zu Flora und Fauna. Die Karten werden vor Ort zwischen 8 – 12.000 TSH gehandelt und sind gleichzeitig ein super Souvenir für daheim. Sie finden die Karten vor Ort in vielen Hotels und in Souvenirläden. Bitte beachten Sie, dass die Karten nicht maßstabsgerecht verfasst sind.

Erhältlich sind folgende Titel

Tanzania, Kilimanjaro & Routen, Arusha National Park & Mt. Meru, Serengeti, Ngorongoro, Tarangire, Sansibar, Arusha Town

Folgende nennenswerte Karten sind ebenfalls im Buchhandel erhältlich

Tanzania Travel Map / Globetrotter „New Holland Publ." Verlag, England
Straßen & Tourismus Karte, Maßstab 1:1.900.000, Stadtpläne und Parks (ISBN 1-85974-662-4)

Kilimanjaro / International Travel Maps Verlag, Canada, www.itmb.com
Professionelle Routenkarte vom Kilimanjaro (2004), Maßstab 1:62.500
(ISBN 1-55341-553-1)

Kinder (als Mitreisende)

Tanzania ist kein „typisches" Reiseland für Kinder, was aber keinesfalls bedeutet, dass Sie Ihre Kinder zu Hause lassen sollen. Man trifft sie nur seltener an als bei anderen Fernreisezielen, was höchstwahrscheinlich an der mangelnden Infrastruktur und der Angst vor Krankheiten wie Malaria etc. liegt. Für Kids gibt es in Tanzania aber so viel zu entdecken, dass sie auf jeden Fall auf ihre Kosten kommen und mit bleibenden Lebenseindrücken belohnt werden. Eine Zeltsafari in der tanzanischen Tierwelt ist auch für Kids ein Erlebnis erster Klasse!

Wichtig ist, dass Sie Ihre Kinder passend einkleiden (Sonnenschutz, Haut abdecken etc.) und sie auf die Gefahren von unsauberen Nahrungsmitteln (Leitungswasser, Eiswürfel oder Speiseeis) aufmerksam machen. Ansonsten sollten Sie vor der Reise mit einem Tropenarzt die Impfungen und mögliche Notfallmedikamente für KINDER besprechen. Hier gelten oft andere Regeln und Dosierungen als bei Erwachsenen.

Eine Kilimanjaro-Besteigung ist offiziell von der TANAPA für Kinder unter 10 Jahren nicht erlaubt und auch keinesfalls empfehlenswert. Sie dürfen aber auf der Marangu-Route, in Begleitung der Eltern und eines Guides, eine Tagestour bis zu einer Höhe von 2.700 m (Mandara Huts) durchführen.

Kleidung (siehe auch „Ausrüstung“)

Die Wahl der Kleidung hängt maßgeblich von Ihrem Vorhaben ab und ist bei einer Bergbesteigung oder Safari bereits die halbe Miete. Deshalb habe ich das Thema in 3 Abteilungen unterteilt. Im „schlimmsten Fall“ (beim Kombi-Urlaub) müssen Sie alles mitschleppen.

Kleidung für Safari

Da eine Jeep-Safari immer in rüttelnden, heißen Geländewagen stattfindet, bewährt sich eine **leichte** aber **strapazierfähige Kleidung**. Sie sollte tagsüber vor Sonne und Staub schützen und abends unbedingt die Haut gegen Moskitos abdecken. Baumwollmaterialien liegen zwar gut auf der Haut, halten aber die Feuchtigkeit sehr intensiv fest. Optimal sind Mischtextilien, wie sie im Outdoor-Fachhandel angeboten werden. Darüber hinaus sind ein **Sonnenhut**, eine **Sonnenbrille** und ausreichend **Sonnencreme** zu empfehlen, da nicht alle Safari-Jeeps über ein Sonnendach verfügen. Abends benötigen Sie dann **Mückenschutz** und lange Kleidung. Da die meisten Safariparks über 1.500 m liegen, kann es abends und morgens recht frisch werden. Stabile **Trekking-schuhe** runden die Safari-Ausrüstung ab. Im *Kapitel „Safari & Nationalparks“* finden Sie eine Checkliste mit aktuellen Vorschlägen zur Ausrüstung.

Kleidung für Kilimanjaro & Mt. Meru

Bergtouristen werden meist mit schwerem Gepäck und Übergepäckgebühren der Fluggesellschaften gestraft (7-15 Euro pro kg). Sehr genau sind Condor und KLM mit je 20 kg Freigepäck; Ethiopian Airlines dagegen transportiert auch in der Economy Class bis 45 kg Freigepäck und drückt meist sogar noch ein Auge zu, wenn es schwerer wird. Sie benötigen passende **Kleidung für den Tempe-**

raturbereich von +30° C bis -20° C. Auch extreme Sonneneinstrahlung, Sandstürme, Regenschauer, Hagel- oder Schneefall können je nach Jahreszeit zu Ihrem unliebsamen Begleiter werden. Angemessene Bekleidung (Zwiebelschichtsystem) und eine erprobte Ausrüstung sind das A und O für eine erfolgreiche Besteigung.

Lassen Sie sich einige Monate vor Abreise umfassend in einem Outdoor-Fachgeschäft (z.B. www.globetrotter.de oder www.woick.de) über die notwendige Ausrüstung beraten. Es muss nicht immer teuer sein, aber unbedingt für den richten Zweck taugen. Die wichtigsten Gegenstände für eine Bergbesteigung sind sicherlich der **Schlafsack** (bis -15°C im Komfortbereich), eine gute **Iso-Matte**, **Trekking-Stöcke**, warme **Handschuhe** und gut eingelaufene, wasserdichte **Alpin-Trekkingschuhe**. Diese sollten aber keinesfalls zu schwer und überproportioniert sein, da die Trails am Kilimanjaro und am Mt. Meru, bis auf wenige Kletter- und Felspassagen, vernünftig ausgebaut und gut zu begehen sind. Unterschätzen Sie auch keinesfalls die Sonneneinstrahlung im Land und vor allem auf den Bergen. Eine Checkliste für die Kilimanjaro-Besteigung finden Sie im Kapitel *„Besteigung Allgemein > Ausrüstung“*.

Sansibar & Strand

Passende Kleidung für einen Strandurlaub dürfte den meisten Reisenden bereits durch andere Fernreiseziele bekannt sein. Sansibar ist da kaum anders, außer dass man mit Moskitos (Malaria-Gefahr) und extremer Sonneneinstrahlung rechnen muss. Neben ausreichend Sonnenschutz und Mückenabwehr dürfte noch der „Dresscode“ Ihres Hotels von Bedeutung sein. Je nach gebuchter Kategorie erwartet man beim Dinner möglicherweise eine Krawatte, Jackett oder Abendkleid. Ansonsten ist einfache und leichte Kleidung angesagt. „Oben ohne“ zu baden, ist in Tanzania verboten.

VAUDE
THE SPIRIT OF MOUNTAIN SPORTS
THE SPIRIT OF
MOUNTAIN SPORTS
Target-S-Group | Foto: Miles Ertmann

Ausrüstung für Expedition | Bergsteigen | Klettern | Bouldern | Trekking | Wandern | Via Ferrata | Skitouren | Freeride | Mountainbiking
WWW.VAUDE.COM
Accept 55 | Trekkingrucksack mit Tergolight-Easy-Adjust-System: Last-positionierungswechsel beim Tragen frei einstellbar, anatomischer 3-D-Hüftgurt
Space K2 | Geräumiges 3-Personen-Expeditionszelt mit 2 Apsiden, stabile Konstruktion mit außenliegenden Gestängekanälen, schnell aufbaubar
„Meine Ausrüstung ist von VAUDE.“
Martina Mrak, Ski- und Kletterlehrerin

Klima & Reisezeiten

Tanzania ist ein tropisches Reiseziel, das durch die Nähe des Äquators ganzjährig warme bis heiße Temperaturen aufweist. Wie üblich am Äquator wird der Tag grob in 12 Stunden Tag und 12 Stunden Nacht geteilt.

Die Küstenregionen und Inseln bieten ein heißes, tropisches Klima (25-35 °C) mit hoher Luftfeuchtigkeit (70-85%) und warmen Nächten. Das Zentralplateau (Landesinnere) bietet durch die Höhe von ca. 1.200 m größere Temperaturschwankungen mit sehr warmen Tagen (bis 35°C) und eher kühlen Nächten. Die Temperaturen in den Städten Arusha und Moshi sind tagsüber heiß und stickig (im Sommer – unser Winter - bis 38°C) und nachts kaum kühler. Meist weht eine kräftige Brise mit feinem Sandstaub. Die Nächte am Kilimanjaro oder Mt. Meru sind deutlich kühler als in den Safariparks und ab einer Höhe von ca. 4.500 m kann es auch in den Trockenzeiten schon mal zu leichtem Schneefall kommen.

Klimatabelle mit Durchschnittsangaben für Nord-Tanzania (Moshi)

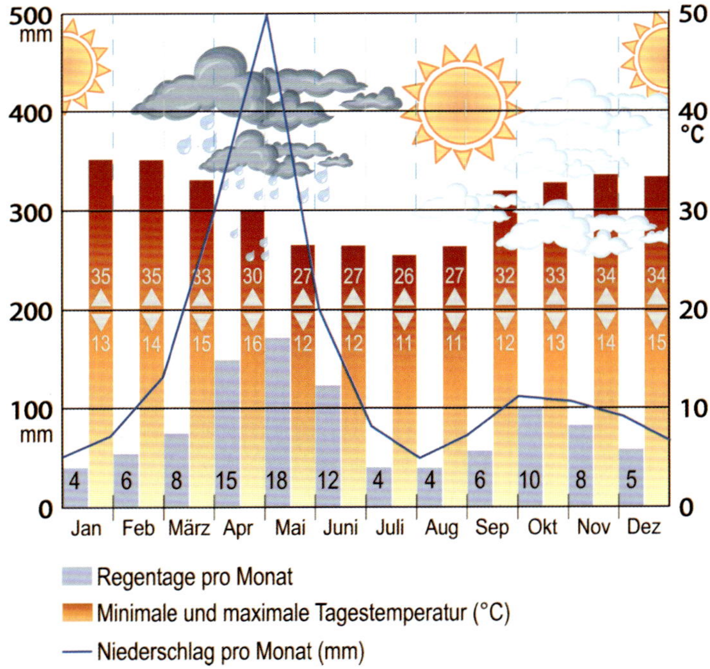

Die beste Reisezeit ist von **Mitte Dezember – Anfang März** (heiß) und von **Juni – September** (angenehm). Die besten Bedingungen für Bergbesteigungen finden Sie in der Regel in den Trockenzeiten, wobei das Wetter am Berg unberechenbar ist und in der Regenzeit wunderschöne Trockentage - und in der Trockenzeit viel Regen bringen kann. Von Oktober bis Anfang Dezember ist der Nordost-Monsun „**Kazkazi**" für die „kleine" Regenzeit mit vielen Schauern und Gewittern verantwortlich. Von Mitte März bis Ende Mai bringt der Südost-Monsun „**Kuzi**" die „große" Regenzeit, in der es zwar nicht ständig regnet, aber durch die konzentrierten Regenfälle der Boden vielerorts nur noch aus Sumpf und Matsch besteht. Selbst Geländewagen haben auf abgelegenen Wegen dann ihre Schwierigkeiten durchzukommen. Das Ansteigen vieler Flüsse führt dazu, dass einige Straßen und Safariparks vorübergehend geschlossen werden.

Aufgrund der globalen Klimaveränderungen können aber auch die Regenzeiten variieren. Buchen Sie deshalb Ihre Reise am besten in der jeweiligen Kernzeit zwischen den Regenzeiten (Januar/Februar und Juli/August/September) – damit liegen Sie meist richtig!

Krankenhäuser

Siehe unter Stichwort „Ärzte & Apotheken"

Kriminalität

Die Kriminalität ist meist auf Kleinkriminalität und Taschendiebe beschränkt. Besonders in den überfüllten Stadtteilen und Märkten von Arusha, Moshi oder Dar es Salaam lauern Taschendiebe, die ihr Handwerk verstehen. Auch augenscheinlich wertvolle Gepäck-Stücke (z.B. Rucksack, etc.) die im Auto eingeschlossen sind, werden durch blitzschnellen Aufbruch in einer Minute der eigenen Unachtsamkeit entwendet (ist mir selbst in Arusha passiert).

Beachten Sie folgende Regeln für eine „überfallfreie" Reise:

- Transportieren Sie Geld und Wertsachen an verschiedenen Körperstellen!
- Teilen Sie Geld und Wertsachen auf mehrere Personen auf!
- Nutzen Sie spezielle Reise-Geldbeutel (siehe auch unter Stichwort „Geld")
- Nutzen Sie im Hotel einen Safe und schließen Sie ihr Zimmer gut ab!
- Tragen Sie keine Wertsachen oder wertvollen Schmuck auf offener Straße!
- Tragen Sie keine Kameraausrüstung sichtbar auf offener Straße!
- Gehen Sie möglichst immer in Begleitung einheimischer Führer!
- Meiden Sie bei Dunkelheit abgelegene Straßen und Gegenden!

Für alle Fälle können Sie natürlich, nach eingehendem Vergleich der Anbieter, eine Reisegepäckversicherung abschließen. Erfahrungswerte haben aber leider gezeigt, dass gerade die Art und Weise „Ihres" Diebstahls nicht im Versicherungsumfang eingeschlossen ist…!

Malaria

Die „Malaria“ ist eine fieberhafte Tropenkrankheit, die durch Parasiten, so genannte Plasmodien, verursacht wird. In erster Linie wird sie durch die dämmerungs- und nachtaktive Anopheles-Mücke (Moskito) übertragen und kann unbehandelt nicht selten zum Tode des Infizierten führen. In Afrika infizieren sich nach aktuellen Studien der WHO jährlich noch immer 300 - 500 Millionen Menschen mit dem Malaria-Erreger. **Etwa 1 Million Menschen sterben jährlich an den Folgen der Malaria** (3.000 pro Tag). In Deutschland sind es knapp 1.000 Heimkehrer pro Jahr, bei denen es in 2-3% der Fälle aufgrund zu später Diagnose zum Tod kommt.

Man unterscheidet drei Malaria-Formen: „Malaria tertiana“ und „Malaria quartana“ als milde Formen und „**Malaria tropica**“ als lebensgefährliche Variante. In Ostafrika handelt es sich bei 90% der Fälle um die „**Malaria tropica**“.

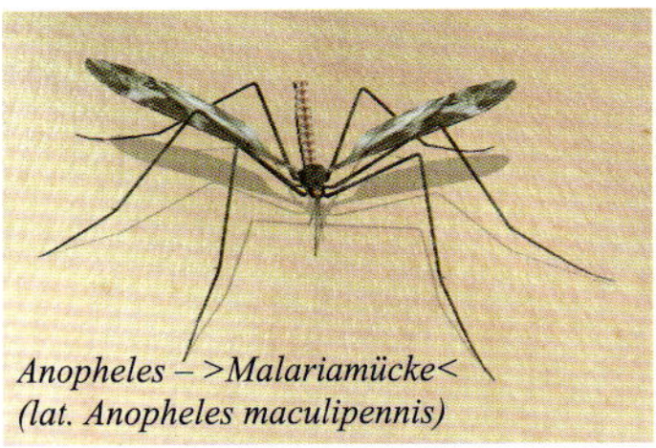

Anopheles – >Malariamücke<
(lat. Anopheles maculipennis)

Die Krankheit benötigt für einen Infektionszyklus zwei Wirte: Die Mücke (Moskito) und den Menschen. Die Mücke sticht also zuerst einen infizierten Menschen und nimmt dabei die Parasiten aus seinem Blut auf. Im weiteren Verlauf sticht dieselbe Mücke einen gesunden Menschen und infiziert ihn jetzt über ihren Speichel beim Einstich. Die Parasiten gelangen nun über das Blut des Opfers in seine menschliche Leber, wo sie sich entwickeln, um dann später über die roten Blutkörperchen auch andere Organe zu befallen. Innerhalb von 7 Tagen (aber auch bis zu einem Jahr) nach dem Stich durch eine infizierte Mücke kann es zu ersten Symptomen kommen. In Einzelfällen kann Malaria auch erst nach Jahren ausbrechen. Typische Symptome sind sehr ähnlich der einer Grippe: Hohes Fieber, Kopfschmerzen, Schwäche, Durchfall, Schüttelfrost und Gliederschmerzen. Das Fieber tritt, je nach Malaria-Typ, täglich oder in Tagesschüben auf.

Grundsätzlich ist jede Malaria heilbar, sofern Sie rechtzeitig erkannt und mit der Behandlung frühzeitig begonnen wird. Wird zu Beginn der Erkrankung Zeit verschenkt, d.h. die Therapie verzögert, so verselbständigt sich der Krankheitsverlauf häufig, was dazu führt, dass die starke Vermehrung der Parasiten in den Blutgefäßen des Kranken zu lebensbedrohlichem Organversagen führen kann. Deshalb ist es unerlässlich, bei entsprechenden Symptomen oder Fieberanfällen (auch Monate nach der Rückkehr aus dem Reiseland) SOFORT einen Reisearzt aufzusuchen und eine Blutprobe zu entnehmen, um Malaria festzustellen- oder auszuschließen.

Detaillierte Informationen finden Sie u.a. auf der internationalen Malaria-Website des Pharma Herstellers Norvatis: www.malariaandhealth.com

Vorbeugung

Eine Impfvorsorge gibt es bisher nicht. Richtige Kleidung, Mückenschutz, Moskitonetze und die Wahl des Schlafplatzes sind die beste Vorsorge.

1) Tragen Sie **helle, körperbedeckende Kleidung** und Socken

2) Benutzen Sie **insektenabweisende Mittel** auf allen unbedeckten Hautstellen und im Knöchelbereich (z.B. Autan®, Care Deet® oder Nobite®). Wichtig ist, dass die Wirkstoffe **DEET** (N-Diethyl-m-Toluamid) oder Dimethylophthalat in möglichst hoher Dosierung (50% oder mehr) in den Repellentien (Mückenschutzmitteln) enthalten sind.

3) Nutzen Sie **Insektenabtötende- oder abweisende Hilfsmittel** (Anti-Mücken-Raumspray, Räucherspiralen, Kerzen, Verdampfer etc.).

4) Halten Sie sich in der Dämmerung und während der Nacht nur in **mückengegeschützten Räumen** auf (Räume mit Klimaanlagen oder Mückengittern)

5) Benutzen Sie großzügige und **imprägnierte Moskitonetze** über dem Schlafplatz (Maschenweite mind. 1,2 x 1,2 mm oder 180 – 200 Maschen per square inch). Imprägnieren Sie das Netz zusätzlich mit dementsprechenden Textil- Repellentien (z.B. Nobite®-Textil) und meiden Sie den Hautkontakt mit dem Netz, da die Mücke sonst durchstechen kann!

6) Auf einer Safari suchen Sie Ihren Rast- und Schlafplatz bitte **weit weg von stehenden Gewässern** und Wassertonnen auf.

7) Vermeiden Sie Reisen während der Regenzeiten in **Risiko-Gebiete.**

Prophylaxe

Malariamedikamente als Prophylaxe (Vorbeugung) sind in Tanzania auf jeden Fall sinnvoll. Weder der relativ hohe Preis noch die oftmals gefürchteten Nebenwirkungen sollten Sie von der Einnahme abhalten. Auch wenn bei einer Bergbesteigung (ab ca. 1.800 m Höhe) sehr geringes, bzw. kein Malaria-Risiko mehr besteht, kann Sie eine einzelne Mücke schon im Flugzeug erwischen.

Welche Medikamente genommen werden sollen, legt ein Tropenmediziner gemeinsam mit Ihnen bei der persönlichen Beratung vor der Reise fest. Da es in unterschiedlichen Malariagebieten immer wieder zur Resistenz gegen einen bestimmten Malaria-Wirkstoff kommt, muss der Arzt die aktuellsten Unterlagen zu Rate ziehen und das richtige Medikament im Bezug auf Reiseland und Aktivität des Reisenden auswählen. Auch bei kurzen Reisen lohnt eine adäquate Malariaprophylaxe mit Medikamenten, was aber nicht in jedem Fall vor einer Infektion schützt. Zudem tarnt sich die "Malaria tropica" häufig als Grippe oder als Durchfallerkrankung, die erst **Monate nach Rückkehr** in der Heimat auftreten kann. So wird sie häufig nicht ernst genommen und dem kundigen

Tropenarzt zu spät vorgestellt. Dieser Zeitverlust entscheidet wesentlich mit über das Schicksal des Patienten. Sie sollten sich deshalb sowohl im Vorfeld als auch bei Zweifeln nach der Reise bei einem Tropenmediziner, in reisemedizinischen Zentren oder Tropeninstituten beraten lassen.

Empfohlene Medikamente für eine Tanzania-Reise:

Malarone®

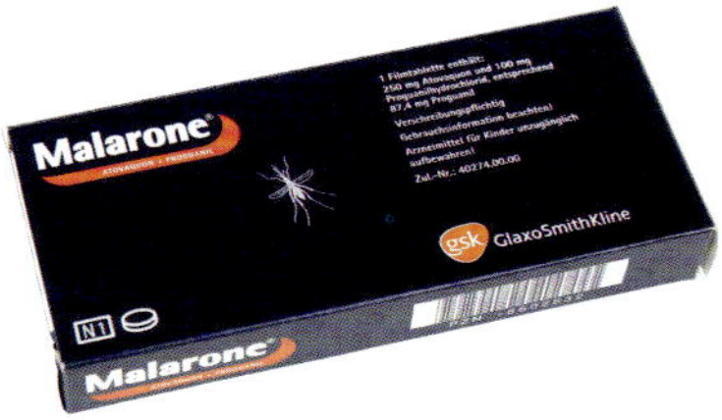

Malarone® ist das teuerste, aber vielleicht derzeit auch wirkungsvollste Medikament am Markt. Durch die Inhaltsstoffe **„Atovaqoun“** und **„Proguanil“** ist es sowohl als **Notfall-Präparat** (Stand-by) **als auch zur Prophylaxe** geeignet. Durch die vorteilhafte Zusammenwirkung der beiden Grundstoffe ist Malarone® hervorragend zur Behandlung und Vorbeugung der gefährlichen „Malaria tropica“ geeignet. Vor allem dann, wenn bereits eine Resistenz der Erreger gegen andere Stoffe, wie z.B. Chloroquin oder Mefloquin bekannt sind. Malarone® ist im Gegensatz zu anderen Medikamenten sehr gut verträglich und vor allem auch für Bergsteiger und Taucher geeignet. Nebenwirkungen wie Übelkeit, Kopfschmerzen oder Durchfall treten sehr selten auf und gehen meist schnell vorüber. Das Präparat kann auch dann eingesetzt werden, wenn beim Reisenden bereits eine Unverträglichkeit gegen andere Substanzen bekannt ist oder andere Präparate nicht in Frage kommen. Das Kombinationspräparat ist sowohl für Erwachsene und für Kinder (ab 40 kg Gewicht) geeignet. Durch die kurze Einnahmedauer vor Reiseantritt (2 Tage) ist es ideal für Last-Minute Reisen und für Kurzaufenthalte in Risikogebieten geeignet (maximale Einnahmedauer laut Hersteller sind 28 Tage im Land).

***Einnahmezyklus als Prophylaxe**:* 1-2 Tage vor der Reise, während der Reise und 7 Tage nach der Reise jeweils 1 Filmtablette (250 mg Atovaqoun und 100 mg Proguanil) täglich. ***Einnahmezyklus als Behandlungsmedikament** bei Erwachsenen:* Je 4 Filmtabletten an 3 aufeinander folgenden Tagen. **Diese Informationen sind lediglich Hinweise und ersetzen keinesfalls das Lesen und Befolgen der Packungsbeilage des Herstellers!**

Lariam®

Lariam® ist deutlich günstiger als Malarone® und beruht auf dem Wirkstoff **„Mefloquin“.** Das Medikament wird ebenfalls in Risiko-Gebieten der „Malaria tropica“ eingesetzt und ist besonders dann empfehlenswert, wenn eine Resistenz der Erreger gegen andere Wirkstoffe, wie z.B. Chloroquin, bekannt ist. Lariam® kann sowohl als **Prophylaxe oder als Notfall-Präparat** (Stand-by) bei dem Verdacht einer Malaria-Erkrankung eingenommen werden.

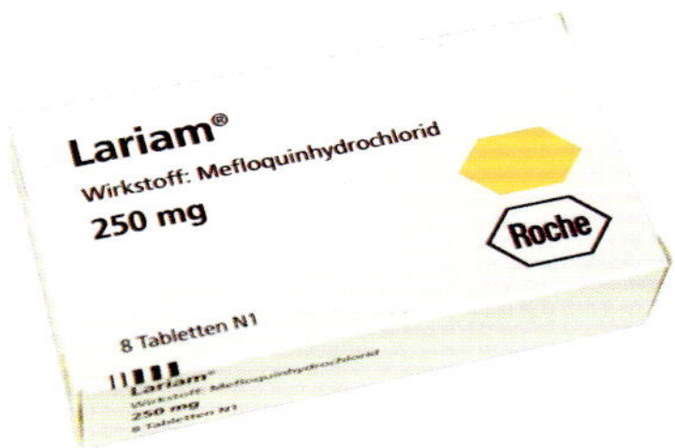

Die Notfall-Einnahme ersetzt jedoch keinesfalls den Arztbesuch zur Feststellung der definitiven Diagnose. Nebenwirkungen sind häufiger bekannt als bei anderen Malariamedikamenten. Gelegentlich kommt es zu neuropsychiatrischen Nebenwirkungen (selten), Stimmungsschwankungen, Verdauungsstörungen, Krampfanfällen oder allergischen Hautreaktionen. Besonders Reisende mit einer aktiven Tätigkeit und Orientierungstätigkeiten (z. B. Bergsteiger, Taucher, Piloten) sollten das Medikament NICHT einnehmen, da es zu Störungen der Feinmotorik und Schwindelanfällen kommen kann. Auch für Schwangere und Kleinkinder gelten besondere Risiken und genaue Einnahmevorschriften des Herstellers! Zur Prüfung der Verträglichkeit sollte Lariam® bereits 2-3 Wochen vor der Abreise eingenommen werden, um mögliche Nebenwirkungen und Unverträglichkeit festzustellen und das Medikament ggf. abzusetzen. Dann bleibt noch immer ausreichend Zeit, um auf ein anderes Präparat umzusteigen.

Einnahmezyklus als Prophylaxe: 2-3 Wochen (mind. 1 Woche) vor der Reise, während der Reise und 4 Wochen nach der Reise jeweils 1 Filmtablette (250 mg Mefloquin) pro Woche. *Einnahmezyklus als Notfall-Behandlungsmedikament bei Erwachsenen:* Gesamtdosis 6 Tabletten an 3 aufeinander folgenden Tagen im Zyklus 3+2+1. Parallel ist sofort ein Arzt aufzusuchen. **Diese Informationen sind lediglich Hinweise und ersetzen keinesfalls das Lesen und Befolgen der Packungsbeilage des Herstellers!**

Doxycyclin (verschiedene Handelsnamen)

Das Antibiotikum **Doxycyclin** ist sehr preisgünstig. Es ist in Deutschland nicht als Malaria-Prophylaxe zugelassen, wird aber seit Jahren mit guten Erfahrungen in Gebieten mit bekannten Resistenzen gegen andere Malariamedikamente eingesetzt. Doxycyclin-Monohydrat-(H2O)-Präparate sind besser verträglich als Doxycyclinhyclat (HCL). Als Nebenwirkungen wird vor allem auf die entstehende Lichtempfindlichkeit der Haut hingewiesen. Vor einer starken Sonneneinstrahlung am Berg, bei Safaris oder am Strand sei besonders gewarnt. Bei Schwangeren und Kindern unter 8 Jahren darf das Medikament NICHT eingesetzt werden. Als Antibiotikum beeinträchtigt Doxycyclin die natürliche Keimbesiedlung des Körpers (Darm) und kann in 1-5% zu Durchfällen oder bei Frauen zu Störungen des Scheidenmilieus führen. **Bei anhaltenden Kopfschmerzen oder Augenflimmern sollte das Medikament sofort abgesetzt werden.** *Einnahmezyklus als Prophylaxe:* 1 Tag vor Reisebeginn, während der Reise und 4 Wochen nach der Reise jeweils 1 Filmtablette (100 mg Doxycyclin) pro Tag. **Als Notfall-Präparat zur Behandlung von Malaria ist Doxycyclin alleine nicht geeignet. Diese Informationen sind lediglich Hinweise und ersetzen keinesfalls das Lesen und Befolgen der Packungsbeilage des Herstellers!**

Coartem® (Medikament – keine Prophylaxe)

Das Malaria-Präparat „Coartem" wurde zum Jahrtausendwechsel von dem Schweizer Pharmakonzern Novartis entwickelt, um nach jahrelanger Forschung ein effektives und preisgünstiges Medikament gegen das Millionensterben in der dritten Welt auf den Markt zu bringen. Nach etlichen Tests und Langzeitstudien wurde **Coartem®** im April 2002 von der WHO auf die offizielle Liste der essenziellen Heilmittel (Model list of Essential Medicines) aufgenommen.

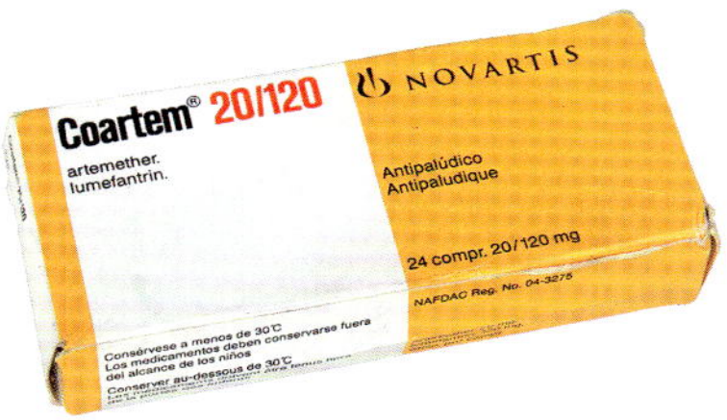

Der Erfolg von Coartem® beruht auf dem pflanzlichen Wirkstoff „**Artemisinin**", der im Einjährigen Beifuss *(lat. Artemisia annua)* gefunden und isoliert wurde. Artemisinin ist hauptsächlich bekannt durch die antiplasmodiale Wirkung (Anti-Malaria). Es ist das erste in fester Dosierung verabreichte **Artemisinin-Kombinationspräparat** (artemether / lumefantrine) gegen Malaria und wird von Novartis in Zusammenarbeit mit der WHO zum Selbstkostenpreis abgegeben. Es ist in jeder gut sortierten Apotheke in Tanzania für 4 bis 6 Euro erhältlich. In Deutschland, Österreich und der Schweiz ist Coartem® derzeit nicht zugelassen und deshalb nur schwer (und teuer) erhältlich.

Malaria-Test

Manche Apotheken in Tanzania führen Malaria-Tests. Diese werden von den Medizinern eher skeptisch beobachtet, dienen aber dem Individualreisenden als erste Möglichkeit eine Malariaerkrankung nachzuweisen. Ob so ein Test ratsam ist oder nicht, klären Sie bitte im Vorfeld mit einem geeigneten Tropenmediziner. Informationen über die beiden meist empfohlenen Malaria-Tests finden Sie unter www.katmedical.com (Kat-Quick-Test) und www.tulipgroup.com/Orchid/ (Paracheck pf - Test).

Märkte

Das Angebot an Märkten ist groß. Neben den großen Städten wie Arusha, Moshi, Dar es Salaam oder Sansibar-Stadt haben auch kleinere Ortschaften interessante Wochenmärkte. In den Städten öffnen die Märkte meist täglich ab 9.00 Uhr, außer sonntags. Das Angebot reicht von Obst und Gemüse über Fisch und Fleisch bis hin zu Gewürzen und Haushaltswaren. Textilien werden meist an separaten Stellen oder an getrennten Märkten angeboten. Je nach Region haben die Märkte andere Schwerpunkte, besonders in Sansibar ähneln sie durch den Reichtum an Fisch, Gewürzen und Stoffen eher arabischen Souks. Ein Besuch lohnt sich auf alle Fälle und wird Sie garantiert in eine andere Welt verzaubern - aber bitte: Vorsicht vor Taschendieben!

Arusha

Der Markt in Arusha befindet sich mitten in der Stadt, Ecke Somali Road/ Market Street (siehe Stadtplan Arusha). Es werden Obst, Gemüse, Fleisch und Haushaltswaren verkauft. Öffnungszeiten täglich von 9.00 – 18.00 Uhr, außer sonntags und an Feiertagen.

Moshi

Der **Moshi-Markt** befindet sich im älteren, südlichen Teil der Stadt Ecke Double Road / Chagga Street, direkt gegenüber der **Tanzania Coffee Lounge**. Schwerpunkte sind Obst, Gemüse, Gewürze & Grundnahrungsmittel, Fisch, Fleisch und Haushaltswaren. Die Öffnungszeiten sind täglich von 7.00 - 17.30 Uhr, sonntags und an Feiertagen bis 12.30 Uhr.

Der über Jahre bekannte Wochenmarkt von **Kiboroloni** (10 km östlich von Moshi) wurde im Frühjahr 2007 provisorisch ins westliche Moshi, auf den Platz hinter dem „Highway Supermarket“, verbannt. Er wird an verschiedenen Tagen mit unterschiedlichem Angebot abgehalten (dienstags und freitags nur Kleidung, mittwochs und samstags Kleidung & Food). Dieser Markt bietet eine große Auswahl an gebrauchten und neuen Kleidungsstücken in der Kilimanjaro-Region. Hier kleiden sich viele arme und wohlhabende Familien von Kopf bis Fuß neu ein. Die Auswahl ist groß und bietet in jeder Preisklasse das passende Teil. Viele der angebotenen Produkte stammen dem Anschein nach aus europäischen und amerikanischen Kleidersammlungen.

Dar es Salaam

Dar es Salaam bietet die größte Auswahl interessanter Märkte mit verschiedenen Themenschwerpunkten im Land. Ein Besuch ist unbedingt lohnenswert!

Im Stadtteil **„Manzese“**, nahe der Autobahn A7, ist einer der größten Märkte für Second-Hand-Textilien. In **„Kariakoo“**, direkt im Zentrum, findet man einen großen Markt für Früchte, Gemüse, Gewürze etc. Direkt daneben bieten motivierte Marktschreier eine Vielzahl von Second-Hand-Artikeln, Haushaltswaren und Baumaterial an.

Im Distrikt **„Kivukoni“**, direkt an der Fähre, befindet sich der größte Fischmarkt der Region mit einem gewaltigen Fischangebot, von dem Abnehmer im ganzen Land profitieren. Hier können Sie bei frühzeitigem Aufstehen sogar den Fischern in ihren traditionellen Booten beim Abladen des frischen Fangs zusehen. Gegenüber dem Fischmarkt finden Sie Obst, Gemüse, Trockenfische, Souvenirs und eine Auswahl an typischen kleinen Restaurants mit lokaler Küche.

Im Stadtteil **„Mwenge“** ist der größte Markt für Holzschnitzereien und Kunsthandwerk. Hier bekommen Sie einen großartigen Überblick über die traditionelle Handwerkskunst Tanzanias. Der Kontakt zu einheimischen Künstlern und Verkäufern fällt hier besonders leicht.

An der Nordküste befindet sich der **„Msassani“**, ein bekannter Touristenmarkt, an dem alle Arten von Souvenirs und Mitbringsel angeboten werden. In der nahen Umgebung kann man eines der empfehlenswerten Spezialitätenrestaurants besuchen.

Die Öffnungszeiten der Märkte variieren und sollten am besten mit einem lokalen Taxifahrer abgeklärt werden.

Sansibar

Die Märkte in Sansibar glänzen durch ihre arabischen Einflüsse und sind für westliche Besucher deutlich bunter und attraktiver als die auf dem Festland. Der Hauptmarkt befindet sich oberhalb von Stone Town, entlang der „Benjamin Mkapa Road“. Auf der Stonetown zugewandten Seite finden Sie in erster Linie Fisch, Fleisch, Obst, Gemüse und Gewürze. Auf der anderen Straßenseite, nahe des Dalla Dalla Standes, ist der Textilmarkt mit arabischen und indischen Schneidern zu finden. Moslemische Frauen in schwarzen **Buibui-Gewändern** bestimmen hier das quirlige Straßenbild. Neben einer Fülle an farbenfrohen Stoffen und Textilien findet man hier Haushaltswaren aller Art.

In Stonetown selbst haben sich einige lokale Künstler niedergelassen und man findet nette, moderne Restaurants.

Medien

Die Auswahl an **Printmedien** wächst in Tanzania kontinuierlich. Einige der Tageszeitungen und Zeitschriften werden in englischer Sprache produziert und sind auch für Touristen empfehlenswert. Je nach Geschmack und Informationsbedarf können Sie auf Tageszeitungen wie „The Guardian“, „Daily Mail“, Daily News“ oder „The East African“ zurückgreifen. Beliebte lokale Zeitungen wie „Majira“ oder „Mtanzania“ sind in Kiswahili verfasst und für die meisten Touristen daher nicht lesbar.

In Bookstores oder an Straßenständen findet man oft auch europäische Magazine und Nachrichtenblätter. Zudem stößt man auf interessante, regionale Touristenführer wie beispielsweise die 2-monatlich erscheinende „Swahili Coast“, die viele Informationen über das Freizeitangebot und Sehenswürdigkeiten in der Region geben.

Neben dem **Fernsehen** ist besonders **das Radio** sehr beliebt. Nicht selten trifft man daher auch bei einer Bergbesteigung Träger und Guides mit einem krächzenden Radio am Ohr. Die Sendersprache ist meist Kiswahili. Die beiden großen TV-Sender „ITV“ und „CTN“ strahlen ihre Sendungen meist in Kiswahili aus, wobei „CTN“ mehr an internationalen Themen interessiert ist, die dann auch in englischer Sprache gesendet werden. In Hotels oder Lodges kann man über die Satellitenanlage häufig die englischsprachigen Channels „CNN“ oder „BBC“ empfangen, die stündlich einen weltweiten Nachrichtenüberblick geben.

Immer beliebter wird auch **das Internet**. Im ganzen Land bieten zahlreiche Internet-Cafés schnelle und billige Internetzeiten an, siehe hierzu auch Stichwort „Internet“.

Medizin

Das Thema Medizin wurde aufgrund der zahlreichen Einzelbegriffe auf die jeweiligen Stichworte, wie z.B. „Malaria“, aufgeteilt. Grundsätzliches zur ärztlichen Versorgung in Tanzania finden Sie unter „Ärzte und Apotheken“.

Mietwagen

Das Angebot an Mietwagen zum Selbstfahren ist nicht besonders groß. In der Regel mietet man für die Safari beim lokalen Tour-Operator einen Safari-Jeep mit Fahrer und Guide an. Kleinere Distanzen lassen sich sehr gut und günstig mit dem Taxi oder Bussen (Kleinbus = Dalla Dalla) zurücklegen. Aufgrund mangelnder Infrastruktur, schlechter Straßenverhältnisse und fehlender Straßenbeschilderung in oder zu den Nationalparks bietet sich das Selbstfahren für Touristen im Norden des Landes deshalb kaum an. Auf Sansibar dagegen bringt eine Inselrundfahrt im eigenen Wagen oftmals die besondere Würze in den Urlaubsalltag. Entscheiden Sie sich bei Bedarf auf jeden Fall für ein 4 x 4 Fahrzeug, da die Reise sonst schon bald in Matsch oder Sandlöchern endet. In

Tanzania und auf Sansibar gilt, wie in England, „Linksverkehr". Bei der Anmietung werden eine Kreditkarte und ein internationaler Führerschein des Fahrers verlangt.

Mietstationen von Avis, Hertz oder Evergreen finden Sie in Arusha, Dar es Salaam oder Sansibar. Größere Hotels bieten zudem Fahrzeuge lokaler Autovermieter an.

Avis: Arusha (Bushbuck Building) / Dar es Salaam (Airport) - www.avis.de
Hertz: Arusha (Mt. Meru Hotel) / Dar es Salaam (Airport) - www.hertz.de
Evergreen: P.O. Box 1476, Dar es Salaam / - www.cats-net.com/evergreen/

Motorräder, Mofas, Roller und Fahrräder können in der Stadt angemietet werden. Bei den motorisierten Zweirädern gelten die gleichen Bestimmungen wie bei den Autos.

Hinweis: Aufgrund der fehlenden Elektrizität sind Straßen und Städte ab der Dämmerung oft nicht ausreichend beleuchtet und manche Autofahrer oder auch Radfahrer machen erst gar kein Licht an. Radfahrer, Fußgänger und Wildtiere bieten eine große Gefahr für Auto- und Zweiradfahrer. Auf allen Hauptstraßen finden regelmäßige Verkehrskontrollen der tanzanischen Polizei (Polisi) statt. Neben den Fahrer- und Fahrzeugpapieren werden der Sicherheitszustand des Fahrzeuges und das Mitführen von Notfallutensilien (Warndreieck, Feuerlöscher, etc.) überprüft.

Moshi

Moshi ist mit ca. 150.000 Einwohnern und der direkten Lage am **Fuße des Kilimanjaro** die bedeutendste Stadt für Bergtouristen. Der Startpunkt der Machame-, Marangu oder Umbwe-Route sind nur wenige Kilometer von der Stadt entfernt und binnen 30-45 Minuten zu erreichen. Durch die ständig wachsende Zahl von ortsansässigen Safariunternehmen können Safaris mittlerweile auch von Moshi aus optimal durchgeführt werden. Die Stadt liegt auf einer Höhe von 813 m und ist klimatisch in zwei Hälften geteilt. Während der nördliche Teil (Shanty Town) am Fuße des Kilimanjaro recht saftig, grün und luftig erscheint, ist der südliche Teil eher stickig, staubig und heiß. Besonders abends ist der Unterschied deutlich zu bemerken. Gegenüber Arusha tritt Moshi eher wie eine kleine Ortschaft auf. Es herrscht ein überschaubarer Straßenverkehr und die Leute leben die typisch afrikanische „Hakuna Matata" Mentalität. Das Hotelangebot ist gut und bietet in jeder Kategorie nette

Unterkünfte (siehe Stichwort „Hotels“). Die Kriminalitätsrate ist im Vergleich zu Arusha, auch auf den Märkten, deutlich geringer. Am Fuße des Kilimanjaro-Nationalpark und in der näheren Umgebung von Moshi, bieten sich interessante Ausfüge an. Die Entfernung zum Flughafen beträgt ca. 50 km (ca. 45 Autominuten).

Moskitonetz

Moskitonetze bieten einen wichtigen Schutz vor Mücken, Fliegen und anderen Insekten. Sie tragen außerdem wesentlich zur Vermeidung von Malaria bei. Um einen wirkungsvollen Schutz zu erzielen, sollte das Netz verschiedene Kriterien erfüllen. Auf die meisten Netze vor Ort haben Sie zwar keinen Einfluss, da sie bereits „hängen“, wenn Sie anreisen, aber diese erfüllen meist auch ihren Zweck. Moskitonetze, die Sie im Heimatland erwerben, sollten Sie dagegen nicht im Schnäppchenmarkt, sondern im Fachhandel kaufen.

Achten Sie auf folgende Faktoren:

Die Maschenweite muss groß genug zur Luftzirkulation, aber klein genug gegen Moskitos sein. Eine Maschenweite von 1,2 x 1,2 mm ist empfehlenswert. Kleine Schmetterlingsmücken können Sie nur mit engmaschigen < 0,6 x 0,6mm abhalten. Diese sind aber nicht wirklich lebensbedrohlich. Malariaschutz erhalten Sie bei 180 – 220 Maschen pro Quadrat-Inch (1 inch = 2,54 cm). Zusätzlich sollte das Netz durch handelsübliche Chemikalien zur Mückenabwehr imprägniert werden.

Mückennetze aus Polyester oder Polyamid sind meist leichte und strapazierfähige Netze, die es in unterschiedlichen Maschengrößen und Fadenstärken gibt. Baumwolle hingegen ist sehr anfällig gegenüber Feuchtigkeit und beim Trekking schwerer als ein Kunststoffnetz. Bei längerem Aufenthalt in den Tropen bietet Baumwolle als Naturfaser aber ein angenehmeres Klima. In heißen Nächten dient es, mit Wasser besprengt, durch die zirkulierende Luft sogar als Kühlung.

Die Form eines Moskitonetzes hängt natürlich vom Einsatzort ab. Auf jeden Fall muss das Netz so gespannt sein, dass kein Hautkontakt besteht. Im Falle einer dauerhaften Berührung wird die Mücke den Kontaktpunkt finden und Sie genau hier stechen. Mit Hilfe von Decken, Kissen oder gar Trekkingstöcken kann man „Abstandshalter“ bauen und so dafür sorgen, dass es keinen Hautkontakt gibt.

Kastenförmige Netze bieten die besten Eigenschaften, während zelt- oder pyramidenförmige Netze durch die Seitenschrägen schwer zu spannen sind. Oben wird ein Moskitonetz meist mit Hilfe von Haken und Schnüren befestigt und auf optimale Höhe abgehängt. Unten sollte das Netz keine Öffnungen bieten, was z.B. mit einem Einschlagen unter die Matratze erreicht wird.

Zum guten Schluss darf man **die optische Prüfung** nicht vergessen. Moskitonetze mit geldstück-großen Löchern bieten selbst dem größten Optimisten keinerlei Schutz mehr. Mit breitem Klebeband, was jeder Weltreisende sowieso dabei hat, kann man die Schwachstellen schnell flicken und beruhigt einschlafen.

Müllsäcke / Plastiktüten

Ein Müllsack ist ein leichter, multifunktionaler Trekking-Gegenstand. In erster Linie sollte er dafür mitgenommen werden um den eigenen Müll täglich einzusammeln und vom Berg oder aus dem Safari-Park ordnungsgemäß zu entsorgen. Einsatzort Nr. 2 ist der Regenschutz im Tagesrucksack: Bevor Sie den Rucksack packen, sollten Sie einen passenden, stabilen Müllsack finden und als „Plastikhaut" einlegen. Er sollte nicht zu straff gespannt sein (Rißgefahr) und oben ca. 20 cm überstehen, damit man ihn wasserdicht verknoten kann. Somit können Sie dem Regenschauer lange trotzen und die Klamotten bleiben trocken!

Zusätzlich können Müllsack oder Plastikbeutel z.B. auch als Wasserbeutel, Vorratsbeutel, Wärmflasche, Schuhtasche, Unterlage, Kissen etc. benutzt werden.

Nachtleben

Die Hochburg des Nachtlebens ist Dar es Salaam. Hier gibt es ein großes Angebot an abendlichen Aktivitäten. Die neue „In-Generation" in Dar strebt Abendaktivitäten nach westlichem Standard an. Das Angebot ist groß und reicht vom Barbesuch über Discos (auch Openair) bis hin zum Kinoabend.

Auch in Arusha gibt es vereinzelte Bars, Restaurants und seit August 2007 das große neue **Njiro Shopping Center** (Ortsteil Njiro) mit typisch amerikanischem Kino mit aktuellen Hollywood-Filmen, Supermärkten, Restaurants und einer **Tanzania Coffee Lounge** Filiale mit **orientalischer Shisha Terrasse**.

In den anderen Städten gibt es kein ausgeprägtes Nachtleben. Oftmals sind Bars der größeren Hotels interessante Treffpunkte für Tanzanier und Mzungus (Europäer). Einheimische Kneipen und Bars sind bis auf wenige Ausnahmen der lokalen Bevölkerung vorbehalten. Je nach Ort und Publikum findet man an diesen Plätzen junge Frauen die sich mit der Prostitution den Lebensunterhalt finanzieren. (siehe Stichwort *„Aids")*.

Nationalparks

Tanzania ist das Safari-Ziel schlechthin. Kein anderes Land Afrikas hat mehr als 1/3 seiner Gesamtfläche (über 300.000 km^2) zu Naturschutzreservaten benannt. Es gibt **15 Nationalparks**, ein **Naturschutzgebiet** (Ngorongoro) und einige **Wildreservate** (z.B. das gigantische Selous Reservat). Der weltbekannte Serengeti-Nationalpark, das riesige Selous-Wildreservat und ein Mosaik aus anderen Naturschutzgebieten beherbergen schätzungsweise 20% aller großen afrikanischen Säugetiere. Die Artenvielfalt ist sogar mit 90% einzustufen! Neben der Attraktion „**Safari**“ bietet Tanzania mit dem „**Kilimanjaro-Nationalpark**“ den höchsten Berg Afrikas und gar den höchsten freistehenden Berg der Welt. Der Mt. Meru im „Arusha-Nationalpark“ ist zudem der 5. höchste Gipfel des afrikanischen Kontinents. Alle Nationalparks werden von der TANAPA (Tanzania Nationalpark Authority) mit Sitz in Arusha verwaltet und kontrolliert. Eine Vielzahl an Rangern und Parkangestellten kümmern sich um die Erhaltung des Tierbestandes und um die Verbesserung der Infrastruktur in den Parks. Die Nationalparks sind nicht eingezäunt, so dass Tiere und Urvölker frei wandern können.

Eintrittsgebühren und Gelder aus den Regierungskassen reichen trotz steigendem Tourismus nicht aus, um die weit reichenden Parkflächen ordnungsgemäß zu bewirtschaften. Die TANAPA ist somit auf Entwicklungshilfen anderer Länder angewiesen. Allen voran steht hier die Zoologische Gesellschaft in Frankfurt (http://www.zgf.de), deren früherer Direktor, **Prof. Bernhard Grzimek** (1909-1987), in den 50er, 60er und 70er Jahren große Entwicklungsarbeit in den Nationalparks Tanzanias geleistet hat. Sein ebenfalls sehr engagierter Sohn und Freund Michael Grzimek (1934-1959) kam tragischerweise bei den Dreharbeiten zu dem Film „Die Serengeti darf nicht sterben“ bei einem Flugzeugabsturz ums Leben. Seine kleine Propellermaschine kollidierte am 10. Januar 1959 östlich der Serengeti mit einem Geier. Michael war sofort tot. Die Urne von Prof. Grzimek wurde nach seinem Tod 1987, neben dem Grab seines Sohnes Michaels, am Kraterrand des Ngorongoro-Kraters beigesetzt.

Kurzübersicht der Nationalparks in Tanzania

Arusha Nationalpark (Größe 137 km^2)
Highlights: Mt. Meru, Momella Seen, Ngurdoto-Krater, Hatari-Lodge
Lage: ca. 1 Stunde Autofahrt nördlich von Arusha
Anreise: mit dem Geländewagen ab Moshi oder Arusha

Gombe-Stream Nationalpark (Größe 52 km^2)
Highlights: Schimpansen-Beobachtung, Wasseraktivitäten am Tanganyikasee
Lage: Im Westen, 18 km nördlich von Kigoma am Tanganyikasee
Anreise: mit dem Flugzeug ab Arusha oder Dar, Zug oder Geländewagen

Katavi Nationalpark (Größe 4.471 km^2)
Highlights: Wander-, Jeep- und Campingsafaris, Kultur, sehr ursprünglich
Lage: Im abgelegenen Südwesten des Landes, Nähe Tanganyikasee
Anreise: mit dem Flugzeug ab Arusha oder Dar oder lange Autofahrten

Mt. Kilimanjaro Nationalpark (Größe 755 km^2) - seit 1987 UNESCO Erbe
Highlights: 6 Routen zum Gipfel des Kilimanjaro, Wanderungen, Wasserfälle,
Lage: Im Norden, nahe der Stadt Moshi, 70 km östlich von Arusha
Anreise: mit dem Geländewagen ab Moshi oder Arusha

Kitulo Nationalpark (Größe 442 km^2)
Highlights: Botanisches Highlight, viele Blumen & Vögel, kein Großwild
Lage: Im Süden des Landes, Nähe Lake Nyasa
Anreise: mit dem Geländewagen

Mahale Mountains Nationalpark (Größe 1.613 km^2)
Highlights: Schimpansen-Beobachtung, Wandersafaris, Schnorcheln & Tauchen
Lage: Im Westen am Tanganyikasee, abgelegen in der Wildnis
Anreise: per Flugzeug ab Arusha oder Dar, dann 3-4 Stunden Bootsfahrt

Mkomazi-Umba Nationalpark (Größe 2.600 km^2) – **neuster NP seit 2007**
Highlights: Offene Ebenen und Dornbuschsavanne, Großtiere, sehr ursprünglich
Lage: Im Nordosten, hinter den Usambara-Mountains
Anreise: mit dem Auto ab Arusha oder Moshi / oder Flugzeug

Lake Manyara Nationalpark (Größe 330 km^2)
Highlights: See, Flamingos, Big Five, viele Elefanten, Vögel, Kanu & Rad
Lage: Im Norden, 2 Stunden westlich von Arusha
Anreise: Mit dem Geländewagen oder Flugzeug ab Arusha oder Dar

Mikumi Nationalpark (Größe 3.230 km^2)
Highlights: Big Five, Antilopen, Flusspferde, über 400 Vogelarten und Zugvögel
Lage: Im Osten, 4 Stunden westlich von Dar es Salaam
Anreise: Mit dem Auto über Hauptverkehrsstraße

Ngorongoro Naturschutzgebiet (Größe 8.292 km^2) - kein TANAPA Nat.-Park
Highlights: Mit 19,2 km Ø größter Kraterkessel der Welt, beeindruckende Tierwelt, Big Five, Massai, seit 1979 UNESCO Weltnaturerbe
Lage: Im Norden neben Lake Manyara, 3 Stunden westlich von Arusha
Anreise: Mit dem Geländewagen ab Arusha oder Lake Manyara

Ruaha Nationalpark (Größe 10.300 km^2)
Highlights: die meisten Elefanten Afrikas, viele Raubtiere, 450 Vogelarten
Lage: In Zentraltanzania, 130 km westlich von Iringa
Anreise: Mit dem Geländewagen oder Flugzeug ab Arusha oder Dar

Rubondo Nationalpark (Größe 240 km^2)
Highlights: Wasserwunderland mit Küste, Bootsausflüge, Schimpansen, Vögel
Lage: Insel im Viktoriasee, im Norden, 150 km westlich von Mwanza
Anreise: mit dem Auto, per Flugzeug ab Arusha oder Dar, dann mit Boot

Saadani Nationalpark (Größe 1.062 km^2)
Highlights: einziger Park am indischen Ozean, Krokodile, Schildkröten
Lage: An der Küste im Nordosten, 100 km nördlich von Dar es Salaam
Anreise: Mit dem Auto oder Flugzeug ab Dar, auch Linienbusse

Serengeti Nationalpark (Größe 14.763 km^2)
Highlights: *Der* Safaripark schlechthin, Big Five, Raubtiere, Massai, Geschichte
Lage: Im Norden, 355 Km westlich (6 Stunden) von Arusha
Anreise: Mit dem Geländewagen über Ngorongoro- oder Flugzeug ab Arusha

Selous Game Reserve (Größe 52.000 km²) - kein TANAPA Nationalpark
Highlights: Größtes Naturschutzgebiet Afrikas, bedeckt 5% von Tanzania, Flüsse, erlaubte Großwildjagd, seit 1982 UNESCO Weltnaturerbe
Lage: Im Südosten, 3 Stunden westlich von Dar es Salaam
Anreise: Von Dar es Salaam mit Jeeps oder Kleinflugzeugen

Tarangire Nationalpark (Größe 2.600 km²)
Highlights: die größte Tierpopulation außerhalb Serengeti, viele Elefanten
Lage: Im Norden, 118 km südwestlich von Arusha
Anreise: Mit dem Auto ab Arusha oder Lake Manyara

Udzungwa Mountains Nationalpark (Größe 1.990 km²)
Highlights: Biologisch vielfältig bewachsene Bergwelt, Wandern, Wasserfälle
Lage: Im Süden, 5 Stunden (350 km) südwestlich von Dar es Salaam
Anreise: Mit dem Auto oder Flugzeug ab Arusha oder Mikumi Nat. Park

Für den „typischen" Bergtouristen, der seine Kilimanjaro-Besteigung mit einer Safari verbinden will, bietet sich eine 6-Tages Kombination der nördlichen Parks an. Diese beinhaltet den Arusha Nationalpark, Lake Manyara, Ngorongoro und die Serengeti. Das Ganze kann beliebig gekürzt oder erweitert werden. Die „Minimal-Version" sollte auf jeden Fall einen Besuch des Ngorongoro-Kraters beinhalten, in dem Sie auf nur 304 km² neben den Big Five über 25.000 Tiere hautnah erleben können. Diese konzentrierte Tiervielfalt finden Sie sonst nirgends. Die Gebühren der Nationalparks steigen aufgrund der zunehmenden Parkkosten ständig an. Der Eintritt in die Serengeti kostet z.B. im Juli 2007 pro Person/Tag 50 US$ zzgl. Guide, Fahrzeug und Übernachtung. Der Eintritt zum Kilimanjaro NP sogar 60 US$ pro Person/Tag, zzgl. Nebenkosten. So wundert es nicht, dass die Pauschalpreise deutscher Reiseveranstalter teilweise sprunghaft ansteigen. Dies ist einzig und alleine auf die steigenden TANAPA-Gebühren und die steigenden Flugpreise (Ölpreis) zurückzuführen. Eine aktuelle Übersicht aller Parkgebühren finden Sie unter http://www.tanzaniaparks.com

Kleidung

Da eine Jeep-Safari immer in rüttelnden, heißen Geländewagen stattfindet, bewährt sich eine leichte, aber strapazierfähige Kleidung. Sie sollte tagsüber vor Sonne und Staub schützen und abends unbedingt die Haut gegen Moskitos abdecken. Baumwollmaterialien liegen zwar gut auf der Haut, halten aber die Feuchtigkeit sehr intensiv. Optimal sind Mischtextilien, wie sie im Outdoor-Fachhandel angeboten werden. Darüber hinaus sind ein Sonnenhut, Sonnenbrille und ausreichend Sonnencreme zu empfehlen, da nicht alle Safari-Jeeps über ein Sonnendach verfügen. Abends benötigen Sie noch Mückenschutz und lange Kleidung. Da die meisten Safariparks über 1.500 m ü. M. liegen, kann es abends und morgens recht frisch werden. Stabile Trekkingschuhe runden die Safari-Ausrüstung ab. Eine Checkliste zur Safari-Ausrüstung finden Sie im Kapitel *„Safari- und Nationalparks > Kleidung“*

Nationalflagge

Die Nationalflagge Tanzanias besteht aus einer grünen und einer blauen Dreieckfläche, durchzogen von einem schwarzen Querstreifen mit gelben Linien.

Die Bedeutung der Farben:

Grün – steht für Tanzanias Vegetation und Natur
Blau – steht für Wasser und Meer
Schwarz – steht für die dunkelhäutige Bevölkerung
Gelb – steht für den Reichtum an Mineralien

Nebenkosten

Eine Reise nach Tanzania ist im Vergleich zu anderen Fernreisezielen für uns Europäer sehr günstig. Wenn Sie eine Pauschalreise gebucht haben, beinhaltet diese meist schon alle aufgeführten Leistungen (Flug, Hotel, Besteigung, Safari, Verpflegung). An Nebenkosten erwarten Sie meist nur noch Trinkgelder für das Safari- oder Besteigungsteam (siehe Stichwort *„Trinkgeld“)* und Kosten für Unternehmungen auf eigene Faust. Ein gutes Abendessen mit Getränken in einem lokalen Restaurant kostet z.B. in Moshi oder Arusha nur 5,00 Euro. Das Preisgefüge nimmt von Nord nach Süd stark zu und erreicht seinen Höhepunkt auf Sansibar. Hier müssen Sie oftmals für das gleiche Produkt den doppelten oder dreifachen Preis gegenüber Arusha oder Moshi zahlen. Besonders die Hotelnebenkosten (Softdrinks, Internet, Wäscheservice, Souvenirs, etc.) liegen in Sansibars Hotelketten beim Vielfachen der Hotels des nördlichen Festlands.

Notfall

Adressen für medizinische Notfälle finden Sie unter dem Stichwort *„Ärzte & Apotheken“*. Für Überfälle und Verlust Ihrer Wertsachen sind zuerst das ortsansässige Polizeiamt und dann die Landesbotschaft zuständig.

Politik

Tanzania ist eine Föderative Präsidialrepublik. Die Politik wird durch ein demokratisches Mehrparteiensystem unter **Staatspräsident Jakaya Halfan Mrisho Kikwete** (*07.10.1950) und der Regierungspartei „Chama Cha Mapinduzi“ (CCM) bestimmt. Kikwete ist nach **Julius Nyerere** (1962-85), **Ali Hassan Mwinyi** (1985-1995) und **Benjamin William Mkapa** (1995-2005) der 4. Präsident Tanzanias. Er wurde im Oktober 2005 für 5 Jahre gewählt (Neuwahl alle 5 Jahre).

Post

Tanzania verfügt über ein gut ausgebautes Postnetz. Postkarten, Briefkuverts und Büromaterial finden Sie z.B. bei den Postämtern oder in Schreibwarenläden. Das Porto beträgt derzeit 600 TSH für eine Postkarte oder Brief nach Europa und 800 TSH in die USA. Die Versanddauer per Luftpost nach Europa liegt bei 7-10 Tagen. Achten Sie auf den „Airmail“, damit Ihre Post nicht auf dem Seeweg transportiert wird. Falls Sie Post empfangen, tun Sie dies entweder über Ihre Hoteladresse, über einen Bekannten mit P.O. Box oder über das „Poste Restante“ Verfahren. Letzteres funktioniert ähnlich wie „postlagernd“ an jedem Postamt.

Adressieren Sie wie folgt:

Hans Mustermann
Main Post Office “Poste Restante“
Moshi, Tanzania

Beachten Sie bei Paket-Sendungen, dass ggf. Zollgebühren auf Sie zukommen können. Zollabteilungen gibt es nur bei größeren Postämtern wie beispielsweise in Arusha, Moshi, Dar es Salaam und Sansibar.

Prostitution

Prostitution ist in Tanzania offiziell verboten. Dennoch verdienen viele junge Frauen ihren Lebensunterhalt im „ältesten Gewerbe der Welt“. Kontaktorte für potentielle Freier sind meist einheimische Bars und Diskotheken. Die Kunden sind nicht etwa Touristen, sondern vielerorts die einheimischen Männer. Nicht selten wird der gerade verdiente Wochen- oder Tageslohn mit Freunden bei Bier und Frauen ausgegeben. Beachten Sie die gesundheitlichen Risiken und meiden Sie den Kontakt mit einheimischen Damen. Infos finden Sie unter dem Stichwort *„Aids“*.

Reiseapotheke

Besprechen Sie mit Ihrem Hausarzt die für Sie geeignete Reiseapotheke. Eine Auswahl an empfohlenen Medikamenten und Utensilien finden Sie in der folgenden Checkliste, die ich aus Gründen der Übersichtlichkeit im Querformat anlegen musste. Diese Liste erhebt keinen Anspruch auf Vollständigkeit und dient lediglich als Diskussionsgrundlage mit Ihrem Arzt.

Medizinische Checkliste für eine Tanzania-Reise mit Bergbesteigung, Teil 1

Medikament:	Wirkstoff / Verwendung:	Verwendung:	gepackt ?
Fieberthermometer	-	zum Messen der Körpertemperatur	______
Blasenpflaster	-	Blasen am Fuß	______
Ciprofloxacin Tabletten, 500mg		Breitband Antibiotika	______
Perenterol Forte	Trockenhefe aus Saccharomyces boulardii	Durchfall + Vorbeugung (1. Wahl)	______
Immodium akut Kapseln	Loperamidhydrochlorid	Akuter Durchfall (2. Wahl)	______
Elotrans Elektrolyt-Pulver	Glucose und Electrolyte	Durchfall + Ernährung	______
Otriven Nasentropfen		Erkältung	______
Taschentücher	-	Erkältung / Staubentwicklung	______
Grippostad C Kapseln	Paracetamol, Ascorbinsäure, Koffein	Erkältung / Grippe / Fieber	______
Dolo-Dobendan Lutschtabletten		Halsschmerzen	______
Diamox Tabletten	**(nur nach Absprache mit einem Arzt!)**	Höhenkrankheit	______
Labello Alpin / Sonnenschutz		Lippen, Gesicht & Co	______
MCP-Tropfen (Magen)	Metociopramiddihydrochlorid	Magenprobleme/Übelkeit	______
Malerone / Lariam	Atovaquon bzw. Mefloquinhydrochlorid	Malaria Prophylaxe / Stand-by-Präparat	______
Fenistil Gel, 20g Tube	Dimetindenmaleat	Mückenstiche (Behandlung)	______
Care Plus, 50% DEET (stark)		Mückenstiche (Vorbeugung)	______
Otalgan Ohrentropfen	Phenazon / Procainhydrochlorid	Ohrenschmerzen	______
Canifug-Creme	Clotrimazol	Pilzerkrankungen / Mundentzündungen	______
Ohrenstöpsel	Schaumstoff oder Silicone	ruhiger Schlaf	______
Diazepam/Valium-Tabletten, 5mg	Diazepam	Schlafen, Beruhigung, Panikzustände	______
Paracetamol, 500 mg	Paracetamol	Kopfschmerzen "leicht"	______
Tramadol - 50mg Tabletten	Tramadolhydrochlorid	Schmerzen "stark"	______
Voltaren Tabletten / Salbe	Diclofenac / Diethylaminsalz	Schmerzen (Gelenke-Entzünd.)	______

Medizinische Checkliste für eine Tanzania-Reise mit Bergbesteigung, Teil 2

Micropur (Forte) Tabletten	Silberionen und Chlor	Trinkwasser Desinfektion	______
Rettungsdecke	Aluminiumfolie	Unfall / Verletzung	______
Mini-Verbandskasten	Erste Hilfe Material, Binden und Pflaster	Unfall / Verletzung	______
Dreieckstuch	-	Unfall / Bruch / Verstauchung	______
Eis-Pack	-	Verstauchung / Bruch	______
Samsplint Aluminium-Schiene	-	Verstauchung / Bruch	______
Hametum Wund /Heilsalbe, 20g	Hamamelisdestillat	Wundversorgung	______
Spritzen (2/5 ml) und Kanüle	-	Wundversorgung	______
Leukoplast (wasserfeste Rolle)	-	Wundversorgung	______
Lastobind-Binden, 10 cm x 5m	-	Wundversorgung	______
Tyrosur Gel, 5g Tube	Tyrothricin	Wundversorgung	______
Verbandspäckchen Standard	-	Wundversorgung	______
Aidshandschuhe	-	Wundversorgung	______
Pinzette / Schere / Rasierklinge	-	Wundversorgung	______
Octenisept / Wundedesinfektion	Octenidindihydrochlorid, Phenoxyethanol	Wundversorgung / Desinfektion	______
Vermox Tabletten		Wurmerkrankung	
Kamistad Gel N	Lidocainhydrochlorid, Kamillentinktur	Zahnfleischerkrankungen	______
Hexoral-Rachenspray	Hexetidin	Mund/Rachenentzündung	______
Mobilat aktiv Salbe	Mucopolysaccaridpolyschwefelsäureester	Zerrungen/Verstauchung	______

Diese Checkliste enthält Medikamente und Medizinbedarf, die für eine Reise nach Tanzania mit Bergbesteigung sinnvoll sein können. Einige Präparate sind **verschreibungspflichtig** und die Einnahme aller Medikamente von der individuellen Gesundheit des Bergtouristen abhängig. Diese Liste ist nicht als „medizinische Beratung" zu verstehen, sondern dient lediglich als Diskussionsgrundlage zum Gespräch mit Ihrem Reisearzt. Lassen Sie sich intensiv beraten und treffen Sie Ihre eigenen Entscheidungen. Die Liste erhebt selbstverständlich keinen Anspruch auf Vollständigkeit, Irrtümer vorbehalten.

Reiseveranstalter

In Deutschland, Österreich und der Schweiz bieten eine Vielzahl von Veranstaltern Reisen nach Tanzania an. An dieser Stelle alle zu nennen, würde die Kapazitäten des Buches sprengen. Ich habe mich daher auf einige wenige konzentriert, die ich entweder aufgrund persönlicher Beziehungen empfehlen kann oder solche, deren zufriedene Kunden mir auf meinen Reisen immer wieder begegnen und Bericht erstatten.

Chamäleon Reisen
Otto-Suhr-Allee 115
10585 Berlin
Telefon: 030-34796-0
Telefax: 030-347996-11
www.chamaeleonreisen.de

Concept Reisen
Geisbergstraße 14
10777 Berlin
Telefon: 030-2184053
Telefax: 030-2119130
www.concept-reisen.de

DAV Summit Club
Am Perlacher Forst 186
81545 München
Telefon: 089-64240-0
Telefax: 089-64240-100
www.dav-summit-club.de

Diamir Erlebnisreisen GmbH
Loschwitzer Straße 58
01309 Dresden
Telefon: 0351-312077
Telefax: 0351-312076
www.diamir.de

Fernaktiv-Reisen
Neustraße 70
54290 Trier
Telefon: 0651-921296 90
Telefax: 0651-921296 91
www.fernaktiv-reisen.de

Bergerlebnis Toni Freudig
Mühlenbichlweg 5
87459 Pfronten
Telefon: 08363-5364
Telefax: 08363-926531
www.freudig.de

ITST – Tanzania Special Tours
Mühlbachstrasse 25
70794 Filderstadt
Telefon: 0711-777 8712
Telefax: 0711-778 7150
www.tanzania-tours.de

Reisch Reisen
Blutenburgstraße 19
80636 München
Telefon: 089-15890974
Telefax: 0121-2523064174
www.reisch-reisen.de

Wikinger Reisen
Kölner Straße 20
58135 Hagen
Telefon: 02331-9046
Telefax: 02331-904704
www.wikinger-reisen.de

Österreich:

Weltweitwandern GmbH
Burenstraße 136a
A-8052 Graz / Österreich
Telefon: +43 (0)316 583504-0
Telefax: +43 (0)316 583504-50
www.weltweitwandern.at

Schweiz

Kaufmann-Trekking
Wylen 1
CH-6440 Brunnen / Schweiz
Telefon: +41 (0)41 8220055
Telefax: +41 (0)41 8220059
www.kaufmanntrekking.ch

Let's go Tours
Vorstadt 33
CD-8201 Schaffhausen
Telefon: +41 (0)52 6241077
Telefax: +41 (0)52 6246077
www.letsgo.ch

Eine recht komplette Liste lizenzierter, lokaler **Tour-Operators und Veranstalter in Tanzania** finden Sie auf der offiziellen Website des **Tanzania Tourist Board** http://tanzaniatouristboard.com. Einzelne, mir persönlich bekannte und empfehlenswerte Tour-Operators finden Sie in diesem Kapitel unter dem Stichwort *„Tour-Operators"*.

Religionen

Christen und Moslems bilden mit je 39% die größten Glaubensgemeinschaften, gefolgt von 18% Naturreligionen und 4% sonstigen Religionen. Sansibar ist fast einheitlich moslemisch. Eine einheitliche Staatsreligion existiert nicht. Auseinandersetzungen zwischen Anhängern der verschiedenen Religionen gibt es in Tanzania keine, vielmehr herrscht ein friedliches Zusammenleben.

Safari

siehe unter Stichwort *„Nationalparks"*.

Schlafkrankheit

TseTse Fliege (lat. Glossina spec.)

Die **Schlafkrankheit** (sog. Afrikanische Trypanosomiasis) wird durch Einzeller (Trypanosomen) hervorgerufen, die nur im tropischen Afrika vorkommen. Übertragen werden sie durch den schmerzhaften Stich der **tagaktiven Tsetse-Fliegen**, die in Regenwaldgebieten, Savannen, Galeriewäldern, Tierreservaten und Rinderfarmen leben. Sie sind in Tanzania besonders verbreitet um Arusha, Kigoma und in Nationalparks (besonders Serengeti). Die Mücken haben zuvor beim Stich des infizierten Wirtes (z.B. Antilopen, Rinder, Ziegen, Menschen etc.) den Erreger aufgenommen und geben ihn durch einen erneuten Stich an einen Menschen weiter. Die bremsenähnlichen Fliegen stechen auch am behaarten Kopf oder durch dünnere Stoffarten hindurch.

Der Stich einer mit **Trypanosomen infizierten Tsetse-Fliege** verursacht eine schmerzhafte Schwellung, es vergrößern sich die örtlichen Lymphknoten und häufig kommt es zu Fieber. Die Parasiten befallen über die Blut- und Lymphgefäße die inneren Organe, passieren im weiteren Krankheitsverlauf die Blut-Hirn-Schranke und gelangen somit ins Gehirn, wo sie ein schweres Krankheitsbild hervorrufen, das unbehandelt tödlich endet. Erst mehrere Monate nach der Infektion tritt die eigentliche „Schlafkrankheit" auf, bei der es zu Störungen des Schlaf-Wach-Rhythmus sowie zur Nahrungsverweigerung kommt. Bei der ostafrikanischen Trypanosomiasis wird oft das Herz mit betroffen, bei der westafrikanischen steht die chronische Hirnentzündung mit Persönlichkeitsveränderungen, Verwirrtheitszuständen, Kräfteverfall und Todesfolge im Vordergrund.

Nach Schätzungen der WHO werden jährlich bis zu 100 - 300.000 Personen infiziert. Für Reisende besteht generell ein geringes Infektionsrisiko. Für Safariteilnehmer und Entwicklungshelfer, die in die Risikogebiete reisen (vorwiegend in Ostafrika), besteht aber ein erhöhtes Risiko. Als besonders gefährlich gilt in Tanzania der Serengeti-Nationalpark.

Ein Arzt kann die Diagnose durch den Nachweis von Trypanosomen unter dem Mikroskop nachweisen. Die Erreger lassen sich anfangs an der Stichstelle, später in Lymphknoten, Blut, Gehirn oder in der Rückenmarkflüssigkeit nachweisen. Eine Behandlung wird mit dem gezielten Einsatz von Antibiotika und zudem symptomatisch durchgeführt. Durch neu entwickelte Medikamente kann die Krankheit bei 3-10% der infizierten Personen geheilt werden.

Eine Impfung gegen die Schlafkrankheit gibt es nicht. Als Schutz gelten die gleichen Mückenschutzmaßnahmen wie bei anderen Moskito-Krankheiten, siehe unter Stichwort „Malaria". Im Gegensatz zur Anopheles-Mücke (Malaria) sticht die Tsetse-Fliege nur am Tag und bevorzugt helle Kleidung.

Schulsystem

Das eigentliche Schulsystem begann in Tanzania erst als die ersten britischen Missionare Ende des 19. Jahrhunderts eintrafen und ihre neuen Kolonien organisierten. Besonders das britische Schulsystem hatte Anfang des Jahrhunderts großen Einfluss im Land. Vorher lernten die Kinder nur in den Familien.

In den letzten Jahren steckt das staatliche Bildungswesen jedoch wieder in der Krise. Trotz der kostenlosen Grundschulen und der Schulpflicht für alle Kinder gibt es nicht genug Schulen. So kommt es oft vor, dass der Unterricht unregelmäßig oder in Schichten stattfindet, da die Lehrer keine Zeit haben oder aufgrund des niedrigen Einkommens (ca. 80-120.000 TSH) wenig motiviert und unzureichend ausgebildet sind. Die Lernbedingungen an manchen staatlichen Schulen sind für uns kaum vorstellbar.

Wer Geld hat oder Wert auf eine gute Bildung legt, kann seine Kinder auf eine Privatschule schicken, die besser ausgebildete Lehrer führt und gute Lernbedingungen bietet. Privatschulen „boomen" und viele Familienväter aus unteren Schichten sparen sich das Geld für den Schulbesuch der Kinder regelrecht vom Mund ab. Die private Schulgebühr inkl. Frühstück und Mittagessen liegt ca. bei 14-20 Euro pro Monat. Vor der Grundschule gehen die Kinder ein Jahr in den Kindergarten, um sich auf das Schulleben und auf die englische Unterrichtssprache vorzubereiten. Nach dem Besuch der Grundschule besteht in privaten und staatlichen Schulen keine Schulpflicht mehr. Es ist den Kindern freigestellt, ob sie zu ihren Familien zurückkehren, eine Ausbildung anfangen oder eine Sekundarschule (weiterführende Schule) besuchen. Nach vier Jahren Sekundarschule können sie eine bessere Ausbildung machen oder nach vier plus zwei weiteren Jahren eine Universität besuchen. In allen Schulen und Kindergärten müssen die Kinder Schuluniformen tragen.

Das Schuljahr ist in vier Abschnitte unterteilt. Der erste geht von Januar bis Mitte März, der zweite von April bis Mitte Juni, der dritte von Juli bis Mitte September und der letzte von Oktober bis Mitte Dezember. Dazwischen gibt es Ferien.

Kindergarten = 1 Jahr, Einschulalter mit 5 oder 6 Jahren
Grundschule (shule ya msingi) = 7 Jahre, Einschulalter mit 6 oder 7 Jahren
Sekundärschule 1 (shule ya sekondari) = 4 Jahre mit Abschlussprüfung
Sekundärschule 2 (shule ya sekondari) =2 Jahre mit Prüfung (Abitur)
Studium = oft Universitäten in Tanzania, Kenia oder Europa

Schwimmen / Schnorcheln / Tauchen

Das Schwimmen und Schnorcheln ist in Tanzania auf die Küstenregion um **Tanga**, die Inseln **Sansibar** und **Pemba** sowie auf die **Nationalparks Gombe-Stream** und **Mahale** am Tanganyikasee beschränkt. Im „Lake Victoria" sollte aufgrund der bekannten Bilharziose-Gefahr nicht gebadet werden.

Sansibar, Mafia und Pemba sind Hochburgen für Taucher und Schnorchler. Die Inseln im indischen Ozean bieten traumhafte Unterwasserlandschaften mit einzigartigem Fischreichtum. Viele Hotels und lokale Veranstalter bieten Tagesausflüge auf kleine Inseln oder zu den Korallenriffen an. Eine Schnorchelausrüstung (ABC-Ausrüstung) kann mitgenommen oder vor Ort geliehen werden. Professionelle PADI-Tauchschulen bieten Einsteigern und Profis die gesamte Palette des Tauchsports mit professionellem Equipment unter optimalen Bedingungen an.

Tanzania besitzt an der Küste zwischen Pangani und Dar es Salaam sowie auf den Inseln Sansibar und Mafia endlos weiße Sandstrände, teilweise wie aus dem

Bilderbuch. Immer mehr neue und luxuriöse Strandhotels der renommierten Hotelketten sorgen für steigenden Tourismus. Wenngleich Sansibar und Tanzanias Küsten vor Jahren noch als „Geheim-Tipp“ gehandelt wurden, machen sie mittlerweile dem Strandtourismus Kenias große Konkurrenz.

Für Frauen ist „oben ohne“ im ganzen Land tabu. Zudem sollte auf der arabisch geprägten Insel Sansibar mit Rücksicht auf die Religionen und Brauchtümer nur an ausgewiesenen Stellen gebadet werden.

Sonnenschutzmittel

Tanzania liegt ummittelbar am Äquator, was eine extreme Sonneneinstrahlung mit sich bringt. Benutzen Sie auf den Bergen, bei Safaris und an den Stränden hochwertige Sonnenschutzmittel mit hohen Lichtschutzfaktoren. Meiden Sie in den ersten Tagen die Sonne, wo es geht, und decken Sie Kopf und Körperstellen gut ab.

Souvenirs

Tanzania bietet eine große Auswahl an „typischen“ Afrika-Souvenirs zu attraktiven Preisen. Besonders Holzschnitzereien, Körperschmuck und Textilien werden in zahlreichen „Curio-Shops“ und Hotels feilgeboten. Auf Sansibar stehen zusätzlich die Gewürze und Teakholztruhen hoch in der Gunst der Touristen. Auf Safaris oder Märkten können Sie oftmals direkt von den Massai Perlen-, Draht- und Knochenschmuck erwerben. Meist ist beim Kauf sogar ein Foto mit einem echten Massaikrieger möglich. Vergessen Sie das Handeln nicht. 30-50% Nachlass sind in den meisten Preisen bereits eingerechnet. Oft ist der Artikel nicht einmal ausgezeichnet, so dass man Ihnen nach Lust und Laune einen Preis nennt.

Bitte beachten Sie, dass es strengstens verboten ist antikes Kulturgut, antike Kunstwerke, Natur- und Bergprodukte (z.B. Steine, Pflanzen, etc.), Strandsouvenirs (Muscheln, Korallen, etc.), Elfenbein, Felle oder Jagd-Trophäen auszuführen. Die Ausfuhr von handelsüblichen Souvenirs ist selbstverständlich erlaubt, sofern deren Materialien nicht aus tierischen Produkten bestehen.

Sprache

Die Amtssprache in Tanzania ist **Swahili**, gefolgt von **Englisch** als Bildungs- und Verkehrssprache. „Swahili“ ist eine so genannte **Bantu-Sprache**, was die Zugehörigkeit zu einer Gruppe von 400-500 vergleichsweise eng verwandten Sprachen kennzeichnet. Alleine in Tanzania findet man weit über 100 verschiedene Dialekte. „Swahili“ wird heute von etwa 85% der Tanzanier gesprochen. Der Name kommt in den verschiedensten Schreibweisen vor (z.B. Suaheli, Suahili oder Swahili), kennzeichnet jedoch immer dieselbe Sprache. Oftmals findet man auch die Schreibweisen „Kisuaheli“ oder „Kiswahili“, wobei der Präfix „Ki“ lediglich das Wort „Sprache“ darstellt. Es bedeutet also übersetzt „Sprache-Swahili“ und es handelt sich wiederum um dieselbe Sprache. In Deutschland schreibt man „Suaheli“ oder „Kisuaheli“, in der englischen Sprache findet man meist „Swahili“ und „Kiswahili“.

Der Name ist abgeleitet von dem arabischen Wort „saahil“ (Plural sawaahil), das übersetzt „Küste“ bedeutet. Man kann also davon ausgehen, dass „Swahili“ ursprünglich „Küstensprache“ bedeutete. Heute sprechen geschätzte 100 Millionen Menschen im ostafrikanischen Sprachraum „Swahili“. Die Verbreitung der Sprache findet man in Kenia, Tanzania, Uganda, Ruanda, Ost-Zaire (Kongo) und Burundi. Auf der Insel Sansibar wird großflächig auch arabisch gesprochen.

In den meisten Touristen-Gebieten kommen Sie jedoch mit einem Grundvokabular an Englisch bestens aus.

Sport

Wie bei uns ist Fußball der Volkssport No. 1, wenngleich der sportliche Erfolg der Nationalmannschaft Tanzanias noch auf sich warten lässt. Dafür kennen sich die tanzanischen Kids umso besser mit europäischem Fußball aus. Ob Klein oder Groß - alle kennen Sie Ballack, Beckham & Co und tragen stolz T-Shirts europäischer Fußballmannschaften. Darüber hinaus ist Leichtathletik noch recht beliebt im Land. Kleinere und größere Sportveranstaltungen, wie beispielsweise der Kilimanjaro-Marathon (www.kilimanjaromarathon.com), gewinnen immer mehr an Bedeutung. Fitness & Co. ist bisher noch nicht so populär wie bei uns, aber nimmt ständig zu. Zwar gibt es vereinzelte Trainingsmöglichkeiten in Hotels oder Fitnesscentern der größeren Städte, aber eine Empfehlung kann ich derzeit nicht aussprechen.

Möglichkeiten für sportliche Touristen bietet natürlich auch die Besteigung der Berge Kilimanjaro oder Mt. Meru sowie ausgedehnte Wanderungen im ganzen Land. Oft bieten Hotels auch den Verleih von Mountainbikes an. Auf den Inseln Sansibar und Mafia dominiert der Wassersport mit Tauchen und Schnorcheln.

Steigeisen

Steigeisen werden zur Besteigung der Normalrouten am Kilimanjaro während der Trockenzeiten in der Regel nicht benötigt. Bei all meinen bisherigen Besteigungen gab es kaum Schnee, geschweige denn Eis. Das Klima am Kilimanjaro hat sich parallel zur allgemeinen Erderwärmung ebenfalls verändert, was, im Vergleich von alten und neuen Fotoaufnahmen des Berggipfels, in Form von weniger Schnee und zurückgehenden Gletschern, sehr gut zu erkennen ist. Sollten Sie während der Regenzeit aufsteigen wollen oder die aktuellen Klimaverhältnisse während Ihres Aufenthaltes Steigeisen erfordern, so können diese beim lokalen Tour-Operator geliehen werden.

Straßen

Tanzania verfügte im Jahr 2005 über ein Straßennetz von ca. 4.700 km und keine Autobahnen. Deutschland hat im Vergleich dazu bei nur 1/3 der Landesgröße 660.000 km an Straßen zu bieten. Die Hauptstraße zwischen Arusha und Moshi, sowie zu den Parks Lake Manyara und Ngorongoro sind geteert und in gutem Zustand. Die Serengeti ist ab Ngorongoro ausschließlich über eine staubige Schotterpiste zu erreichen. Überhaupt ist das Straßennetz oft in einem schlechten Zustand oder besteht aus Schotterpisten und staubigen Feldwegen. Für Ausflüge abseits geteerter Straßen sind unbedingt 4 x 4 Geländewagen empfehlenswert.

Im ganzen Land und auf den Inseln herrscht, noch aus den Zeiten der englischen Kolonialherrschaft, Linksverkehr und heute auch Anschnallpflicht. Aus England wurden auch die meisten Verkehrsregeln übernommen, wenngleich man oft nicht von „Regeln“ sprechen kann. Meist gewinnt der mit der lauteren Hupe oder dem größeren Auto. Europäer dürfen mit einem gültigen internationalen Führerschein in Tanzania zugelassene Autos bewegen.

Stromversorgung

siehe unter Stichwort *„Elektrizität“*

TANAPA

Die TANAPA (Tanzania Nationalpark Authority) mit Sitz in Arusha verwaltet und kontrolliert 14 Nationalparks im ganzen Land. Eine Vielzahl an Rangern und Parkangestellten kümmert sich um die Erhaltung des Tierbestandes und um die Verbesserung der Infrastruktur in den Parks. Eintrittsgebühren und Gelder aus den Regierungskassen reichen jedoch trotz steigendem Tourismus nicht aus, um die weit reichenden Parkflächen ordnungsgemäß zu bewirtschaften. Die TANAPA ist somit auf Entwicklungshilfen anderer Länder angewiesen.

Tanzania National Parks Authority
Attn: Director General
P.O Box 3134
Arusha, Tanzania
Telefon: +255 272 503 471 oder +255 272 504 082
Telefax: +255 272 508 216
Email: info@tanzaniaparls.com
Website: www.tanzaniaparks.com

Tauchen

siehe unter dem Stichwort *„Schwimmen / Schnorcheln / Tauchen"*

Taxi

Das Taxi ist neben den Dalla Dallas (Minibusse) das Fortbewegungsmittel Nr. 1 für den Stadt- und Regionalverkehr. Egal, wo Sie in Moshi, Arusha oder in Dar es Salaam stehen, eines der weißen Taxen (meist Toyotas) ist immer in der Nähe. Der Fahrpreis ist Verhandlungssache und wird vom Fahrer zuerst einmal in doppelter Höhe genannt. Ein geschicktes und faires Verhandeln lässt immer günstigere Fahrpreise zu. Der durchschnittliche Fahrpreis innerhalb der Städte Moshi oder Arusha liegt bei 1.500 - 3.000 TSH. Durch den weltweit steigenden Ölpreis könnten diese Preise aber bald Vergangenheit sein, da Kraftstoff in Tanzania nur unwesentlich günstiger ist als in Europa.

Telefon / Fax

Das Telefonieren über das Festnetz funktioniert in den meisten Zentren problemlos. Auch Hotels und Lodges verfügen über vernünftige Telefonverbindungen. Touristen nutzen neben den Hotels auch oftmals den Service der jeweiligen Postämter. Diese bieten einen umfassenden Post-Service, sowie Telefonkabinen im Innenbereich und vor der Tür an. Darüber hinaus stehen an öffentlichen Plätzen meist Büros privater Anbieter zur Verfügung, die alle Kommunikationsdienstleistungen bis hin zum Paketversand anbieten. Für Gespräche nach Deutschland, Österreich oder Schweiz muss die jeweilige Landesvorwahl gewählt werden (z.B. „0049 oder +49" für Deutschland). Nach Tanzania benötigen Sie Landesvorwahl „00255 oder +255". Das gleiche gilt für Faxverbindungen. Telefon- oder Faxverbindungen nach Europa sind recht teuer und liegen bei ca. 3.000 – 5.000 TSH pro Minute.

Hervorragend entwickelt hat sich in den letzen Jahren das **Mobiltelefon-Netzwerk**. Vom Geschäftsmann bis zum Guide oder Träger – Handys haben sie alle und überall. Sollten Sie mit eigenem Handy anreisen, so wird sich Ihr Telefon automatisch in die Leitungen der lokalen Anbieter „Celtel, Vodacom oder Mobiltel" einwählen. Vorsicht: Die Gebühren können teuer werden!

Wer länger im Land bleibt oder viel telefonieren möchte, dem sei eine lokale Nummer mit Pre-Pay-Telefonkarte empfohlen. Diese erhalten Sie für derzeit (Juli 2007) 5.000 TSH einmalige Grundgebühr in jedem Handy-Shop. Danach können Sie ihre neue „Lokalnummer" mit handelsüblichen Pre-Pay- Karten des Betreibers aufladen. Diese Karten erhalten Sie z.B. in Handy-Shops, Supermärkten, Bushaltestellen und Postämtern in Abstufungen von 1.000 – 15.000 THS. Sehr beliebt sind die Anbieter „Celtel" und „Vodacom", die über ein (fast) flächendeckendes Mobilfunknetzwerk im Land verfügen. Problematisch ist der Empfang noch in den Nationalparks (z.B. Serengeti oder Kilimanjaro) und an der Ostküste Sansibars. Treffen Sie die Wahl des Anbieters also nach den Stationen Ihrer Reise und lassen Sie sich die Flächenkarte der

Sender zeigen. Informationen zum Thema *„Internet“* finden Sie unter dem gleichnamigen Stichwort.

Toiletten

Nur selten findet man in Tanzania Toilettenanlagen nach westlichem Standard. Die typische Toilette (*swahili: Choo*) ist der altbekannte Steh-Klo mit Loch im Boden. Oftmals steht ein Eimer Wasser daneben, da es keine Wasserspülung gibt.

Tourismus

Der Tourismus im Land nimmt immer mehr zu. Tanzania ist politisch und religiös stabil und bietet eine reizvolle Landschaft mit vielen kulturellen Highlights. In den letzen 20 Jahren ist aus dem früher unbekannten Tanzania eines der beliebtesten Reiseziele Afrikas geworden. Mit dem Kilimanjaro besitzt das Land den höchsten Berg Afrikas, bei dessen Besteigung man die 5 Klimazonen der Erde durchwandert. Die 14 Nationalparks des Landes beinhalten 20% des kompletten afrikanischen Tierbestandes und die Küstenregionen mit der Insel Sansibar sind ein wahres Paradies für Taucher und Wassersportler. Tanzania ist auch die Heimat vieler Urvölker, wie beispielsweise der Massai und Bushmen. Last but not least bietet der Zugang zum Viktoriasee einzigartige Erlebnisse am zweitgrößten Süßwassersee der Erde. Dies sind nur einige Highlights des Landes.

Offizielle Touristeninformationen für deutschsprachige Länder über das Land Tanzania:

Tanzania Tourism Board
c/o Best Choice Tourism Management
Landsberger Straße 155
D-80687 München
Tel.: 089-552533 99
Fax: 089-545068 44
info@best-choice.net
www.best-choice.net

Tanzania Tourist Board
IPS Building, 3rd floor
P.O. Box 2485
Dar es Salaam / Tanzania
Telefon: +255-27 250 3842
Telefax: +255-27 254 8628
Email: ttb-info@habari.co.tz
www.tanzaniatouristboard.com

Trampen

Trampen wie bei uns üblich ist in Tanzania nicht bekannt. Leute, die eine Mitfahrgelegenheit suchen, sprechen potentielle Autofahrer an einer Tankstelle oder Bushaltestelle an und fragen nach dem Preis für eine Mitfahrgelegenheit. Das kostenlose Mitfahren bei fremden Menschen ist unüblich, da jeder seinen Obolus zur Strecke beiträgt. Einheimische, die am Straßenrad stehen und auffallend motiviert den vorüberfahrenden Fahrzeugen zuwinken, möchten in der Regel einen Platz im nächsten Bus ergattern. Busse fahren dort in großer Folge vorbei und sind häufig überfüllt, so dass man auf den nächsten warten muss. Leere Busse werden durch Handzeichen zum Anhalten bewegt.

Trekkingstöcke

Vom einen belächelt und vom anderen unbedingt empfohlen, halten Trekking-Stöcke auch ins Land des Kilimanjaro Einzug. Ich kann mich mit meinen eigenen Erfahrungen hundertprozentig dem Rat der Sportärzte anschließen. Auch ich habe bei allen Besteigungen erfolgreich meine Leki-Stöcke benutzt und keinerlei Knie- oder Rückenprobleme erlebt. Auch lokale Guides nutzen zunehmend Trekking-Stöcke, die ihnen als Souvenir von den Bergtouristen hinterlassen werden.

Korrekt eingestellte **Teleskop-Trekking-Stöcke** bieten eine ernorme Entlastung der Beine, Kniegelenke und der Wirbelsäule, besonders dann, wenn Gepäck transportiert wird. Auf unwegsamem Gelände bieten sie oft Halt und Gleichgewicht, bei einer Flußüberquerung kann man sie als Watstock benutzen. Außerdem schwellen Hände durch die dauernde Auf- und Abwärtsbewegung nicht an und werden optimal durchblutet. Im Weiteren kann ein Trekking-Stock auch schon mal als Ersatzzeltstange oder Fotostativ fungieren..., der Phantasie sind keine Grenzen gesetzt. Die korrekte Einstellung sollte so gewählt werden, dass der Armwinkel nach Greifen des Stockes, etwas weniger als 90° beträgt. D.h. der Unterarm zeigt in Verlängerung der Hand etwas nach oben.

Infos zu Trekkingstöcken finden Sie unter www.leki.de

SUPER LOCK SYSTEM - SLS
SUPERSTARK
IM TIERREICH
SLS best
SUPERSTARK
BEI TÜV UND TESTS+
DAS LEKI SLS VERSTELLSYSTEM
LEKI
+
TÜV SÜD
TÜV SÜD
GS
HALTEKRAFT:
> 140 kg
RÜCKDREHSICHERHEIT:
> 360°
Trekking Stöcke mit SLS - das Verstellsystem mit den höchsten
Sicherheitsreserven beim TÜV, bei Tests und überall unterwegs - exclusiv von
LEKI
www.leki.de

Tour-Operator (lokale Veranstalter)

In Tanzania gibt es derzeit mehr als 250 registrierte Tour-Operators und genauso viele nicht registrierte, teilweise unseriöse Unternehmen, die schnelles Geld mit Bergtouren und Safaris verdienen wollen. Auf lange Listen mit „guten" und „schlechten" Veranstaltern möchte ich in diesem Buch verzichten und beschränke mich auf eine kleine Auswahl mir persönlich bekannter Tour-Operators.

Springlands Hotel (ZARA Tours)

Wenn Ihre Reise primär aus einer Kilimanjaro-Besteigung besteht, sollte sie auf jeden Fall mit einem Unternehmen durchgeführt werden, das in Moshi, der Stadt am Kilimanjaro sitzt. Alle Unternehmen aus Moshi bieten ebenso im Anschluss an die Kilimanjaro-Besteigung eine Safari an. Das 80 km entfernte Arusha ist idealer Ausgangspunkt, wenn der Schwerpunkt der Reise eine Safari darstellt.

Seriöse und empfehlenswerte Tour-Operators im Norden Tanzanias:

Arusha
Bobby Safaris, www.bobbycamping.com
Hoopoe Safaris, www.hoopoe.com
Ranger Safaris, www.rangersafaris.com
Sunny Safaris, www.sunnysafaris.com
Roy Safaris, www.roysafaris.com

Marangu
Alpine Safaris / Coffee Tree Camp, www.alpinesafari.com
Marangu Hotel, www.maranguhotel.com

Moshi:
Afromaxx, www.afromaxx.com
Ahsante Tours, www.ahsantetours.com
Kilimanjaro Crown Bird Tours & Safaris, www.kilicrown.com
Mauly Tours, www.mauly-tours.com
Shah Tours, www.kilimanjaro-shah.com
Tin Tin Tours, www.tintintours.com
ZARA Tours, www.zaratours.com

Trinkgelder

Trinkgelder in Restaurants sind bei Einheimischen eher selten und werden von Touristen nicht unbedingt erwartet. Gerne können Sie aber Ihre Zufriedenheit mit dem Service oder der jeweiligen Leistung in Form eines Trinkgeldes anerkennen. In Hotels dagegen ist ein gewisses Trinkgeld erwünscht, da es oft den wahren Lohn für die Arbeit darstellt. Am Berg und auf Safari ist das Trinkgeld in der Tat der Lohn der Arbeit und ein fester Bestandteil der Tour und Zeremonie zugleich. Trinkgelder sollten jedoch immer so bemessen sein, dass sie die Traditionen und Einkommensverhältnisse im Land nicht beeinträchtigen. Sie sollten auch das Bild von uns Weißen (Mzungu) nicht verfälschen und uns alle als „Großkapitalisten" darstellen. Ich habe wohlhabende Leute erlebt, die ihrem Bergführer 1.000 US$ und mehr Trinkgeld für eine 6-Tagestour gegeben haben. Wie soll man unter diesen Bedingungen das Gesicht wahren und Richtlinien für Trinkgelder festlegen können?

Beispiele von Monatseinkommen der Tanzanier im Jahr 2007

Zimmermädchen	20 - 30.000 TSH (15 - 20 €) pro Monat
Bedienung	50 – 70.000 TSH (30 - 45 €) pro Monat
Lehrer	80 – 120.000 TSH (50 – 75 €) pro Monat

Richtlinien für allgemeine Trinkgelder

Bars & Restaurants	5-10% der Rechnungssumme
Gepäckträger	500 – 1.000 TSH
Zimmermädchen	500 – 800 TSH pro Nacht
Shuttlebusfahrer	500 – 1.000 TSH

Richtlinien für Trinkgelder am Berg oder Safari pro Gruppe

Safari-Fahrer	10-15 US$ pro Tag
Safari-Guide	15-20 US$ pro Tag
Safari-Koch	10-15 US$ pro Tag
Berg-Träger	4-7 US$ pro Tag
Berg-Koch	7-10 US$ pro Tag
Berg-Ober (!)	6-9 US$ pro Tag
Berg-Assistant Guide	7-10 US$ pro Tag
Berg-Guide:	10-15 US$ pro Tag

Im Jahr 2007 wird der US$ in Tanzania, trotz Inflation des Schillings, vielerorts noch immer mit 1:1.000 gerechnet (Offizieller Kurs 07/2007 = 1 US$ = 1.250 TSH). Besonders Hotels nutzen damit die Situation des Touristen aus und steigern so den Profit um satte 25%.

Uhrzeit

siehe unter Stichwort *„Zeit & Zeitverschiebung“*.

Verkehrsmittel

Tanzania bietet die gesamte Palette von Flugzeug über Schiff bis Bahn. Kurze Strecken werden meist mit dem Dalla Dalla (Minibus), Taxi oder Regionalbus zurückgelegt. Die Verbindungen aller Verkehrsmittel laufen meist problemlos.

Bahn

Es gibt 2 voneinander unabhängige Eisenbahnsysteme, die auch unterschiedliche Spurbreiten haben. Das alte regionale und sehr langsame Eisenbahnnetz aus der Kolonialzeit wird von der TRC (Tanzania Railway Corporation) verwaltet. Es hat seine besten Tage bereits gesehen. Die TAZARA (Tanzania Zambia Railway) verwaltet auf einem chinesisch finanzierten Streckennetz aus den Siebziger Jahren die Hauptstrecke von Dar es Salaam nach Zambia. Auf dieser Strecke fährt auch in Abständen der Luxuszug „Safari Express“. Entsprechende Fahrzeiten entnehmen Sie bitte den Bahnhöfen. Ab Moshi gibt es heutzutage keine Passagierzüge mehr.

Bus

Auf dem geteerten Straßennetz verkehren regelmäßig moderne und klimatisierte Fernbusse, die Sie pünktlich ans Ziel bringen. Die renommiertesten Anbieter sind „Royal Coach“ und „Scandinavia Express“. Haltestellen dieser Anbieter finden Sie in allen großen Städten wie Moshi, Arusha, Tanga, Dar es Salaam, etc. Das Streckennetz reicht bis nach Mombasa und Nairobi in Kenia. Angebot und Preisgefüge werden von weniger komfortablen Fernbussen fragwürdiger Gesellschaften komplettiert.

Dalla Dalla

Dalla Dallas sind Minibusse, meist japanischer Herkunft, die den Kurzstreckenverkehr im Land abwickeln. Sie sind sehr günstig und halten an jeder Straßenecke an, um neue Passagier an Bord zu nehmen. Nicht selten (selbst erlebt) sitzen und stehen bei 40°C über 25 Mann in einem uralten Toyota-Bus, der bei uns für max. 9 Personen zugelassen ist. Ein Erlebnis ist die Dalla Dalla Fahrt allemal, aber in Sachen Sicherheit nicht zu unterbieten!

Flugzeug

In Tanzania können Sie bequem und schnell z. B. mit Air Tanzania (www.airtanzania.com), Coastal Travel (www.coastal.co.tz) oder Precision Air (www.precisionairtz.com) zwischen den wichtigsten Städten pendeln. Flugverbindung von Kilimanjaro nach Dar es Salaam oder Sansibar gibt es mehrmals am Tag und sind kurzfristig buchbar. Die Preise bewegen sich zwischen 180 - 250 US$ (Round Trip). Mit Regional Air (www.regional.co.tz) lassen sich die meisten Nationalparks hervorragend anfliegen.

Als einzige Airline in Moshi, am Kilimanjaro, bietet die Charter-Fluggesellschaft **Kiliair** ihre individuellen Dienste an. Kiliair ist ein kleines Unternehmen unter europäischer Leitung, welches aus dem früheren Aero-Club Moshi entstanden ist. Mit 4 verschiedenen Flugzeugen für 2-13 Personen, sind private Charterflüge im Kilimanjaro-Gebiet, nach Sansibar oder in die Nationalparks jederzeit möglich. Auch Ziele außerhalb Tanzanias können direkt ab Airport Moshi gebucht werden. Infos unter www.kiliair.com.

Schiff / Fähren

Der Schiffsverkehr in Tanzania bietet sich hauptsächlich auf dem Lake Victoria, dem Lake Tanganyika und an den Küstengebieten zwischen Dar es Salaam, Sansibar und Pemba an. Die Fährverbindungen zwischen Dar und Sansibar sind mehrmals täglich streng und pünktlich geregelt. Durch die verhältnismäßig lange Fahrzeit (2 - 2,5 Stunden) und die Wartezeit am Kai bietet sich eher ein Flug an. Bei sorgfältigen Recherchen ist ein Flug (ca. 50-60 US$) für Europäer nur wenige US$ teurer als die Fährverbindung (ca. 40-45 US$).

Versicherungen

Achten Sie vor Reiseantritt auf eine ausreichende und gültige Auslandskrankenversicherung mit Flugzeugrücktransport im Notfall. In Tanzania müssen alle Arzt- und Apothekenrechnungen bar bezahlt werden. Für die spätere reibungslose Rückerstattung in Deutschland achten Sie bitte auf die Ausstellung ordnungsgemäßer Papiere und Quittungen.

Wer auf „Nummer Sicher“ gehen will und durch körperliche Aktivitäten zusätzlichen Risiken ausgesetzt ist, kann für den Ernstfall noch eine Versicherung bei den Flying Doktors (AMREF) abschließen. Diese holen Sie bei Bedarf mit einem kleinen Flugzeug aus dem hintersten Winkel des Landes und fliegen Sie in ein ordentliches Krankenhaus in Tanzania oder Kenia. Mehr Infos unter dem Stichwort „Ärzte und Apotheken“ oder unter: http://www.amref.org

Für alle Fälle können Sie natürlich, nach eingehendem Vergleich der Anbieter, auch eine Reisegepäckversicherung abschließen. Erfahrungswerte haben leider gezeigt, dass gerade die Art und Weise „Ihres“ Diebstahls nicht im Versicherungsumfang eingeschlossen ist..., die Entscheidung liegt bei Ihnen.

Visum

Einwohner von Deutschland, Österreich und der Schweiz benötigen zur Einreise nach Tanzania oder Sansibar ein Touristen-Visum. Das Visum ist bei der jeweiligen Tanzania-Botschaft im Heimatland oder auch am Zielflughafen in Tanzania erhältlich. Die Gültigkeit für ein Touristenvisum beträgt 3 Monate. Die Gebühren betragen derzeit (Juli 2007) 50,00 € bei der Botschaft in Berlin oder 50,00 US$ am Zielflughafen. Um Warteschlangen bei der Einreise zu vermeiden, rate ich zu einer Beantragung im Heimatland.

Zudem muss ein einfaches Einreise-Formular ausgefüllt werden, das im Flugzeug oder am Airport ausliegt. Für Sansibar ist kein separates Visum notwendig, sofern Sie vorher aus Tanzania einreisen.

In Einzelfällen kann auch mal Ihr Impfpass kontrolliert werden, da sie bei einer Einreise von außerhalb Europas eine Gelbfieber-Impfung nachweisen müssen. Dies gilt auch dann, wenn Sie kurz vorher aus einem anderen Land (z.B. Thailand, Südamerika, etc.) zurückgekommen sind und bereits einige Tage am Heimatort waren.

für Deutschland und Österreich

Botschaft der United Republic of Tanzania
Eschenallee 11
D-14050 Berlin
Tel.: 030-303 080-0
Fax: 030-303 080-20
info@tanzania-gov.de
www.tanzania-gov.de

für die Schweiz

Botschaft der United Republic of Tanzania
47 Avenue Blanc,
CH-1201 Genf
Tel.: 022-731 8920
Fax: 022-732 8255
mission.tanzania@itu.ties.int

Fall Sie beabsichtigen, während Ihrer Tanzania Reise nach Kenia oder Uganda auszureisen, so sind die entsprechenden Visa bei den Landesbotschaften, an den Flughäfen oder Grenzkontrollen zu bekommen.

Für längere Reisen in benachbarte Länder lohnt es sich bereits zu Hause einen Zweitpass zu beantragen. Dies ist ohne Problem bei jedem Einwohnermeldeamt möglich. Dieser kann z B. einer Botschaft zum Ausstellen eines anderen Visums zur Verfügung gestellt werden, ohne den anderen Pass weggeben zu müssen. Außerdem kann ein Zweitpass im Falle eines Verlustes einer der beiden Pässe sehr nützlich sein. Auf jeden Fall sollten Sie aber immer eine Kopie Ihres Reisepasses mit sich führen. Dies verhindert im Ernstfall schon mal das Schlimmste.

Währung

siehe Stichwort *„Banken und Zahlungsmittel“*

Wasser & Wasserentkeimung

Wasser ist in vielen Regionen Tanzanias nicht zum Trinken geeignet und muss vor dem Genuss abgekocht, bzw. mit Tabletten (z.B. Micropur forte) desinfiziert werden. Dies gilt auch für Wasser am Kilimanjaro, Mt. Meru und in den meisten Safari-Parks. Vermeiden Sie deshalb unbedingt Trinkwasser aus unbekannten Herkünften, sowie Speisen, die mit kaltem Wasser (nicht abgekocht) gereinigt oder zubereitet wurden (z.B. Salat, Eiswürfel, etc.).

Hinweis zum Abkochen: Das Abkochen ist eine der ältesten und wirksamsten Möglichkeiten Wasser zu desinfizieren. Vorausgesetzt, es gibt genug Brennstoff in Form von Holz, Gas, Strom, usw., lassen sich damit die Microorganismen eliminieren. Da das Wasser beim Abkochen jedoch nicht klarer wird, bleiben ggf. chemische Verunreinigungen und grobe Schwebeteilchen erhalten. Deshalb sollte optisch trübes Wasser vor dem Abkochen sorgfältig gefiltert werden.

Die verschiedenen Krankheitserreger im Wasser sind außerdem unterschiedlich hitzeempfindlich, wodurch nicht alle Erreger gleichzeitig abgetötet werden können. Um Reisedurchfall vorzubeugen muss man von den widerstandsfähigsten Erregern ausgehen und entsprechende Abkochzeiten einhalten. Auf Meereshöhe (0 Meter) liegt der Siedepunkt des Wassers bei 100 °C. Fünf Minuten Wasserkochen genügen um alle Erreger abzutöten. Auf 4.000 Meter (z.B.

am Kilimanjaro) liegt der Siedepunkt nur noch bei 86,8 °C. In dieser Höhe muss das Wasser bereits 4 x solange, also 20 Minuten, kochen um alle Erreger abzutöten. **Merke: pro 1.000 m sinkt der Siedepunkt um ca. 3,3 °C, was im gleichen Zug pro 1.000 m Höhenunterschied 5 Minuten längeres Kochen bedeutet.**

Auf der Website www.katadyn.de können Sie kostenlos Wasserinformationen downloaden und sich über alle Arten von Wasserdesinfektionsmöglichkeiten informieren. Mittlerweile gibt es von der tragbaren „Filter-Bottle“ bis hin zum „Hightech-Wasserfilter“ alles, was das Herz begehrt. Magenprobleme aufgrund von schlechtem Trinkwasser gehören bei sorgfältiger Beachtung der Regeln längst der Vergangenheit an.

Katadyn®- oder Micropur®-Produkte finden Sie vor Ort in vielen Hotels oder bei Ihrem Tour-Operator. In Europa finden Sie diese im guten lokalen Outdoor-Fachhandel oder im Versand, z.B. bei www.globetrotter.de oder www.woick.de.

Zeit & Zeitverschiebung

Die Zeitverschiebung von Deutschland, Österreich und der Schweiz nach Tanzania beträgt während unserer Sommerzeit + 1 Stunde und während der Winterzeit + 2 Stunden. Gewöhungsbedürftig sind die teilweise im Land angegebenen Zeiten in der lokalen Zeitrechnung. Diese startet in Ost-Afrika aufgrund der Nähe zum Äquator, bei Sonnenaufgang mit „ Null-Uhr“. Es gilt also unsere Zeitrechnung **minus** 6 Stunden = Tanzania Zeit. Sagt Ihr Guide beispielsweise, dass Sie sich morgen um 3:00 Uhr zum Abmarsch treffen, heißt das für Sie 9:00 Uhr vormittags.

Zelte

Zelte werden von den lokalen Tour-Operators, bzw. Vertragspartner der deutschen Reiseveranstalter, zur Verfügung gestellt. Für Berg- oder Safaritouren stehen unterschiedliche Zeltvarianten in guten Qualitätsstandards zur Verfügung. Die Mitnahme von eigenen Zelten ist nicht notwendig.

Zollbestimmungen (Ein- / Ausreise)

Die Einfuhr von Drogen oder Waffen jeglicher Art ist strengstens verboten und wird strafrechtlich verfolgt (Knast). Ebenso ist die Einfuhr von pornografischem Material strengstens untersagt. Devisen in beliebiger Höhe müssen nicht gesondert deklariert werden, es sei denn, Sie werden auf dem Einreiseformular danach gefragt. Artikel für den persönlichen Bedarf (besonders Bergausrüstung) sind erlaubt.

Bei der Ausfuhr sollten Sie darauf achten, keine Tanzania-Schilling auszuführen. Außerdem ist es strengstens verboten antikes Kulturgut, antike Kunstwerke, Natur- und Bergprodukte (z.B. Steine, Pflanzen, etc.), Strandsouvenirs (Muscheln, Korallen, etc.), Elfenbein, Felle oder Jagd-Trophäen auszuführen. Die Ausfuhr von handelsüblichen Souvenirs ist selbstverständlich erlaubt, sofern deren Materialien nicht aus tierischen Produkten bestehen. ■

Nordansicht des Kilimanjaro.

Kilimanjaro – Mythos & Facts

Der nur 340 km vom Äquator entfernte Kilimanjaro ist das Aushängeschild Tanzanias und Sinnbild für die einzigartige Natur Ostafrikas - schon sein Name ist ein Mythos. Seit 1987 ist er von der UNESCO als Weltnaturerbe anerkannt. Er bietet mit dem **Kibo** nicht nur **Afrikas höchsten Gipfel**, sondern ist auch der höchste frei stehende Berg der Erde. In atemberaubender Abgeschiedenheit erheben sich aus dem gut 40 km langen, gigantischen Bergmassiv, östlich des Shira-Plateaus, die beiden Gipfel **Kibo** (5.895 m) und **Mawenzi** (5.149 m).

Bergtouristen aus aller Welt versuchen seit über 100 Jahren, mehr oder weniger erfolgreich, den Gipfel zu erreichen. Auch wenn der heutige Aufstieg kein Vergleich zu den Pionieren am Ende des 19. Jahrhunderts ist, ein „Kinderspiel mit Gewinngarantie“ ist er noch immer nicht.

Geologie & Entstehungsgeschichte

Das Kilimanjaro-Gebirge gehört zum weltumspannenden Grabensystem, dem „World Rift“. Es zieht sich in seiner afrikanischen Ausdehnung von dem kleinen Staat Djibuti über Äthiopien bis zum Turkanasee in Kenia. Dort teilt sich der Graben in die Zentralafrikanische Platte und die Ostafrikanische Platte. Diese driften seit Jahrmillionen weiter auseinander und bringen somit Bewegung in die Erdkruste. Der Ostafrikanische Graben setzt sich quasi bis zum **Lake Natron** und dem **Lake Eyasi** fort.

Die Entstehung des Grabens geht etwa 20 Millionen Jahren zurück, als die Kontinente sich trennten. Vor gut 2-3 Millionen Jahre bildeten sich eigenständige, vulkanische Zentren in Afrika. Das für uns interessanteste Zentrum ist das Hochland zwischen **Lake Natron** und **Lake Manyara**. Die oberirdischen Ausläufer des Grabens sind dort heute in Form des „Rift Valley's" zu sehen. Irgendwann sammelten sich östlich davon, in der heutigen Kilimanjaro-Region, die Lava-Massen, welche an den Grabenrändern in Form von 3 großen Schloten (Vulkanöffnungen) entstanden. Durch die wiederkehrenden Vulkanausbrüche in den Schloten entstanden vor gut 1 Million Jahren die 3 Berggipfel **Shira, Kibo** und **Mawenzi** und wuchsen munter auf etwa 5.000 m Höhe heran.

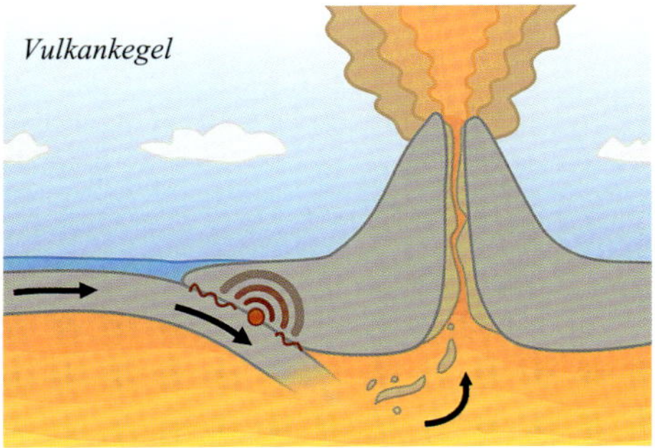

Shira kollabierte vor etwa 500.000 Jahren, hinterließ eine Kaldera (Kraterkessel) und erlosch. Heute ist er fast komplett erodiert und der damalige Gipfel verschwunden. Er ist nur noch als **Shira Plateau** bekannt. Während die beiden anderen Vulkankegel weiterhin aktiv waren, wuchs zwar die Höhe, aber der Abstand zueinander wurde durch die ständig ausgespuckte Lava immer geringer. So entstand im Laufe der Zeit der so genannte **Kibo-Saddle**. Schon bald danach stellte dann der **Mawenzi** seine Tätigkeit ein und begann ebenfalls zu erodieren. Seine heutige bizarre Gestalt ist Zeitzeuge der starken Erschütterungen vom damaligen Abbruch der gesamten Nordwand und einer zu schnellen Erkaltung der ausgeströmten Lava. Auch heute ist der Mawenzi ein sehr instabiler und fragiler Berg, der es Bergsteigern nicht gerade leicht macht.

Der starke **Kibo** dagegen spuckte weiter seine Lava aus dem Schlund (aus über 200 Nebenkratern am ganzen Berg) und wuchs weiter bis auch er vor gut 450.000 Jahren sein Wachstum bei etwa 5.900 m einstellte. Im Gegensatz zu den beiden anderen Vulkanen blieb er aber weiterhin aktiv. Der gewaltigste Ausbruch geschah wohl vor etwa 360.000 Jahren. Unglaubliche Lava-Massen wurden freigesetzt und liefen in hohen Wellen (bis 50 m) glühend die Berghänge hinab. Sie füllten die Kaldera des Shira und ließen den **Kibo-Saddle** weiter wachsen. Die heutige Form der Kibo-Landschaft soll von diesem Ausbruch stammen. Die so genannte schwarze **Porphyr-Lava** ist auch heute noch in der Gipfelregion in Form von kleinen und großen Kristallen zu finden. Auch in unseren Breitengraden wird dieser Lavatyp zum Bauen und Dekorieren verwendet.

Vor mehr als 100.000 Jahren hat der Vulkan **Kibo** dann seine Aktivitäten (fast) eingestellt, bevor ein fast 1.000 m hohes Stück der Bergspitze abbrach und ins Tal fiel. Diese gewaltigen, zerschmetterten Feldbrocken bilden heute die dominante Felsformation des **Kibo-Barranco-Valleys**.

Legenden der **Chagga** (Bergurbewohner) zur Folge soll der Kibo um das Jahr 1700 ein letztes Mal ausgebrochen sein. Zeuge des Ausbruchs ist nach heutigen Berechnungen der **Ash-Pit** im **Reusch-Krater**. Bereits im Jahre 1933 entdeckte der Brite **Harold William Tilman** zahlreiche Furolen (Erdlöcher) mit Schwefelablagerungen im Reusch-Krater.

Name und Bedeutung

Über die Herkunft des Namens „Kilimanjaro" gibt es unzählige Varianten und ebenso viele haarsträubende Geschichten. Ich habe mich in diesem Buch für die mir nachvollziehbare Variante entschieden, die auch von den Ureinwohnern, den Chaggas, und anderer Literatur geteilt wird. Zuerst möchte ich aber darauf hinweisen, dass die Schreibweise „**Kilimandscharo**" noch aus der deutschen Kolonialzeit (1885-1920) stammt und von mir in diesem Buch nicht verwendet wird, da sie Ihnen so in Tanzania nie begegnen wird - auch wenn sie so im Duden steht.

Die Sprache der Chagga ist eine Abwandlung (Dialekt) des heutigen Kiswahili. Teilweise werden Buchstaben oder Silben verschluckt oder hinzugefügt. Die Worte „**Mlima**" oder „**Kilima**" stehen für Berg und das Wort „**Jaro**" oder auch „**Njaro**" für Teufel der Kälte und des Eises oder nur für Eis. Somit ist es eigentlich klar nachzuvollziehen, dass aus den Worten „**Kilima**" und „**Njaro**" im täglichen Sprachgebrauch und im Umgang mit den ersten europäischen Einwanderern der spätere Bergname „**Kilimanjaro**" wurde.

Andere Quellen und Legenden berichten von Abwandlungen der Worte „**Njara**" *(swh.= leuchtend)* oder „**Njare**" *(maasai = Wasserquelle)*. Über die Bedeutung von „**Kilima**" als „Berg" sind sich dagegen alle einig. Der Berggipfel **Mawenzi** wird mit etwas Fantasie aus dem Kiswahili als „**der dunkle Stein**" übersetzt.

Ostansicht des Kilimanjaro, mit dem Rebmann- & Decken-Gletscher im Vordergrund

Die Klima & Vegetationszonen

Der Kilimanjaro bietet dem Bergtouristen die Durchwanderung aller 5 Klimazonen unserer Erde. Dazu kommt ein Temperaturspektrum von +30°C bis zu -20°C am Gipfel.

Die Kulturzone (ca. 800 - 1.800 m)

Sie liegt unmittelbar unterhalb der Regenwaldgrenze und bietet den Bergbewohnern einen fruchtbaren Boden und ideale Klimaverhältnisse für Ackerbau und Viehzucht. Gute Beispiele dafür sind die bewirtschafteten Berghänge im nördlichen **Moshi** oder das saftige **Marangu**. Die Tage sind heiß und die Nächte oft kühl bis kalt. Moskitos findet man aufgrund der kühlen Nächte kaum bis gar nicht. Das ganze Jahr über gibt es kleine Regenschauer, die den Boden feucht und fruchtbar halten.

In den Hängen des Kilimanjaro werden vorwiegend Kaffee, Bananen, Mangos, Mais, Bohnen, Kartoffeln, Kohl und Tomaten angebaut. Gemüse und Obst aus der Region findet man in großer Vielfalt auf den Tagesmärkten. Kokosnüsse sucht man hier vergeblich. Die Tierwelt mit Hunden, Katzen, Hühnern, Rindern und Ziegen ist ähnlich wie in unseren Breitengraden. Hinzu kommen noch eine Vielzahl an Vögeln und diverse Primatenarten (Affen).

Der Regenwald (1.800 - 2.800 m)

Die Regenwaldzone ist für angesiedelte Menschen und Tiere die wichtigste Zone am Berg. Der Wald ist neben den Gletschern das Wasserreservoir der gesamten Region und bietet rund 80% aller Pflanzen- und Tierarten am Kilimanjaro ein Zuhause. Die Bergbewohner nutzen auch das Holz des Waldes für Feuer und als Grundmaterial für Werkzeuge, Möbel und Gebrauchsgegenstände.

Weit über 1.000 Pflanzen kommen im Regenwald als endemische (nur hier beheimatete) Arten vor. Die auffallendsten Pflanzen und Baumarten sind Moose, Flechten, Farngewächse und hohe Laubbäume vieler europäischer und afrikanischer Familien. Dem Bergtouristen begegnen häufig die orangeleuchtende **Springkrautblüte** *(lat. Impatiens Kilimanjari)* und ihre violette Cousine *(lat. Impatiens pseudoviola)*. Nahe der oberen Waldgrenze kommen erste **Erica-Baumheiden** *(lat. Erica arborea)* und mannshohe **Lobelien** *(lat. Lobelia deckenii)* hinzu. Die Tierwelt ist kunterbunt gemischt, aber lässt sich nur selten sehen. Es gibt unzählige Vogelarten sowie kleine und große Säugetiere. In Erscheinung treten häufig schwarzweiße **Mantelaffen** *(engl. Colobus Monkeys)* oder **Meerkatzen** *(engl. Blue Monkeys)*. Auf der Rongai- und Umbwe-Route soll es noch **Leoparden** geben und auf der Lemosho-Route war ich selbst Zeuge von alles niedertrampelnden **Elefantenherden**. Im Allgemeinen beherbergen die Nordhänge des Kilimanjaro (Rongai-Route) durch die Nähe zum kenianischen **Amboseli-Nationalpark** weitaus mehr Säugetiere als die Süd-, West- und Osthänge.

Die Klimazonen im Überblick (1 Meter = 3,28 feet):

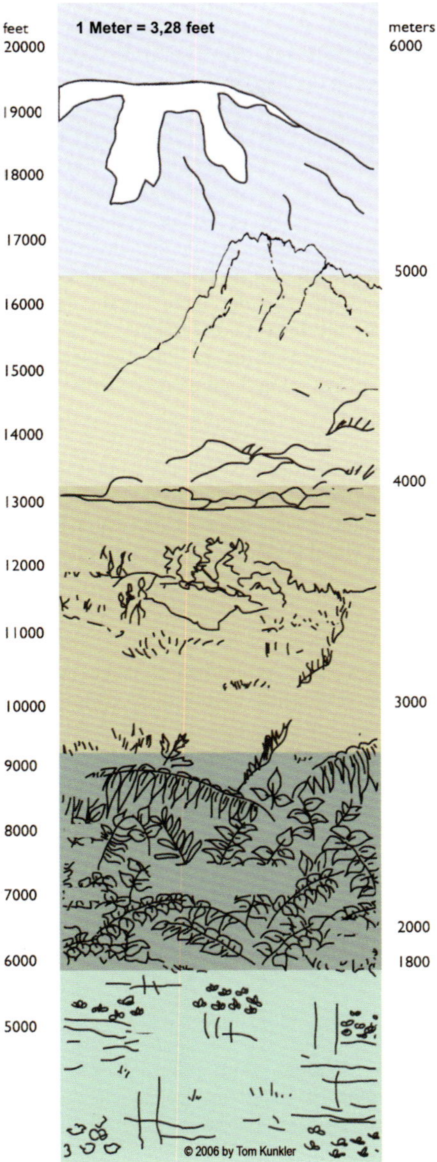

Gipfelzone
(ab 5.000 m)

Eis, Gletscher & Schnee, lebensfeindliche Zone keine Vegetation

Temperaturen bis -20°C

Alpine Wüste
(4.000 - 5.000 m)

Stein- & Lava-Wüste, starke Winde, kalt Temperaturen -10 bis +10°C

Heide & Moorland
(2.800 - 4.000 m)

Graslandschaft mit Hochmoore und Vegetation (Senecien, Erica-Bäume, Phillippia Sträucher)

Temperaturen -5 bis +30°C

Regenwald
(1.800 - 2.800 m)

Heimat von Menschen und Tieren, Wasserspeicher, dichte Vegetation, Regen

Temperaturen: +10 bis 20°C

Kulturzone
(800 - 1.800 m)

Städte, Ackerbau und Viehzucht, Plantagen

Temperaturen +10 bis 35°C

Heide- und Moorlandzone (2.800 - 4.000 m)

Sobald der Regenwald lichter und niedriger wird, beginnt der Anfang der Heide- und Moorlandzone. Sie begrüßt die Wanderer mit 2-10 Meter hohen, oft mit Bartflechten behängten **Erica-Gewächsen** *(lat. Erica arborea)* und wirkt durch die häufige Nebelbildung wie eine Landschaft aus dem Spielfilm „Herr der Ringe". Mystisch und unheimlich mutet deshalb der Eintritt in diese Bergzone an.

Weiter oben dominiert dann eine Graslandschaft mit niedrigeren **Erica-Gewächsen**, niedrigen Gräsern und **Phillippia** Sträuchern *(lat. Phillippia excelsa)*. Eine besondere Augenweite sind die gelb-roten **Fackellilien** *(lat. Kniphofia thomsonii)* und die massigen, bis zu 10 m hohen **Senecien** oder **Riesenkreuzkräuter** *(lat. Senecio johnstonii cottonii)*, deren abgestorbene Blätter als Wasserspeicher und Frostschutz dienen. Oft kommt es zu kurzen, heftigen Regenschauern, nach denen der Boden dann dem Namen „Moorlandzone" alle Ehre macht. Durch die mittlerweile befestigten Wege trifft man allerdings nur noch selten auf Moore und Wasserlöcher. Die Temperaturen können am Tag heiße 30°C bieten und nachts schnell unter den Gefrierpunkt fallen.

Eine nur in dieser Bergzone vorkommende Tiergattung ist aus der Literatur nicht bekannt. Es kommt jedoch öfter vor, dass sich die Tiere der Regenwaldzone in die höheren Bergregionen verirren. Einzelne große Raubvögel, wie z.B. die schwarzen Raben auf der **Horombo Hut** (Marangu-Route) kann man hier oben antreffen.

Alpine Wüste (4.000 - 5.000 m)

Nachdem sich die meisten Pflanzen und Gewächse verabschiedet haben, beginnt die karge und fast lebensleere Steinwüste. Lediglich hartnäckige Gräser oder Blumen wie die **Alpen-Gänsekresse** *(lat. Arabis alpina)* trifft man noch vereinzelt an. Diese Region wird beherrscht von kühlen Bergwinden (um 0° bis -10°C), sowie von möglichen Regenschauern und vielen staubigen Passagen mit kleineren „Sandstürmen". Die UV-Strahlung nimmt in der Höhe ebenfalls gewaltig zu, weshalb Sie sich dringend davor schützen müssen. Die Abend- und Nachttemperaturen fallen garantiert unter den Gefrierpunkt. Es wird bitterkalt.

Bis auf einige Insekten- und Spinnenarten sowie Mäuse bewegt sich hier nichts mehr. Die Umgebung bietet auch für kleinere Tiere keinen Lebensraum und keine Nahrungskette mehr.

Gipfelzone (ab 5.000 m)

Ab hier kann es zu Schneefall, eisigen Winden und extrem absinkenden Nachttemperaturen kommen, die nicht selten bei -10°C und darunter liegen. Die Umgebung ist regelrecht lebensfeindlich und bietet keinerlei Schutz.

Bis auf eine Hand voll Gräser finden sich keine Pflanzen mehr und das Gesamtbild ist ein einheitliches, tristes Grau. Es versteht sich von selbst, dass auch Tiere in dieser Höhe nicht existieren können. Es gibt zwar immer wieder Geschichten über gesichtete Leoparden oder gar Elefanten, aber nachweisbar ist davon das Wenigste. Eine der interessantesten und mit Fotos belegten Geschichte ist die des britischen Bergsteigers **Dr. Donald Latham.** Er fand im Juli 1926 am Kraterrand, nahe des Gillman's Point, auf gut 5.700 m Höhe einen mumifizierten Leoparden. Der Fundort ist heute als „Leopard Point" in den Karten des Berges bekannt.

Der Höhepunkt der Gipfelzone ist aber zweifellos der **Reusch-Krater** und das ewige Eis, das über 20 benamten Gletscherformationen beeindruckt. Auch wenn die Gletscher im letzten Jahrhundert 80% ihrer Masse einbüßten, findet man heute noch eine beachtliche Fläche von 2,2 km^2 mit Eis bedeckt.

Chronologische Entwicklungen am Berg & Highlights

Die ersten Aufzeichnungen über einen hohen, schneebedeckten Berg in Afrika, stammen aus dem Jahre 100 nach Christus, vom griechischen Astronomen und Geographen **Ptolemäus**. Gute 1.000 Jahre danach berichteten chinesische Handelsreisende von einem gewaltigen Berg, einige Tagesreisen hinter der Küste Sansibars. Doch erst 1848 trat die Anwesenheit des Kilimanjaro in das Bewusstsein der westlich orientierten Öffentlichkeit.

Bild: Der Geograph Ptolemäus

1848 Der deutsche Missionar **Johannes Rebmann** (*16.01.1820 - †04.10.1876 - Rebmann Gletscher) erblickt am 11. Mai als erster Europäer den Kilimanjaro und schrieb 1849 in der „Church Missionary Intelligencer" einen Artikel darüber, der von Wissenschaftlern mit großen Zweifeln belegt wurde.

1849 Der Missionar **Johann Ludwig Krapf** (*11.01.1810 - †26.11.1881), ein Freund Rebmanns, sieht am 10. November 1849 ebenfalls den schneebedeckten Kibo und bestätigt Rebmanns Aussagen. Er schätzte die Höhe damals auf ca. 3.800 m. Später entdeckte Krapf den Mt. Kenya.

1857 Eine von der „Royal Geographical Society" in London ausgesandte Expedition soll offiziell die Existenz des Kilimanjaro und die Aussagen von Rebmann und Krapf endgültig bestätigen. Die Expedition scheitert.

1861 Der junge britische Geologe **Richard Thornton** (†1862 an Malaria) begegnet auf Sansibar dem deutschen **Baron Carl Claus von der Decken** (*08.08.1833 - †02.10.1865 - Decken Gletscher), zu seiner Zeit ein Afrika-Spezialist. Sie brechen zum Kilimanjaro auf und sehen ihn am 14. Juli 1861 mit schneebedeckter Haube. Die Aussagen von Rebmann und Krapf sind endgültig anerkannt. Sie steigen bis auf 2.550 m auf und schätzen den Berg erstmals auf eine Höhe knapp über die 6.000 m. Sie erkennen auch den vulkanischen Ursprung des Berges.

1862 **Baron von der Decken** und der Botaniker **Otto Kersten** (Kersten Gletscher) steigen gemeinsam bis auf eine Höhe von 4.200 m vor, bevor sie wegen schlechten Wetterbedingungen abbrechen müssen. Kersten berechnet die Höhe des Kibo mit 5.000 m. Decken wird bei einer Reise zum Mt. Kenya im Oktober 1865 ermordet.

1871 Der methodistische Missionar **Charles New** steigt zusammen mit seinem **einheimischen Führer Tofiki** bis auf eine Höhe von 4.000 m.

1883 Der Geologe und Afrikaforscher **Joseph Thomson** (*14.02.1858 - †02.08.1895 - Thomson Gazelle) versucht als erster nach 12 Jahren Pause eine erneute Besteigung. Er kommt leider nur bis knapp über die Waldgrenze auf ca. 2.700 m.

1884 Der Künstler und Schriftsteller **Henry Hamilton Johnston** (*12.06.1858 - 31.07.1927 - Johnston Point) unternimmt im Auftrag dreier britisch-königlicher Gesellschaften eine 6-monatige Afrika-Expedition und besteigt dabei nach eigenen Angaben als erster Mensch den Kilimanjaro bis auf eine Höhe von 4.973 m und bringt zahlreiche naturwissenschaftliche Funde und Tierentdeckungen mit. Johnston ist der erste Europäer, der sich an den Südhängen des Kilimanjaro, dem heutigen Old Moshi, ansiedelt und Kontakte zum Chagga-Häuptling **Mandara** pflegt.

1885 **Sultan Mandara von Chagga und Kilimanjaro** (Mandara Hut), schließt am 19. Juni 1885 einen Vertrag mit der **Deutsch-Ostafrikanischen-Gesellschaft** (DOAG), vertreten durch **Dr. Carl Peters** (*1856), welcher der Gesellschaft die Rechte für Land, Zölle und Steuern sichern soll und eine deutsche Verwaltung ermöglicht. **Moshi** wird zum politischen und wirtschaftlichen Zentrum der deutschen Kolonialmacht im Kilimanjaro-Gebiet.

1887 Der ungarische Geologe **Graf Samuel Teleki** und **Ludwig Ritter von Höhnel** besteigen den Kilimanjaro bis auf eine Höhe von 5.310 m. Auch der deutsche Verlagssohn **Hans Meyer** und sein Kollege **Ernst Albert von Eberstein** kommen erstmals zum Berg und stoßen bis auf eine Höhe von 5.450 m vor. Eine von Meyer geplante Expedition für das Jahr 1888 scheitert wegen politischer Aufstände in der Küstenregion. Er hat analysiert, dass bisher 49 Europäer am Berg gekämpft haben, um die Erstbesteigung des Kibo später als ihr Eigen nennen zu können. Wenn er also tatsächlich der Erste sein will, gilt es sich zu beeilen.

1888 Bevor **Hans Meyer** mit dem Philosophen und Usambara-Forscher **Oscar Baumann** (*25.06.1864 - †12.10.1899) zurück nach Afrika kommt, versuchen **Dr. Abbott**, ein amerikanischer Journalist, und **Otto Ehlers**, ein deutscher Bergsteiger, auf unterschiedlichen Wegen ihr Glück. Beide kommen jedoch nicht über den Kraterrand hinaus.

1889 **Hans Meyer** (*22.03.1858 - †05.07.1929) und sein „Techniker“, der österreichische Extremalpinist **Ludwig Purtscheller** (*06.10.1849 - †03.03.1900) erreichen am 3. Oktober 1889 erstmals über den Ratzel-Gletscher den Kraterrand und am 6. Oktober, nach erneutem Aufstieg, als erste Menschen den höchsten Gipfel des Kraterrandes, den heutigen **Uhuru Peak (5.895 m)**. Sie benennen den Gipfel, zu Ehren des deutschen Kaisers, fortan zur „**Kaiser Wilhelm Spitze**“.

Ebenfalls im Team waren der Chagga-Guide Yohana Lauwo, sein Assistent Jonathan Mtu und eine Hand voll Träger, die namentlich auf der Gedenktafel in Marangu genannt sind. **Yohana Lauwo** starb erst im Jahre 1995 in Marangu, im Alter von 127 Jahren. Hans Meyer führte damals mit einem Siedethermometer Höhenmessungen durch und errechnete mit Hilfe des Berliner Wissenschaftlers **Dr. Ernst Wagner** die Höhe mit 6.010 m.

1890 Das Deutsche Reich übernimmt die vertraglich festgelegten Gebiete der DOAG und der Kilimanjaro wird somit kurzzeitig der „höchste Berg Deutschlands“.

1891 In den Jahren 1891 bis 1893 gibt es zahlreiche Bürgerkriege und Aufstände durch die Sultane **Meli bin Rinde Mandara von Moshi** und **Sina von Kibosho**.

1893 **Mandara** wird hingerichtet und die am Berg lebenden Volksstämme wählen unter kolonialer Leitung den Chagga **Marelle von Marangu** zu ihrem neuen Oberhaupt über alle Gruppen am Berg.

1898 **Hans Meyer** kehrt zurück nach Afrika und führt mit dem Maler **Ernst Platz** eine erneute Kilimanjaro-Expedition durch, die in erster Linie der

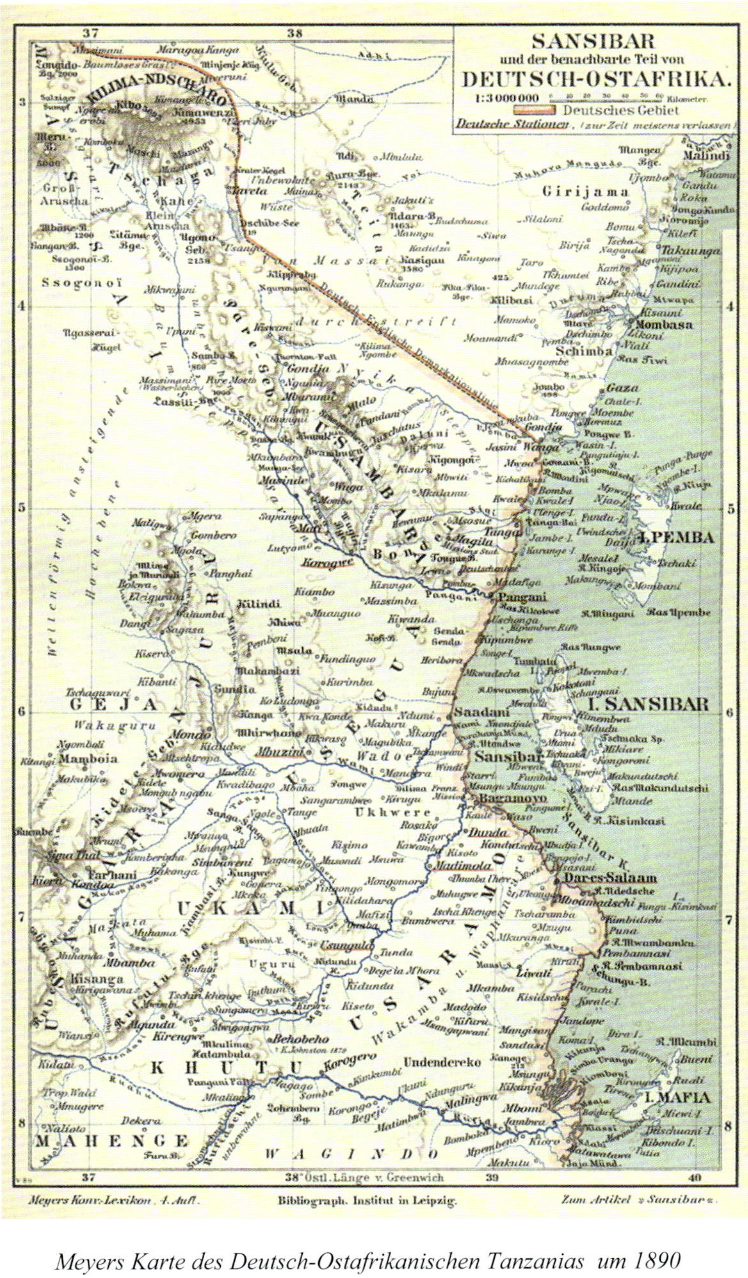

Meyers Karte des Deutsch-Ostafrikanischen Tanzanias um 1890

Vermessung der Gletscher und nicht einer erneuten Gipfelbesteigung dienen soll. Schon damals erkennt er den Rückgang des ewigen Eises. Die Gletscher bedecken gemäß seinen Messungen 12,2 km^2. Platz erblickt als dritter Europäer den Kraterrand, aber nicht den Gipfel.

1901 **Carl Uhlig** (Uhlig Gletscher) und **Pater Rohmer** schaffen es bis zum Decken-Gletscher.

1903 Das weitläufige Gebiet um den Kilimanjaro wird von den Kolonialbehörden zum Wildschutzreservat erklärt, damit ein ungestörtes Jagen der oberen Herren ermöglicht wird.

1906 **Fritz Jaeger** und **Eduard Oehler** (Oheler Ridge) erschließen als erste den Aufstieg über die Machame-Route. **Fritz Klute** und sein Kollege Oehler führen Messungen durch und errechnen eine Höhe von 5.930 m.

1909 Erst 20 Jahre nach der Erstbesteigung durch Hans Meyer erklimmen die Topografen **Max Lange** und Kollege **Weigle** den Kibogipfel als Zweitbesteiger.

1912 **Fitz Klute** und **Ernst Oehler** gelingt die Erstbesteigung des höchsten Mawenzi-Gipfels, den sie fortan **Hans Meyer Spitze** taufen. Außerdem führen sie die erste Umrundung des Kibo-Gipfels, sowie topografische Vermessungen von Kibo, Mawenzi und Shira durch.

Die **Bismarckhütte** (heutige Mandara Hut) wird geplant und gebaut.

Die Österreicher **Walther Furtwängler** (Furtwängler-Gletscher) und **Siegfried König** bestreiten die 3. Gipfelbesteigung entlang der heutigen Marangu-Route und fahren teilweise auf Ski bergab.

1913 Die **Petershütte** (heutige Horombo Hut) wird gebaut.

1914 Die 4. Gipfelbesteigung der Kunstmaler **Carl von Salis** und **Walter von Ruckteschell** führt auch erstmalig eine Frau, **Clary von Ruckteschell** den Berg hinauf. Sie gilt als erste Frau, die den Kraterrand erreicht hat.

Walther Furtwängler (Furtwängler-Gletscher) und **Siegfried König** brechen erfolgreich zur 2. Gipfelbesteigung des Mawenzi auf.

1920 Während des Ersten Weltkrieges (1914-1918) gerät auch das Kilimanjaro-Gebiet unter Gefechtfeuer. Die Folge ist dann 1920 die Abtretung von Deutsch-Ostafrika an Großbritannien, was den Berg von nun an unter die Herrschaft der britischen Krone stellt.

1921 Unter englischer Kolonialherrschaft wird das Naturreservat am Kilimanjaro ausgeweitet und als so genanntes „Forest and Game Reserve Kilimanjaro" geführt.

Eine große britische Expedition unter der Leitung von **Clement Gillman** (Gillman's Point) und **Paul Nason** bricht erstmals nach der deutschen Kolonialherrschaft wieder zum Kilimanjaro auf. Sie scheitert knapp unter dem Kraterrand und nur Gillman konnte durch die **„Johannes Notch"** knapp den Kraterrand erreichen und als Beweis den Union Jack (englische Nationalflagge) in einer Kiste zurücklassen.

1925 Die Filmindustrie entdeckt den Kilimanjaro und die UFA dreht erste Filmaufnahmen. Parallel steigen die ersten Afrikaner bis zum Gipfel.

1926 Der britische Bergsteiger **Dr. Donald Latham** findet am Kraterrand einen mumifizierten Leoparden, was er durch zahlreiche Fotos belegt. Der Fundort ist heute als **Leopard Point**, etwa 500 m neben dem **Gillman's Point**, bekannt.

1927 Die Britin **Sheila G. McDonald** erreicht am 31. Juli als erste Frau den Gipfel des Kibo und wird kräftig gefeiert. Der deutsche Missionar **Richard Reusch** erklomm den Kibo seit 1925 dreimal und erreicht als erster den später nach ihm benannten, inneren Kraterkessel des Kibo (Reusch Krater). Im Laufe seiner Missionarslaufbahn bestieg er, Aufzeichnungen zufolge, 40 mal den Kibo.

1930 Die Schweizer Luftfahrtpioniere **Walter Mittelholzer** (*02.04.1894 – †09.05.1937) und **Alfred Künzle** überfliegen am 15. Dezember 1930 erstmalig den Kilimanjaro und geben durch die Fotografien neue Einblicke und Dimensionen des Berges frei.

1932 Die erste Kibo Hütte wird gebaut, um einen adäquaten Wetterschutz zu erhalten, um die Besteigungen einfacher und organisierter durchführen zu können.

1933 **Harold William Tilman** bemerkt im Reusch-Krater Fumarolen (Erdöffnungen) und Ablagerungen von Schwefel. **Richard Reusch** bezweifelt diese Erkenntnisse, da der Krater zu diesem Zeitpunkt als erloschen gilt.

1943 Im Jahre 1942 gelingt es dem Fotografen **Arthur Firmin** aktive Furmarolen im Krater zu fotografieren. 1943 erkundet der Wissenschaftler **J.H. Ash** den inneren Kibo-Krater (Ash-Pit).

1955 Eine DC-3 der „East African Airways" prallt gegen den Südostgrad des Mawenzi. Niemand überlebt den Absturz.

1957 Die ersten Gespräche über die Einrichtung eines Nationalparks werden geführt und das D.O.S. (Department of Oversea Surveys) zeichnet die letzten, noch heute gültigen Landkarten.

1961 Der Staat Tanganyika (heute Tanzania) wird am 9. Dezember 1961 unabhängig und **Julius Kambarage Nyerere** (*23.03.1922 - †14.10.1999) wird erster Präsident des Landes. Der Plan auf dem Gipfel des Kibos die tanzanische Flagge zu hissen, scheitert an einem Unwetter und Schneeeinbruch.

1962 Erst am 1. Jahrestag, dem 9. Dezember 1962, wird die Flagge Tanzanias auf der **Kaiser Wilhelm Spitze** gehisst und der Gipfel fortan in **Uhuru Peak** (Freiheitsgipfel) umgetauft. Im Zuge der Umbenennung werden auch die Bismarckhütte in **Mandara Hut** und die Petershütte in **Horombo Hut**, zu Ehren der ehemaligen Chagga-Häuptlinge, umgetauft.

1969 Zum 80-jährigen Jubiläum der Erstbesteigung durch Hans Meyer werden die noch heute sichtbaren Gedenktafeln am Marangu-Gate angebracht.

1970 **Fitz Lörtscher** übersteigt nach einigen bahnbrechenden Aktivitäten am Mawenzi als erster das Nördliche Eisfeld des Kibo.

1972 Die NORAD (Norwegian Acency for International Development) sorgte von 1972-1977 für die Infrastruktur und den Hüttenbau auf der Marangu-Route. Ebenso bildet sie das künftige Parkpersonal aus.

1977 Am 7. Juni 1977 wird durch Staatspräsident **Julius K. Nyerere** der „Kilimanjaro Nationalpark" eröffnet und die Zeit des Tourismus beginnt. Sofort sind Sportler aus aller Herren Länder zugegen und bedrohen den Berg mit Mountain Bikes, Ski, Ballons, Paraglider, etc. In den ersten Jahren besteigen zwischen 4.000-6.000 Touristen den Berg, wobei gemäß den Aufzeichnungen nur gut 20% den Gipfel erreichen.

1978 Der Tiroler Extrembergsteiger **Reinhold Messner** und sein Kollege **Konrad Renzler** besteigen am 31. Januar 1978 als erste die **Breach Wall Direktroute** mit mehr als 100 Höhenmeter Eis in nur 12 Stunden.

1989 Gute 100 Jahre nach der Erstbesteigung erklärt die UNESCO den Kilimanjaro zum Weltnaturerbe.

1993 Die TANAPA (Nationalparkbehörde) leitet einen neuen „Managementplan" ein, der mehr als je zuvor den Naturschutz am Berg zum Ziel hat. Parallel werden jegliche Sportarten, außer dem Wandern, am Berg untersagt. Die Zeit der Motocross-Fahrer und Drachenflieger ist also vorbei.

1999 Im Auftrag der Universität Karlsruhe wird der Kilimanjaro mit modernstem Gerät neu vermessen. Das Ergebnis beläuft sich danach auf genau **5.892,77 m**, was auf **5.893 m** festgelegt wird. Die tanzanischen Behörden haben bis heute den Wert nicht anerkannt und bestehen auf **5.895 m**.

2000 Zur Jahrtausendwende, am Morgen des 1. Januar 2000, stürmen 1.154 registrierte Touristen an einem einzigen Tag den Gipfel. An durchschnittlichen Tagen in der Hochsaison sind es heute ca. 30-100 Personen. An diesem Tag gibt es 2 Tote und 32 Verletzte.

Die Gletscher des Kibo bedecken nach neusten Messungen nur noch 2,6 km^2 gegenüber den 12,2 km^2 im Jahre 1900. Das komplette Verschwinden der Eishaube wird für das Jahr 2020 vorausgesagt.

Am 14. Oktober 2000 wird zu Ehren des am 14.10.1999 verstorbenen Präsidenten Nyerere, die Freiheitsfackel zum Uhuru Peak getragen. Heute kann man sie (wenn nicht gerade mal wieder abgefallen) als Metall-Symbol an der linken Ecke des Gipfelschildes finden.

2001 Am 22. November 2001 hat der Italiener **Bruno Brunod** den Gipfel über die Marangu-Route in unglaublichen 5:38 Stunden und 40 Sekunden erreicht. Inkl. Abstieg benötigte er 8:34 Stunden und 52 Sekunden, was ihm den damaligen Weltrekord eingebracht hat.

2004 Der Österreicher **Christian Stangl** läuft am 13. Oktober 2004 in nur 5:36 Stunden und 38 Sekunden zum Uhuru Peak, womit er den Aufstiegs-Weltrekord aus dem Jahre 2001 einstellt. Inklusive Abstieg benötigt er mit 8:49 und 3 Sekunden ein wenig länger als **Simon Mtuy** aus Tanzania mit 8.27 Stunden (26.12.2004). Seine Route verläuft über die Umbwe-Route durch die Western Breach Wall. Stangl läuft später, im Mai 2006, in nur 16:42 Stunden zum Gipfel des Mt. Everest!

2005 Nach einigen Todesfällen wird die legendäre **Western Breach Wall** für den Tourismus gesperrt. Das Gestein löst sich an vielen Stellen durch die zurückgehenden Eisschichten und bietet keinen ausreichenden Halt mehr. Ebenso sind Felsblöcke von oben auf die Zelte im Camp gefallen.

Der 12-jährige Ryan aus den USA schaffte als jüngster Bergtourist aller Zeiten, zusammen mit seinem einheimischen Träger, den Gipfel des Kibo. Sein Vater musste vorher aufgeben.

2006 Die Parkgebühren werden von 30 US$/Tag auf 60 US$/Tag verdoppelt, um den steigenden Tourismus etwas einzudämmen. 2005 versuchten über 25.000 Bergtouristen den höchsten Gipfel Afrikas zu erklimmen. Schätzungen gehen von 30% aus, die es nicht bis zum Kraterrand bringen. Die offiziellen Zahlen werden von der TANAPA verschwiegen.

Die Chagga - das Bergvolk

Die Chagga, auch **Dschagga** oder **Waschagga** genannt, sind die Urbewohner des Kilimanjaro. Sie haben sich vor mehreren hundert Jahren an den unteren Berghängen des Kilimanjaro angesiedelt, nachdem sie das damalige Pygmäenvolk der **Wakonyingo** vertrieben haben. Ihre dichten Siedlungen reichen heute bis knapp unter die Regenwaldgrenze. Vor allem das Gebiet um Machame, Moshi und Marangu ist dicht bevölkert. Chagga zählen zu den **Bantu** sprechenden Völkern und stellen mit knapp 850.000 Einwohnern die drittgrößte Volksgruppe in Tanzania. Ursprünglich formierten sie sich aus mehr als 400 Clans zum heutigen Volksstamm.

Im Laufe der letzten 200 Jahre herrschten im Chaggaland gleichzeitig zahlreiche Häuptlinge (Chiefs) in den einzelnen Bergbezirken. Erst Mitte des 18. Jahrhundert schaffte es der Häuptling **Horombo** fast, die einzelnen Gruppen zu vereinen. Kurz bevor er zum Hauptführer aller Chagga ernannt wurde, töteten ihn **Massai-Krieger** bei einer der vielen Überfälle auf das Chagga-Gebiet. Horombo genoss hohes Ansehen und Respekt über seine Distrikt-Grenzen hinaus, weshalb man ihn auch den „Eroberer" nannte.

Die Auseinandersetzung zwischen den Stammesobersten ging auch nach Horombos Tod weiter und erreichte Ende des 19. Jahrhunderts ihren Höhepunkt. Die Häuptlinge von Moshi, **Meli Kiusa bin Rindi Mandara**, besser bekannt als „Mandara" und **Sina**, Häuptling von Marangu und Kibosho, versuchten in gegenseitigen Aufständen und Bürgerkriegen die gesamte Macht an sich zu reißen. Mandara galt als „clevere" und „schillernde" Figur mit gutem Einfluss und undurchschaubaren Geschäften. Sina dagegen glänzte als großartiger Krieger mit einem großen Gefolge von mehreren tausend Kriegern.

Parallel geht die koloniale Besetzung voran und immer mehr Deutsche und Briten strömen ins Land. Beide Häuptlinge spielen sich vor den neuen Einwanderern gegenseitig aus. Während Sina nach wie vor auf sein großes Heer baut, zieht es Mandara vor, mit den Kolonial-Herren kleine und große Geschäfte abzuwickeln. Der Höhepunkt wird dann erreicht, als er am 19. Juni 1885 mit der Deutsch-Ostafrikanischen-Gesellschaft (DOAG) einen Vertrag über Land und Steuereinnahmen abschließt. **Moshi** wird somit bald zum politischen und wirtschaftlichen Zentrum der von Deutschland verwalteten Kolonialbesetzung. Auch nach der Vertragsschließung kommt die Bevölkerung nicht zur Ruhe und rebelliert in regelmäßigen Abständen gegen den jeweils anderen Häuptling oder gegen die kolonialen Besetzer.

Die Wende kommt im Jahre 1893, als Mandara hingerichtet wird. Die koloniale Administration setzt Neuwahlen durch und lässt so das Bergvolk der Chagga einen Stammesvertreter wählen. **Marealle von Marangu** wird zum neuen einheitlichen Oberhaupt über alle Regionen und Gruppen am Berg. Erst von dort an wird es ruhiger und die Chagga beginnen, nicht zuletzt durch die koloniale Ordnung, sich als eine Gruppe zu formieren. **Thomas Marealle**, ein Urenkel des damaligen Führers, ist auch heute noch „Oberhaupt" der Chagga, wenngleich dieses Amt heute mehr symbolischen Wert als politischen Einfluss mit sich bringt.

Heute genießen die Chagga den Ruf eines intelligenten, fleißigen Bergvolkes, das zu den erfolgreichsten im Land gehört. Im 20. Jahrhundert wurde mit neu eingeführten Techniken eine organisierte Kultivierung der Landschaft begonnen und durch den Export erfreuen sich die Chagga bis heute an gesicherten Einnahmen. Ein überaus ausgeklügeltes Bewässerungssystem, das die gesamten Flüsse am Berg unterirdisch nutzt, macht das Land nachhaltig fruchtbar. Heute betreiben die Chagga Ackerbau und Viehzucht und leben gut und relativ gesund von ihren Erzeugnissen. Bekannt sind sie auch für das gewöhnungsbedürftige, selbst gebraute Bananen-Bier (Foto). Viele Chagga werden weit über 100 Jahre alt. Der Führer **Yohana Lauwo,** der den Erstbesteiger Hans Meyer begleitete, brachte es sogar auf 127 Jahre.

Die neue Generation geht zur Schule und studiert oftmals auch im Ausland. Manche kommen zurück und wenden das Gelernte in neuen, erfolgreichen Geschäftszweigen an. Neben dem Anbau von Kaffee und Früchten ist heute der Bergtourismus die größte Einnahmequelle des Bergvolkes am Kilimanjaro. Ob Hotelier, Souvenirshop-Besitzer, Guide oder Träger: Alle ernähren mit diesem Einkommen ihre Familien und finanzieren die Schule der Kinder und den Fortschritt in der Region.

„Kilimanjaro“ - typisches Berglied der Chagga,

das vielerorts am Berg gesungen wird.

Kilimanjaro, Kilimanjaro, Kilimanjaro,
Kilimanjaro - mlima mrefu sana.
(Kilimanjaro... der endlose Berg)

Na Mawenzi, na Mawenzi, na Mawenzi,
na Mawenzi – milima mrefu sana
(Und auch der Mawenzi... ist ein endloser Berg)

Ewe nyoka, ewe nyoka, ewe nyoka,
ewe nyoka – mbona wanizungukaa
(Du Schlange... warum belauerst du mich?)

Wanizugukaa, wanizungukaa, wanizungukaa;
wanizungukaa – wataka kunila nyama
(Umkreist mich... um mich zu essen)

Kunila nyama, kunila nyama, kunila nyama,
kunila nyama – mlima mrefu sana
(Verschlingst mich wie Fleisch... du endloser Berg)

Balsaminacea / Springkraut
Impatiens
Impatiens kilimanjari

Meyersche Helichrysum
Helichrysum
Helichrysum meyeri-johannis

Blutblume
Fireball Lily
Scadoxus multiflorus

Schwertlilie / Gladiole
Glodiolus
Gladiolus watsonoides

Schwarzäugige Susanne
Black Eyed Susan
Thunbergia alata

Protea / Zuckerbusch
Sugarbush
Protea kilimandscharica

Löwenohr
Lion's Paw
Leonotis nepetifolia

Fackellilie
Red Hot Poker
Kniphofia thomsonii

Baumheide
Tree Heath / Erica tree
Erica arborea

Riesenkreuzkraut
Tree Groundsel
Senecio kilimanjari

Lobelie
Lobelia
Lobelia deckenii

Phillippia Strauch
Phillippia
Phillippia excelsa

Wolfsmilchgewächs
Candelabra Tree
Euphorbia candelabrum

Steudner's Dracena
Dracaena steudneri
Dracaena steudneri

Bartflechte
Bearded lichen
Usnea barbata

Akatiendornen
White Thorn
Acacia seyal

Zuckerrohr
Sugarcane
Saccharum officinarum

Asclepiadaceae
Milkweed / Wild Cotton
Asclepias fruticosa

Marigold
Wild Marigold
Aspilia mossambicensis

Geflügelte Kassie
Popcorn Cassia
Cassia didymobotrya

Allgemeine Information zur Besteigung:

Warum auch immer Sie sich für eine Kilimanjaro-Besteigung entschieden haben, eine vernünftige Vorbereitung und ein gewisses Grundwissen sind Voraussetzung für einen reibungslosen Ablauf der Reise und für eine gute Chance, den Gipfel zu erreichen. Ich habe den Kilimanjaro selbst mehrfach über alle möglichen Routen bestiegen und so im Laufe der letzten Jahre ein großes Repertoire an Erfahrungen und Kontakten gesammelt.

Ich hätte mir gewünscht für meine erste Besteigung ein gutes Buch mit aussagekräftigen Fotos erwerben zu können, doch der deutschsprachige Markt hat es damals nicht geboten. Natürlich habe ich mich durch die erhältliche Literatur gewühlt um mich nach bestem Wissen und Gewissen vorbereiten zu können. Ob es letztendlich an falschen Informationen in der Literatur, an der falschen Routen-Wahl oder an falscher Vorbereitung lag, zum Gipfel hat mich meine erste Besteigung über die Machame-Route jedenfalls nicht gebracht. Dennoch hat es gereicht, um das Feuer für den Kilimanjaro in mir zu entfachen und wenig später den ersten erfolgreichen Aufstieg durchzuführen. Darauf folgten viele Besteigungen über alle möglichen Routen mit der Vision, ein Buch über den höchsten Berg Afrikas zu schreiben. Ein Buch, wie ich es so nicht finden konnte, aber gerne gefunden hätte.

Ich möchte Ihnen aber keinesfalls mit einer aus meiner Sicht unüberschaubaren Fülle an Informationen und Adressen begegnen, sondern ein kleines und feines Netzwerk an Wissenswertem und Kontakten zur Verfügung stellen. Ob Sie meine Erfahrungen und einige der daraus resultierenden Tipps oder Adressen nutzen, ist Ihnen natürlich selbst überlassen. Ich möchte jedoch wissentlich keine Informationen vorenthalten, damit Sie irgendwann in naher Zukunft optimal vorbereitet am Fuße des Kilimanjaro stehen können.

Buchung

Die Kilimanjaro-Reise fängt verständlicherweise bereits im Heimatland an. Ob Sie in Deutschland, Österreich oder in der Schweiz wohnen: Reiseveranstalter die Sie nach Tanzania bringen, gibt es in großer und ständig wachsender Auswahl. Meine Empfehlung ist auf jeden Fall eine Buchung im Heimatland, damit Sie den vollen Versicherungsschutz und eine Reisedurchführung nach EU-Recht geltend machen können. Die Buchung bei tanzanischen Tour-Veranstaltern kann ich nur Touristen empfehlen, die bereits das Land und die Gegebenheiten kennen und mit Improvisationen gut klar kommen, oder bereits andere exotische Länder auf eigene Faust bereist haben.

Fordern Sie per Post oder Internet Informationskataloge der Anbieter an und stellen Sie im Anschluss kritische Fragen über den möglichen Reiseverlauf. Fragen Sie beispielsweise nach dem Ausgangsort, der Gruppengröße, der Betreuung vor Ort, etc. Dadurch bekommen Sie ein erstes Gefühl für den Veranstalter und können so schon mal die Spreu vom Weizen trennen.

Im *Kapitel A-Z > Reiseveranstalter* habe ich eine Reihe von mir bekannten Reiseveranstaltern aufgeführt, die ein langjähriges Know how in Tanzania-Reisen mitbringen, sowie einen hervorragenden Ruf genießen. Alle Veranstalter arbeiten mit namhaften Partnern vor Ort und garantieren somit einen reibungslosen Ablauf. Die Liste erhebt jedoch keinen Anspruch auf Vollständigkeit und zweifelt gute Leistungen nicht aufgeführter Reise-Veranstalter keinesfalls an.

Informationen zu den Fluggesellschaften, die den Kilimanjaro-Airport (JRO) anfliegen, finden Sie ebenfalls im *Kapitel A-Z > Anreise*.

Beste Reisezeit

Von Dezember bis Februar ist Trockenzeit. Dann ist die Weitsicht klar und das Klima am wärmsten (in den Städten eher heiß, auf dem Gipfel kaum Schnee). Nach der langen Regenzeit ist es von Juli bis September am Berg ebenfalls recht trocken, aber weniger warm (in den Städten angenehmer und am Gipfel oft schneebedeckt und sehr kalt).

Tour-Operator (lokale Tourveranstalter)

In Tanzania gibt es derzeit mehr als 250 registrierte Tour-Operators und noch einmal genauso viele nicht registrierte, teilweise unseriöse Unternehmen, die schnelles Geld mit Besteigungen und Safaris verdienen wollen.

Eine kleine Liste empfehlenswerter lokaler Tour-Veranstalter in Tanzania finden Sie im *Kapitel Reiseinfos von A-Z > Tour-Operators*.

Arusha oder Moshi ?

Für eine Reise zum Kilimanjaro empfiehlt sich sinnvoller Weise nur ein Flughafen, nämlich der Kilimanjaro Airport. Als Basis- und Aufenthaltsort für eine Reise in den Norden des Landes kommen allerdings 2 Möglichkeiten in Betracht: Die kleine Chagga-Stadt „Moshi“ oder die quirlige Metropole „Arusha“. Wesentliche Unterschiede der beiden Städte können Sie im *Kapitel Reiseinfos von A-Z unter dem jeweiligen Städtenamen* finden.

Wenn Ihre Reise primär aus einer Kilimanjaro-Besteigung besteht, sollten Sie auf eine Unterbringung in **Moshi** Wert legen, da sich die Unterkunft unmittelbar in der Nähe des Berges befindet. Auch eine anschließende Safari kann ideal ab Moshi durchgeführt werden.

Die 80 km westlich von Moshi liegende Großstadt **Arusha** ist dagegen ein idealer Ausgangspunkt, wenn der Schwerpunkt Ihrer Reise eine Safari oder eine Mt. Meru Besteigung darstellt. Arusha liegt direkt am **Mt. Meru** und wesentlich näher an den Nationalparks als Moshi. Die Stadt bietet im Ganzen mehr Möglichkeiten, ist aber auch deutlich teurer, lebhafter und hat eine höhere Kriminalitätsrate.

Für welchen Ausgangsort Sie sich auch immer entscheiden: Planen Sie 2-3 extra Tage, um die Stadt und die Umgebung kennen zu lernen. Von einer Besteigung direkt am Tag nach der Ankunft halte ich persönlich nichts. Ich würde Ihnen empfehlen zuerst den Stress abzulegen und sich mit den Gegebenheiten vor Ort vertraut zu machen. Somit gehen Sie die ganze Sache automatisch mit der nötigen Gelassenheit an und stehen nicht noch „unter Strom" vom Flug und den hektischen Tagen zu Hause.

Vorbereitung

Zu einer erfolgreichen Besteigung gehört eine ordentliche Vorbereitung im Heimatland. Da alle Leser über einen unterschiedlichen körperlichen Zustand verfügen und unterschiedliche Erfahrungen im Berg-Trekking mitbringen, können die folgenden Hinweise lediglich als Tipp aufgenommen und bei Bedarf umgesetzt werden. Was für den einen selbstverständlich ist, hat der andere noch nie gehört. Meine hier aufgeführten Tipps sind für durchschnittliche Bergtouristen im Alter von 30-60 Jahren erstellt, die keinen besonderen Leistungssport treiben, aber körperlich einigermaßen fit sind. Entscheidend für den Gipfelerfolg sind die Faktoren **Kondition, Gehtempo** und **Tragegewicht** sowie **Akklimatisierung** und **Sauerstoffzufuhr**, d.h. ein gut trainierter Bergtourist, der langsam geht, max. 6-10 kg im Tagesrucksack transportiert, gut akklimatisiert ist und dazu noch richtig atmet, hat hervorragende Chancen auf den Gipfel.

Konditionstraining

Die Besteigung des Kilimanjaro setzt eine gute körperliche Leistungsfähigkeit im Bereich der Ausdauer voraus. Das gilt für alle Routen, auch für die angeblich „leichte" Marangu-Route. Gehzeiten von durchschnittlich 4-8 Stunden am Tag und ein Gipfeltag mit 12-14 Stunden warten auf Sie. Dazu kommen sehr kalte Temperaturen (bis minus 20° C) und eine für die meisten Bergtouristen außergewöhnliche Höhe mit einem Luftdruck, der in der oberen Bergregion nur noch 50-60% des regulären Sauerstoffgehaltes in unserer Atemluft zulässt.

Es ist daher sinnvoll, etwa 4-6 Monate vor der Reise mit einem gezielten Lauf- und Beintraining zu beginnen. Joggen Sie 2-3-mal die Woche gemütlich und ausdauernd (im 75% Bereich Ihres Maximalpulses), bis Sie mindestes 30 - 45 Minuten ohne Pausen durchjoggen können. Danach steigern Sie das Training an kleinen Bergen, um die Beinmuskulatur gezielt an den Auf- und Abstieg zu gewöhnen. Darüber hinaus ist es sinnvoll, 3-6 Stunden lange Wald- oder Bergwanderungen über Stock und Stein mit Ihrer gesamten Ausrüstung durchzuführen. Besonders das Gehen über größere Felsen sollte trainiert werden. Auch Krafttraining im Fitnesscenter wäre eine zusätzliche Option.

Ein idealer Abschluss wäre die Besteigung der Zugspitze oder einem ähnlichen Berg in Österreich oder in der Schweiz. Die Zugspitze bietet, außer der großen Höhe, ähnliche Bedingungen wie der Kilimanjaro. Der Weg durch das Reintal beinhaltet dichten Wald, feuchte Wege, Felsen, Geröllpisten und zwei ähnlich lange Gehtage wie der „große Bruder" in Afrika. Darüber hinaus sollten Sie sich vor der Abreise einer gründlichen ärztlichen Untersuchung unterziehen und ggf. auch einen Belastungstest durchführen lassen. So sind Sie sicher, dass Sie fit sind und keine unerwarteten Gesundheitsprobleme auftauchen, die man bereits im Vorfeld hätte abklären können.

Ein hervorragendes Gehtraining, Grundlagen für eine Bergbesteigung und eine Einführung in die Bergmedizin, können Sie auch bei Wochenendkursen erfahren. Empfehlen kann ich dazu beispielsweise die Bergschule **Vivalpin** in Garmisch-Partenkirchen, bei der ich auch selbst einige Kurse durchgeführt habe. Kontakt unter www.vivalpin.com

Gehtechnik

Der Sportwissenschaftler **Thomas Lämmle**, Ausbilder des DAV-Summit Clubs und Kilimanjaro-Kenner, hält zu diesem Thema hervorragende Vorträge über seine Forschungen. Das folgende Kapitel enthält daher einige seiner Theorien und Zitate.

Eine bestimmte Gehtechnik oder eine ideale Gehgeschwindigkeit gibt es nicht, da jeder Mensch unterschiedlich schwer ist und einen anderen Gehrhythmus besitzt. Deshalb ist es auch besonders in der Gruppe wichtig, kleinere Untergruppen zu bilden oder den langsamsten nach vorn zu schicken.

Wichtig ist unbedingt die richtige **Atemtechnik**, die besonders in großer Höhe für eine ausreichende Sauerstoffzufuhr sorgt. Kurz: Wir können die eigene Sauerstoffzufuhr durch eine verbesserte Atemtechnik beeinflussen, in dem wir das **Kohlendioxyd** ausstoßen und dem Sauerstoff Platz machen. Als Faustformel gilt:

> 2.500 m Höhe	auf einen Schritt ein- und beim nächsten ausatmen
> 4.500 m Höhe	auf jeden Schritt ein und ausatmen
> 5.000 m Höhe	auf jeden Schritt mindestens 1 x ein und ausatmen und in kleinen Schrittpausen ein- und ausatmen

Ideal ist es, wenn Sie dies bei vorhergehenden Bergtouren oder einem Vorbereitungstraining üben und bei der bevorstehenden Besteigung umsetzen können.

Gehen Sie auf jeden Fall ab dem ersten Tag langsam und gemütlich. Legen Sie nicht zu oft Pausen ein, sondern versuchen Sie einen angenehmen Rhythmus zu finden und regelmäßig zu atmen. Schrittgeschwindigkeit und Atemfrequenz bilden eine gleichmäßige Einheit. Falsche Gehtaktik erkennt man oft an unregelmäßiger Atmung, Stöhnen und immer mehr Pausen. Das Sprichwort „Wer schnell zum Gipfel will, sollte langsam gehen“, bewahrheitet sich an diesem Berg ganz besonders. Viele „Marathonläufer“ der ersten Tage werden später von Ihnen überholt oder müssen gar die Besteigung abbrechen, da keine vernünftige Höhenadaption stattfinden konnte. Zeigen Sie sich von „motivierenden“ Sprüchen zur Geschwindigkeitssteigerung unbeeindruckt und machen Sie „Ihr Ding“, langsam und gleichmäßig mit Begeisterung für Berg und Natur.

In fortgeschrittener Höhe, ab ca. 4.000 m, verändern sich die Gegebenheiten rapide für alle Personen, trainiert oder nicht. Die Gehgeschwindigkeit nimmt ab und Sie benötigen öfter Pausen, um den Körper zu regenerieren und mit ausreichend Sauerstoff zu versorgen. Die genaue Definition zur Höhe und dem niedrigen Sauerstoffgehalt finden Sie im *Kapitel A-Z > Höhenkrankheit / Höhenanpassung*. Bedenken Sie, dass der Gipfel des Kilimanjaro kein Spaziergang ist und um einige hundert Meter höher liegt als das Basislager des Mt. Everest, was trotz der bekannten Schwierigkeiten eine wesentlich bessere Akklimatisierungsphase bietet als die 4-5 Tage Aufstieg am Kilimanjaro.

Akklimatisierung / Höhentraining

Ein „Höhentraining“, um sich *garantiert* an die körperlichen Veränderungen ab etwa 3.500 m vorzubereiten oder gar Höhenkrankheiten auszuschließen, gibt es nicht. Medikamente, die die Höhenkrankheit unterbinden, gibt es ebenfalls nicht. Am Markt angebotene Medikamente bieten nur eine bedingte Einschränkung der Symptome und dafür eine Reihe sehr unangenehmer Nebenwirkungen. Die oftmals beworbene „Vorakklimatisierung“ an einem europäischen Berg funktioniert nur dann, wenn Sie mindestens ein körperlich aktives Wochenende (3 Tage) auf über 2.500 m verbringen und nicht später als 7-10 Tage danach am Kilimanjaro stehen. Was Sie damit erreichen können, ist, neben der Akklimatisierung, auch eine gewisse Erfahrung im Umgang mit der Höhe und das Testen Ihrer Ausrüstung unter reellen Bedingungen. Insoweit hat ein solches Höhentraining psychologische Vorteile und lässt Sie nicht unvorbereitet, mit einer Fülle ungeklärter Gedanken im Kopf, nach Afrika fliegen.

Höhenkrankheiten können jeden, auch noch so erfahrenen und durchtrainierten Bergsportler treffen. Einzig eine vernünftige Akklimatisierung am Berg vor Ort lässt das Risiko eines **Lungen- oder Hirnödems** deutlich sinken. Die wissenschaftlich empfohlene Aufstiegshöhe liegt bei 300-600 Höhenmeter pro Tag, was am Kilimanjaro durch die straffen Tour-Programme leider nicht machbar ist. Sie sollten also zumindest Wert auf einen zusätzlichen Akklimatisierungstag zwischen 3.500 und 4.000 Meter legen, oder im Vorfeld einen kleineren Berg besteigen. Sinnvoll, sofern es Reisebudget und Zeit erlauben, ist die 4-tägige Besteigung des **Mt. Meru** (4.562 m). Bei dieser Besteigung hat Ihr Körper Zeit sich auf den niedrigen Luftdruck der Höhe einzustellen und genügend rote Blutkörperchen aufzubauen, um die Sauerstoffzufuhr auch in großer Höhe sicher zu stellen. Diese Umstellung hält mindestens 7-10 Tage an, was bei einer unmittelbar darauf folgenden Kilimanjaro-Besteigung erhebliche Vorteile bieten kann.

Ausführliche Informationen und medizinische Erkenntnisse zu diesem Thema finden Sie im *Kapitel A-Z > Höhenkrankheit / Höhenanpassung*

Ausrüstung

Die Wahl der richtigen Ausrüstung ist am Kilimanjaro unerlässlich. Der Berg ist klimatisch unberechenbar und bietet auf fünf Vegetationszonen komplett unterschiedliche Verhältnisse. Matsch, Sand, Steine, Fels und Eis sind ebenso vorhanden wie Temperaturen im Bereich von +30 bis -20°C.

Soweit Sie noch keine erprobte Trekking-Ausrüstung besitzen, lassen Sie sich im Outdoor-Fachgeschäft eingehend beraten. Sobald Sie die Ausrüstung dann erworben haben, sollte sie nicht im Schrank auf den Einsatz warten, sondern von Ihnen getragen und ausprobiert werden. Besonders neue Schuhe benötigen einige Tage um eingelaufen zu sein. Auch die Regenjacke sollte im Vorfeld mal bei Regen getestet werden und die Synthetik-Unterwäsche bei schwitzender Anstrengung getragen sein. Vermeiden Sie Überraschungen vor Ort und beheben Sie mögliche Schwachstellen in der Ausrüstung besser zu Hause als auf 4.000 m Höhe am Berg.

Hervorragende Sortimente, fundierte Beratung und faire Preise bieten die beiden Ausrüstungsexperten www.globetrotter.de und www.woick.de.

Im Ausrüstungsbereich kann ich persönlich Produkte folgender Marken empfehlen:

VAUDE – Bekleidung, Schlafsäcke, Schlafmatten > www.vaude.de
KATADYN – Wasserfilter und Wasserflaschen > www.katadyn.de
MICROPUR – Wasserentkeimungsmittel > www.katadyn.de
LEKI – Trekkingstöcke > www.leki.de
MAMMUT – Bekleidung & Ausrüstung > www.mammut.com
MEINDL – Schuhe > www.meindl.de

Einige der Firmen konnte ich als Kooperationspartner für meine Aktivitäten am Kilimanjaro gewinnen, was mir die Möglichkeit gibt, die Produkte bei den Besteigungen unter extremen Bedingungen wirklich zu testen.

Auf den nächsten vier Seiten finden Sie Checklisten, die Ihnen die Zusammenstellung der Ausrüstung und der persönlichen Utensilien einfacher machen. Sie dienen lediglich als Vorschlag und können beliebig gekürzt oder ergänzt werden. Die Liste ist so konzipiert, dass Sie diese auf den Kopierer legen und als handschriftlich zu bearbeitende Check-Liste benutzen können.

Wichtig: Zelte und Sitzgelegenheiten benötigen Sie keine, da diese grundsätzlich vom lokalen Tour-Operator gestellt werden.

Checkliste Tanzania Reise & Bergbesteigung

Schuhe	**Menge**	**gepackt?**
Trekking-Schuhe (für Alpin-Trekking, wasserdicht)	1 Paar	____
Trekking-Sandalen (für Abendlager & Hotel)	1 Paar	____
Imprägnierspray / Schuhpflege / Reinigungsbürste	1	____

Ausrüstung am Berg		
Tagesrucksack 15-30 Liter Volumen (mit Regencover)	1	____
Müllsack (Regenschutz für Rucksackinhalt)	1	____
Trinksystem (3 Liter) + Schlauchisolierung für Schlauch und Mundstück gegen Einfrieren	1	____
alternativ: 2 Stück - 1 Liter Trinkflaschen	2	____
Trekkingstöcke	1 Paar	____
Gamaschen (für Fels und Geröllpassagen)	1 Paar	____
Wasserdichter Seesack oder große Tasche, ca. 120 Liter für Reisegepäck (wird am Berg vom Träger getragen)	1	____
Reisetasche mit Schloss (bleibt bei Bergtour mit überflüssiger Kleidung im Hotel)	1	____
Berg-Uhr für Höhenkontrolle (mit neuer Batterie)	1	____
Brustbeutel oder Gürtelbeutel (für Pass & Geld)	1	____
Schlafsack (bis mind. -7°C im Komfortbereich)	1	____
Schlafsack-Inlett (erhöht Komfort und Wärmegefühl)	1	____
Iso-Matte	1	____
Trekking-Schlafkissen	1	____

Kleidung am Berg		
Trekking-Strümpfe (Markenware)	3 Paar	____
Funktions-Unterhosen	3-4	____
Funktions-Unterhose - lang (für Gipfelnacht oder Kälte)	1	____
Funktions-T-Shirts (Unterwäsche)	4	____
Sport BH	1	____
Funktions-T-Shirt (Oberbekleidung)	2	____
Fleece Pulli, TK 100 (für kühlere Höhen)	1	____
Fleece Pulli, TK 200 (ein Muss für Gipfelnacht/-tag)	1	____
Trekking-Hose, lang (ideal mit Zip) und Gürtel	1-2	____
Regenhose (für starke Regenschauer)	1	____
Regenjacke (Goretex 3-Lagen)	1	____
Softshell Jacke (mit Windstopper)	1	____

Handschuhe, dünn	1	____
Handschuhe, dick + warm (für Gipfelnacht/-tag)	1	____
Fleece-Mütze / Sturmhaube	1	____
Alpin-Sonnenbrille (mit gutem UV Schutz)	1	____
Skibrille (gegen Staub, Sand und Sturm)	1	____
Sonnenschutz Haut & Lippen, LS-Faktor 30+	1	____
Baseball Cap oder Hut (gegen Sonneneinstrahlung)	1	____

Freizeitkleidung für Stadt & Hotel

Jeans / Freizeit- / Trekkinghose / Rock	1-2	____
T-Shirts, Hemden, Blusen	beliebig	____
Unterwäsche	beliebig	____
Strümpfe normal	3 Paar	____
Leichter Langarmpulli* (gegen Moskitostiche am Abend)	1	____
Badebekleidung / Sportbekleidung	1	____
Outdoorschuhe (halbhoch, für Freizeit & Stadt)	1	____
Handwaschmittel (Rei in der Tube)	1	____

* die Anopheles-Mücken bevorzugen dunkle Kleidung !

Kleinkram & Nützliches (für Berg und Freizeit)

Besteck / Tasse / Becher	1 Set	____
Ersatzbrille (für Brillenträger) & Brillen-Antibelagspray	1	____
Hakle Feucht	2	____
Handy (auch als Wecker geeignet) + Ladegerät	1	____
Imprägnierspray (für Schuhe und Kleidung)	1	____
Karten- oder Reisespiele für lange Zeltabende	1	____
Trekking-Führer und/oder Buch für den Abend	1	____
Kleine Taschenlampe (für Zelt & Toilette)	1	____
Katadyn Wasserfilter	1	____
Micropur „Forte“ Wasser-Entkeimungstabletten	1	____
Literatur & Karten zum Reisegebiet	diverse	____
Tagebuch + Kuli (Moleskin oder ähnliches)	1	____
Mückenabwehr (Deet 50% oder Autan)	1	____
Näh-Set	1	____
Universal-Schnur 3mm x 10 Meter	1	____
Sekundenkleber (repariert fast alles)	1	____
Steckdosenadapter (Eurostecker auf englischen 3-Pol)	1	____

Taschentücher & Toilettenpapier (in Tanzania zu kaufen)	1-2	____
Urinbeutel für Sie/Ihn (für nächtliche Zeltbedürfnisse)	1	____

Reiseunterlagen & Wertsachen

Adressbuch (Familie, Ärzte, etc.)	1	____
Bargeld in EURO oder US$ (am ganzen Körper verteilt)	1	____
Brust-/Gürtelbeutel	1	____
Buchungsbestätigungen / Briefwechsel / Flugtickets	1	____
Englisch-Wörterbuch	1	____
Führerschein (International)	1	____
Impfpass	1	____
Notrufnummern Ihnen bekannter Ärzte	1	____
Reisepass mit VISA + Ersatzpassfotos	1-3	____
Reisepass-Kopie	1	____
Kreditkarte + Pin + Notrufnummer für Diebstahl	1	____

Zusatznahrung am Berg

Traubenzucker (z.B. Dextro Energen)	10	____
Elektrolyte bei Wasserverlust (Durchfall / Schwitzen)	5-10	____
Brausetabletten (besserer Wassergeschmack am Berg)	5-10	____
Powerbar Riegel (1-2 pro Tag)	10	____
Schoko Riegel (im Reiseland erhältlich)	5	____
Lutschbonbons	10	____

Wichtige Artikel für den Hygienebeutel

Outdoor-Kulturbeutel zum Aufhängen (z.B. von Tatonka)	1	____
Nagelfeile / Nagelknipser	1	____
Ohrenstöpsel / Ohropax®	2 Paar	____
Paracetamol gegen Kopfschmerzen (siehe Reiseapotheke)	5-10	____
Trekking-Handtücher	1-2	____
Waschlotion / Shampoo	1	____
Zahnbürste / Zahnpasta / Zahnseide	1	____

Wichtig: Diese Checkliste ist für manche Leser nicht komplett genug und für andere wiederum viel zu voll mit unnützem Kleinkram. Checklisten sind immer abhängig von der individuellen Trekking- und Reiseerfahrung und vom persönlichen Komfortbedürfnis eines jeden Bergtouristen. Diese Liste dient lediglich als Richtlinie aufgrund meiner Bergerfahrung und sollte bei Bedarf erweitert oder gekürzt werden. Tipps und Hinweise sind jederzeit willkommen.

Ankunft in Tanzania

Nachdem Sie sich für einen Reiseveranstalter Ihres Vertrauens entschieden haben, landen Sie irgendwann auf dem überschaubaren Kilimanjaro Airport, kurz „KIA“ genannt. Die Einreise verläuft schnell und problemlos. Mit einem Visum gehen Sie einfach durch die Passkontrolle und ohne Visum müssen Sie dieses gegen eine Zahlung von 50 US$ bei der Einwanderungsbehörde erstellen lassen. Es dauert kaum länger als die Passkontrolle selbst, benötigt kein Passbild und bringt Ihnen einen Stempel mit 3-monatiger Aufenthaltsgenehmigung in Tanzania. Hinter der Passkontrolle warten das Gepäckband und hoffentlich auch das Gepäck auf Sie. Falls Ihre Gepäckstücke wider Erwarten nicht angekommen sind, melden Sie dies bitte unverzüglich beim Bodenpersonal der Airline. Sollte sich das Flugzeug noch am Airport befinden und auf den Weiterflug warten, haben Sie Chancen auf eine sofortige Überprüfung. Wurde Ihr Gepäck allerdings bereits am Heimatflughafen falsch verladen, bekommen Sie es erst in ein paar Tagen direkt ins Hotel nachgeliefert, sofern Sie die vollständige Adresse am Gepäckstück angebracht haben. Evtl. fehlende Ausrüstungsgegenstände können bei vielen Tour-Operators vor Ort geliehen werden.

Nach der Gepäckausgabe wartet bereits Ihr lokaler Tour-Operator mit einer unübersehbaren Namenstafel auf Sie. Aufgrund der vielen gleichzeitig ankommenden Touristen und einem wahren Großaufgebot an Hinweisschildern und Namenstafeln werden Sie einen Moment zur Orientierung benötigen.

Ab dem KIA-Airport geht es nun in das gebuchte Hotel nach Moshi (östliche Richtung > Kilimanjaro) oder Arusha (westliche Richtung > Mt. Meru). Beide

Städte sind etwa 45 Minuten vom Flughafen entfernt und über die einzige Verbindungsstraße der beiden Städte erreichbar.

Kilimanjaro als Nationalpark

Tanzania bietet insgesamt 14 Nationalparks, zu denen auch der Kilimanjaro gehört. Alle Nationalparks werden von der **TANAPA** (Tanzania Nationalpark Authority) mit Sitz in Arusha verwaltet und kontrolliert. Dieser Organisation untergeordnet ist die **KINAPA** (Kilimanjaro Nationalpark Authority) mit Sitz am Marangu Gate, die nur für den Kilimanjaro zuständig ist. Eine Vielzahl an Rangern und Parkangestellten kümmern sich um die Einhaltung der Regeln, um den Schutz der Tierwelt und um eine kontinuierliche Verbesserung der Infrastruktur in den Parks. Tanzanias Nationalparks sind nicht eingezäunt, so dass sich Tiere und Bergbevölkerung jederzeit frei bewegen können.

Parkgebühren

Die Parkgebühren sind in den letzen Jahren sprunghaft nach oben gestiegen, um im Interesse der Natur, die steigende Zahl der Besucher möglichst gering zu halten. Dies stößt verständlicherweise auf Kritik bei Reisenden und bei der Tourismus-Industrie. Dennoch hat die Preiserhöhung für die Natur auch ihr Gutes. Im Herbst 2006 liegen die Eintrittsgebühren der TANAPA für Personen ab 16 Jahre bei 60 US$ und die Zeltplatzgebühren für die Größe einer 2-Mann Gruppe zusätzlich 50 US$. Dazu gesellen sich einzelne Gebühren wie Rettungs- oder Administrationsgebühren von nochmals pauschal 50 US$ pro Besteigung. Pro Tag und Person sind also mindestens 120 US$ abzuführen. Hochgerechnet auf eine 6-tägige Besteigung, kommt man schnell auf über 700 US$ alleine für die TANAPA. Dazu kommen dann noch die lokalen Kosten für Team, Verpflegung, Transfers, Planung und Hotelnächte. Wenn dann ein europäischer Reiseveranstalter zwischen 900 und 1.200 € für eine Besteigung verlangt, kann man wirklich nicht meckern und schon gar nicht von überhöhten Preisen sprechen.

Die aktuellen Parkgebühren finden Sie unter www.tanzaniaparks.com

Ranger

Wie schon erwähnt wird der Park von Rangern kontrolliert, die für die Einhaltung der Bergordnung und Sauberkeit sorgen. Ranger befinden sich an den jeweiligen Gates, in den grünen Hütten der jeweiligen Camps und als „Bergpolizei" auf den Routen verteilt. Bei Ankunft am Gate wird von den zuständigen Rangern die vom Tour-Operator im Vorfeld beantragte Zulassung und die ordnungsgemäße Zahlung aller Gebühren sichergestellt. Sie sind auch für die Einhaltung der richtigen Gepäckverteilung und Gewichtsgrenzen der Träger zuständig. Vor einer Besteigung wird jedes einzelne Gepäckstück und die Nahrungsvorräte gewogen und ggf. weitere Träger verpflichtet, falls das Höchstgewicht von rund 25 kg Gepäck pro Träger überschritten wird. Ranger kontrollieren auch die Ausrüstung der Träger auf zumutbare Bedingungen.

Die Ranger in den Berghütten (Hüttenwirte) haben eine Funk-Verbindung zur Verwaltung im Tal und sind mit **Erste-Hilfe-Materialien** ausgerüstet. Weniger wichtig ist die Tatsache, dass sie auf den Hütten auch Coca-Cola und andere Softdrinks zur Aufbesserung der eigenen Haushaltskasse verkaufen.

Höhenangaben

Die Höhenangaben auf erhältlichen Karten und in der Literatur sind generell sehr unterschiedlich. Das mag zum Teil an den mangelnden Recherchen einzelner Autoren liegen, hängt aber vorwiegend mit dem schlechten Basismaterial der TANAPA zusammen. Die TANAPA besitzt keine aktuellen Karten und nur wenig aussagekräftiges, wissenschaftliches Material zum Berg. Die Behörde holt sich meist die Information selbst aus Büchern und Karten externer Anbieter.

Ich habe mich bei den meisten Höhenangaben so weit als möglich an offizielles Kartenmaterial und an die sichtbaren Höhenschilder der einzelnen Hütten und Camps gehalten. Das halte ich deshalb für sinnvoll, da auch Sie diesen Hinweisschildern täglich begegnen und ihre Höhenmesser neu justieren müssen. Ob die Spitze des Kilimanjaro durch aufwendigste Messungen nun mit 5.895 Meter oder mit 5.896 Meter berechnet wurde, halte ich bei diesem Buch für unerheblich, was keinesfalls auf eine ungenaue Recherche hinweisen soll, sondern vielmehr, auf die fehlende Relation.

Quellen für Kartenmaterial finden Sie im *Kapitel Reiseinfos von A-Z > Karten.*

Namen und Bezeichnungen

Ähnlich der Höhenangaben werden auch die Namen von Orten, Routen, Straßen, etc. oftmals sehr verschieden dargestellt. Dies liegt vor allem an der Übersetzung und Angleichung in die jeweilige Sprache des Autors. Da die Amtsprache in Tanzania Kiswahili ist und Englisch quasi als 2. Landessprache gilt, habe ich dies weitgehend beibehalten und auf „Verdeutschungen" wie z.B. „Kiliman**dsch**aro" statt „Kiliman**j**aro" oder „Tan**s**ania" statt „Tan**z**ania" verzichtet. Vor Ort begegnet Ihnen meist die englische Sprache.

Besteigung

Eine Kilimanjaro-Besteigung bietet gewisse Besonderheiten auf die ich gerne in diesem Kapitel hinweisen möchte. Sicherlich wird sich damit die eine oder andere Frage für Sie beantworten. Weitere Fragen können Sie jederzeit per Email oder per Post an mich stellen (Adresse im Vorwort).

Wasser

Die regelmäßige Zufuhr von keimfreiem Trinkwasser (3-5 Liter pro Tag) sind das „A“ und „O“ der gesamten Besteigung. Durch das schnellere Atmen in großer Höhe und das ständige Schwitzen durch die Strapazen des Aufstiegs verdunstet Ihr Körper um ein vielfaches mehr Wasser als unter Alltagsbedingungen. Auch das Entgegenwirken von Flüssigkeitszufuhr auf Symptome einer einsetzenden Höhenkrankheit, ist medizinisch erwiesen. Sorgen Sie deshalb grundsätzlich für ein stabiles Rucksacktrinksystem von mindestens 3 Litern Inhalt und 1-2 kleinere Ersatzflaschen.

Der Kilimanjaro bietet nahe den meisten Camps Wasserquellen. Bei der Übernachtung in Camps ohne eigene Wasserstellen wird die nötige Wassermenge von den Trägern besorgt. Das am Berg erhältliche Wasser entspricht NICHT der bei uns üblichen Trinkwasserqualität und kann undesinfiziert zu größeren gesundheitlichen Problemen führen.

Die erste Maßnahme ist das **Abkochen,** was Microorganismen eliminiert. Da das Wasser beim Abkochen jedoch nicht klarer wird, bleiben ggf. chemische Verunreinigungen und grobe Schwebeteilchen erhalten. Deshalb sollte optisch trübes Wasser vor dem Abkochen sorgfältig gefiltert werden.

Die verschiedenen Krankheitserreger im Wasser sind außerdem unterschiedlich hitzeempfindlich, wodurch nicht alle Erreger gleichzeitig abgetötet werden. Um Reisedurchfall vorzubeugen, muss man von den widerstandsfähigsten Erregern ausgehen und entsprechende Abkochzeiten einhalten. Auf Meereshöhe (0 Meter) liegt der Siedepunkt des Wassers bei 100 °C. Fünf Minuten Wasser kochen genügen, um alle Erreger abzutöten. Auf 4.000 Meter (z.B. am Kilimanjaro) liegt der Siedepunkt nur noch bei 86,8 °C. In dieser Höhe muss das Wasser bereits 4 x so lange, also 20 Minuten, kochen, um alle Erreger abzutöten.

Merke: pro 1.000 m sinkt der Siedepunkt um ca. 3,3 °C, was im gleichen Zug pro 1.000 m Höhenunterschied 5 Minuten längeres Kochen bedeutet.

tadyn und Trekking-Mahlzeiten haben sich als die Kompetenzträger ummer 1 für Outdoor- und Expeditionslebensmittel positioniert. gienisch sauberes Trinkwasser und konzentrierte, energiereiche ahrungsmittel sind eine Einheit.

REKKING MAHLZEITEN KATADYN®

MAKING WATER DRINKING WATER

Da kaum ein Koch diese Regeln kennt und nach wenigen Minuten das Wasser von der Flamme nimmt, sollten Sie zusätzlich Entkeimungstabletten hinzugeben. Die Produkte von MICROPUR erhalten Sie überall im europäischen Fachhandel oder mittlerweile auch bei vielen Shops und Tour-Veranstaltern in Tanzania. Auf der Website www.katadyn.de können Sie kostenlos Wasserinformationen downloaden und sich über alle Arten der Wasserdesinfektionsmöglichkeiten informieren.

Essen & Trinken

Die Mahlzeiten werden, abhängig vom Veranstalter, in Mannschaftszelten oder unter freiem Himmel serviert. Man sitzt auf mehr oder weniger komfortablen Camping-Möbeln, die Tag für Tag von den Trägern transportiert werden. Tischdecken sorgen für nettes Ambiente und Kerzen für die abendliche Beleuchtung.

Das Essen am Berg ist deutlich besser als in den meisten Lektüren behauptet. Die renommierten Tour-Veranstalter schicken erfahrene Köche, die vorwiegend frische und vitaminreiche Nahrung am Berg zubereiten. Es gibt 3 Mahlzeiten am Tag, die ausreichen, um den beanspruchten Körper ausgewogen zu ernähren. Die verwendeten Produkte sind entweder frisch oder lokal abgepackt. Bekannte Importprodukte (Heinz Ketchup, Nutella, etc.) werden nicht verwendet und sind auch nicht wirklich notwendig. Das einzige, was Sie evtl. selbst mitbringen könnten, wäre ein kleiner Trekking-Gewürzstreuer, da durch die große Höhe Ihr Geschmackssinn nachlässt und die Speisen vereinzelt fad erscheinen lässt.

Das **Frühstück** wird im Camp serviert und besteht wahlweise aus Toast, Butter, Marmelade, Eier, Speck oder Würstchen. Dazu werden Tee, Kaffee oder Kakao, Zucker und Milchpulver gereicht.

Das **Mittagessen** findet man aufgrund der langen Gehpassagen in einer morgens frisch zubereiteten Lunchbox, die unterwegs geleert wird. Abhängig vom Tour-Veranstalter besteht der Inhalt aus Sandwich, Hühnchenkeule, Ei, Kuchen, Schokoriegel, Erdnüssen, frischem Obst und Fruchtsaftgetränk. Die Box wird Ihnen morgens überreicht und im eigenen Tagesrucksack transportiert.

Das **Abendessen** wird täglich im Camp frisch zubereitet und ist das wichtigste Essen am Tag. Nach Ankunft im Camp gibt es zuerst frisches, salziges Popcorn, süße Kekse und heißen Tee. Im Abstand von 30-60 Minuten folgen dann eine heiße Suppe und das eigentliche Abendessen. Aufgeteilt auf die einzelnen Tage erhalten Sie Rind-, Lamm- oder Hühnchenfleisch, Thunfisch, Kartoffeln, Pommes und Reis, verschiedene Gemüse (oft Kohl, Karotten, Aubergine oder Spinat) und dazu würzige Saucen. Als Dessert werden oft Orangen, Mango, Papaya, Ananas oder Melonen gereicht.

Als Basisgetränk dient schwarzer Tee. Softdrinks oder alkoholische Getränke stehen nicht auf der Liste. Um neben Tee und Trinkwasser eine gewisse Abwechslung zu erreichen, bieten sich Multivitaminbrausetabletten oder Brausepulver an, die einfach mit kaltem Wasser zubereitet werden und am Berg doppelt lecker schmecken.

Zusätzlich kann und sollte die Nahrung mit Energie- und Schokoriegeln sowie mit Lutschbonbons und Traubenzucker ergänzt werden. Der Mineralverlust bei Durchfall und Schwitzen kann mit Mineralpräparaten, z.B. Elotrans® Elektrolyt-Pulver, ausgeglichen werden.

Führer und Team nehmen an Ihren Mahlzeiten in der Regel nicht teil. Sie essen separat und bereiten sich fast täglich das energiereiche und wohlschmeckende Ugali (Maismehlgericht) zu. Das dem Kartoffelpüree ähnliche Material wird meist mit Fisch, Fleisch, Gemüse und Früchten ergänzt.

Toiletten

Alle Camps am Kilimanjaro bieten hölzerne Toilettenhäuschen mit Plumpsklo und ohne jegliche Wasserstelle. Oftmals weht dazu ein starker Wind durch die Lattenschlitze und kühlt Ihren Allerwertesten recht schnell ab. Die Hygiene lässt erwartungsgemäß zu Wünschen übrig und Toilettenpapier gibt es natürlich keines. Bitte bringen Sie mindestens 1 Rolle Toilettenpapier (vom Hotel) und ein Päckchen Hakle-Feucht mit. So bekommen Sie zumindest annähernd die Hygiene unter Kontrolle. Eine Sonderstellung haben die festen Hütten auf der **Marangu-Route**, wo es neben fließendem Wasser, z.B. auf der Horombo Hut auch Sitztoiletten, nach Damen und Herren getrennt, gibt.

Immer mehr Tour-Operators gehen aber dazu über eigene, tragbare Campingtoiletten und spezielle Toilettenzelte für ihre Gruppe mitzunehmen. So wird die Toilettensituation auf jeden Fall angenehmer.

Der nächtliche Toilettengang ist für Damen und Herren gleichermaßen unangenehm. Durch die erhöhte, aber unbedingt notwenige Flüssigkeitszufuhr, wird die Blase ganz besonders belastet. Somit bleiben Ihnen 2 Möglichkeiten: Die eine ist nachts aufstehen und mit der Kopflampe zum Toilettenhäuschen zu rennen. Die andere ist die Benutzung von Hilfsmitteln, die das Urinieren im Zelt ermöglichen. Entsprechende Utensilien gibt es für Damen und Herren im gut sortierten Outdoor-Fachhandel. Auch wenn der Gedanke an solche Hilfsmittel Sie gerade etwas erschreckt, sind sie auf jeden Fall sinnvoll und wesentlich angenehmer als der nächtliche Toilettengang oder eine volle Blase…

Waschen

Das Waschen ist am Berg Nebensache und dient lediglich der Hygiene und der Vorbeugung evtl. Hautausschläge oder ähnlichem. Nach 6 Tagen am Berg könnten Sie ohne aufzufallen einem Rudel Berggorillas näher kommen, die ansonsten für eine gute Nase bekannt sind.

Die einzige Waschgelegenheit ist eine kleine Schüssel mit lauwarmem Wasser, die Ihnen morgens und abends ans Zelt gebracht wird. Eine ideale Ergänzung sind 2 so genannte Microfaser- oder Trekking-Handtücher, die klein, leicht und schnell-trocknend sind. Zum Zähneputzen empfehle ich Ihnen das abgekochte Wasser aus Ihrem eigenen Trinksystem.

Schlafen

Geschlafen wird auf allen Kilimanjaro-Routen, außer auf der Marangu-Route, in Zelten. Diese werden vom lokalen Tour-Operator zur Verfügung gestellt. Auch Iso-Matten und Schlafsäcke können bei Bedarf geliehen werden. Da das Material aber gebraucht und nicht unbedingt qualitativ hochwertig genug für die herrschenden Temperaturen am Berg ist, sollte man diese persönlichen Gegenstände besser von zu Hause mitbringen (und evtl. danach an den Tour-Operator verkaufen). Ein vernünftiger Alpin-Schlafsack (bis -15°C im Komfortbereich) und eine gute Iso-Matte sind also unentbehrlich.

Der Aufstieg über die Marangu-Route bietet Übernachtungen in festen, aber unbeheizten Hütten. Sie benötigen einen warmen Schlafsack (bis -5°C im Komfortbereich), aber keine Iso-Matte. Die Hütten bieten einzelne, breite Betten mit dicken (feuchten) Matratzen.

Durch den schnellen Aufstieg in große Höhen kann es bei vielen Touristen zu Kopfschmerzen, schnellem Pulsschlag und Schlaflosigkeit kommen. Jeder Mensch reagiert anders auf die lokalen Gegebenheiten und ein allgemeines „Rezept" kann nicht angeboten werden. Sinnvoll ist es aber auf alle Fälle, mit Ihrem Hausarzt über die bevorstehende Reise zu sprechen und ihn auf mögliche Medikamente zur Linderung der allgemeinen Beschwerden anzusprechen. Dies gilt nicht für Symptome der Höhenkrankheit!

Unter Ablehnung jeder medizinischen Verantwortung kann ich Ihnen aus meiner persönlichen Erfahrung und der befreundeter Bergsteiger, Paracetamol als Wirkstoff gegen Kopfschmerzen und zum Durchschlafen ein leichtes Beruhigungsmittel empfehlen. Ohne jegliche Nebenwirkung können Sie dazu noch Ohrenstöpsel ins Ohr schieben, was Sie vom Lärm der Nachbarzelte befreit.

Klima & Kleidung:

Die Temperaturen am Kilimanjaro liegen etwa zwischen + 30° C und – 20° C, die Sie bei Ihrer Besteigung in ganzem Umfang am eigenen Körper spüren. Ihre Ausrüstung muss also für alle Klimazonen gerüstet sein, was man mit dem so genannten „Zwiebelschicht-System" sicherstellt. Das soll heißen, dass Sie nicht im schwülen Regenwald mit der Alpinjacke herumlaufen, sondern sich Tag für Tag mit zusätzlichen Kleidungsstücken den klimatischen Verhältnissen anpassen.

Bei der Wahl der Kleidung sollten Sie auf hohe Qualität Wert legen und bevorzugt Funktions-Kleidung (Synthetik - ohne Baumwollanteil) achten. Baumwolle würde den Schweiß aufnehmen und ewig feucht oder gar nass bleiben. Funktionskleidung dagegen transportiert die Körperflüssigkeit nach außen in die nächste Kleidungsschicht. Wenn auch diese aus atmungsaktiven Materialien besteht, geht der Flüssigkeittransport durch alle Kleidungsschichten weiter bis auf die Außenseite Ihrer wasserdichten Goretex® Jacke. Das gleiche gilt übrigens bei synthetischen Trekkingstrümpfen und Goretex® Schuhen. Ein hervorragendes Handbuch mit vielen Details über die gesamte Ausrüstungs-Palette hat z B. der Autor Rainer Höh im Buch „Outdoor Praxis" (Reise Know How Verlag) verfasst.

Der **Regenwald** (1.800 – 2.800 m) bietet eine hohe Luftfeuchtigkeit, kräftige Regenschauer und angenehme Temperaturen von 10-20°C. Hier können Sie noch im T-Shirt und auch bei Bedarf in kurzen Hosen gehen. Die Regenjacke sollte jedoch immer griffbereit im Tagesrucksack verstaut sein. Nächtliche Temperaturen um die 5° C gelten als normal.

Die **Heide- und Moorlandzone** (2.800 – 4.000 m) bietet von allem etwas und dazu noch eine kräftige Sonneneinstrahlung. Die Temperaturen können unter der Wolkendecke bis auf 5-10°C fallen und bei Sonnenschein auch locker auf 25°C steigen. Als Tagesbekleidung sind Funktionsunterwäsche, Funktions- T-Shirt, ein Fleece-Pulli und lange Trekkinghosen zu empfehlen. Neben der Regenjacke macht auch eine so genannte Softshell-Jacke mit Windstopper® Technologie Sinn. Der Sonnenhut (Basecap) sollte ständig auf dem Kopf – und die Regenjacke im Tagesrucksack getragen werden. Nach Sonnenuntergang können die Temperaturen schnell unter den Gefrierpunkt fallen und ersten Bodenfrost mit sich bringen.

Die darauf folgende **Alpinwüste** (4.000 – 5.000 m) bringt in der Regel kühle bis kalte Bergwinde (um 0° - 10°C), mögliche Regenschauer und viele staubige Passagen, die Ihnen leicht den Sand in die Augen treiben können. Zur Kleidung des Vortages sollte heute noch ein dicker Fleece-Pulli, Handschuhe und ggf. ein Halstuch (für Gesicht und Nase) hinzukommen. Die UV-Strahlung nimmt in der Höhe gewaltig zu, weshalb auch spätestens hier die mitgebrachte Gletscher-Sonnenbrille zum Einsatz kommt. Bei ungeschützter Strahlung kommt es trotz eisigem Wind zu Sonnenbrand und Hautverbrennungen. Bedecken Sie Kopf und Hautstellen und benutzen Sie den mitgebrachten Sonnenschutz (LSF 30+). Alle nicht benötigten Kleidungsstücke werden, wie an anderen Vortagen, griffbereit im Tagesrucksack verstaut. Die Abend- und Nachttemperaturen fallen garantiert unter den Gefrierpunkt. Es wird bitter kalt.

Ab der **Gipfelregion** (ab 5.000 m) kann es zu Schneefall, eisigen Winden und extrem absinkenden Nachttemperaturen kommen, die nicht selten bei -10°C und darunter liegen. Die Umgebung ist regelrecht lebensfeindlich und bietet keinerlei Schutz. Die Sonneneinstrahlung auf die menschliche Haut ist gefährlich und sollte unbedingt vermieden werden. Besonders Gesicht, Lippen und Hände sind gefährdet. Je nach Jahreszeit werden Sie sich erst dann wohl fühlen, wenn alle mitgebrachten Kleidungsstücke übereinander getragen den Körper wärmen. Ab dieser Höhe sollten auch wärmere Socken als an den Vortagen getragen werden, um eine Körperauskühlung über die Füße zu vermeiden. Abend und Nacht werden unter Umständen das Kälteste, was Sie bisher unter freiem Himmel bzw. im Zelt erlebt haben. Ein sternenklarer Nachthimmel mit eisigem Wind, der an den Zeltwänden reißt, versucht Sie, gemeinsam mit dem rasenden Pulsschlag vom Schlaf abzuhalten. Packen Sie sich warm ein und harren Sie den Dingen, die noch kommen.

Für den nächtlichen **Gipfelaufstieg** benötigen Sie die komplette „Winter-ausrüstung" mit warmer und langer Funktions-Unterwäsche, 2 Fleece-Pullis, warmen Trekking-Strümpfen, 2 Paar Handschuhen, Wollmütze, Gesichtsschutz und angemessener Oberbekleidung. Zusätzlich sollten Sie Gamaschen tragen, damit die kleinen Steinchen und der Staub der Geröllpiste nicht in Ihren Schuhschaft eindringen können. Neben der körperlichen Erschöpfung kann Sie vor allem das Frieren aus der Bahn werfen und den Traum vom Gipfelfoto schnell beenden.

Ebenfalls für den Gipfelaufstieg notwenig sind ein frostsicheres Wassertrinksystem zum Einfüllen von warmem Wasser (z. B. von CamelBak® oder VAUDE®) und eine gefüllte Ersatzflasche für alle Fälle, da handelsübliche Trinksysteme in der Kälte einfrieren. Ebenso sollten Sie einige Energie- und Schokoriegel sowie Traubenzucker mitführen.

Tagesrucksack & Gepäck

Der korrekt gepackte Tagesrucksack sollte inklusive 3 Liter Wasservorrat keinesfalls mehr als 6-10 kg wiegen. Diesen müssen Sie, zusammen mit der täglichen Lunchbox, selbst tragen. Folgender Inhalt ist je nach Klimazone, sinnvoll:

- Regenhose & Regenjacke
- Fleece-Pulli (wenn nicht am Körper)
- Hut oder Basecap
- Regenschutz für den Rucksack selbst
- Handschuhe
- Erste Hilfe Set
- Energie- und Schokoriegel
- 3 Liter Trinkwasser im Trinksystem oder in Flaschen
- Lunchbox (wird täglich vom Koch bereit gestellt)

Das Großgepäck für die Besteigung wird über die gesamte Strecke von einem Träger *(engl. Porter)* getragen und sollte nicht mehr als 15-18 kg wiegen. Aufgrund der extremen Wetterbedingungen MUSS die Tasche wasserdicht und strapazierfähig sein. Ideal sind wasserdichte Packsäcke oder Reisetaschen von ORTLIEB (www.ortlieb.de), die überall im guten Fachhandel zu finden sind. Eine wasserdichte Reißverschluss-Tasche hat gegenüber einem Packsack den Vorteil, dass Sie die benötigten Gegenstände schneller finden; ohne vorher die gesamte Ausrüstung im Zelt zu verteilen.

Abfall

Es versteht sich von selbst jeglichen Abfall wieder ins Tal mitzunehmen. Die meisten Guides und Teammitglieder sind zwar darüber angewiesen, aber es kann nichts schaden, wenn auch Sie mal einen Papierschnipsel aufheben und in den Rucksack stecken. Sinnvoll ist die Mitnahme eines Abfallbeutels; um wirklich alle Abfälle zu sammeln und der Mülltonne zuzuführen.

Grundsätzlich ist die Natur am Kilimanjaro in gutem Zustand und frei von jeglichen Abfällen. **Helfen Sie mit, dass es so bleibt.**

Führer & Team

Der lokale Tour-Veranstalter hat, basierend auf Ihre Gruppengröße, ein geschultes und eingespieltes Team zusammengestellt, das Sie auf dem Weg zum Gipfel unterstützt. Die allgemeine Sprache ist Englisch, es sei denn, Ihr deutscher Reisepartner hat Ihnen einen zusätzlichen deutschsprachigen Begleiter zugesagt. Wo zu Zeiten der Erstbesteigung durch Hans Meyer & Co. die Teams aus bis zu 100 Personen bestanden und die Träger barfuss waren, geht es heute etwas organisierter zu. Die Träger sind in einer Art Gewerkschaft organisiert und haben durchweg eine vernünftige Ausrüstung, die meist von Touristen als Geschenk übergeben oder vom Tour-Operator zur Verfügung gestellt werden.

Ein Team für 2 Bergtouristen besteht in der Regel aus den folgenden Personen:

1 Guide (Bergführer)
1 Assistant Guide (2. Bergführer)
1 Cook (Koch)
1 Waiter (Ober und gleichzeitig Träger)
4 oder 5 Porter (Träger)

Für weitere Personen rechnen Sie jeweils 2-3 zusätzliche Träger und weitere Assistant Guides.

Der Guide ist der Chef der ganzen Truppe und trägt die Verantwortung. Er stellt das Team selbst zusammen und hat oft ein Repertoire an 30 oder mehr Personen, auf die er sich verlassen kann und die je nach Gruppengröße für ihn abrufbar sind. Er ist schon einige Jahre am Berg unterwegs und hat sich von der Position des Trägers über die des **Assistant Guide** (manchmal auch Koch) hochgearbeitet. Alle Guides der renommierten Unternehmen sind bei der TANAPA registriert, intensiv geschult und haben einen entsprechenden Ausweis. Sie müssen ständig in praktischen und theoretischen Prüfungen ihre Kompetenz neu unter Beweis stellen. Der Guide ist Ihr Ansprechpartner in allen Fragen und kennt meist jeden Stein und Grashalm mit Namen. Er wird auch dafür sorgen, dass Sie immer die richtige Kleidung tragen und erkennt sofort, wenn sich gesundheitliche Probleme ankündigen. Im Falle von auftretenden Symptomen der Höhenkrankheit entscheidet er über den weiteren Auf- oder Abstieg. Folgen Sie unbedingt seinen Anweisungen und setzen Sie nicht aus Stolz Ihr Leben aufs Spiel.

Der Guide ist ebenfalls für das Briefing (Informationsgespräch) zuständig, was Ihnen am Vortag der Besteigung angeboten wird. Hier erfahren Sie alles, was für die geplante Besteigung wichtig ist, und können sämtliche offenen Fragen klären.

Nach einer erfolgreichen Kilimanjaro-Besteigung wird der Guide Ihnen am Abend nach der Rückkehr die Urkunde aushändigen.

Der **Assistant Guide** hat sozusagen die Trainingsphase fast vollendet. Auch er ist seit Jahren am Berg unterwegs und kennt ihn wie seine Westentasche. Er ist bei seinem Chief-Guide in „der Lehre" und hat von ihm viel seines Grundwissens erworben. In größeren Gruppen führt er kleine Untergruppen und bei Notfällen führt er den erkrankten Touristen ins Tal zurück, während der Chief-Guide weiter den Rest der Gruppe bergauf begleitet. Meist beherrscht er die englische Sprache noch nicht sehr gut und fühlt sich nicht reif für die Position des „Guides". Wenn es dann irgendwann so weit ist, wird er der KINAPA vorgeschlagen und kann eine Prüfung ablegen.

Der **Koch** hat meist als Träger angefangen und eine „Zusatzausbildung" gemacht, um sich in Ansehen und Lohn zu verbessern. Er ist für die gesamte Nahrungszusammenstellung zuständig und zaubert am Berg wahre Festtagsmenüs (Veranstalter abhängig). In der Rangfolge kommt er hinter dem Assistant-Guide. Der **Waiter** ist für das Servieren des Essens zuständig.

Die **Träger** ***(engl. Porter)*** haben den schwierigsten Job von allen und werden am schlechtesten bezahlt. Oftmals bekommen sie vom Arbeitgeber weniger als 3 Euro am Tag für 12 Stunden Schwerstarbeit. Sie tragen Zelte, Stühle, Tische, das Gepäck und alle Nahrungsvorräte über viele Tage den Berg hinauf und wieder hinunter. Dabei eilen Sie regelrecht die steilen Hänge nach oben, um rechtzeitig vor Ihrer Ankunft das tägliche Lager herzurichten. Sie sind aus meiner Sicht die „wahren Helden" des Kilimanjaro. Aufgrund ihrer mangelnden Bildung und der fehlenden Sprachkenntnisse haben sie aber kaum Chancen einen anderen Job zu finden. Die besten arbeiten sich bis zum Guide nach oben – die schlechtesten enden als arbeitslose Alkoholiker am Straßenrand von Moshi. Leider ist es noch immer so, dass jedes Jahr am Kilimanjaro etwa 5-10 Träger an Unterkühlung, Überlastung, bei Stürzen oder an Folgen der Höhenkrankheit sterben.

Die Träger sind seit 2002 in einer Art Gewerkschaft organisiert und werden von der Porters Association – **Kilimanjaro Porters Assistance Project** (KPAP) gefördert. Die Organisation hat sich zum Ziel gesetzt, für alle Träger zumutbare Bedingungen zu erreichen und eine vernünftige Bezahlung sicher zu stellen. Da mir das Wohl der Träger ebenfalls sehr am Herz liegt, möchte ich dieses Buch nutzen; um die Ziele der Organisation vorzustellen:

- **Der Lohn** sollte auf mindestens 4 - 6 US$ pro Tag festgesetzt werden
- **Das Tragegewicht** sollte 25 kg nicht überschreiten
  (20 kg für den Touristen und 5 kg Eigengepäck)
- Sicherstellung von **Trinkgeldzahlungen** in voller Höhe
  (wird oft vom Guide selbst eingesteckt)
- Geeignete **Bergschuhe** und **angepasste Kleidung & Ausrüstung**
- Adäquate **Mahlzeiten** und **Wasserversorgung** am Berg
- **Medizinische Betreuung** im Notfall

Das KPAP Büro befindet sich auf Moshis Hauptstraße (J. K. Nyerere Road), auch „Double Road" genannt, im Backpackers Hotel, gegenüber dem Wechselbüro und der Tanzania Coffee Lounge. Weitere Informationen und Fördermöglichkeiten finden Sie unter www.kiliporters.org. Ansprechpartnerin ist die Amerikanerin Mrs. Karen Valentine.

Sie können schon alleine dadurch, dass Sie die Träger aus Ihrem eigenen Team auf die o.g. Punkte ansprechen und deren Einhaltung kontrollieren, mithelfen, die Bedingungen zu verbessern. Im Falle der Nichteinhaltung ist eine Meldung an den Veranstalter und die KPAP angebracht.

Trinkgeld

Die Frage nach dem korrekten Trinkgeld ist die am häufigsten gestellte Frage der Touristen. Sie lässt sich aber nicht so einfach beantworten. Grundsätzlich ist das Trinkgeld freiwillig, bietet aber den lebensnotwendigen Anreiz für das gesamte Team.

Der eigentlichen Höhe des Trinkgeldes gehen zudem einige Regeln voraus:
Das Trinkgeld wird am letzten Bergtag, überlicherweise vor dem Abmarsch ins Tal, gezahlt. Achten Sie darauf, dass nur Ihnen bekannte Personen zum

Trinkgeldempfang aufwarten, da sich manchmal fremde Träger dazu schmuggeln um einen zusätzlichen Reibach zu machen. Wenn Sie sich im Laufe der Tage die Gesichter einprägen, sollte nichts schief gehen.

Achten Sie bitte auch darauf, dass jeder aus dem Team einzeln von Ihnen bezahlt wird. Übereifrige Guides tendieren oft dazu, die Summe in einem und für alle zu kassieren und später nur einen Teil oder gar nichts an die anderen abzugeben. Die Begründung hinter Ihrem Rücken ist dann, dass Sie mit dem Team unzufrieden gewesen seien und angeblich nicht genug gezahlt hätten.

Die Höhe des Trinkgeldes richtet sich nach der Route und der Anzahl der TAGE: Die kurze und eher einfache Marangu-Route wird beispielsweise schlechter belohnt als eine lange Lemosho-Route mit Nächten im Krater. Lokale Tour-Operators empfehlen etwa 10% des Besteigungspreises als Trinkgeld zu geben. Das kann zwar als Richtwert angesehen werden, ist aber so nicht umsetzbar. Die Erfahrungen meiner eigenen Besteigungen und Gespräche mit anderen Touristen, befreundeten Guides und Veranstaltern haben folgende Richtwerte ergeben(aktualisiert 2007):

pro Guide (Bergführer)	10-15 US$ / Tag	= ca. 60-90 US$ / Tour
pro Assistant Guide	7-10 US$ / Tag	= ca. 40-60 US$ / Tour
pro Cook (Koch)	7-10 US$ / Tag	= ca. 40-60 US$ / Tour
pro Waiter (Ober)	6-9 US$ / Tag	= ca. 30-40 US$ / Tour
pro Porter (Träger)	4-7 US$ / Tag	= ca. 25-35 US$ / Tour

Die aufgeführten Tour-Beträge sind jeweils gerundet und an dieser Stelle für eine 6-tägige Zeltroute **<u>für eine Gruppe</u>** berechnet – nicht pro Tourist. Eine 2-Mann Gruppe würde also mit 4 Trägern zwischen 250 – 350 US$ an Trinkgelder zahlen, was auch im Bereich der 10%-Regelung der lokalen Tour-Veranstalter liegt. Weit unter die vorgeschlagenen Richtbeträge sollten Sie nur dann gehen, wenn es nachvollziehbare Gründe und gravierende Beanstandungen gab. Nach oben sind keine Grenzen gesetzt, wobei Sie aber auch als sehr zufriedener, gut betuchter Kunde an Ihre Nachfolger denken sollten, die weniger kapitalstark sind.

Es macht Sinn die Relation zu bewahren, um dem Bild des „reichen Mzungu“ (Weißen) nicht weitere Flügel zu verleihen. Ich kenne persönlich Situationen, wo 1.000 US$ Trinkgeld an den Guide gezahlt wurden. Das sind etwa 2 Jahresgehälter eines tanzanischen Lehrers. Wo steht da noch die Relation?

Gebrauchte Ausrüstungsgegenstände werden nach der Besteigung ebenfalls gerne von Guide oder Trägern angenommen, ersetzen aber nicht das Trinkgeld.

Gefahren am Berg

Der Aufstieg zum Gipfel des Kilimanjaro stellt für gesunde und trainierte Menschen in der heutigen Zeit keine besondere Gefahr dar. Bergübliche Gefahrenquellen wie Lawinen, Gletscherspalten, Abstürze, Eisstürze, Steinschlag, etc. kommen nicht vor, solange man auf den vorgegebenen Wegen bleibt und sich in der Nähe des Guides befindet.

Die beiden größten verbleibenden Gefahrenquellen sind **Wetterumschwung** und **Höhenkrankheit**. Der **Wetterumschwung** beinhaltet in der Regel Nebel, Sturm, Regen oder Schneefall. Aber auch hier besteht auf den Hauptrouten keine wirkliche Gefahr, wenn Sie Ihrem Guide folgen. Er kennt den Berg, das Wetter und auch die Notunterkünfte, um Schutz zu finden.

Das Ignorieren von Symptomen **der Höhenkrankheit** kann dagegen im Zweifelsfall zum Tod führen. Beobachten Sie daher das Verhalten Ihres Körpers in der Höhe selbst sehr genau und teilen Sie Ihrem Guide mögliche Veränderungen und Anzeichen unmittelbar mit. Zeigen Sie keinen falschen Stolz, den Sie ggf. mit dem Leben bezahlen müssen. Eine detaillierte Beschreibung zum Thema „Höhenkrankheit" finden Sie im *Kapitel Reiseinfos von A-Z > Höhenkrankheit.*

Nach wie vor sterben jedes Jahr rund 15-20 Personen am Kilimanjaro. Die Hälfte davon an den Folgen der Höhe und die anderen an Herzinfarkt, Abstürzen, Unterkühlung und unglücklichen Unfällen. Viele Todesfälle wären bei größerer Vorsicht und rechtzeitiger Erkennung erster Anzeichen vermeidbar.

Telefonieren am Berg

Festnetztelefone gibt es am Kilimanjaro keine. Lediglich Funkgeräte der jeweiligen Hütten-Ranger dienen im Notfall zur Kommunikation mit den Behörden. Durch den Ausbau der Mobilnetze gibt es aber mittlerweile an vielen Camps und Hütten ein Funknetz zur Benutzung von Handys. Der Empfang hängt maßgeblich von den Wetterbedingungen ab. Der lokale Netzbetreiber VODACOM hat nahe dem Gipfel den höchsten Sendemast Afrikas gebaut.

Die Routen

Die Wahl der „richtigen" Route ist die erste große Herausforderung für Sie. Derzeit kann der Kilimanjaro über 6 Hauptrouten aus allen Himmelsrichtungen begangen werden. Die beiden westlichen Routen „Londorossi" und „Lemosho" sind bis auf den ersten Tag identisch und werden deshalb in diesem Buch als Beschreibung der Lemosho-Route behandelt.

Grundsätzlich bieten alle Routen ein großartiges Erlebnis durch fünf Klimazonen der Erde und atemberaubende Weitblicke über das gesamte Bergmassiv. Das „Erlebnis Kilimanjaro“ erreichen Sie definitiv auf allen Routen.

Ich möchte an dieser Stelle nur kurz auf die Unterschiede eingehen, die Sie dann im folgenden Kapitel „Routen“ in ausführlicher Version und mit meinen eigenen Erlebnissen nachlesen können. Die Routen sind im Folgenden nach dem Schwierigkeitsgrad gelistet.

Marangu-Route

Die Marangu-Route, auch „Coca-Cola“ Route genannt, ist sicherlich die leichteste aller Kilimanjaro-Routen. Wenngleich das Wort „leicht“ relativ zu sehen ist. Definitiv ist die Marangu-Route eine anspruchsvolle Bergtrekking-Route von mindestens fünf Tagen. Die wesentlichen Unterschiede zu den anderen Routen bestehen bei der Marangu-Route in den Übernachtungsmöglichkeiten (feste Hütten) und im Ausbau der Wege. Der Pfad ist zwar während der Trockenzeiten recht staubig, aber bis zu den Kibo-Huts überall befestigt und gut ausgebaut. Ein „Klettern“ über Stock und Stein, wie auf anderen Routen, entfällt. Als sehr anstrengend kann man dagegen die Gipfelnacht bezeichnen, in der es ab Mitternacht etwa 5-7 Stunden über eine schier endlos steile Geröllpiste, vorbei am **Gillman's Point** (5.681 m), bis hin zum **Uhuru Peak** (5.895 m) aufwärts geht. Weit über 50% aller Kilimanjaro-Touristen wählen diese schöne Route, die von Südwesten her am Berg verläuft.

Der Nachteil der Marangu-Route ist ganz klar die fehlende, separat verlaufende Abstiegsroute. Der gesamte Abstieg verläuft entlang der Aufstiegsroute. Dadurch entsteht teilweise reger und nervender Bergverkehr.

Rongai-Route

Die Rongai-Route ist eine landschaftlich sehr reizvolle Zelt-Route mit möglichen Tierbegegnungen (Elefanten, Büffel, Affen, etc.) und wird oft auch als „Kenia-Route“ bezeichnet, da der Startpunkt im Norden, nahe der kenianischen Grenze liegt. Die im folgenden Kapitel beschriebene Rongai-Route ist die von mir empfohlene **6-Tagesroute** über den **Mawenzi Tarn Hut** und bietet eine Nacht mit großartiger Kulisse am Fuße des Mawenzi. Über die ersten 3 Tage der Route ist nördlich das kenianische Hochland bis hin zum Amboseli-Nationalpark zu bestaunen.

Im Vergleich zur Marangu-Route oder Machame-Route ist die Rongai-Route wesentlich weniger frequentiert. Nur etwa 15% aller Kilimanjaro-Touristen haben 2005 diese Route gewählt. Sie bietet keine technischen Schwierigkeiten und auch keine Kletterpassagen, wodurch sie in der „Schwierigkeitsskala", direkt nach der „relativ leichten" Marangu-Route, an Platz 2 erscheint. Alle Wege sind recht gut begehbar und auch bei Regen nicht wirklich matschig. Wie überall am Kilimanjaro ist aber auf jeden Fall eine gewisse Trittsicherheit, ausreichende Gehpraxis und angemessene Fitness für eine Bergtrekking-Route unerlässlich. Der Gipfelsturm verläuft, parallel zu der Marangu-Route, über den **Gillman's Point** (5.681 m). Der Abstieg verläuft exakt wie die Marangu-Route, was Ihnen die einmalige Möglichkeit bietet mit einer einzigen Bergbesteigung gleich 2 verschiedene Routen kennen zu lernen. Landschaftlich hat die Rongai-Route vom anfänglichen Nadelwald über Bananenplantagen bis hin zum bizarren Mawenzi-Bergmassiv einiges zu bieten. Einzig der relativ schnelle Aufstieg über 4.000 m, ohne besondere Höhenakklimatisierung, kommt dem durchschnittlichen Bergtouristen nicht gerade entgegen.

Lemosho-Route

Die vom Westen kommende Lemosho-Route ist für mich persönlich die schönste und ursprünglichste aller Kilimanjaro-Routen. Sie ist noch relativ unbekannt und wird lange nicht so frequentiert wie die Marangu-, Machame- oder auch Rongai-Route. Einzig die Umbwe-Route zählt noch weniger Bergtouristen als Lemosho. Sie kann als 6-Tagesroute oder auch länger durchgeführt werden.

Die in diesem Buch beschriebene Route ist quasi eine Abwandlung der **Shira-** bzw. **Londorossi-Route**. Die Route ist konditionell gleichwertig mit der Machame-Route, auf deren Spuren sie ab dem 3. Tag auch verläuft. Die ersten beiden Tage dagegen sind deutlich ursprünglicher und führen über kaum begangene, schmale Waldpfade. Ab dem Barranco Camp (3.950 m) folgt dann die Besteigung der **Great Barranco Wall,** auch „Breakfast" genannt, die eine sehr gute Kondition erfordert. Viele Lemosho-Trekker sind an einem gemütlichen Aufstieg interessiert und planen eine 7- oder gar 8-tägige Besteigung mit Akklimatisierungstag im **Karanga-Valley** und nutzen oftmals die Möglichkeit, einen weiteren Akklimatisierungstag auf rund 5.700 m Höhe direkt am Kraterboden nahe den Gletschern einzulegen. Eine nette Alternative ohne den sonst üblichen, nächtlichen Aufstieg !

Machame-Route

Die im Süden beginnende Machame-Route, auch „Whiskey-Route" genannt, ist der „anspruchsvolle Klassiker". Sie ist im Vergleich zur beliebten Marangu-Route weniger begangen, jedoch deutlich frequentierter und heute nicht mehr, wie in älteren Reiseführern beschrieben, als „Geheim-Tipp" zu bezeichnen. Die Route ist landschaftlich sehr reizvoll und konditionell durchaus anspruchsvoll. Insbesondere verlangen kurze Kletterpassagen und der Aufstieg in der **Great Barranco Wall** dem Körper neben Trittsicherheit einige Leistungsfähigkeit ab.

Bergsteigerische Fähigkeiten sind jedoch auf der im Anschluss beschriebenen South-Circuit-Route nicht erforderlich. Der Aufstieg über den **Western Breach** dagegen war früher eine reine Bergsteiger-Route. Diese ist aber seit Mitte 2005 durch die TANAPA wegen herabstürzendem losem Gestein und einigen Todesfällen gesperrt. Die Chance den Gipfel zu erreichen, steigt definitiv mit einem optionalen Akklimatisierungstag und einer Übernachtung im **Barranco Camp** (3. Tag) oder im **Karanga Camp** (am 4. Tag).

Die wesentlichen Unterschiede zu den anderen Routen bestehen bei der Machame-Route in den Übernachtungsmöglichkeiten, der abwechslungsreichen Flora und Fauna, sowie in den teilweise felsigen Pfaden. Auf der kompletten Route wird in Zelten übernachtet. Der Gipfelaufstieg erfolgt vom **Barafu Camp**, vorbei am atemberaubenden **Rebmann-Gletscher**, über den **Stella Point**. Der Abstieg erfolgt zunächst wieder bis zum Barafu-Camp und dann abseits der Aufstiegsroute geradeaus über die südlich gelegene Mweka-Route.

Umbwe-Route

Für alle die es wissen wollen...: Die südliche **Umbwe-Route ist eine klassische 5-Tagesroute** und mit Abstand das Schwierigste, was der Kilimanjaro zu bieten hat. Die ersten beiden Tage sind extrem steil, matschig und überaus anstrengend, weshalb diese Route ausschließlich gut trainierten Bergsportlern vorbehalten sein sollte. Akklimatisierungsphasen gibt es auf der Standard-Route kaum, es sei denn, man legt einen Zusatztag (6. Tag) im **Karanga Valley** ein. Zur Gruppen-Besteigung eignet sich die Route aufgrund der unterschiedlichen Konditionsstufen der Touristen auf keinen Fall. Nur gute 2% aller Bergtouristen versuchen über die **Umbwe-Route** ihr Glück zum Gipfel.

Ab dem Barranco Camp verläuft die heutige **Umbwe-Route exakt entlang der Machame-Route** über die anspruchsvolle Great Barranco Wall, durch das Karanga Valley bis hoch zum Barafu Camp. Von dort aus führt der nächtliche Aufstieg vorbei am **Stella Point** (5.740 m) bis zum **Uhuru Peak** (5.895 m) und später abwärts über die Mweka-Route.

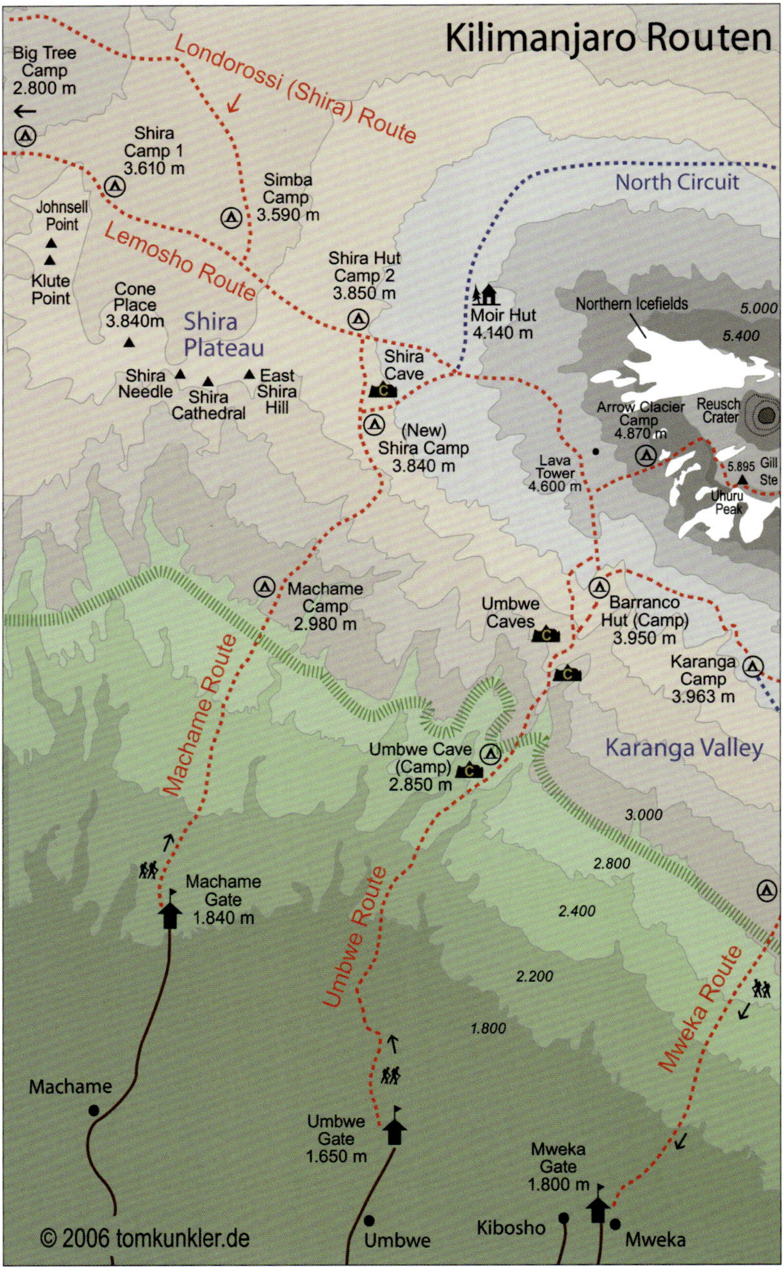
Kilimanjaro Routen
Big Tree Camp 2.800 m
Londorossi (Shira) Route
Shira Camp 1 3.610 m
Simba Camp 3.590 m
Johnsell Point
Klute Point
Lemosho Route
Cone Place 3.840m
Shira Plateau
Shira Hut Camp 2 3.850 m
North Circuit
Moir Hut 4.140 m
Northern Icefields
5.000
5.400
Shira Needle
Shira Cathedral
East Shira Hill
Shira Cave
(New) Shira Camp 3.840 m
Arrow Glacier Camp 4.870 m
Reusch Crater
Lava Tower 4.600 m
5.895
Uhuru Peak
Machame Camp 2.980 m
Umbwe Caves
Barranco Hut (Camp) 3.950 m
Karanga Camp 3.963 m
Machame Route
Umbwe Cave (Camp) 2.850 m
Karanga Valley
3.000
2.800
Machame Gate 1.840 m
2.400
Umbwe Route
2.200
Mweka Route
1.800
Machame
Umbwe Gate 1.650 m
Mweka Gate 1.800 m
© 2006 tomkunkler.de
Umbwe
Kibosho
Mweka

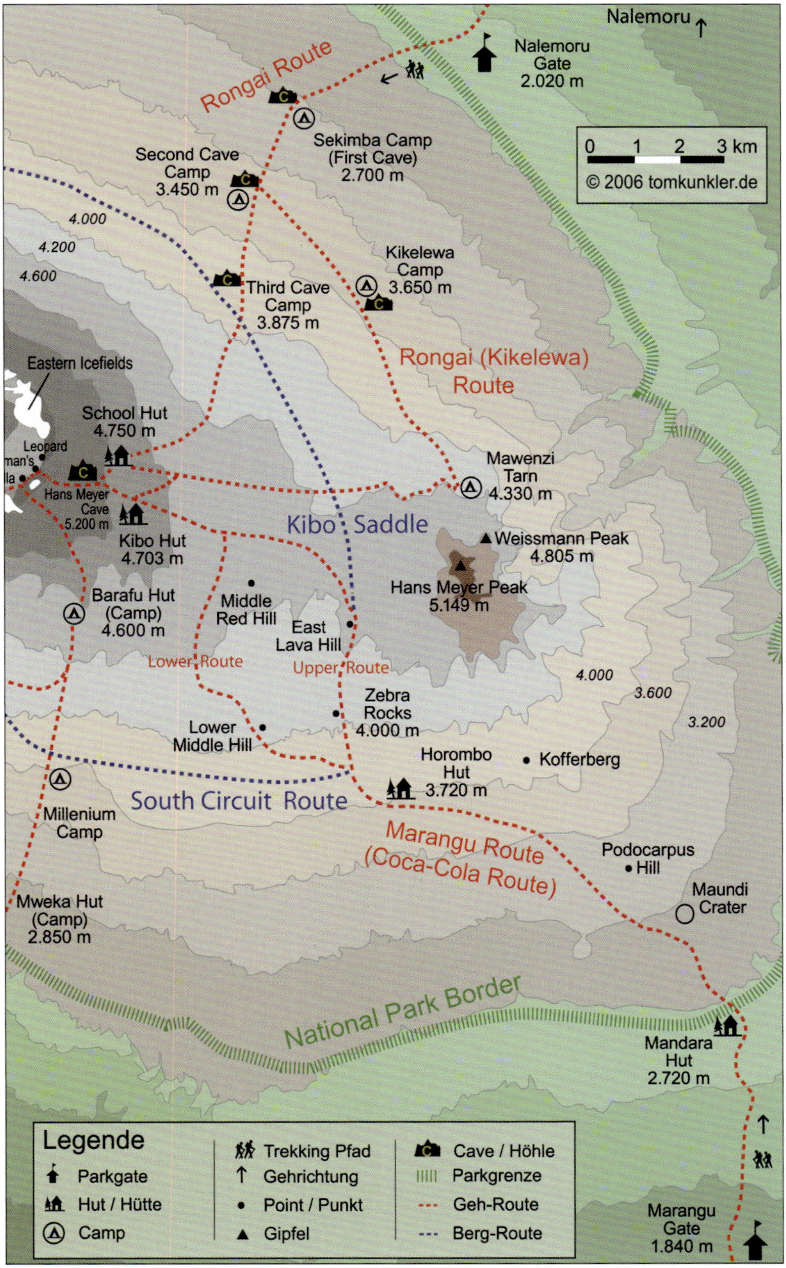

Nalemoru
Nalemoru Gate 2.020 m
Rongai Route
Sekimba Camp (First Cave) 2.700 m
0 1 2 3 km
© 2006 tomkunkler.de
Second Cave Camp 3.450 m
4.000
4.200
4.600
Kikelewa Camp 3.650 m
Third Cave Camp 3.875 m
Rongai (Kikelewa) Route
Eastern Icefields
School Hut 4.750 m
Leopard
Hans Meyer Cave 5.200 m
Mawenzi Tarn 4.330 m
Kibo Saddle
Kibo Hut 4.703 m
Weissmann Peak 4.805 m
Hans Meyer Peak 5.149 m
Barafu Hut (Camp) 4.600 m
Middle Red Hill
East Lava Hill
Lower Route
Upper Route
4.000
3.600
3.200
Zebra Rocks 4.000 m
Lower Middle Hill
Horombo Hut 3.720 m
Kofferberg
Millenium Camp
South Circuit Route
Marangu Route (Coca-Cola Route)
Podocarpus Hill
Maundi Crater
Mweka Hut (Camp) 2.850 m
National Park Border
Mandara Hut 2.720 m
Legende
Parkgate
Hut / Hütte
Camp
Trekking Pfad
Gehrichtung
Point / Punkt
Gipfel
Cave / Höhle
Parkgrenze
Geh-Route
Berg-Route
Marangu Gate 1.840 m

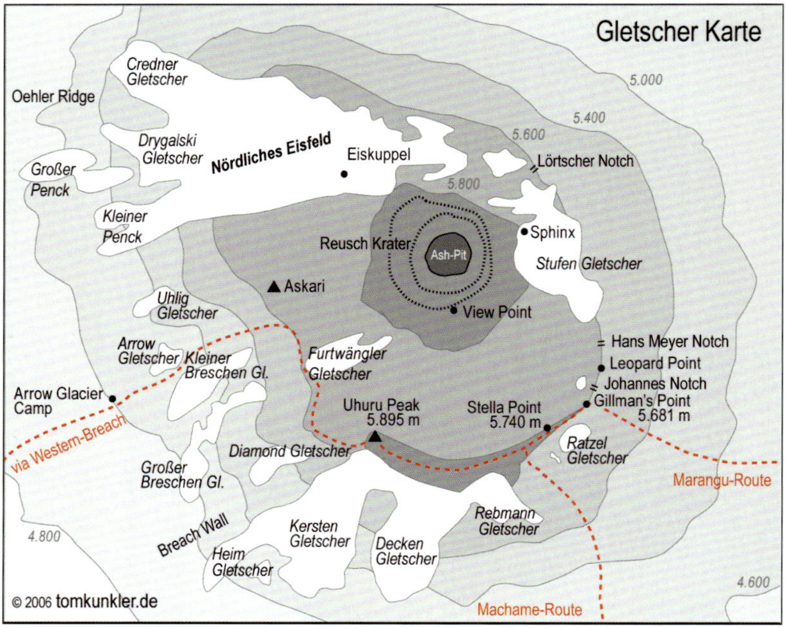

Die Gletscher am Kilimanjaro

Die „ewigen“ Gletscher sind ohne Frage die Hauptattraktion des Kilimanjaro. Obwohl sie vom Tal aus wie kleine, unscheinbare Schneehauben auf dem massigen Bergmassiv aussehen, sind sie, aus der Nähe betrachtet, gewaltig groß und mit unzähligen kathedral-ähnlichen Eisskulpturen verziert. Atemberaubend ist auch das glühende Farbspektrum, welches die bis zu 40 Meter hohen Gletscherwände beim morgendlichen Sonnenaufgang bezaubert.

Aktuellen Forschungen zu Folge begannen sich die Gletscher erst vor gut 12.000 Jahren in der heutigen Form zu bilden. Während dieser Epoche gab es mehrere kleine Eiszeiten, denen letztendlich die andauernde Existenz der Gletscher zu verdanken ist. Vorher soll der Kibo über zehntausend Jahre komplett eisfrei gewesen sein. Das heutige Eis wird durch die Reflektion der Sonnenstrahlen an der weißen Oberfläche nicht dauerhaft erwärmt, wogegen der dunkle Lava-Sandboden die Strahlen absorbiert und die Gletscher vom Boden her langsam schmelzen lässt. Dies führt zu einer gewissen Unstabilität und lässt immer wieder ganze Gletscherformationen an den Berghängen abrutschen. Die Eisfläche ist von ehemals 12,2 km^2 (um 1900) um 82 % auf gerade noch 2,2 km^2 (2000) geschrumpft, was seit den Aufzeichnung im Jahre 1962 jährlich einen halben Meter Höhenverlust bedeutet. Der Geologie-Professor **Lonnie G. Thompson** von der Universität Chicago, hat am Kilimanjaro eingehend geforscht und sagt ein Verschwinden der Gletscher zwischen den Jahren 2015 bis 2025 voraus. Grund dafür ist vor allem die globale Erderwärmung. ■

Marangu-Route (ca. 69 km - ohne Akklimatisierungstag)

Die Marangu-Route, auch „Coca-Cola“ Route genannt, ist sicherlich die leichteste aller Kilimanjaro-Routen. Wenngleich das Wort „leicht“ relativ zu sehen ist. Bei meiner letzten Marangu-Route Besteigung traf ich auf ein durchaus gut trainiertes Paar aus England, nach dessen Überzeugung diese Route alles andere als „leicht“ gewesen ist. Ich habe ihnen versprochen, es meinen Lesern genau so weiterzugeben.

Definitiv ist die Marangu-Route eine anspruchsvolle Bergtrekking-Route von mindestens 5 Tagen, auf der im Verhältnis zu anderen Routen die prozentual größere Anzahl der Berg-Touristen aufgibt. Das hat wohl damit zu tun, dass viele Touristen die Route durch ihr „Leicht-Image“ unterschätzen. Sinnvoll ist es deshalb auf Höhe der **Horombo Hut** (3.725 m) einen optionalen Akklimatisierungstag einzulegen (6-Tagesroute) und z.B. tagsüber die **Zebra Rocks** (ca. 4.000 m) zu besichtigen. Die Marangu-Route sollte, wie alle anderen Routen, unbedingt mit dem nötigen Respekt und einem ordentlichen Vorbereitungstraining angegangen werden. Egal für welche Route Sie sich entscheiden, die Höhe bleibt - und das ist der eigentliche Knackpunkt jeder Kilimanjaro-Besteigung.

Gehen Sie unbedingt ab **dem 1. Tag langsam** und belächeln Sie nicht das sich immer wiederholende „Pole Pole“ (langsam, langsam) Ihres Führers und der vorbeiziehenden Träger. Sie wissen, von was sie sprechen.

Die Marangu-Route bietet im Laufe des Aufstiegs hervorragende Ausblicke zum Kibo und Mawenzi (siehe Titelbild) und ist in den jeweiligen Vegetationszonen landschaftlich sehr reizvoll.

Die wesentlichen Unterschiede zu den anderen Routen bestehen bei der Marangu-Route in den Übernachtungsmöglichkeiten und im Ausbau der Wege. In gut ausgebauten, windgeschützten Hütten lässt es sich erheblich besser schlafen und verweilen als in feuchten, unbequemen Zelten. Der Weg ist zwar während der Trockenzeiten recht staubig, aber bis zu den Kibo Huts überall befestigt und bis zu 3 Metern Breite ausgebaut. Ein „Klettern“ über Stock und Stein wie auf anderen Routen entfällt. So wundert es nicht, dass 50% aller Kilimanjaro-Besteiger das Abenteuer über diese Route angehen. Als sehr anstrengend kann man dagegen die Gipfelnacht bezeichnen, in der es ab Mitternacht etwa 5-7 Stunden über eine schier endlos steile Geröllpiste, vorbei am **Gillman’s Point** (5.681 m), bis hin zum Uhuru Peak aufwärts geht.

Der Nachteil der Marangu-Route ist ganz klar die fehlende, separat verlaufende Abstiegsroute. Der gesamte Abstieg verläuft bei dieser Option entlang der Aufstiegsroute. Dadurch entsteht teilweise reger und nervender Bergverkehr. Besonders um die Mittagszeit und am Nachmittag kommen Ihnen scharenweise Träger und Touristen entgegen.

Die Marangu-Route auf einen Blick

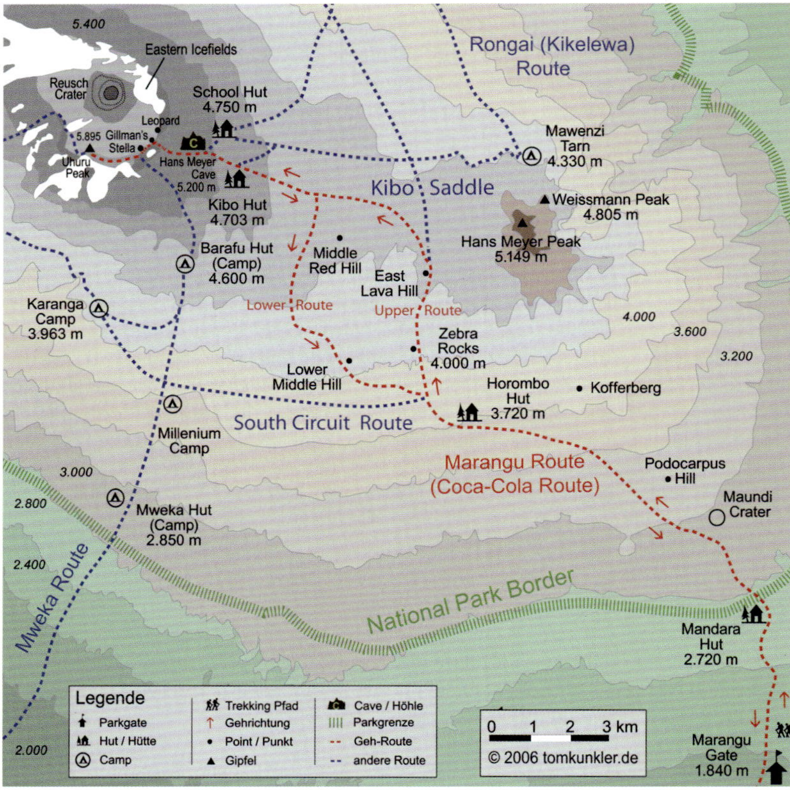

Etappen und Gehzeiten:

	Startpunkt	Zielpunkt	Höhenm.	Distanz	Gehzeit
Tag 1	Marangu Gate (1.840 m)	Mandara Hut (2.720 m)	↑ 835 m	7 km	3-4 h
Tag 2	Mandara Hut (2.720 m)	Horombo Hut (3.720 m)	↑ 1.000 m	11 km	5-6 h
Tag 3	Horombo Hut (3.720 m)	Akklimatisierungstag	↑ 400 m ↓ 400 m	(5-8 km)	3 h
Tag 4	Horombo Hut (3.720 m)	Kibo Hut (4.703 m)	↑ 983 m	12 km	5-6 h
Tag 5	Kibo Huts (4.703 m)	Uhuru-Peak (5.895) - Horombo	↑ 1.192 m ↓ 2.175 m	21 km	12-14 h
Tag 6	Horombo Hut (3.720 m)	Marangu-Gate (1.840m)	↓ 1.880 m	18 km	5-6 h
Total			**8.865 m**	**69 km**	**39 h**

Positiv (+) preisgünstigste Route, einfachste Route, gute ausgebaute Wege, Übernachtung in Hütten, gute Sicht auf Kibo und Mawenzi

Negativ (-) staubig (in Trockenzeiten), sehr viele Touristen, Auf- und Abstieg über den selben Weg

Wichtig: Alle Angaben beziehen sich auf die Besteigung der Marangu-Route während der langen Trockenzeit im Monat September.

Routen-Details

Tag 1 Marangu Gate (1.840 m) - Mandara Hut (2.720 m)

Aufstieg in der Regenwaldzone, Gehzeit ca. 3-4 Stunden (7 km)

Je nach Ausgangspunkt und Veranstalter werden Sie von Ihrem lokalen Tour-Operator gegen 9.00 Uhr im Hotel abgeholt und fahren ca. 1 Stunde (ab Moshi) oder 2 Stunden (ab Arusha) bis zum Marangu-Gate. Die Fahrt verläuft abwechslungsreich und landestypisch durch kleine Orte bis hoch hinauf in die Bananenplantagen des Bergdorfes **Marangu**. Alle Eingänge und Zufahrten zum Kilimanjaro-Nationalpark werden von bewaffnetem Sicherheitspersonal streng bewacht. Nur vorher angemeldete Tourveranstalter oder Individualtouristen mit gültiger Besteigungserlaubnis dürfen das Gate passieren.

Auf dem geräumigen Parkplatz direkt nach dem Marangu Gate (1.840 m) werden Ihre Gepäckstücke umgepackt (max. 15 kg pro Träger), das Team eingeteilt und die Essensvorräte für die nächsten 5-6 Tage verstaut. Auch die nötigen Papiere zum Eintritt in den Nationalpark werden hier von Ihrem Guide (Bergführer) für die Nationalparkbehörde (TANAPA) ausgefüllt. Die ganze Prozedur kann locker bis zu einer Stunde dauern. In der Zwischenzeit können Sie sich im gut sortierten Souvenir-Kiosk mit Schoko-Riegeln eindecken oder schon mal die „Trophäen" für die Rückkehr nach erfolgreicher Besteigung ausspähen.

Gegen Mittag geht es dann endlich los. Durch stark bewachsenen Regenwald führt die Route auf dem gut ausgebauten Waldweg leicht bergauf. Das Klima ist hier meist schwül und feucht, was die ersten Schweißtropfen mit sich bringt. Wenn Sie erst spät am Gate weggekommen sind und die „richtige" Jahreszeit erwischt haben, werden Sie bereits hier, am frühen Nachmittag, von den ersten kurzen Regenschauern überrascht. Auch das Tageslicht nimmt im dichten Regenwald immer mehr ab.

Rechts und links des Weges gesellen sich die ersten roten Kilimanjaro-Flowers *(lat. Impatiens kilimanjari)*, ihre violetten Cousinen *(lat. Impatiens pseudoviola)*, gigantische Farngewächse und massive Urwaldbäume in das dichte Gras. Die typische Geräuschkulisse des Urwalds erscheint wie ein großer Tierkäfig. Mit ein bisschen Glück laufen Ihnen hier die ersten Affen, Diademmeerkatzen *(engl. Blue Monkeys)*, über den Weg. Sie sind eher menschenscheu und rasen blitzschnell über zerklüftete Äste die kirchturmhohen Bäume hinauf.

Neben der einheimischen Tierwelt trifft man in diesem Abschnitt auch öfter auf einheimische Kinder und Frauen, die am Berg leben und tagsüber auf ihren Köpfen das gesammelte Gras für das Vieh und das Holz für Feuer bergab tragen.

Nach ca. 1,5 Stunden Gehzeit erreicht man nahe einer kleinen Holzbrücke den Lunchplatz **Kisambioni** (2.380 m). Hier kreuzt auch der alte Weg unsere Route, den heute nur noch einige Träger und Notfallfahrzeuge benutzen. Auf den einladend anmutenden Tischen und Bänken wird nun der verdiente Lunch verzehrt. Anschließend geht's durch den immer dichteren Urwald, vorbei an kleinen Wasserfällen, hinauf in Richtung der **Mandara-Hütten**. Auch der feuchte, grundige Weg wird steiler und immer öfter durch neu befestigte Holzstufen gesäumt. Ab einer Höhe von etwa 2.600 m ist bereits der Übergang vom Regenwald in die Moorland-Zone zu erkennen. Die Bäume werden kleiner, der Urwald lichter und die Pflanzenwelt wird dominiert durch die 2-4 m hohen, grau-grünen, moosbehangenen Erica-Bäume.

Nach etwa 3-4 Stunden mäßigen Aufstiegs hört man bereits von weitem ein Stimmengewirr aus dem **Mandara-Hut** Lager und nach weiteren 3 Minuten ist das Tageswerk vollbracht und die am Hang erbauten Hütten in Sicht. Mühsam sind die letzten Meter, da sich die Hütten auf einer Strecke von etwa 200 Meter allesamt über den Hang verteilen. In den saftig grünen Grasflächen liegen die Träger und erholen sich von dem anstrengenden Aufstieg. Nach der Registrierung beim Ranger teilt er Ihnen den heutigen Schlafplatz zu.

Die Mandara Hut (2.720 m)

Das Lager besteht derzeit (09-2005) aus 5 Hütten mit Schlafplätzen für je 8 Personen (4 pro Raum) und einer großen Hütte mit 24 Schlafplätzen im Obergeschoss. Mit den Hütten für Guides und Träger sind es insgesamt 20 Hütten, die aufgrund der steigenden Touristenzahl schon bald eine Erweiterung erfahren sollen. Die Schlafplätze bestehen aus einer Matratze und Kopfkissen (feucht und teilweise verschmutzt). Im Erdgeschoss der großen Hütte befindet sich ein Essenssaal für ca. 60 Personen, der auch als Notlager genutzt werden kann. Hier werden unter großem Gedränge die Mahlzeiten eingenommen.

Toiletten- und Waschräume mit fließendem Kaltwasser (kein Trinkwasser) in einem vernünftigen Zustand stehen hinter der großen Hütte. Führer und Träger übernachten in ähnlichen Hütten im unteren Teil des Camps. Den Köchen der Tour-Operator stehen hier zusätzliche geräumige Gemeinschaftsküchen zur Verfügung, in denen sie nicht selten unglaubliche Mehrgang-Menüs zaubern. Auch Individualtouristen können sich hier selbst versorgen. Die im Lager befindliche 12V Lichtanlage wird durch Solarzellen betrieben und funktioniert nur zu bestimmten Zeiten. Elektrizität steht in den Hütten nicht zur Verfügung. Bitte achten Sie deshalb unbedingt darauf genügend Batterien oder vorgeladene Akkus für Ihre batteriebetriebenen Geräte oder Kameras mitzubringen.

Achtung: Akkus verlieren bei Kälte drastisch bis 80% an Leistung *(siehe Kapitel Reiseinfos A-Z > Fotografie)*.

Der Regenwald im ersten Abschnitt der Marangu-Route: Höhe ca. 2.300 m.

Tag 2 Mandara Hut (2.720 m) - Horombo Hut (3.720 m)

Aufstieg im Regenwald/Moorland, Gehzeit ca. 5-6 Stunden (11 km)

Am frühen Morgen, gegen 7.30 Uhr, beginnt die 2. Etappe. Über einhundert Personen aus dem Lager setzen sich innerhalb der nächsten zwei Stunden in Bewegung. Es ist daher ratsam recht früh aufzubrechen, um den „Menschenmassen" voraus zu gehen und die erwachende Tier- und Pflanzenwelt zu bestaunen. Die ersten Minuten führen wieder durch den typischen „Monkey-Forest", der aber schon bald lichter wird. Durch einen verheerenden Waldbrand Mitte der Neunziger Jahre wurden an dieser Stelle große Flächen des Waldes zerstört.

Der gut ausgebaute Weg wird gesäumt von großartigen **Lobelien** *(lat. Lobelia deckenii)* und gelb-rot leuchtenden **Fackellilien** *(engl. Red Hot Poker, lat. Kniphofia thomsonii).* Auch die am Kilimanjaro bekannten **Diademmeerkatzen** *(engl. Blue Monkeys, lat. Cercopithecus mitis)* kreuzen hier öfter den Weg.

Nach 20 Minuten Gehzeit (1,5 km) erreicht man eine optionale Abzweigung zum 15 Minuten entfernten **Maundi Krater** (2.775 m). Der Weg dorthin ist steil und oft matschig und rutschig, lohnt aber einen kleinen Abstecher (vorzugsweise auf dem Rückweg). Der Krater liegt in einer reizvollen Vulkanlandschaft und ist mit niedrigem Heidekraut und Gras bewachsen. Besonders für Tagestouristen ist er ein beliebter Picknickplatz mit einem hervorragenden Blick auf den **Mawenzi** (nord-westlich) und den **Taveta** (östlich), sofern das Wetter es zulässt.

Zurück auf dem Marangu-Trail führt uns der Weg weiter bergauf, hinaus aus dem Regenwald. Das Moorland, vormittags in mystischen Nebel über den großen Wiesen eingehüllt, erzeugt eine ganz besondere, unbeschreibliche Stimmung. In Höhe des **Masheo Points** (3.182 m) wird der Weg dann über die **Ona Hills** von einigen größeren Steinformationen belagert, die aber gut zu überwinden sind. Ansonsten verläuft die Strecke eher eintönig und bietet außer wenigen Erica-Planzen und Blumen am Wegrand kaum Abwechslung. Danach geht es kurzzeitig etwa 200 m steil bergauf, was den Puls deutlich erhöht. Nach etwa 3,5 Stunden Gehzeit (ohne Maundi-Krater) kommt man an einen windig gelegenen Lunch-Platz (3.500 m) mit Toilettenhäuschen (Plumpsklo) vorbei. Der Nebel verschwindet allmählich und eine grandiose Sicht auf den 2. Kilimanjaro-Gipfel, den **Mawenzi** (5.149 m), wird frei.

Nach kurzer Mittagspause geht es auf steindurchwachsenem, aber weiterhin gut ausgebautem Weg in nordwestlicher Richtung weiter. Großartig ist der immer wiederkehrende Blick zum Mawenzi, der für all die Anstrengung des Tages belohnt. Vorbei an großen, felsigen Heiden und einzelnen Formationen übergroßer **Riesenkreuzkräutern** *(lat. Senecio cottonii – bis 10 m Höhe)*, geht die 2. Tagesetappe langsam dem Ende zu. An der letzen Brücke, die einen breiten Bachlauf und sumpfige Wiesen überbrückt, kann man bereits das Horombo-Plateau (3.720 m) sehen. Nach etwa 10 Minuten Gehzeit ist es geschafft - und endlich das Tagesziel erreicht.

Auch hier wird erst nach Anmeldung beim Ranger (Hüttenwart) der Schlafplatz in einer der teilbelegten Hütten zugeteilt (Frühankommer haben die beste Wahl des Lagerplatzes). Es gibt derzeit (09-2005) 12 Hütten mit jeweils 8 Schlafplätzen (4 pro Raum) für die Touristen. Dazu kommen, wie im vorherigen Lager, eine große Hütte mit 20 Schlafplätzen (1. Stock) und ein großer Essensraum im Erdgeschoss für alle Bergtouristen. Die Hütten sind in einwandfreiem Zustand und werden täglich gereinigt. Führer, Träger und Köche schlafen in eigenen Hütten. Neben der Hüttenlandschaft, die übrigens in dieser Form erst dank eines norwegischen Entwicklungsprojektes entstanden ist, gibt es noch ein großes Zelt-Camp. Dies dient all den Bergtouristen als Nachtlager, die, von der **Rongai-Route** kommend, über die Marangu-Route absteigen. Die große Toilettenanlage mit Wasserspülung in der Mitte des Platzes wird daher von bis zu 300 Personen am Tag benutzt. Der Zustand und die Sauberkeit sind dementsprechend. Mein Tipp ist ein frühes Aufstehen am nächsten Tag um eine frühstmögliche Nutzung der Toiletten- und Waschräume sicher zu stellen.

Bei gutem Wetter kann man von hier gegen 18.30 Uhr einen wunderbaren Sonnenuntergang direkt neben dem freien Blick auf den Kibo erleben. Schwarze, rabenähnliche Vögel kreisen mit lauten Flügelbewegungen im Sonnenuntergang tief über den Dächern der Hütten und leiten die Dämmerung ein.

Tag 3 Horombo Hut - Akklimatisierungstag

Moorland und Alpine Wüste, Gehzeit: Zebra Rocks 3 Stunden (↑/↓)

Ein atemberaubender Sonnenaufgang unmittelbar über der unter uns liegenden Wolkendecke startet den Tag um 6.15 Uhr. Da der 3. Tag besonders für nicht akklimatisierte Bergtouristen als Akklimatisierungstag angesagt ist, geht es etwas ruhiger zu als an den Vortagen. Sie haben heute die Möglichkeit die **Zebra Rocks**, eine ca. 20 m hohe schwarze Felsformation mit weißen Kalkablagerungen, zu erklimmen (siehe Foto) oder bis an den **Mawenzi Saddle** aufzusteigen. Beide Ziele führen über denselben staubigen Pfad am Fuße des Mawenzi, vorbei an kargen Berghängen mit einigen der größten **Riesenkreuzkräuter** am gesamten Kilimanjaro. Ein weiteres Highlight ist zudem der klare und nahe Blick zum bizarren Gipfel des Mawenzi.

Die Zebra Rocks und das dahinter gelegene Hügelmassiv bringt Sie nach ca. 1,5 Stunden Gehzeit auf eine Höhe von 4.000 – oder wahlweise auch 4.200 Meter. Besonders die Besteigung des Hügels bietet (bei gutem Wetter) einen einzigartigen Blick auf den Kibo und den kompletten Routenverlauf des nächsten Tages.

Zebra Rocks

Der Aufstieg zum **Mawenzi Saddle** (ca. 4.350 m) erfordert etwas mehr Kondition und dauert insgesamt ca. 2,5 Stunden. Darüber hinaus bietet er eine noch bessere Akklimatisierung. Der Abstieg verläuft schnell und problemlos, so dass Sie pünktlich zum Mittagessen wieder im Lager sind. Der Rest des Tages kann vorzugsweise mit Vorschlafen oder mit Geduldsspielen verbracht werden.

Tag 4 Horombo Hut (3.720 m) - Kibo Hut (4.703 m)
Aufstieg in der Alpinwüste, Gehzeit ca. 5-6 Stunden (12 km)

Da im Laufe des Vormittags regelmäßig die einziehenden Wolken den Gipfel des Kibo bedecken, lohnt sich auf jeden Fall frühes Aufstehen. Die heutige Etappe kann Ihnen dann, bei gutem Wetter, den ganzen Tag eine einzigartige freie Sicht auf die beiden Kilimanjaro-Gipfel „Kibo“ und „Mawenzi“ ermöglichen.

Wenn Sie also spätestens um 8.00 Uhr aufbrechen, ist das Tagesziel (Kibo Huts) bereits gegen 14.00 Uhr erreicht. Das ist heute besonders wichtig, da es schon gegen 17.00 Uhr das Abendessen gibt. Vergessen Sie nicht, dass es die Gipfelnacht ist und sich frühzeitiges zu Bett gehen mehrfach auszahlt.

Es gibt heute 2 Optionen die letzte Etappe anzugehen. Über die meistbegangene **Lower Route,** links entlang der **Lava Hills**, bis zum **Kibo Saddle** - oder über die wenig frequentierte und anstrengendere **Upper Route**, rechts entlang der Lava Hills, vorbei an den **Zebra Rocks** bis zum **Mawenzi Saddle**. Später treffen beide Routen am **Kibo Saddle**, auf einer Höhe von etwa 4.470 m, wieder zusammen. Welchen Weg Sie auch wählen, beide zählen zu den schönsten Abschnitten der Marangu-Route, da man das Ziel, den Kibo, immer vor Augen hat. Meine Empfehlung ist die **Lower Route** beim Aufstieg und die **Upper Route** über den Mawenzi Saddle beim Abstieg.

Panoramablick zum Kibo. Kamerastandort ca. 4.000 m Höhe.

Die 4. Tagesetappe (über die Lower Route) verläuft anfangs über einen kleinen Hügel bis man in die ewige Weite der Alpinwüste schauen kann. Von hier aus, nach etwa 45 Minuten Aufstieg vom Lager, lassen sich übrigens erste hervorragende Panorama-Fotos vom Gipelmassiv des Kilimanjaro machen. Kilometerweit schlängelt sich davor der ausgetrocknete Trail bergauf und bergab bis hin zum **Kibo Saddle**. Der Weg ist deutlich staubiger und steiniger als die Tage zuvor und ein kühler Wind bläst Ihnen sandige Luft um die Ohren. Die triste Landschaft rechts und links des Weges wird nun von gewaltigen Riesenkreuzkräuter-Ansammlungen, trockenen Gräsern und kargen Felsen bestimmt (bei schlechtem Wetter aber auch durch Matsch und Schlamm). Gigantisch ist der ständige Blick auf den Kibo, der zum Greifen nah erscheint.

Im weiteren Wegverlauf treffen Sie auf eine Kreuzung, die nach links den Weg über den „South Circuit", zum **Barranco Camp** und dem **Barafu Camp** kennzeichnet. Als „Hütten" kann man aber nur die grüne Wellblechhütte des Rangers bezeichnen. Es gibt hier keine Hütten für Bergtouristen - nur Zeltplätze. Beide Anlagen werden als Zeltplatz für die **Machame-** und die **Umbwe-Route** genutzt. Bei freier Sicht lässt sich mit bloßem Auge das Zeltlager des etwa 6 km entfernten **Barafu Camps** am felsigen Fuße des Kibo erkennen. Wenig später kommt auf ca. 4.000 m die letzte Wasserstelle vor dem Gipfel, an der die Träger regelmäßig ein letztes Mal auftanken. Wenn Sie entsprechende Entkeimungsmittel dabei haben (z.B. Micropur), sollten Sie es auch tun. Von hier aus geht es noch eine Stunde weiter durch die sandige Felslandschaft bis zum **Kibo-Saddle**.

Hier findet man den alltäglichen Lunchplatz (4.400 m) mit dem obligatorischen Plumpsklo. Die Luft wird spürbar dünner und man freut sich über die kleine Pause und eine Stärkung aus dem Lunch-Paket. Von hier aus kann man entlang des Wegverlaufes durch die so genannte **Kibo-Wüste** bereits die Kibo Huts (4.703 m) und im weiteren Bergverlauf sogar die Bergkuppe mit dem Gillman's Point (5.681 m) und die nordöstlichen Gletscher sehen.

Die bisher braune, sandige Landschaft verwandelt sich immer mehr in ein tristes graues Geröllfeld mit einzelnen aufragenden Felsen. Nur noch ca. 60 Minuten anstrengender Fußmarsch trennen uns nach der Mittagspause vom Tagesziel. Immer staubiger und felsiger wird die stark ansteigende Piste hinauf zu den Kibo Huts. Die dünne Luft, verbunden mit der enormen Anstrengung, lässt den Puls deutlich spürbar im ganzen Körper schlagen. Vorbei ist es mit der „leichten" Marangu-Route und der einzige Gedanke gilt nur noch der baldigen Ankunft im Lager. Kurz vor den Kibo Huts trifft von rechts, aus Richtung Kenia kommend, die **Rongai-Route** auf die **Marangu-Route** und läuft ab hier parallel als gleicher Trail bis zum Gipfel.

Nach rund 6 Stunden Aufstieg erreichen Sie nun die unwirklich und kalt wirkenden **Kibo Huts** auf 4.703 m. Die wenigen Gebäude aus Naturkalkstein machen den Eindruck, noch mitten in der Bauphase zu sein. Ein eisiger Wind bläst den sandigen, grauen Staub in die Augen und die harte Mittagsonne brennt trotz Lichtschutzfaktor 30 auf der Haut. Denken Sie unbedingt an eine gute Sonnenbrille/Gletscherbrille und an Sonnenlotion mit hohem Lichtschutzfaktor, um der extrem hohen UV-Strahlung vorzubeugen.

Nach der Anmeldung beim Ranger werden die Schlafplätze zugeteilt. Es gibt eine große Stein-Hütte mit einigen Mehrbettzimmern (bis 15 Personen) für insgesamt 58 Personen. Die Zimmer sind nicht beheizt, was deshalb trotz des festen Daches über dem Kopf einen vernünftigen Schlafsack voraussetzt. Alle Mahlzeiten werden hier im eigenen Zimmer eingenommen. Wie immer schlafen die Führer und Träger in eigenen Hütten mit geringster Ausstattung und ohne jeglichen Komfort. Ohne weiteren Kommentar möchte ich auf die WC-Anlage (Plumpsklo) hinter dem Gebäude hinweisen. Man findet sie, trotz des eisigen Windes und 50 Meter Entfernung, immer dem Geruch nach.

Wie auf allen Hütten der Marangu-Route läuft die komplette 12V Stromversorgung über eine Solaranlage, die nur zeitweise notdürftiges Licht liefert. Die Ausleuchtung der persönlichen Gegenstände sollte daher immer über eine Kopflampe oder Taschenlampe erfolgen. Die Solarkollektoren stehen unübersehbar direkt am Eingang der Hütte, neben dem Schild „Gillman's Point - 5 hours", was uns bereits jetzt die nächtliche Anstrengung erahnen lässt.

Heute gibt es bereits gegen 16.30 Uhr das Abendessen. Auch wenn die meisten Gipfelstürmer von starken Kopfschmerzen und Appetitlosigkeit geplagt werden, sollte ein ausreichendes Mahl eingenommen werden. Die Nacht wird kurz und der morgige Tag verdammt lang, da zählt jede Kalorie auf Vorrat.

Die Kibo Hut

Tag 5 Kibo Hut (4.703 m) - Uhuru Peak (5.895 m) - Horombo Hut (3.720)
Aufstieg und Abstieg in der Gipfelzone und Alpin-Wüste, Gehzeit ca. 12-14 Stunden (21 km)

Wecken ist am Tag 5 gegen 23.30 Uhr (empfehlenswert, kann auch später vereinbart werden). Nach kleinem Frühstück mit Keksen und heißem Tee geht kurz nach Mitternacht der Aufstiegs-Marathon los. Das Gepäck bleibt im Schlafraum und wird erst nach der Rückkehr am späten Vormittag gepackt. Auch die Träger bleiben heute allesamt auf den **Kibo Huts** zurück, da ausschließlich Ihr Guide und seine Assistenten für den Gipfelaufstieg ausgerüstet sind.

Der Eintritt in die sternklare, aber bitterkalte Nacht (oft unter -10°C) fällt verdammt schwer. Nur langsam werden die Glieder elastisch und bewegen sich unter schwersten Bedingungen den Berg hinauf. Immer kürzer werden Abstände zwischen den Ruhe- und Verschnaufpausen. Fuß für Fuß tasten Sie sich über das rutschige Geröllfeld bergauf und sinken immer wieder ein. Achten Sie im Interesse nachfolgender Bergsteiger unbedingt darauf keine Steine loszutreten, denn das kann gefährlichste Folgen bis hin zum Tod durch Steinschlag mit sich bringen.

Das „Pole Pole“ der letzten Tage gewinnt spätestens jetzt auch Ihre Zustimmung. Gehen Sie langsam und überlegt und leuchten Sie mit Ihrer Kopflampe möglichst eine ganze Schrittlänge voraus. Die Motivation weiter zu gehen fällt schwer und nur mit der Zufuhr von Zucker und Kohlenhydraten durch Schoko- und Energieriegel ist Ihr Körper den Strapazen gewachsen. Ebenso wichtig ist die regelmäßige Flüssigkeitszufuhr. Mindestens 3-4 Liter sollten Sie in dieser Aufstiegsnacht trinken, um den Flüssigkeitsverlust zumindest annähernd auszugleichen. Durch die extreme Kälte kann es leicht zum Einfrieren Ihres Wassersystems kommen, was auch handelsübliche Trinkschlauchsysteme mit Isolierung betrifft. Achten Sie deshalb vorzeitig auf eine vernünftige Isolierung.

Der erste Abschnitt ist nach etwa 2 Stunden an der **Hans Meyer Höhle** erreicht (5.200 m). Die Höhle diente dem Erstbesteiger **Hans Meyer anno 1889** als letztes Biwak vor dem Gipfelsturm. Auch Jahrzehnte danach, bevor die Kibo Huts entstanden, war hier der letzte „Lagerplatz" vor dem Gipfel. Freuen Sie sich, denn Sie haben bereits die maximale Höhe des Engländers Jon Amos überschritten, der es 1998 „nur" bis auf 4.812 m geschafftt hat. Bevor Sie aber jubeln, sollte ich noch erwähnen, dass Jon schwer behindert in einem Rollstuhl saß! Er hat an diesem Tag den Weltrekord im „Wheelchair Climbing" aufgestellt.

Überall unter und über Ihnen wird der nächtliche Berg von den funkelnden Kopflampen anderer Mitstreiter geschmückt. Es wird auch nicht ausbleiben, dass Ihnen der eine oder andere Bekannte vom Vortag erschöpft entgegenkommt und die Besteigung abbricht. Gehen Sie keine Experimente zu Lasten der Gesundheit ein. Sobald Sie erste Symptome der **Höhenkrankheit** feststellen, *(siehe Kapitel A-Z > Höhenkrankheit)* ist unbedingt Vorsicht geboten und ggf. direkt der Abstieg einzuleiten.

Immer wieder glauben Sie den Gipfel im Mondschein zu erkennen, doch erneut erhebt sich ein weiterer Hügel vor Ihnen. Nach weiteren 2 Stunden ist endlich der **Gillman's Point** (5.681 m) erreicht. Haben Sie es bis hierhin geschafft, ist Ihnen die Besteigungsurkunde nun sicher, denn schon der Gillman's Point gilt, dank seiner exponierten Lage, als offizielle Besteigung des Kilimanjaro. Je nach Jahreszeit und Wetterlage kann Sie bereits kurz nach dem **Gillman's Point**, gegen 6.00 Uhr, der überwältigende Sonnenaufgang über dem **Mawenzi** überraschen. Die wärmenden Sonnenstrahlen nach eiskalter, windiger Nacht tauen sowohl das Gemüt als auch die Glieder auf. Weiter geht's nun, vorbei am Kraterrand des Reusch-Kraters, in Richtung **Stella Point** (5.740 m). Hier trifft u. a. die **Machame-Route** auf den Kraterrand. Der Aufstieg ist nun flacher, aber deutlich felsiger als im Geröllfeld. Teilweise ist gute Trittsicherheit notwenig, besonders dann wenn jahreszeitbedingt auf einer rutschigen Schneeschicht gegangen wird. Weiter südwestwärts passieren Sie den gigantischen **Rebmann-Gletscher** mit seinen kathedralähnlichen Eisformationen, die im gesamten Farbspektrum der morgendlichen Sonnenstrahlen - von feurigem rot über leuchtendes orange bis hin zu eiskaltem blau - das Eis beleuchten. Über dünenartige Landschaften, geht es bei moderatem Aufstieg vorbei am letzten Wegepunkt, dem **Hans Meyer Point** (5.888 m). Ab hier sehen Sie schon bald von weitem das Gipfelschild des **Uhuru-Peak** auf 5.895m.

Sonnenaufgang über dem Gipfel des bizarren Mawenzi, gegen 5.50 Uhr - Standort Gillman's Point, Höhe ca. 5.700m

Der Rebmann Gletscher an der Südseite des Kibo, beim Sonnenaufgang.

Touristen beim „Gipfelfoto" – Blick auf den Uhuru Peak (5.895 m)

Rundumblick am Kibo – Uhuru Peak / Furtwängler Gletscher / nördl. Gletscher

Es ist geschafft. Nach 5 Tagen Aufstieg ist der höchste Punkt Afrikas erreicht! Bei etwas Glück mit dem Wetter können vor oder nach dem obligatorischen Gipfelfoto die atemberaubenden Gletscher rund um den Kibo bewundert werden. Der Ausblick belohnt für die enormen Strapazen der vergangenen Tage und verdrängt nun den letzten Rest Müdigkeit des nächtlichen Aufstiegs. Auch wenn der Kopf schmerzt und der Puls kaum zur Ruhe kommt, übertönt das Glücksgefühl alle negativen Einflüsse dieser Tour. Der Blick vom „Kilimanjaro - dem Dach Afrikas“ ist sicherlich ein Höhepunkt im Leben eines jeden Menschen.

Der Abstieg sollte nun, aufgrund der Höhe, schnellstmöglich angegangen werden und verläuft über denselben Weg bis zum **Gillman's Point** (45 Minuten Gehzeit). Am Kraterrand geht es nun abwärts über das Geröllfeld bis hin zu den **Kibo Huts**, wo nach etwa 1,5 Stunden Gehzeit der Lunch auf Sie wartet.

Nach der Mittagspause geht es mit den provisorisch gepackten Rucksäcken weitere 11 km hinunter bis zu den Horombo Hut. Hier endet der längste Tag der Reise und nach dem Abendessen können Sie sich auf einen sicherlich tiefen Schlaf freuen.

Tag 6 Horombo Hut (3.720 m) - Marangu-Gate (1.840 m)

Abstieg durch Moorland und Regenwald, ca. 5-6 Stunden (18 km)

Gut ausgeschlafen beginnt der Tag nach reichhaltigem Frühstück zuerst mit der „Trinkgeld-Zeremonie". Alle Personen aus Ihrem Team versammeln sich nun für das Gruppenbild und zum Erhalt des lange ersehnten Trinkgelds (siehe Kapitel A-Z > Trinkgeld). Für die Träger wartet im Tal bereits der nächste Job.

Wie auch am Vortag, verläuft die Abstiegs-Route exakt dem Verlauf der Aufstiegs-Route. Der für Sie größte Unterschied besteht nun darin die aufsteigenden Berg-Touristen als erfolgreicher Gipfelstürmer zu begrüßen. Das bringt Laune und täuscht etwas über die mittlerweile müden Beine und Waden hinweg. Am frühen Nachmittag erreichen Sie das **Marangu-Gate**, den Ort, wo vor 6 Tagen alles begann. Stolz dürfen Sie nun Ihren Namen in das Besteigungsbuch eintragen und das Gipfelsouvenir im Shop kaufen. Die Urkunde erhalten Sie von Ihrem Guide meist am Nachmittag oder Abend im Hotel. Eine nette und durchaus übliche Geste ist es, den Guide oder auch das gesamte Team auf einen Drink ins Hotel einzuladen. Erfahrungsgemäß wird dies gerne angenommen. ■

Machame-Route (ca. 63 km)

Die Machame-Route, auch „Whiskey“ Route genannt, ist für viele Bergtouristen und Guides die attraktivste aller Kilimanjaro-Routen. Sie ist im Vergleich zur beliebten Marangu-Route weniger begangen, jedoch deutlich frequentierter als in älteren Reiseführern beschrieben. Die aktuellsten Zahlen der **TANAPA** (Nationalparkbehörde) sprechen im Jahr 2005 von mittlerweile mehr als 35% aller Kilimanjaro-Touristen auf der Machame-Route. Von einem „Geheim-Tipp“ kann man also sicherlich nicht mehr sprechen.

Die Route ist konditionell recht anspruchsvoll. Insbesondere verlangen die kurzen Kletterpassagen am 3. Tag, vorbei am **Lava Tower,** und am 4. Tag, durch den Aufstieg in der **Great Barranco Wall**, dem Körper neben Trittsicherheit einige Leistungsfähigkeit ab. Bergsteigerische Fähigkeiten sind jedoch auf der hier beschriebenen South-Circuit-Route nicht erforderlich. Der Aufstieg über die **Western Breach Wall** dagegen ist eine reine Bergsteiger-Route. Diese wird hier nicht beschrieben, da sie seit Mitte 2005 durch die TANAPA wegen herabstürzendem losem Gestein und Todesfällen bis auf weiteres gesperrt wurde. Bei Bedarf greifen Sie bitte auf alternative Literatur zurück. Trotz der „schwierigeren“ Passagen erreichen prozentual mehr Touristen über die Machame-Route den Gipfel als über die Marangu-Route. Ich persönlich gehe davon aus, dass es wohl an der besseren Akklimatisierung (Tag 3 bis auf 4.430 m und Schlafen auf 3.950 m) oder an den besser vorbereiteten Berg-Touristen liegt. Die Chance den Gipfel zu erreichen, steigt definitiv mit einem optionalen Akklimatisierungstag und Übernachtung im Barranco Camp (3. Tag) oder im Karanga Camp am 4. Tag.

Die wesentlichen Unterschiede zu den anderen Routen bestehen bei der Machame-Route in den Übernachtungsmöglichkeiten, der abwechslungsreichen Flora und Fauna sowie in den teilweise felsigen Pfaden. Auf der kompletten Route wird in Zelten übernachtet, die Ihnen der Tour-Operator vor Ort zur Verfügung stellt. Eine vernünftige Iso-Matte (z.B. Thermarest oder VAUDE) und ein vorher getesteter Schlafsack mit mindestens echten -15°C im Komfortbereich sollten zur persönlichen Standard-Ausrüstung gehören.

Unumgänglich auf dieser Route sind auch Trekkingstöcke (z.B. von LEKI), die Ihre Kniegelenke bei Auf- und Abstieg schonen. Viele Passagen gehen über kleine und große Felsformationen. Die Besteigung von Westen, später entlang des South Circuit, garantiert eine atemberaubende 180° Szenerie und hervorragende Blicke zum Kibo. Der Gipfelaufstieg erfolgt vom **Barafu Camp**, vorbei am atemberaubenden Rebmann Gletscher, über den Stella-Point. Der Abstieg erfolgt zunächst wieder bis zum **Barafu Camp** und dann abseits der Aufstiegsroute geradeaus über die südlich gelegene Mweka-Route.

Gehen Sie unbedingt **ab dem 1. Tag langsam** und belächeln Sie nicht das freundliche „Pole Pole“ (langsam, langsam) Ihres Führers. Er kennt den Berg!

Die Machame-Route im Überblick

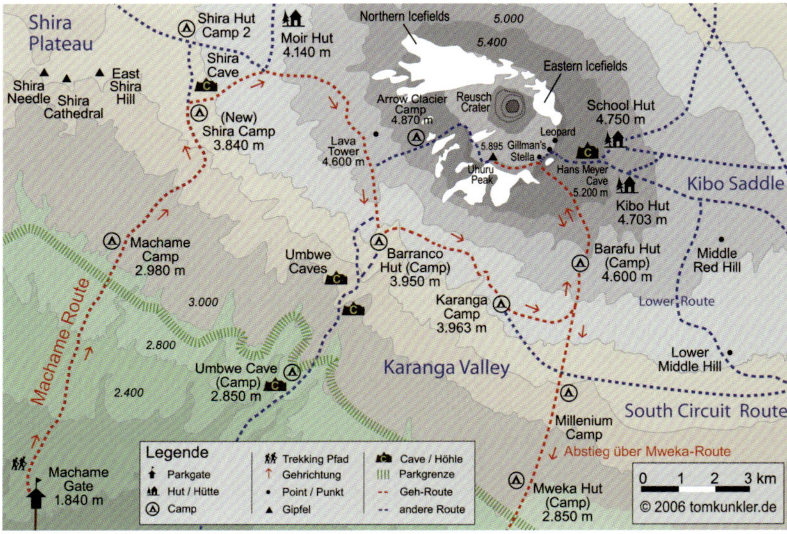

	Startpunkt	Zielpunkt	Höhenm.	Distanz	Gehzeit
Tag 1	Machame Gate (1.840 m)	Machame Camp (2.980 m)	↑ 1.110 m	9 km	6-7 h
Tag 2	Machame Camp (2.980 m)	Shira Camp (3.830 m)	↑ 890 m	7 km	5-6 h
Tag 3	Shira Camp (3.840 m)	Barranco Camp (3.950 m)	↑ 700 m ↓ 600 m	10 km	6-7 h
Tag 4	Barranco Camp (3.950 m)	Barafu Camp (4.600)	↑ 650 m	8 km	7-8 h
Tag 5	Barafu Camp (4.600 m)	Uhuru-Peak (5.895) - Mweka	↑ 1.295 m ↓ 3.045 m	19 km	12-14 h
Tag 6	Mweka Camp (2.850 m)	Mweka Gate (1.800 m)	↓ 1.050 m	10 km	3-4 h
Total			**9.340 m**	**63 km**	**46 h**

Positiv (+) wenig begangen, landschaftlich sehr reizvoll, gute Akklimatisierung

Negativ (-) Trittsicherheit erforderlich, Übernachtung im Zelt, teuere Route

Wichtig: Alle Angaben beziehen sich auf meine Besteigung der Machame-Route während der kleinen Trockenzeit im Dezember/Januar. Eine andere Besteigungszeit bringt zwangsweise auch andere Wetterverhältnisse mit sich.

Routen-Details

Tag 1 Machame-Gate (1.840 m) - Machame Camp (2.980 m)
Aufstieg in der Regenwaldzone, Gehzeit ca. 6-7 Stunden (9 km)

Nach frühem Aufstehen werden Sie zusammen mit Ihrem Team und anderen Bergtouristen derselben Route vom Hotel abgeholt. Die Fahrt beginnt je nach Ausgangspunkt (Moshi oder Arusha) gegen 9.00 Uhr und endet meist schon nach ein paar Minuten am ersten Supermarkt. Dieser Stopp dient dem Koch zur Besorgung der letzen Nahrungsmittel oder auch Ihnen zum Einkauf einiger Schokoriegel, die Sie in den nächsten Tagen zur Energiezufuhr dringend benötigen werden.

Egal aus welcher Richtung kommend, biegt Ihr Mini-Van auf der Hauptstraße Arusha-Moshi nahe dem Ort **Weru Weru** irgendwann in Richtung **Machame** ab. Meter um Meter kämpft sich der Kleinbus über die unbefestigte, matschige Bergstraße, vorbei an saftigen Bananenplantagen, bis auf eine Höhe von etwa 1.800 m. Das Park-Gate liegt etwa 2 km außerhalb des Ortes Machame, am südwestlichen Fuße des Kilimanjaro. Am Straßenrand und am Gate versuchen einheimische Händler noch in letzter Minute vor dem Aufstieg den Touristen T-Shirts, Hüte, Trekking Stöcke, o.ä. zu verkaufen.

Das **Machame-Gate** (1.800m) wird von bewaffnetem Personal der TANAPA streng bewacht. Ausschließlich die im Vorfeld registrierten Tour-Operators und Touristen dürfen passieren. Direkt hinter dem Gate parken die Geländewagen und Mini-Busse der Veranstalter. Hier werden nun das gesamte Gepäck sowie die Lebensmittel für die nächsten Tage nochmal überprüft, neu verpackt und auf die Träger *(engl. Porter)* verteilt.

Die Träger-Gewerkschaft genehmigt eine maximale Zuladung von 20 kg pro Träger, plus sein eigenes Gepäck (offiziell nochmal 5 kg). Entsprechende Sicherheitsleute kontrollieren mit Waagen diese Vorgaben vor dem Abmarsch nach strengen Regeln, was zu der einen oder anderen Diskussion mit dem Guide oder Groupleader führen kann.

Nachdem sich alle Bergtouristen ins offizielle Buch der TANAPA (Nationalparkbehörde) eingeschrieben haben und jeder noch einmal das letzte Toilettengebäude während der nächsten 6 Tage besucht hat, kann der Aufstieg beginnen. Meist wird es kurz vor Mittag, bis alle Formalitäten erledigt sind.

Bei feucht-schwülem Klima beginnt der Routenverlauf auf einer ca. 3-4 Meter breiten, gut ausgebauten feuchten Forststraße, hinein in den tropischen Regenwald. Rechts und links säumen riesige Farngewächse und einzelne Blumen wie z.B. das rot-orange leuchtende **Kilimanjaro-Springkraut** *(lat. Impatiens kilimanjari)* die Straße, die man weltweit nur hier oben am Kilimanjaro findet.

Der Aufstieg ist moderat und lässt sich gut gehen. Nach etwa einer Stunde wechselt die Forststraße in den eigentlichen Trail, der nun auf eine Breite von weniger als 1,5 m schrumpft. Alles ist nass und rutschig, aber die Luft ist angenehm temperiert.

Nach etwa 2 Stunden findet sich an einem umgestürzten Baum auf ca. 2.400 m endlich der ersehnte erste Lunch-Break. Das mitgebrachte Lunch-Paket vom lokalen Veranstalter (ZARA Tours) entpuppt sich als „kleines Mittagsbuffet". Hähnchenkeule, Frikadelle, Sandwich, Ei, Erdnüsse und sogar Zitronenkuchen lassen uns geradezu staunen! Ein kleiner Orangensaft und der Wasservorrat dienen als Durststiller.

Nach der Mittagspause wird der Weg fortwährend enger und steiler. Er gleicht jetzt mehr einem Urwaldpfad, der sich durch die immer größer werdende Bäume hindurch mogelt. Bäume mit einem Durchmesser von zwei Metern, Farngewächse von fünf Metern Höhe und wuchernde Baumwurzeln so groß wie Häuser bestimmen nun die Landschaft. Es scheint, als wollte der Urwald den Pfad einnehmen, was auch beim Übersteigen von Wurzeln und Bäumen immer deutlicher wird.

Nach einer weiteren guten Stunde (ab ca. 2.800 m) verwandelt sich das Bild des feuchten Regenwaldes allmählich in die durch Nebel dominierte Moorland-Zone. Die Aussicht wird eingehüllt von einer mystischen, fast unwirklichen Landschaft von silbergrauen, moosbehangenen **Erica-Baumgewächsen**. Wer den Film „Herr der Ringe" gesehen hat, wird hier sicherlich an das einzigartige Moorland Neuseelands erinnert. Die zuvor laute Geräuschkulisse des dichten Regenwaldes nimmt hier oben, ähnlich der Höhe der Zugspitze, langsam ab. Die typischen Tiere des Urwalds sind auf der Machame-Route jedoch weder unten noch oben anzutreffen. Lediglich die quirlige Geräuschkulisse im Hintergrund und mit Glück ein paar vereinzelt springende **Mantelaffen** *(engl. Colobus monkey / lat. Colobus guereza)* lassen auf eine muntere Tierwelt schließen.

Dicht unter den tief hängenden Nebelschwaden sind nach etwa 6 Stunden Aufstieg die ersten Zelte im **Machame Camp** (2.980 m) zu erkennen. Die Träger sind bereits am frühen Nachmittag vorausgeeilt und haben vor Ihrer Ankunft einen geeigneten Lagerplatz mit Schlaf- und Küchenzelt errichtet. Auch ein separates Essenszelt mit Tisch und Campingstühlen wartet auf Sie. Vergessen ist die Anstrengung des Tages, wenn zum heißen Tee süße Kekse und salziges Popcorn gereicht werden.

Nach dem „Afternoon-Tea“ wird das Zelt in Betrieb genommen, die Ausrüstung sortiert und eine „Katzenwäsche“ vorgenommen. Hierzu bringt Ihnen der Assistant-Guide morgens und abends eine kleine Plastikschüssel mit lauwarmem Wasser ans Zelt. Es soll auf dieser Route die einzige Waschgelegenheit bleiben, an die man sich aber rasch gewöhnt. Mit etwas Glück ziehen gegen Abend die Wolken ab und Sie sehen bei Sonnenuntergang erstmals die schneeweiße Spitze des Kibo. Sie wirkt zum Greifen nah und schwebt nur etwa 10 km Luftlinie entfernt am Horizont.

Ein anstrengender Tag geht wie immer am Berg mit einem hervorragenden Abendessen zu Ende. Abhängig vom Veranstalter wird für Ihre Gruppe zusätzlich ein Essenszelt mit Tischen und komfortablen Stühlen aufgestellt, das neben den Mahlzeiten als zentraler Mittelpunkt, als „Gemeinschaftszelt“ oder bei Wind und Wetter auch als „Schutzzelt“ dient.

Der Koch serviert meist eine heiße Suppe, ein Fleischgericht mit Reis, Nudeln oder Kartoffeln und als Dessert Früchte oder Süßspeisen. Schwere Lebensmittel werden vorzugsweise in den ersten Tagen aufgebraucht, damit die Träger möglichst rasch entlastet werden. Im Allgemeinen ist das Essen am Berg hervorragend, nahrhaft und sehr gut verträglich.

Tag 2 Machame Camp (2.980 m) - Shira Camp (3.830 m)

Aufstieg im Heideland-Moorland, Gehzeit ca. 4-6 Stunden (7 km)

Die heutige Etappe ist nicht sehr lange, hat es aber durch einige felsige und sehr steile Etappen in sich. Ihre Schwindelfreiheit und Trittsicherheit werden heute garantiert auf die Probe gestellt. Bitte seien Sie besonders an den ausgesetzten Stellen mit tiefen Abgründen SEHR vorsichtig. Trotz aller subjektiven Anstrengungen ist dieser Tag als eine der „leichtesten" Etappen auf der ganzen Route anzusehen.

Bereits die erste Nacht am Berg wird bei +5 bis +8°C recht kühl. Durch die moderate Höhe sollte aber ein erholsamer Schlaf möglich sein. Gegen 6.30 Uhr treffen die ersten Sonnenstrahlen auf die Zeltwände und erwärmen zusehends Ihr Gemüt, was das Aufstehen deutlich erleichtert. Der Tag beginnt mit einem atemberaubenden klaren Blick auf den schneebedeckten Gipfel des Kilimanjaro. Meist ziehen erst am späten Vormittag Wolken und Nebel um die Bergspitzen und verdecken den Blick auf den zum Greifen nahe, aber noch Tage entfernten Kibo. Nach einem kräftigen Frühstück, das von Toast mit Marmelade bis zum Rührei mit Speck keine Wünsche offen lässt, bricht die 2. Tagesetappe an.

Nachdem die eigenen Utensilien gepackt sind, geht es los. Das Team baut danach Zelte und Lager ab und wird Sie spätestens nach 2 Stunden voll gepackt überholen, um den neuen Lagerplatz rechtzeitig vor Ihrer Ankunft in Betrieb zu nehmen.

Vom Machame Camp geht es zunächst mit behaglicher Steigung nordöstlich durch die **Heideland-Zone** in Richtung Shira Camp. Nach ein paar Minuten wird der Weg steiler und schlängelt sich, vorbei an ca. 2-3 Meter hohen **Erica-Bäumen** / Baumheiden *(lat. Erica arborea)* und einzelnen **Phillippia-Büschen** *(lat. Phillippia Excelsa)* auf einem steilen Kamm immer weiter bis auf eine Höhe von ca. 3.200 Meter. Hier verjüngt sich der Weg zu einem schmalen Pfad und misst gerade mal noch etwa 50 cm in der Breite. Große Steine und mannshohe Feldformationen versperren immer wieder den Trail und müssen umgangen oder überklettert werden. Besonders bei Nässe oder Regen ist das Lava-Gestein extrem rutschig und es ist äußerste Trittsicherheit und Vorsicht geboten. Hier oben, wo auch nach 2-3 Stunden die ersten **Senecien** *(lat. Senecio johnstonii)* stehen, haben Sie bei gutem Wetter einen hervorragenden Ausblick über das Machame Camp bis hinunter zum Machame-Village und den Dörfern im Tal. Die Luft fühlt sich durch die Anstrengung bereits deutlich „dünner“ an und die eigenen Pausen werden häufiger. Ein leichter Kopfschmerz ist hier oben für viele Bergtouristen ein „normaler“ und ständiger Begleiter. Solange keine anderen Symptome einer evtl. Höhenkrankheit festgestellt werden *(siehe Kapitel A-Z > Höhenkrankheit)*, besteht kein Grund zur Besorgnis.

Auf einer Höhe von ca. 3.400 Metern, vor dem wohl schwierigsten Abschnitt des Tages, kommt der Lunch-Stopp wie gerufen. Wie an jedem Tag hat der Koch ein Lunchpaket mit leckerem Inhalt geschnürt, der nun den müden Körper für die verbleibende Marschroute stärken wird. Falls es Ihre Kondition zulässt, gehen Sie etwas umher und suchen Sie nach exponierten Plätzen, um die grandiose Sicht über die Bergregionen des Kilimanjaro zu genießen. Wenngleich die Vegetation immer mehr abnimmt, so nimmt die Menge an schwarzen Felsen und schwarzem Lava-Sand stetig zu. Der ausgetretene und nur 30 cm breite Pfad führt auf einer Höhe von ca. 3.700 m teilweise an sehr rutschigen und moosbewachsenen Felsformationen entlang. Es geht auf und ab über kleine Bergbäche (nur nach Regen) und matschige Abschnitte. Spätestens hier werden Sie Ihren Puls im ganzen Körper spüren und öfter Verschnaufpausen einlegen. An einer großen, nackten Felswand führt nun der enge Pfad an einem tiefen Abgrund (ca. 40 m) vorbei. Unsichere und schwindelanfällige Bergtouristen sollten unbedingt die Hilfe des Guides in Anspruch nehmen.

Nachdem diese Tortur überstanden ist, haben Sie das Schlimmste des Tages hinter sich, aber es wird windig und kalt. Noch einige Male geht es auf und ab, bis dann der Weg auf ca. 3.700 m Höhe nordwestlich über offenes Gelände führt. Auf den sumpfigen Wiesen stehen vereinzelt Senecien oder **Riesenkreuzkräuter** *(lat. Senecio kilimanjari)* und **Lobelien** *(lat. Lobelia deckenii)*. Nachdem einige Schluchten und Kämme überwandert wurden, verläuft die Route „straight ahead“ nach Westen in Richtung Shira Camp. Auf den letzten Metern steigt der Weg noch einmal leicht bis zur **Shira-Cathedral** an. Wenn Sie hier angekommen sind, ist das Camp in greifbarer Nähe.

Auf einer Höhe von 3.840 m erreichen Sie nun das „neue“ **Shira Camp**. Irrtümlicherweise glauben viele Touristen sie seien am „alten“ Shira Camp, was nicht der Fall ist. Das „alte“ Shira Camp wurde von der TANAPA geschlossen und die Route etwas umgestaltet, was noch nicht auf allen Karten ersichtlich ist. Das neue Camp liegt etwa 20 Minuten Gehzeit weiter, inmitten des Shira Plateau und nur wenige Minuten entfernt von den Shira-Höhlen. Fragen Sie Ihren Guide nach der **Shira Cathedral**, der **Needle** und dem östlichen **Shira-Hill** – der Ausblick lohnt sich! Eine ebenso atemberaubende Aussicht erhalten Sie bei gutem Wetter auf den etwa 40 km östlich liegenden **Mt. Meru** (4.566 m).

Shira Camp im Regen (Blick aus dem Zelt)

Bei meiner eigenen Besteigung war außer strömendem Regen und Nebel mit Sichtweite unter 10 Metern den ganzen Tag leider überhaupt nichts zu sehen. Sogar mein Guide war kaum in der Lage das vorbereitete Zeltlager unseres Teams auszumachen, was letztlich nur mit Rufen und Pfeifen zum Erfolg führte. Ich wünsche Ihnen definitiv besseres Wetter und eine ordentliche Portion Glück dazu.

Nach einer „Katzenwäsche" mit Hilfe der obligatorischen Waschschüssel und dem alltäglichen Essens-Ritual geht der Tag zu Ende und Sie wahrscheinlich müde und früh ins Bett.

Tag 3 Shira Camp (3.840 m) - Barranco Camp (3.950 m)
Aufstieg im Moorland / Alpinwüste, Gehzeit ca. 6-7 Stunden (10 km)

Der heutige Tag dient der besseren Akklimatisierung. Sie legen zwar insgesamt beim Auf- und Abstieg, vorbei am **Lava-Tower** (4.430 m), über 1.300 Höhenmeter zurück, schlafen aber nur 100 Meter höher als am Vortag. Das ist frustrierend, aber sehr sinnvoll. Es stehen 2 Wegvarianten zur Auswahl:

Alternative A ist der Weg in **Richtung Lava-Tower** über die sandige, schwarze Lava-Wüste mit großen Felsbrocken. Kurz vor dem Lava-Tower trennen sich dann die Wege des South Circuit in östliche Richtung zum **Western Breach** (Kletter-Route) und südlich zum **Barranco Camp**.

Alternative B ist sozusagen eine Abkürzung die vom Shira Camp direkt zum **Barranco Camp** führt. Nach etwa 1,5 Stunden Gehzeit durch das Moorland trifft von oben die originale Machame-Route A auf den Trail. Die im Folgenden beschriebene Etappe ist die **Alternative A**, die sich meiner Erfahrung nach durch die größere Tageshöhe zur besseren Akklimatisierung eignet.

Nach frühem Aufstehen kann man in der klaren Morgenluft bis hinüber zum Mt. Meru und die Täler zwischen Moshi und Arusha schauen. Auch der Kibo zeigt sich bei gutem Wetter in seiner vollen Größe in eisigem Gewand. Ein gewaltiger Anblick, der Vorfreude auf den bevorstehenden Tag aufkommen lässt! Gut gefrühstückt und mit reichlich Proviant und Wasser versorgt (mindestens 3 Liter pro Tagestour), starten wir die 3. Etappe. Der erste Teilabschnitt des Tages läuft identisch mit der **Shira-/Lemosho-Route** bis zur Abzweigung **Moir Hut**. Hier gehen wir geradeaus weiter, anfangs sogar leicht bergab, immer in Richtung Lava-Tower. Der Trail ist eingebettet in eine triste Wüste aus schwarzem Lava-Sand und Millionen schwerer Felsbrocken, die oft an Kreaturen von einem anderen Stern erinnern. Übermütige Bergtouristen haben sich hier oben auch an den legendären „Steinmännchen" versucht.

Es ist gespenstig ruhig und Sie hören nur Ihren eigenen Pulsschlag und das Pfeifen des kalten Windes in den Ohren. Die Route verläuft vormittags fast ausschließlich über Fels und Stein, ist aber recht gut passierbar. Die Gehzeit zum Lava-Tower liegt bei etwa 3 Stunden und ist sowohl die „Halbzeit" als auch gleichzeitig mit ca. 4.430 m der höchste Punkt der Tagesetappe. Oberhalb des Lava-Towers ist deutlich die Schneegrenze zu erkennen, die oftmals für Tagestemperaturen nahe dem Gefrierpunkt sorgt. Die Luft ist dünn und Kopfschmerzen sind mittlerweile bei vielen Trekkern allgegenwärtig. Achten Sie neben den Kopfschmerzen unbedingt auf weitere Anzeichen der Höhenkrankheit. Der später bevorstehende Abstieg zum **Barranco Camp** sollte Ihnen auf jeden Fall gut tun, da Sie weit unter der maximalen Tageshöhe schlafen werden.

Entlang des Bergmassives geht es über den Kibo-Circuit in südöstlicher Richtung, teils bergab und teils bergauf, ins **Barranco Valley**. Die Steinwüste wird langsam wieder zum Heide- und Moorland. Großartige Formationen der hier typischen Riesenkreuzkräuter *(lat. Senecio johnstonii cottonii),* die bis zu 10 m hoch werden können, stehen wie römische Säulen in der Graslandschaft. Daneben dominieren wieder Gräser, Strohblumen und vereinzelte Lobelien.

Riesenkreuzkräuter im Barranco Valley

Nach etwa 7 Stunden haben Sie das Tagesziel erreicht. Das Barranco Camp liegt exponiert auf einer Höhe von 3.950 m, nur etwa 4 km Luftlinie vom Kibo entfernt. Gegenüber des Camps erhebt sich östlich die **Great Barranco Wall**, von den Trägern auch „Breakfast" genannt, die am Morgen zu erklimmen ist.

Das Barranco Camp mit Blick nach Südwest

Links neben der **Barranco Wall** haben Sie am späten Nachmittag eine hervorragende Aussicht auf den südwestlichen Kibo mit dem **Western Breach**, dem **Window** und den **Süd-Gletschern**. Die goldene Abendsonne lässt das Camp und die Berghänge in einer Palette der wunderschönsten Farben erscheinen, bevor sie kurz danach am westlichen Horizont untertaucht. Sofort wird es eisig kalt und man spürt die einfallenden Winde und Wolken von den mächtigen Berghängen über dem Plateau.

Das Barranco Camp ist ein großes, ordentliches Camp mit den typischen Toilettenhäuschen. Fließendes Wasser oder gar Elektrizität gibt es, wie überall auf der **Machame-Route,** natürlich nicht. Bereiten Sie sich auf eine kalte Nacht unter dem Gefrierpunkt vor und gehen Sie früh ins Bett. Es ist die letzte Nacht vor dem Gipfelsturm (wenn es keinen weiteren Akklimatisierungstag gibt) und Sie benötigen jede Minute Schlaf, die Sie kriegen können. Die Chancen heute gut zu schlafen, stehen um ein Vielfaches besser als in der kommenden Nacht.

Tag 4 Barranco Camp (3.950 m) - Barafu Camp (4.600 m)
Aufstieg in die Alpinwüste, Gehzeit ca. 7-8 Stunden 8 km)

Die heutige Etappe wird aufgrund ihrer anspruchsvollen Steigung in großer Höhe sehr kraftraubend. Sie ist so zäh und langwierig, dass mittlerweile immer mehr Trekker dazu übergehen den Aufstieg zum **Barafu Camp** über 2 Tage zu verteilen. Bei dieser Option verläuft der erste Tag nur bis zum **Karanga Camp** (4.250 m) und am nächsten Tag dann hoch bis zum Barafu Camp. Die 2-Tages Variante spart viel Kraft und dient einer besseren Akklimatisierung, was letztendlich Ihre Gipfelchance um ein Vielfaches erhöht. Lesen Sie die nächsten Abschnitte und entscheiden Sie sich dann für die 6-Tages Route (Barranco - Barafu) oder die 7-Tages Route (Barranco - Karanga - Barafu).

Vereinbaren Sie mit Ihrem Guide unbedingt einen möglichst frühen Abmarsch. Da das Barranco Camp Knotenpunkt der Machame-, Lemosho- und Umbwe-Route ist, campieren nicht selten über 300 Personen in einer Nacht hier. Stellen Sie sich den Stau beim Klettern in der **Great Barranco Wall** vor, wenn erstmal alle losgelaufen sind. Legen Sie Wert darauf einer der Ersten zu sein, um somit langsam und ohne Stau die Wand erklimmen zu können. Ein weiterer Vorteil des frühen Aufbruchs ist der heute bevorstehende nächtliche Gipfel-Aufstieg. Wer früh ankommt kann länger ausruhen!

Beginnen Sie den Tag mit einem kräftigen Frühstück, da Sie heute große Kraftreserven mobilisieren müssen. Der anstrengendste Abschnitt der Etappe wartet schon 30 Minuten nach dem Camp. Es gilt die „Great Barranco Wall" (auch Breach Wall oder Breakfast) zu überschreiten. Dazu muss man etwa 1-1,5 Stunden über Felsen und Felsvorsprünge an der Wand kletternd aufsteigen. Da Sie beide Hände für die Kletterpassagen benötigen, sollten die Trekking-Stöcke unbedingt schon vorher sicher verschnürt am Rucksack hängen. Lassen Sie sich beim Klettern Zeit und achten Sie auf ausreichend Abstand zum Vordermann (Steinschlaggefahr). Bei den kleinen Verschnaufpausen in der Wand können Sie optimal das ganze Barranco-Tal überblicken und die Aufbruchstimmung im Barranco Camp aus gut 200 m Höhe beobachten.

Östlich des Camps, über den bewaldeten Hügeln der südlich eintreffenden Umbwe-Route, streckt der Mt. Meru seinen Gipfel durch die Wolkendecke. Es ist ein harter Aufstieg, aber gleichzeitig ein erhabenes Gefühl von hier oben die grün bewachsenen Bergkämme des Kilimanjaro zu bestaunen. Hat man die steilen Passagen der **Great Barranco Wall** nach etwa 90 Minuten überwunden, wartet ein karges steiniges Plateau mit atemberaubendem Ausblick auf den Kibo. Nirgendwo sonst kann man die 3 Südgletscher des Kibo, **Heim-**, **Kersten-** und **Decken-Gletscher**, besser und so hautnah erleben als an dieser Stelle. Genießen Sie die Pause und sammeln Sie Kräfte für den weiteren Weg.

Ab hier führt ein staubiger Trail über Schotter und Sand durch ein felsiges Hochmoor bergab, vorbei an Bachläufen und Steinwiesen, auf denen vereinzelt Ansammlungen von **Riesenkreuzkräutern** anzutreffen sind. Bergauf und bergab über Felsen und Steinplatten geht es nun 2-3 Stunden bis zum **Karanga Camp** (4.250 m) weiter, wo in der Regel der Lunch-Break abgehalten wird. Auf den Gipfeln der gerade erklommenen Hügel, kann man ständig aufs Neue den weiteren, endlos erscheinenden Routenverlauf einsehen und Karawanen mit Trägern an den steilen Hängen des nächsten Hügels beim Aufstieg zusehen. Es fällt nicht schwer die noch bevorstehenden Strapazen im Voraus zu erkennen. Die Luft wird dünner, der Pulsschlag schneller und wie an den Vortagen beherrschen Kopfschmerzen die Gedanken vieler Bergtouristen.

Nach gut 2 Stunden ist das **Karanga Camp** erreicht. Wie immer war der Koch schneller und hat pünktlich zur Ankunft ein warmes Mittagessen vorbereitet. Bei gutem Wetter haben Sie erstmals einen hervorragenden Blick auf die gewaltigen Eishänge des **Rebmann Gletschers** an der Südost-Seite des Kibo, den Sie morgen bei Sonnenaufgang, in seiner gewaltigen Größe und mit beeindruckenden Farbspielen aus der Nähe betrachten dürfen.

Falls Sie sich für einen weiteren Akklimatisierungstag im Karanga Camp entschlossen haben, ist nach dem Mittagessen die Anstrengung vorbei und die zweite Tageshälfte für eine wohlverdiente Erholungsphase reserviert (siehe Kapitel „Lemosho Route“ für weitere Details).

Für die heutigen Gipfelstürmer geht es nun aber noch 3-4 Stunden weiter in Richtung Barafu Camp *(Barafu = swahili Eis)* auf eine Höhe von 4.600 m. Der weitere Aufstieg verläuft anfangs auf einem schmalen, steinigen Pfad mit moderater Steigung. Die bisher dominierende Moorlandschaft verwandelt sich zusehends in eine felsige, lebensfeindliche Steinwüste mit Millionen von schwarzen und grauen, vereinzelt mit Moos bewachsenen Steinblöcken. Wo am Anfang des Tages noch saftige Gräser und widerspenstige Büsche wucherten, dominieren von nun an nur noch Felsen und Geröll. Im weiteren Verlauf passiert man einen Abschnitt mit tausenden kantigen Felsplatten, die an zertrümmerte Tontöpfe aus dem alten Rom erinnern.

Auch die beliebten „Steinmännchen“, die auf allen Berggipfeln der Welt zu finden sind, bieten auf diesem Streckenabschnitt ein interessantes und gleichzeitig bizarres Bild, das von nimmermüden Bergtouristen geschaffen wurde. Wenn dann am Horizont der lange Kamm des Barafu Camps zu sehen ist, werden die letzten Kräfte mobilisiert und der Endspurt des heutigen Tages beginnt. Endlich, nach guten 2-3 Stunden, ist auch diese Nachmittagsetappe geschafft und es bleibt einzig und alleine noch die Herausforderung der Gipfelnacht.

Das Barafu Camp bietet, im Gegensatz zu allen anderen Camps, kaum ebene Flächen und schon gar keinen haltbaren Boden zum Befestigen der Zelte. Sie werden daher im Geröll und meist bei extrem windigen Bedingungen aufgestellt.

Die aus herkömmlichen Holzlatten hergestellten Toilettenhäuschen mit Plumpsklo findet man hier oben freistehend auf einzelnen Felsbrocken windschief verankert. Nicht selten sieht man sie auch vom Wind aus der Verankerung gerissen und zertrümmert in den Felsspalten liegen.

Nach einer kurzen Erholungsphase wird, wie an jedem Abend, heißer Tee mit Keksen und salzigem Popcorn serviert. Anschließend bereitet der Koch ein warmes, kräftiges Abendessen vor, während der *Guide* Sie über den nächtlichen Aufstieg informiert. Es gilt, trotz der höhenbedingten Appetitlosigkeit, möglichst viele Kalorien einzunehmen, um für die lange, anstrengende Nacht gewappnet zu sein.

Nach dem Abendessen sollten Sie Ihre persönliche Ausrüstung für den Gipfelsturm bereit legen *(siehe Checkliste im Kapitel „Routen Allgemein")* und möglichst früh schlafen gehen, da bereits gegen 23.00 Uhr Wecken angesagt ist. Bereiten Sie sich auf eine kalte (bis -10°C) und kurze Nacht sowie auf einen extrem kalten Gipfelaufstieg (bis -15°C) vor. Sollten Sie eine Digitalkamera mitführen, ist es ratsam die Batterien herauszunehmen und im Schlafsack bei Körpertemperatur zu lagern, da die Leistungsfähigkeit aufgrund der niedrigen Temperaturen ansonsten bis auf 10% abfallen kann *(siehe Kapitel A-Z > Fotografie)*.

Im Gegensatz zu den anderen Tagen steigen Sie die ersten Stunden im Dunkeln und ohne jegliche Sonneneinstrahlung auf, was in Kombination mit dem eisigen Wind zu extremen Witterungsbedingungen führen kann. Überprüfen Sie also ein letztes Mal Ihre warme Kleidung auf Vollständigkeit und die Kopflampe, mit neuen Batterien, auf eine ordnungsgemäße Funktion.

Tag 5 Barafu Camp (4.600 m) - Uhuru Peak (5.895 m) – Mweka (2.850m)
Nachtaufstieg zum Gipfel und anschließender Abstieg bis zum Mweka- Camp, Gehzeit ca. 14-16 Stunden (19 km)

Nach wenigen, höchstwahrscheinlich fast schlaflosen Stunden, werden Sie gegen 23.00 Uhr von Ihrem Guide geweckt. Es fällt schwer zu dieser Uhrzeit und bei den extremen Temperaturen aufzustehen, aber der Körper wird sich bereits nach wenigen Minuten an die Verhältnisse gewöhnen und steht bereit zum großen Abenteuer. Nach kleinem Frühstück mit Keksen und heißem Tee geht es kurz nach Mitternacht in die dunkle Nacht. Das Gepäck bleibt im Zelt und wird erst nach der Rückkehr am späten Vormittag gepackt. Auch die Träger bleiben heute allesamt im Camp zurück und bereiten den Abstieg vor. Nur Ihr Guide und seine Assistenten werden den Gipfelaufstieg begleiten.

In der klirrend kalten Nacht (oft unter -10°C) herrscht eine unheimliche Stille, die nur durch die Geräusche anderer Gipfelanwärter gestört wird. Die ersten Schritte führen Sie über die großen Felsbrocken des Barafu Camps hinauf in die ungeschützten, nur schemenhaft erkennbaren Gipfelhänge des Kilimanjaro. Danach geht es im „Gänsemarsch“, Kopflampe an Kopflampe, etwa 30 Minuten über große Felsplatten und herumliegende Felsbrocken steil bergauf. Die ersten Minuten sind, verglichen mit der bevorstehenden Geröllpiste, ein Spaziergang. Dennoch merkt auch der gut trainierte Marathonläufer spätestens hier seine Grenzen und fühlt seinen rasenden Pulsschlag im ganzen Körper. Langsames Gehen, kombiniert mit kleinen Pausen, der Verzehr von Energie-Snacks und eine regelmäßige Flüssigkeitszufuhr sind das Erfolgsrezept dieser Nacht. Durch die extreme Kälte kann es leicht zum Einfrieren Ihres Wassersystems kommen, was auch handelsübliche Trinkschlauchsysteme mit Isolierung betrifft. Achten Sie deshalb vorzeitig auf eine vernünftige Isolierung und nehmen Sie ggf. eine kleine Wasserflasche mit, die in Körpernähe (Wärme) als Ersatz mitgeführt wird.

Im weiteren Verlauf wechseln sich Felsen und unbefestigte Geröllmassen ab, während die Steigung stetig zunimmt und der Luftdruck immer weniger Sauerstoff in unserem Gehirn zulässt. Diese Tatsache kann im Einzelfall die Körperfunktionen, das Gleichgewicht und die Sprache stark beeinflussen. Anzeichen einer einsetzenden Höhenkrankheit *(siehe unter Kapitel A-Z > Höhenkrankheit)* sind umgehend dem Guide mitzuteilen und ein sofortiger Abstieg in Erwägung zu ziehen.

Sicher kommt vielen Trekkern in dieser Nacht irgendwann die Überlegung warum das Ganze eigentlich sein muss, und wer sie/ihn zu dieser Tortur überredet hat… Doch der große, unbeschreibliche Augenblick am Gipfel des höchsten Berges Afrikas steht noch bevor und belohnt garantiert für die außergewöhnliche Schufterei der lezten Tage. Also, unbedingt durchhalten und Schritt für Schritt dem Kraterrand und damit dem **Stella Point (5.740 m)** näher kommen! Nach 5-6 Stunden ist dieser Punkt erreicht und man trifft wahrscheinlich auf die ersten, ungetrübten Sonnenstrahlen eines neuen Tages.

Ab dem Stella Point sind es nur noch 30-40 Minuten für die letzten 150 Höhenmeter zum Uhuru-Peak. Je nach Jahreszeit ziehen Sie Ihre Spuren im Schnee oder im staubigen Sand, was in der Euphorie der letzten Meter keinen Unterschied macht. Weiter südwestwärts passieren Sie den gigantischen **Rebmann Gletscher** mit seinen kathedral-ähnlichen Eisformationen, die im gesamten Farbspektrum der morgendlichen Sonnenstrahlen, von feurigem Rot über leuchtendes Orange bis hin zu eiskaltem Blau, die Eisflächen verzaubern. Dieses sehenswerte Naturschauspiel dauert leider nur wenige Minuten, bis die Sonne zu hoch steht. Über dünenartige Landschaften geht es bei moderatem Aufstieg vorbei am letzen Wegepunkt, dem **Hans Meyer Point (5.888 m).** Ab hier sehen Sie bald schon von weitem das Gipfelschild des Uhuru-Peak. Sie haben es geschafft und stehen bei 5.895 m am höchsten Punkt Afrikas.

Bei etwas Glück mit dem Wetter können, vor oder nach dem obligatorischen Gipfelfoto, die atemberaubenden Gletscher rund um den Kibo bewundert werden. Der Ausblick belohnt für die enormen Strapazen der letzten Tage und verdrängt auch die letzte Müdigkeit des nächtlichen Aufstiegs. Auch wenn der Kopf schmerzt und der Puls kaum zur Ruhe kommt, übertönt das Glücksgefühl alle negativen Einflüsse der Tour.

Der Blick vom **Kilimanjaro,** dem „Dach Afrikas“, ist ein besonderer Höhepunkt im Leben vieler Trekker.

Der Abstieg sollte nun aufgrund der Höhe schnellstmöglich angegangen werden und verläuft zurück, am Kraterrand entlang, bis zum Stella Point und weiter abwärts vorbei am gewaltigen **Rebmann Gletscher.** Nun endlich sieht man die Nacht-Route bei Tageslicht und ist mit Recht ein weiteres Mal stolz auf die vollbrachte Tat.

Nach etwa 3 Stunden Abstieg über Felsen und staubige Geröllpiste ist das Barafu Camp erreicht und der Koch wartet mit einem warmen Mittagessen.

Nach der Mittagspause geht es mit den gepackten Rucksäcken und dem gesamten Team weiter bergab. Die verbleibenden 10 km bis hinunter zum **Mweka Camp** (2.850 m) verlaufen in einer abwechslungsreichen Vegetation. Kaum hat man das **Barafu Camp** verlassen, tauchen die ersten Gräser und Büsche auf. Bereits am Horizont kann man den grünen Gürtel der Moorlandschaft erkennen, die bald darauf folgt. Geröll, Felsen und Erica-Bäume bestimmen das Landschaftsbild bis zum Camp. Nach guten 3 Stunden haben Sie endlich das Mweka Camp und damit das Ende der heutigen Tagesetappe erreicht. Der Spätnachmittag verläuft ruhig und dient zum Regenerieren von Körper und Geist.

Tag 6 Mweka Camp (2.850 m) - Mweka-Gate (1.800 m)

Abstieg durch Moorland und Regenwald, ca. 3-4 Stunden (10 km)

Gut ausgeschlafen beginnt der Tag nach reichhaltigem Frühstück, wie auf jeder Route, mit der „Trinkgeld-Zeremonie“. Gemäß dem Aufruf des Guides versammeln sich nun alle Personen aus Ihrem Team für das Gruppenbild und zum Erhalt des wohl verdienten Trinkgeldes *(siehe Kapitel A-Z > Trinkgeld).* Die meisten Träger haben hier bereits den nächsten Job im Kopf, der nach der Rückkehr am Gate auf sie wartet. Sie eilen mit dem Gepäck nach unten und gehen noch heute auf eine neue 6-Tages-Route zum Kilimanjaro…

Die letzte Etappe Ihrer Kilimanjaro-Besteigung ist nicht besonders schwierig. Es geht ausschließlich bergab und fast nur über gut ausgebaute Waldwege. Vereinzelt finden sich stabile Holzbrücken über die herabströmenden Flüsse der Kilimanjaro-Gletscher, die sich ideal für letzte Erinnerungsfotos eignen. Mit abnehmender Höhe tasten Sie sich immer näher an den saftigen Regenwaldgürtel vor, der die zweite Hälfte des Abstiegs dominiert. Die Geräuschkulisse lässt unlängst erkennen, dass die Tierwelt einzieht und Sie mit großen Schritten der Zivilisation näher kommen.

Spätestens wenn die ersten Kids, Brennholz sammelnd, am Wegrand auftauchen, ist das Gate nur noch ein paar Minuten entfernt.

Stolz dürfen Sie nach der Ankunft Ihren Namen in das Besteigungsbuch eintragen und ein Gipfelsouvenir im kleinen Shop kaufen.

Die Urkunde erhalten Sie vom Guide meist am Abend im Hotel.

Eine nette und durchaus übliche Geste ist es, den Guide und das Team auf einen Drink ins Hotel einzuladen. ■

Rongai-Route (ca. 70 km)

Die Rongai-Route ist eine landschaftlich sehr reizvolle Zelt-Route mit möglichen Tierbegegnungen (Elefanten, Büffel, Affen, etc.) und wird oft auch als „Kenia-Route" bezeichnet. Der Startpunkt liegt aber nicht, wie in manchen Reisekatalogen beschrieben, in Kenia, sondern in Tanzania, nahe der kenianischen Grenze. Sie verlassen niemals tanzanisches Territorium, weshalb auch kein Kenia-Visum notwenig ist. Die Rongai-Route wurde im Jahre 2002 von der TANAPA (Nationalparkbehörde) im unteren Bereich neu angelegt und unterscheidet sich deutlich von der älteren **Rongai-Route**, die auch noch vereinzelt **Loitokitok-Route** genannt wird.

Die hier beschriebene **Rongai-Route** ist die von mir empfohlene **6-Tagesroute** über das **Kikelewa Camp** (3.650 m) und die **Mawenzi Tarn Hut** (4.330 m) bis zur **School Hut** (4.750 m) und dann zum Gipfel. Sie erlaubt eine einigermaßen zufrieden stellende Akklimatisierung und bietet am **Mawenzi Tarn Hut Camp** (4.330 m) den einzigen See des Kilimanjaros, der dem Camp den Namen gibt *(engl. tarn = Bergsee),* eine Nacht mit großartiger Kulisse am Fuße des Mawenzi. Über die ersten drei Tage der Route ist nördlich das kenianische Hochland bis hin zum Amboseli-Nationalpark zu bestaunen. Alternativ kann man die Route auch als **5-Tagesroute** über die 3. Rongai-Höhle (3.900 m) direkt bis zur School Hut (4.750 m) buchen. Diese Variante erfordert aber eine extreme Kondition und bietet mit nur 3,5 Aufstiegstagen keine wirkliche Akklimatisierungsphase. Ich rate aus gesundheitlichen Gründen davon ab.

Im Vergleich zur Marangu-Route oder Machame-Route ist die Rongai-Route wesentlich weniger frequentiert. Nur etwa 15% aller Kilimanjaro-Touristen haben 2005 diese Route gewählt. Sie bietet keine technischen Schwierigkeiten und auch keine Kletterpassagen, wodurch sie in der „Schwierigkeitsskala" am unteren Ende, direkt nach der **Marangu-Route,** einzuordnen ist. Alle Wege sind recht gut begehbar und auch bei Regen nicht wirklich matschig. Wie überall am Kilimanjaro ist aber auf jeden Fall eine gewisse Trittsicherheit, ausreichende Gehpraxis und angemessene Fitness für eine Bergtrekking-Route unerlässlich.

Die Nordwest-Seite des Kibo ist fast von der gesamten Aufstiegsroute einzusehen und für viele eindrucksvolle Fotos geeignet. Der Abstieg verläuft exakt über die **Marangu-Route**, was Ihnen die einmalige Möglichkeit bietet, mit einer einzigen Bergbesteigung gleich 2 verschiedene Routen kennen zu lernen. Landschaftlich hat die **Rongai-Route** vom anfänglichen Nadelwald über Bananenplantagen bis hin zum bizarren Mawenzi-Bergmassiv einiges zu bieten. Einzig der relativ schnelle Aufstieg über 4.000 m, ohne besondere Höhenakklimatisierung, kommt dem durchschnittlichen Bergtouristen nicht gerade entgegen.

Für alle Kilimanjaro-Routen gilt: Gehen Sie unbedingt ab **dem 1. Tag langsam** und teilen Sie Ihre Kräfte ein. Das wiederholte „Pole Pole" (langsam, langsam) der Bergführer und Träger sollte Ihnen als „Mahnung" im Gedächtnis bleiben.

Die Rongai-Route auf einen Blick

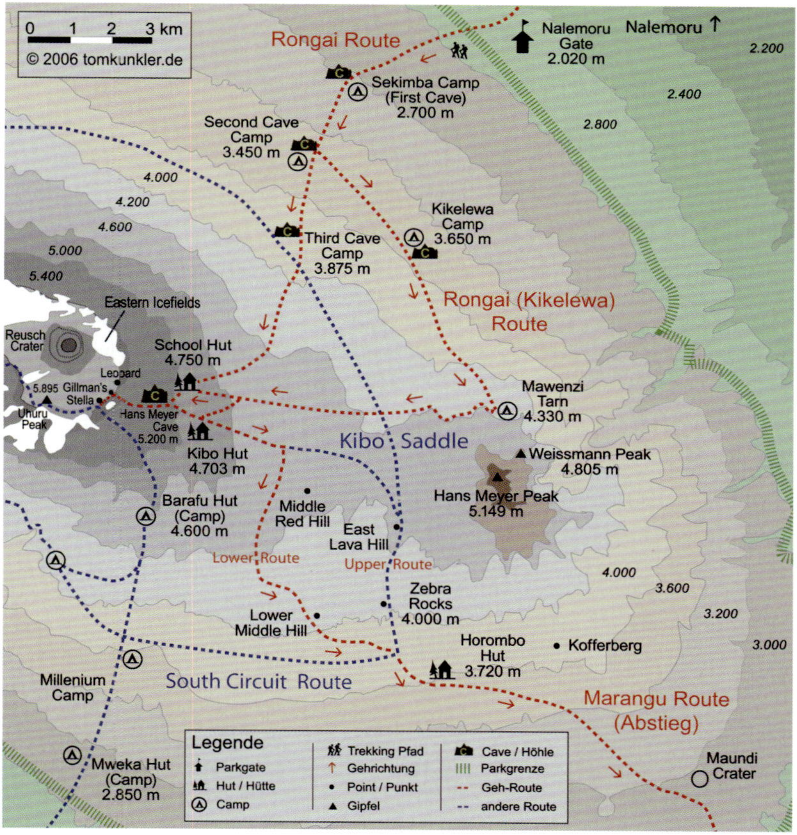

	Startpunkt	Zielpunkt	Höhenm.	Distanz	Gehzeit
Tag 1	Nalemoru Gate (2.020 m)	Sekimba Camp (2.700 m)	↑ 680 m	8 km	3-4 h
Tag 2	Sekimba Camp (2.700 m)	Kikelewa Camp (3.650 m)	↑ 950 m	10 km	5-6 h
Tag 3	Kikelewa Camp (3.650 m)	Mawenzi Tarn Hut (4.330 m)	↑ 680 m	5 km	3-4 h
Tag 4	Mawenzi Tarn Hut (4.330 m)	School Hut (4.750 m)	↑ 420 m	8 km	4-5 h
Tag 5	School Hut (4.750 m)	Uhuru Peak (5.895) Horombo	↑ 1.145 m ↓ 2.175 m	21 km	12-14 h
Tag 6	Horombo Hut (3.720 m)	Marangu Gate (1.840m)	↓ 1.880 m	18 km	5-6 h
Total			**8.865 m**	**70 km**	**40 h**

Positiv (+) landschaftlich reizvoll, gut ausgebaute Wege, Aufstieg über Rongai- und Abstieg Marangu-Route, gute Sicht auf Kibo und Mawenzi, keine schwierigen Kletterpassagen

Negativ (-) lange Anfahrt, keine gute Akklimatisierung

Routen-Details

Tag 1 Nalemoru Gate (2.020 m) - Sekimba Camp (2.700 m)
Aufstieg in der Kultur- & Regenwaldzone, ca. 3-4 Stunden (8 km)

Wenn wir von einer Abfahrt in Moshi ausgehen, wird der Treffpunkt gegen 8.00 Uhr morgens im Hotel sein. Mit der obligatorischen Verspätung von Guide und Team geht es dann gegen 9.00 Uhr mit der ganzen Mannschaft los. Die Anfahrt zum Startpunkt der **Rongai-Route** führt östlich von Moshi zunächst in Richtung der kleinen Bergstadt **Marangu** und von dort über eine unwegsame und extrem staubige Schotterpiste um den ganzen östlichen Kilimanjaro herum. Immer höher führt die holprige Straße durch saftige Bananen- und Kartoffelplantagen bis zum Ort **Tarakia,** der meist gegen Mittag erreicht wird. Viele Tour-Operators machen hier auf einem schattigen Parkplatz oder in einem der kleinen lokalen Gaststätten Lunch-Stopp. Danach führt der Weg entlang der kenianischen Grenze, vorbei an den umfassenden Bauarbeiten zur Nairobi-Autobahn bis zum Ausgangsort **Nalemoru.**

Der kleine Ort bestätigt so ganz und gar nicht die bisherigen Eindrücke eines typischen Kilimanjaro-Bergdorfes, wie es von der Südseite her bekannt ist. Ähnlich eines Western-Forts ist der ganze Ort Nalemoru mit 2-3 Meter hohen Lattenzäunen umbaut. Während die **Chagga** (Ureinwohner des Kilimanjaro) im Gebiet von Machame, Moshi und Marangu durch die Kultivierung der Landschaft die meisten wilden Tiere verdrängt haben, ist an der Nordseite, nahe Kenia, noch Großwild zuhause. Nicht zuletzt werden durch die Nähe zum kenianischen **Amboseli-Nationalpark** Elefanten, Büffel, Antilopen und andere Großtiere angetroffen. Aus diesem Grund schützen die Bewohner mit den hohen Zäunen ihre Gärten, Vorräte und natürlich sich selbst. Auch weiter oben am Berg findet man die Wohnhütten der Feldbauern umbaut mit ähnlich provisorischen Lattenzäunen.

Nach gut 4 Stunden Autofahrt ist der Ranger-Point oberhalb des Ortes **Nalemoru** erreicht. Wie auf jeder Route müssen sich Bergtouristen, Team und Guide zuerst beim Ranger für den Aufstieg registrieren, die Anmeldung und Zahlungsbelege der KINAPA vorzeigen und das gesamte Gepäck präsentieren. Eine maximale Zuladelast von 15-18 kg Fremdgepäck pro Träger sollte nicht überschritten werden, da jeder auch noch seine persönlichen Gegenstände plus Vorräte und Campingmaterial tragen muss. Sollte die Gewichtsgrenze überschritten sein, muss entweder umgepackt und auf andere Teammitglieder verteilt werden, oder der Ranger bestellt einen zusätzlichen Träger, was von den Guides nicht gerne angenommen wird.

Am frühen Nachmittag gegen 14.00 Uhr kann dann endlich der Aufstieg beginnen. Eine gut ausgebaute Forststraße führt die ersten 150 Höhenmeter zunächst durch akkurat gepflanzte Pinienwälder sowie weitläufige Kartoffel-, Bohnen- und Maisfelder. Entlang der Straße herrscht anfangs noch ein reges Treiben der Bergbewohner, die aus sicherer Entfernung die bergauf trabenden Touristen bestaunen und ein freundliches „Jambo“ *(dt. Hallo)* zurufen. Kinder dagegen sind weniger scheu und werden Sie auf Malstifte, Bonbons oder Geld ansprechen. Mit einem Päckchen Buntstifte können Sie hier also eine ganze Gruppe Kinder glücklich machen und deren Alltag positiv verändern. Am Ende der Siedlung wird der Weg schmäler und führt bis auf eine Höhe von ca. 2.270 m durch die lokale Forst- und Landwirtschaft. Die Gegend gleicht eher unseren Breitengraden als den Hängen des Kilimanjaro, wie Sie diesen von Fotos her kennen. Nur die kleinen Holzhütten inmitten der großzügig angelegten Felder erinnern durch ihre dunkelhäutigen Bewohner an den eigentlichen Ort der Besteigung.

Wegen der relativ hohen Population an Großwild wie Elefanten, Büffel oder Kuhantilopen auf dieser Seite des Berges dienen auch hier oben die hohen Holzzäune, wie bereits beschrieben, den Bewohnern als Schutz.

Aufstieg im lichten Regenwald bis zum Sekimba Camp (2.700 m)

Der Aufstiegsweg gleicht einem Lehrpfad, da an allen Bäumen und Pflanzen Typenschilder in Englisch und Latein angebracht sind. Diese Art der Kennzeichnung findet man (noch) auf sonst keiner anderen Besteigungsroute. Es ist ein vergleichsweise lichter Wald mit grell einfallenden Sonnenstrahlen (an Hautschutz denken) und mit mittelhoher Vegetation. Trotz der ab und zu den Weg kreuzenden **Mantelaffen** *(engl. Colobus monkeys)* vermisst man das typische Stimmengewirr der tropischen Regenwälder. Auf einer Höhe von 2.400 Metern, etwa eine Stunde vor Ankunft im Sekimba Camp, wird der Wald noch lichter, und die auf dieser Höhenlinie typische Heide- und Moorlandzone bestimmt das Bild der Natur. Die Landschaft wird dominiert von mittelhohen **Erica-Bäumen** *(Erica arborea)* und einer Hand voll lokal vorkommender Gräser, die am Wegrand wuchern. Ebenfalls typisch für diese Vegetationszone sind sumpfige Passagen und das im Wind hängende Moosgras an den Bäumen. Eine sorgfältig angelegte Picknickfläche mit Toilettenhäuschen lädt zum kurzen Verweilen ein. Von hier aus können Sie, sofern es das Wetter zulässt, weit bis in die grünen Ebenen Kenias schauen. Im Allgemeinen ist die Nordseite des Berges weitaus weniger mit Wasser gesegnet als die Südseite um **Marangu** und **Moshi**. Es scheint daher selbstverständlich, dass der Wald offener und die Wege trockener sind als bei den Südrouten.

Nach guten 3,5 Stunden Aufstieg (mit Mittagspause) erreicht man das **Sekimba Camp** (2.700 m). Es ist ein von **Erica-Gewächsen** umgebenes, sauberes Camp mit einzelnen Plätzen. Der einladende Ausblick auf **Kibo** und **Mawenzi**, den beiden höchsten Berggipfeln des Kilimanjaro, ist in diesem Camp einmalig.

Wie auf jeder Kilimanjaro-Route wird Ihnen nach Ankunft am Camp das bereits aufgebaute Zelt zugewiesen und eine kleine Schüssel mit warmem Waschwasser gereicht. Danach gibt es heißen Tee, Popcorn und Kekse. Nachdem der Körper etwas zur Ruhe gekommen ist und man im gemütlichen Campingstuhl der Natur lauscht, kommt die Zeit für ein kräftiges Abendessen. Das hat Ihr Koch natürlich bereits vorbereitet und lässt es durch den Waiter (Ober), einen dazu ernannten Porter

(Träger), servieren. Dieser sollte am Ende der Route übrigens mit ein paar Dollar mehr Trinkgeld belohnt werden. Sie werden überrascht sein, welch kulinarische Höchstleistungen unter den widrigen Umständen am Berg möglich sind. Von Hühnchen und Steak mit Pommes bis hin zu Fischfilet mit Salzkartoffeln, wird Ihnen auf einer 6-tägigen Kilimanjaro-Tour einiges geboten. Sicherlich freut sich der Koch auch über die Mitteilung Ihrer „Essenswünsche“, denn auch Eier mit Speck oder Toast mit Marmelade könnten auf Wunsch auf der Speisekarte stehen. Da die schwere Traglast der Lebensmittel (leicht 50 kg pro Route) den Aufstieg der Träger erschwert, wird der Koch „schwere“ und frische Lebensmittel zuerst verwenden. In der Praxis sieht das so aus, dass es beispielsweise in den ersten Tagen Kartoffeln und Melone und am Ende der Besteigung Reis und Toast gibt.

Wie immer am Berg ist man abends früh müde und zieht sich schon bald nach dem Abendessen in den molligen Schlafsack zurück. Auf dieser Höhe herrschen mit etwa 10°C noch angenehme Temperaturen, verglichen mit dem, was in den kommenden Tagen auf Sie zukommt.

Sonnenaufgang über dem Kibo (6.28 Uhr) - mit Blick vom Sekimba Camp

Tag 2 Sekimba Camp (2.700 m) - Kikelewa Camp (3.650 m)
Trekkingtag im Moor- und Heideland, ca. 5-6 Stunden (10 km)

Der Tag beginnt mit einem beeindruckenden Sonnenaufgang, der den Kibo für wenige Minuten in einem glühenden Rot präsentiert. Der weiter östlich gelegene Gipfel des Mawenzi ist vom Sekimba Camp ebenfalls hervorragend zu sehen, aber morgens oftmals mit einziehenden Wolken umhüllt.

Nach einem kräftigen Frühstück startet die 2. Etappe vormittags gegen 8.30 Uhr. Der Weg führt in südlicher Richtung, geradeaus durch das Heide- und Moorland. Niedrige **Gräser**, **Erica-Baumheiden** *(lat. Erica arborea)* und duftende Gewürzpflanzen säumen den Weg für einige Stunden und man spürt die Steigung deutlich stärker als am Vortag. Ab einer Höhe von etwa 2.900 Metern (fast die Höhe der Zugspitze) können erste Kopfschmerzen auftreten und das beklemmende Gefühl des niedrigeren Luftdrucks versucht sich auf den ganzen Körper auszubreiten. Verglichen mit dem 2. Tag auf der **Marangu-Route** ist der Aufstieg über die **Rongai-Route** wesentlich anstrengender. Der Weg ist schmäler, aber dennoch gut begehbar und birgt keinerlei wirkliche Schwierigkeiten in sich. Nach guten 2 Stunden werden auf einer Höhe von rund 3.200 m die Bäume niedriger und es tauchen erste Felsformationen auf. Dazu gesellen sich verbrannte **Phillippia Excelsa Sträucher**, ein Überbleibsel des großen Bergfeuers im Jahre 2001. Auch im September 2006 hat ein mehrtägiges Feuer großflächig die Vegetation auf der unteren Rongai-Route zerstört. Die Wegstrecke wurde jedoch nicht von den Flammen in Mitleidenschaft gezogen.

Nach insgesamt 3 Stunden morgendlichen Aufstiegs trifft man auf die erste der drei **Rongai-Höhlen** (3.350 m). Die allgemein bekannten Beschreibungen und Erzählungen über die Höhlen lassen erheblich größere und spektakulärere Felsen vermuten, als sie es in Wirklichkeit sind. Es sind vielmehr mittelgroße Felsvorsprünge, die noch bis

vor 10 Jahren den Trägern Unterschlupf geboten haben. Einige haben aufgrund der nicht angemessenen Kleidung und schlechten Ausrüstung die kalten Nächte nicht überlebt. Man hat daraus Konsequenzen gezogen und später das Schlafen in den Höhlen verboten. Sie dienen heute lediglich noch als „Landmark“ und nettes Ambiente für kleine Zwischenstopps. Nur ein paar Minuten weiter findet man bereits die markierte **Second Cave** (2. Höhle auf 3.450 m, siehe Foto) an der viele Tour-Operator die planmäßige Mittagspause einlegen, was aufgrund der fortgeschrittenen Uhrzeit und des deutlich spürbaren „Loch im Magen“ als sinnvoll erscheint. Die weit reichenden Blicke auf das kenianische Hochland und die vorbeiziehenden Nebelfelder unter den erwärmenden Sonnenstrahlen sind eine ideale Kulisse für das Picknick mit frisch zubereitetem Lunchpaket. Bei strahlendem Sonnenschein messe ich satte 20°C auf einer Höhe von knapp 3.400 m.

Nach der Mittagspause geht es auf deutlich schmälerem Pfad links ab in Richtung Osten. Die Mittagsetappe wird geprägt von einem deutlich steileren Anstieg mit durchaus felsigen Passagen und niedrig bewachsenem Heide- und Moorland mit ortstypischer Vegetation. Besonders die dürren **Phillippia excelsa Sträucher** tauchen auf diesem Streckenabschnitt öfter auf und gesellen sich zu den immer niedriger werdenden **Erica-Heiden**. Immer wieder glaubt man nach dem Erreichen des nächsten Bergkammes das abendliche Camp anzutreffen, doch der Schein trügt. Immer weiter schlängelt sich der Pfad über neue, höhere Bergkämme und durch kleine wasserführende Flusstäler. Bei meiner Besteigung wurden wir von kräftigen Regenschauern überrascht, welche die sonst so karge Landschaft kurzfristig in ein kaum begehbares Hochmoor mit dichtem Nebel verwandelt haben.

Aber schon nach kurzer Regenpause ist der Boden durch die starken Sonnenstrahlen wieder trocken und der geniale Ausblick auf den zum Greifen nahe Mawenzi höchst motivierend. Noch ein paar Felsen, noch ein letzter Hügel und das **Kikelewa Camp** (3.650 m) ist in Sichtweite. Es ist ein ungeschütztes Natur-Camp mit grandioser Aussicht und felsigem Boden. Unterhalb des Camps finden sich Ansammlungen der nur am Kilimanjaro wachsenden **Senecien** *(lat. Senecio johnstonii cottonii)*, Der erste Eindruck erinnert einzig durch die exponiert stehenden Toilettenhäuschen an einen „offiziellen Campingplatz". Achten Sie darauf, dass Ihr Zelt nicht zu nah an den Toiletten aufgebaut ist, da sonst die frische Bergluft mit anderen Düften vermischt wird. Die heutige Tagesetappe ist in etwa 6-7 Stunden zu bewältigen und bringt Sie knappe 1.000 Höhenmeter näher zum Ziel.

Wie immer im östlichen Afrika und am Kilimanjaro geht die Sonne kurz nach 18.00 Uhr unter und sofort zieht eine spürbare Kälte ein. Um 19.30 Uhr habe ich außerhalb des Zeltes -1 °C gemessen und den ersten Bodenfrost bemerkt.

Auch am zweiten Abend wird Ihr Koch wieder ein ausgewogenes, mehrgängiges Abendessen mit Suppe, Fleisch, Reis, Obst und Dessert zaubern. Durch die zunehmende Höhe kann es zu Appetitlosigkeit kommen, was Sie jedoch keinesfalls davon abhalten soll, diese äußerst wichtige Energiezufuhr zu sich zu nehmen. Erfahrungsgemäß kann das durch die Höhe etwas fad erscheinende Essen durch die Zugabe von zusätzlichen Gewürzen schmackhafter gemacht werden. Verfluchen Sie also nicht den Koch für die fehlende Geschmacksnote, sondern erinnern Sie sich an die enorme Höhe, auf der Sie sich gerade befinden.

Nach dem Abendessen kann man noch ein Plauderstündchen mit dem Guide einlegen oder früh zu Bett gehen. Auch ein nettes Buch oder dieser Reiseführer sind ideale Lektüren für den frühen Abend im Schlafsack.

Tag 3 Kikelewa Camp (3.650 m) - Mawenzi Tarn Hut (4.330 m)
Aufstieg in die Alpine Wüste, ca. 3-4 Stunden (5 km)

Wie oft am Kilimanjaro beginnt der Tag nach einer kalten, sternklaren Nacht mit einem wolkenlosen Himmel. Im **Kikelewa Camp** bietet dieser meist eine einzigartige Sicht auf die östlichen Flanken des Kibo mit den gewaltigen, östlich gelegenen Stufengletschern (rechts) und dem Rebmann Gletscher (links). Die von hier gut sichtbaren, aber aus der Entfernung unspektakulär wirkenden Geröllhänge, sind knapp 1.000 Meter hoch und werden am 5. Tag die ersten 5-6 Stunden des nächtlichen Aufstieges bestimmen. Dann erkennt man die wahre Höhe.

Nach dem Frühstück geht's direkt zur Sache. Die ersten 30 Minuten verlaufen noch immer im Heide- und Moorland und man passiert ein Tal mit gewaltigen **Senecien**, wie sie in ihrer gebogenen Ausführung auf keiner anderen Route zu bestaunen sind. Ab hier wird der Pfad schmäler, steiler und felsiger. Die Gräser verschwinden und triste Gesteinformationen queren immer öfter die Route. Ein Blick nach hinten zeigt, wie an den Vortagen, die saftigen Täler Kenias. Auch Kibo und Mawenzi sind ständige Begleiter auf der 3. Tagesetappe.

Man spürt deutlich den pochenden Puls im ganzen Körper und es machen sich erste Kopfschmerzen bemerkbar. Der niedrige Luftdruck führt unseren Lungen auf dieser Höhe nur noch etwa 65% des regulären Sauerstoffgehalts zu. Jede Anstrengung wird doppelt schwer und kleine Pausen sind jederzeit willkommen.

Wenn man nach guten 2 Stunden Aufstieg erstmals die 4.000 Höhenmeter überschritten hat, führt der Weg über eine recht anstrengende Felspassage. Sie ist mit guten 100 Metern nicht wirklich lang, fordert aber volle Konzentration und Trittsicherheit. Auf Teilabschnitten müssen auch die Hände zu Hilfe genommen werden. Nach Überwindung dieser „Teststrecke" liegt der letzte Bergkamm (ca. 4.400 m) vor dem Erreichen der **Mawenzi Tarn Hut** (4.330 m) schon in Sichtweite. Noch eine gute Stunde Gehzeit über den mittlerweile felsigen Trail trennen Sie vom Gipfel des Hügels. Von dort aus geht es etwa 1 km leicht bergab durch ein kleines Tal am Fuße des Mawenzi, an dessen Ende ein kleiner Bergsee *(engl. tarn)* und Ihr heutiges Camp liegen. Schon früh, kurz nach Mittag, ist die heutige Tagesetappe geschafft und der Rest des Tages steht zur Regenerierung und Erkundung zur Verfügung.

Die **Mawenzi Tarn Hut** ist für viele das schönste Camp am Kilimanjaro. Die windgeschützte Lage am einzigen See der oberen Bergregion, die extraordinäre Kulisse des Mawenzi-Massivs und die grandiose Szenerie bescheren einmalige Eindrücke. Am nordöstlichen Ende des Camps, etwas erhöht, stehen Sie am Abgrund einer tief abfallenden Steilwand mit weit reichendem Blick ins benachbarte Kenia. Bei meiner Besteigung gab es kurz nach Ankunft im Camp ein kräftiges Gewitter, das für einmalige Wetter- und Lichtverhältnisse sorgte: Eine Mischung aus Regen, Nebel, Spiegelungen und immer wiederkehrenden Sonnenstrahlen verwöhnte mich mit unvergesslichen und ausgefallenen Fotomotiven. Einen kleinen Einblick erhalten Sie auf den beiden nächsten Seiten.

Die frühe Ankunft im Camp gibt die Möglichkeit nach dem Mittagessen kleine Exkursionen zu unternehmen. Die benachbarten Hügel und interessanten Felsvorsprünge rund um das Camp lassen der (Kletter-) Fantasie freien Lauf. Bitte beachten Sie bei dem Kletter-Abenteuer aber die teilweise losen Gesteinsbrocken und gehen Sie keine Risiken ein!

Fühlen Sie sich dagegen abgespannt und realisieren erste Probleme mit der Höhe, ruhen Sie sich nach dem Mittagessen unbedingt zunächst einmal aus. Oftmals wirken 2-3 Stunden zusätzlichen Schlafes Wunder und geben einen neuen Energieschub. Achten Sie aber gleichzeitig auf Symptome der Höhenkrankheit *(Kapitel A-Z > Höhenkrankheit)*, die Sie keinesfalls unterschätzen dürfen. Übergangene Warnzeichen können zu einem Lungen- oder Hirnödem führen, was nicht selten den Tod zur Folge hat. Besonders wichtig ist die ausreichende Flüssigkeitszufuhr um der Dehydrierung des Körpers vorzubeugen. Durch die große Höhe atmen Sie schneller und verlieren erheblich mehr Flüssigkeit beim Ausatmen als auf normaler Höhe. Die ständige Anstrengung und das andauernde Schwitzen verstärken diesen Prozess.

Der Sonnenuntergang bietet in nordöstlicher Richtung eine interessante Szenerie und über der oft dichten Wolkendecke bilden sich einzigartige Licht- und Schattenspiele. Der dominierende **Mawenzi** dagegen liegt leider etwas im Schatten und ist eher bei Sonnenaufgang das „Highlight". Es wird eine sehr kalte Nacht bei Temperaturen unter dem Gefrierpunkt.

Sonnenuntergang über Kenia - mit Blick vom Mawenzi Tarn Camp (4.330 m)

Blick vom Mawenzi Tarn Camp auf den bizarren Mawenzi (Weissmann Peak, 4.805 m und Nordecke, 5.135 m)

Mawenzi Tarn Hut (4.330 m) und nasse Zelte, nach kräftigem Gewitter

Tag 4 Mawenzi Tarn Hut (4.330 m) - School Hut (4.750 m)
Aufstieg durch den Kibo Sattel, ca. 4-5 Stunden (8 km)

Nach dem Motto „viele Wege führen nach Rom…“ hat die Rongai-Route ja bereits im unteren Drittel verschiedene Möglichkeiten aufgezeigt. Auch heute, ab der Tarn Hut, gibt es wieder 2 Möglichkeiten die Route fortzusetzen. Beide führen bergauf über den trockenen **Kibo Sattel** bis in die grauen Geröllmassen der Kibo Hänge. Kurz vor dem Ende der 4. Etappe kann man sich für die links liegende **Kibo Hut** (4.703 m) oder für die rechts liegende **School Hut** (4.750 m) entscheiden (muss vorab bei der Registrierung im Tal angemeldet werden). Die **Kibo Hut** bietet den Bergtouristen der Marangu-Route komfortable Berghütten und den über die Rongai-Route kommenden, Zeltplätze. Die festen Hütten der **School Hut** sind ausschließlich den Kunden des Veranstalters „Snow Cap“ vorbehalten, der mit dem deutschen Reiseveranstalter „Hauser Exkursionen“ zusammenarbeitet. Den anderen Rongai-Touristen stehen auch hier nur die Zeltplätze zur Verfügung. Der nächtliche Aufstieg verläuft bei beiden Routen-Alternativen im Abstand von etwa 1 km parallel und kreuzt sich bei der **Hans Meyer Höhle** (5.200 m). Ab dort ist die Route identisch.

Mein Vorschlag zur Routenwahl ist über die School Hut auf dem Hinweg und über die Kibo Hut beim Abstieg zu gehen. Somit sehen Sie beide Basislager und können die Besteigung etwas abwechslungsreicher gestalten.

Nach der prognostizierten kalten Nacht folgt ein sehr kalter Morgen. Die sonst so mollig wärmenden Sonnenstrahlen des neuen Tages finden sich hier nur hinter dem östlichen Bergmassiv und schaffen es nicht rechtzeitig ins Camp. Zwar werden die Hänge des Mawenzi in wunderschönen Rottönen angestrahlt, aber das hilft unserem unterkühlten Körper auch nicht… Dank des kräftigen Frühstücks mit heißem Tee, Kakao, Toast und Rührei kommen die müden Knochen dann doch irgendwann in Fahrt und der Tagesmarsch kann beginnen.

Die 4. Etappe führt also, wie bereits erwähnt, über den lang gezogenen Kibo Sattel, der sich vom Mawenzi aus über eine Länge von rund 7 km bis zu den unteren Kibo-Hängen hinzieht. Von Moshi aus betrachtet, ist es der „kleine“ Abstand zwischen den beiden Berggipfeln des Kilimanjaro. Der Aufstieg verläuft, abgesehen von der ersten Stunde, in der einzelne Hügel zu bewältigen sind, recht moderat. Langsam aufsteigend über einen staubigen, gut ausgebauten und etwa 2 Meter breiten Bergweg, kommen Sie dem vorausliegenden Tagesziel immer näher. Groß und behauptend präsentiert sich das Panorama des höchsten Berg Afrikas den ganzen Tag direkt vor Ihren Augen. Die Pflanzenwelt hat sich auf dieser Höhe bereits verabschiedet und die einzige Abwechslung bieten ein paar Felsbrocken und Steinmännchen. Trotz der gemäßigten Steigung ist der Weg anstrengend. Man darf nicht die Höhe von rund 4.500 m vergessen, durch die der Körper stark an Leistungsfähigkeit einbüßt. Die Atmung ist häufiger und das Herz schlägt schneller, um den notwendigen Sauerstoffbedarf zu decken.

Auf dem richtigen Weg?

Ob auf den Kilimanjaro, in die Serengeti oder nach Sansibar, wir führen Sie zum Ziel.

Seit 1994 organisieren wir erfolgreich Bergbesteigungen, Safaris und Badeferien für Individual- und Gruppenreisen in Ostafrika. Ueberlassen Sie nichts dem Zufall, reisen Sie mit dem Spezialisten!

Let's go TOURS

Let's go Tours, Vorstadt 33, CH-8201 Schaffhausen, Telefon +41 (0)52 624 10 77
tours@letsgo.ch, www.letsgo.ch

TTS steht für höchste Qualität in der Reisebranche. Die TTS-Gruppe ist eine Vereinigung unabhängiger Reiseunternehmen in der ganzen Schweiz. Sie erfüllen alle strenge Aufnahmekriterien. Die TTS-Reiseveranstalter bieten bei ihren weltweiten Angeboten eine hohe Fachkompetenz.

tts Qualität auf Reisen

Etwa 30 Minuten vor der Ankunft im Camp wird aus der sandigen Piste ein felsiger Bergpfad und die Steigung legt noch einmal zu. Einzelne Felspassagen müssen nun überklettert werden und benötigen teilweise sogar die Hilfe der Hände. Am besten verschnüren Sie die Trekkingstöcke vorab am Rucksack, damit Sie im Eifer der letzten Meter nicht noch darüber stolpern.

Nach guten 5 Stunden sind die grünen Hütten der **School Hut** inmitten gewaltiger Felsbrocken zu erblicken. Nur wenige Schritte entfernt fangen dann auch schon die unwegsamen Zeltplätze an, die sich auf eine gut 100 Meter lange Strecke durch das Camp hinziehen. Man kann durchaus von einem sehr mühsamen Tag sprechen, der deutlich die konditionellen Grenzen in großer Höhe aufgezeigt hat. Auch im Camp sieht man hinter einzelnen Felsen müde Bergtouristen liegen, die ein Mittagsschläfchen zur Regenerierung von Körper und Geist halten.

Viele Bergtouristen spüren hier oben akute Höhenprobleme. Sie sind verbunden mit starken Kopfschmerzen, Schwindel, Appetitlosigkeit und auch ausbleibendem Harndrang. Keinesfalls möchte ich hier Entscheidungen vorwegnehmen, ob Sie bei einem solchen Zustand den nächtlichen Gipfelaufstieg

unternehmen sollen oder nicht. Ich möchte es aber nicht versäumen noch einmal auf die Risiken der **Höhenkrankheiten** hinzuweisen, die im Kapitel A-Z unter dem Stichwort „Höhenkrankheit" deutlich aufgeführt sind. Sollten Sie sich einfach schwach und ausgepowert fühlen, ist es ratsam viel zu trinken, um der Dehydrierung des Körpers entgegen zu wirken (wie bereits erwähnt), möglichst viel zu essen, um Kalorien zu erhalten, und viel zu schlafen (auch am Nachmittag).

Nach dem Abendessen, das heute aufgrund des nächtlichen Aufstiegs schon zwischen 16.00 und 17.00 Uhr serviert wird, sollten Sie die Ausrüstung für den Gipfelsturm bereit legen (siehe Checkliste) und möglichst früh schlafen gehen, da bereits gegen 23.00 Uhr Wecken angesagt ist. Bereiten Sie sich auf eine sehr kalte und kurze Nacht (bis -10°C) sowie auf einen extrem kalten Gipfelaufstieg (bis -15°C) mit extrem eisigen Winden vor. Sollten Sie eine Digitalkamera mitführen, ist es ratsam, die Batterien herauszunehmen und im Schlafsack bei Körpertemperatur zu lagern, da die Leistungsfähigkeit aufgrund der niedrigen Temperaturen ansonsten bis auf 10% abfallen kann *(siehe Kapitel A-Z > Fotografie)*. Auch während des Aufstiegs ist es sinnvoll Ersatzakkus nahe am Körper zu tragen, um einer möglichen Auskühlung vorzubeugen.

Die ersten Stunden des morgigen Tages verlaufen komplett im Dunkeln und lediglich Ihre Kopflampe und der mögliche Vollmond dienen als Lichtquellen. Überprüfen Sie also ein letztes Mal die warme Kleidung auf Vollständigkeit *(siehe Checklisten und andere Routenbeschreibungen*) und die Kopflampe auf neue Batterien und ordnungsgemäße Funktion. Denken Sie auch an die Gamaschen, die Ihnen in der staubigen Geröllpiste große Dienste leisten werden. Des Weiteren sollten Sie das Trinksystem für 3-4 Liter Wasser vorbereiten und ausreichend Schoko- und Energieriegel mitnehmen. Der Aufstieg durch die Geröllpiste wird für die meisten so anstrengend werden, dass Sie für jedes Gramm Zucker als neuen Energieschub dankbar sind.

Auch wenn Sie der rasende Pulsschlag, mögliche Kopfschmerzen und die Gedanken an den Gipfelsturm nicht schlafen lassen, sollten Sie alles tun, um wenigsten ein paar Stunden auszuruhen.

Tag 5 School Hut – Uhuru Peak (5.895 m) - Horombo Hut (3.720 m)
Aufstieg und Abstieg in der Gipfelzone und Alpin-Wüste, Gehzeit ca. 12-14 Stunden (21 km)

Der neue Tag beginnt für Sie zwischen 23.00 und 23.30 Uhr. Nach kleinem Frühstück mit Keksen und heißem Tee brechen Sie kurz nach Mitternacht in Richtung Kibo auf. Das Gepäck muss vorab geschnürt werden, da das Team am frühen Morgen die Zelte abbaut und das gesamte Lager bis zum **Horombo-Camp** bergabwärts transportiert.

Nachdem die Ausrüstung angelegt ist und die Kopflampe brennt, beginnt der Gipfelsturm. Der Eintritt in die sternklare Nacht ist eisig kalt (von mir gemessene -12°C) und fällt verdammt schwer. Nur langsam werden die müden Glieder elastisch und bewegen sich unter schwersten Bedingungen den Berg hinauf. Immer kürzer werden die Etappen zwischen den Ruhe- und Verschnaufpausen. Fuß für Fuß tasten Sie sich über das rutschige Geröllfeld bergauf und rutschen ständig wieder im losen Gestein ab. Ohne Gamaschen dringen oft kleine Geröllsteine als „Fremdkörper" in den Schuh und machen den Aufstieg noch schwieriger, als er schon ist.

Das „Pole Pole" der letzen Tage gewinnt spätestens jetzt auch Ihre Zustimmung. Gehen Sie langsam, vorsichtig und leuchten Sie mit Ihrer Kopflampe möglichst eine ganze Schrittlänge voraus. Die Motivation weiter zu gehen, fällt schwer und nur durch die Zufuhr von Zucker und Kohlenhydraten über reichlich Schoko- und Energieriegel ist ihr Körper den Strapazen gewachsen. Ebenso wichtig ist die regelmäßige Flüssigkeitszufuhr. Die vorbereiteten 3-4 Liter (warmes) Getränk sollten Sie in dieser Aufstiegsnacht und beim Abstieg trinken, um den Flüssigkeitsverlust zumindest annähernd auszugleichen. Durch die extreme Kälte kann es leicht zum Einfrieren Ihres Wassersystems kommen, was auch handelsübliche Trinkschlauchsysteme mit Isolierung betrifft (siehe Foto). Achten Sie deshalb vorzeitig auf eine vernünftige Isolierung, bzw. auf ein bereits isoliertes Trinksystem und heißen Inhalt.

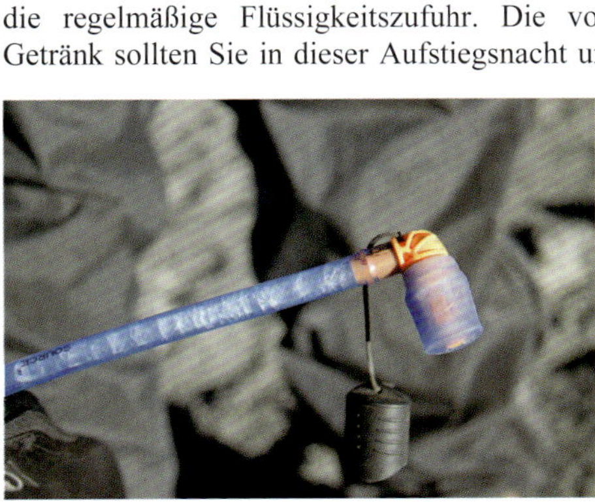

Nach etwa 2 Stunden ist die **Hans Meyer Höhle** erreicht (5.200 m). Sie diente dem Erstbesteiger **Hans Meyer anno 1889** als letztes Biwak vor dem Gipfelsturm. Auch Jahrzehnte danach, bevor die Kibo-Hütten entstanden, war dieser Ort der letzte „Lagerplatz" vor dem Gipfel. Hier treffen nun die Aufstiegsrouten von Kibo Hut und School Hut aufeinander und verlaufen fortan parallel. Überall, unter und über Ihnen, wird der nächtliche Berg von den funkelnden Kopflampen anderer Mitstreiter geschmückt.

Es wird auch nicht ausbleiben, dass Ihnen der eine oder andere Bekannte vom Vortag erschöpft entgegenkommt und die Besteigung abbricht. Gehen Sie keine Experimente zu Lasten der Gesundheit ein. Sobald Sie erste oder sogar verstärkte Symptome der **Höhenkrankheit** feststellen *(siehe Kapitel A-Z > Höhenkrankheit)* ist unbedingt Vorsicht geboten und ggf. direkt der Abstieg einzuleiten. Auch wenn ich mich immer wiederhole, es kann Ihr Leben retten!

Immer wieder glauben Sie den Gipfel im Mondschein zu erkennen, doch erneut erhebt sich ein weiterer Hügel vor Ihnen. Nach weiteren 2 Stunden ist endlich der **Gillman's Point** (5.681 m) erreicht. Haben Sie es bis hier hin geschafft, ist Ihnen die Besteigungsurkunde nun sicher, denn schon der Gillman's Point gilt, dank seiner exponierten Lage, als offizielle Besteigung des Kilimanjaro. Am Horizont haben Sie freien Blick auf die östlichen Gletscher des Kibo.

Je nach Jahreszeit und Wetterlage lauert bereits kurz nach dem **Gillman's Point**, gegen 6.00 Uhr der überwältigende Sonnenaufgang hinter dem **Mawenzi** und wartet auf seinen großen Auftritt. Die wärmenden Sonnenstrahlen nach eiskalter, windiger Nacht heben sofort die Stimmung und machen wieder Mut den Marsch auf fast ebener Strecke fortzusetzen. Weiter geht es nun, vorbei am Kraterrand des **Reusch Kraters**, in Richtung **Stella Point** (5.740 m). Hier treffen von links die **Machame-** und **Lemosho-Route** auf den Kraterrand. Der Aufstieg ist nun flacher, aber deutlich felsiger als im Geröllfeld. Teilweise ist gute Trittsicherheit notwendig, besonders dann, wenn jahreszeitbedingt auf einer rutschigen Schneeschicht gegangen

wird. Wenige Schritte weiter passieren Sie den gigantischen **Rebmann-Gletscher** mit seinen kathedralähnlichen Eisformationen, die im gesamten Farbspektrum der morgendlichen Sonnenstrahlen - von feurigem Rot über leuchtendes Orange bis hin zu eiskaltem Blau - das ewige Eis beleuchten. Über dünenartige Landschaften, geht es bei moderatem Aufstieg vorbei am letzten Wegepunkt, dem **Hans Meyer Point** (5.888 m). Ab hier sehen Sie schon bald von weitem das Gipfelschild des **Uhuru Peak** mit seinen 5.895m und eine Schar glücklicher Gipfelstürmer, die sich teilweise mehr schlecht als recht mit fremder Hilfe zum Erinnerungsfoto tragen lassen.

Es ist geschafft! Nach 5 Tagen Aufstieg und einigen Strapazen ist der höchste Punkt Afrikas erreicht! Bei etwas Glück mit dem Wetter können Sie nun vor oder nach dem obligatorischen Gipfelfoto die atemberaubende Gletscherwelt und den Kraterboden rund um den Kibo bewundern.

Foto: www.ahsantetours.com

Der Ausblick belohnt für die enormen Strapazen der letzen Tage und verdrängt auch die letzte Müdigkeit des nächtlichen Aufstiegs. Auch wenn der Kopf schmerzt und der Puls kaum zur Ruhe kommt, übertönt das Glücksgefühl am Gipfel alle negativen Einflüsse dieser Tour.

Der Abstieg sollte, aufgrund der großen Höhe, schnellstmöglich angegangen werden und verläuft über den selben Weg zurück bis zum **Gillman's Point** (ca. 45 Minuten Gehzeit). Am Kraterrand geht es nun abwärts bis hin zur **Kibo Hut**, wo nach etwa 1,5 Stunden Geh- und Rutschzeit das verdiente Mittagessen auf Sie wartet. Vorher muss aber noch die extrem anstrengende und staubige Geröllpiste gemeistert werden, die für den späteren Muskelkater in den Waden zuständig ist. Die letzte große Anstrengung der Tour ist danach geschafft.

Nach der Mittagspause geht es mit den provisorisch gepackten Rucksäcken weitere 11 km hinunter bis zur **Horombo Hut**, wo der längste Tag der Reise endet.

Blick auf das „Eastern Icefield" mit Sphinx und Stufengletscher. Kamerastandort Gillman's Point (5.681 m)

Die Abstiegsroute. Blick auf Kibo Hut, Kibo Saddle und Mawenzi (5.149 m)

Tag 6 Horombo Hut (3.720 m) - Marangu Gate (1.840 m)
Abstieg durch Moorland und Regenwald, ca. 5-6 Stunden (18 km)

Gut ausgeschlafen beginnt der heutige Tag nach reichhaltigem Frühstück zuerst mit der „Trinkgeld-Zeremonie“. Alle Personen aus Ihrem Team versammeln sich nun für das Gruppenbild und zum Erhalt des lang ersehnten Trinkgeldes *(siehe Kapitel A-Z > Trinkgeld)*. Für die Träger wartet im Tal bereits der nächste Job.

Der Abstieg führt heute auf gut ausgebauten Wegen von der **Horombo Hut** bis zum **Marangu Gate**. Touristen mit größerem Gehproblem oder Gesundheitsproblemen werden „rollend“ mit der fahrbaren Bahre der KINAPA abtransportiert (Foto) - ein Service, den Sie als „Rescue Fee“ im Tour-Package direkt mitzahlen.

Der Abstieg verläuft langwierig, aber bei grandiosem Panorama. Sowohl **Kibo** und **Mawenzi**, als auch weniger bekannte Hügel und die saftigen Täler um Marangu bieten eine wunderbare Kulisse für den Abstieg. Deutlich ist ein Wechsel der Vegetation vom Heide- und Moorland zum Regenwald zu erkennen.

Am frühen Nachmittag erreichen Sie das **Marangu Gate**, den Ort, wo die **Marangu-Route** auch startet. Stolz dürfen Sie nun Ihren Namen in das Gipfelbuch eintragen und das passende Gipfelsouvenir im Shop gegenüber kaufen. Die Urkunde erhalten Sie meist von Ihrem Guide am Nachmittag oder Abend im Hotel. Eine nette und durchaus übliche Geste ist es, den Guide oder auch das gesamte Team auf einen Drink ins Hotel einzuladen. Erfahrungsgemäß wird dies gerne angenommen.

Lemosho-Route (ca. 70 km)

Die Lemosho-Route ist für mich persönlich die schönste und ursprünglichste aller Kilimanjaro Routen. Sie ist noch relativ unbekannt und wird lange nicht so frequentiert wie die Marangu-, Machame- oder Rongai-Route. Einzig die Umbwe-Route zählt noch weniger Bergtouristen als Lemosho.

Die hier beschriebene Route ist eine Abwandlung der **Shira-** bzw. **Londorossi-Route**, deren Besteigung in früheren Jahren höher im Kurs stand als heute. Lediglich der Aufstieg bis zum **Shira Plateau,** verläuft bei der **Lemosho-Route** etwas anders. Da die beiden anderen Routen in diesem Buch nicht beschrieben werden, empfehle ich als West-Route die erste Etappe bis zum **Big Tree Camp**.

Die Route ist konditionell gleichwertig mit der **Machame-Route**, auf deren Spuren sie ab dem 3. Tag auch verläuft. Die ersten beiden Tage dagegen sind deutlich ursprünglicher und führen über kaum begangene, schmale Waldpfade. Der moderate Aufstieg hoch zum **Shira Plateau**, läuft mit ständigem Blick auf den Kibo durch die saftige, grüne Moorlandzone. Auch wenn die ersten beiden Tage bereits mittelmäßige Steigungen beinhalten sind keine Kletterpartien wie auf der Machame-Route notwendig. Ab dem **Shira Plateau** geht es dann parallel mit der Machame-Route am Lava-Tower vorbei, hinunter ins **Barranco Valley**. Von dort steht dann am 4. Tag die Besteigung der **Great Barranco Wal**l, auch „Breakfast" genannt, an, die eine sehr gute Kondition erfordert. Der bekannte Aufstieg über den **Western Breach** dagegen ist eine reine Bergsteiger-Route und wird von mir nicht beschrieben. Diese Route wurde Mitte 2005 durch die TANAPA wegen herabstürzendem losem Gestein und Todesfällen gesperrt. Eine jetzige Besteigung käme also Selbstmordgedanken gleich!

Die meisten Lemosho-Trekker sind an einem gemütlichen Aufstieg interessiert und planen eine 7- oder gar 8-tägige Besteigung mit Akklimatisierungstag im **Karanga Valley**. Dies teilt den extrem kraftraubenden Aufstieg vom **Barranco Camp** (3.950 m) über die **Great Barranco Wall** bis zum **Barafu Camp** (4.600) in zwei Tage, was konditionell auf jeden Fall Sinn macht. Eine weitere Möglichkeit, die gerne über die Lemosho-Route wahrgenommen wird, ist ein weiterer Akklimatisierungstag auf rund 5.700 m Höhe, direkt am Kraterboden vor dem gewaltigen **Furtwängler Gletscher**. Dies ermöglicht zum einen die hautnahe Begegnung mit den Gletschern und zum anderen die Begehung des **Reusch Kraters** (Ash Pit) im Zentrum des Kibos. Diese einmaligen Erlebnisse bleiben den meisten Bergtouristen auf anderen Routen wegen des engen Zeitplans verborgen. Im Übrigen wird bei dieser Variante keine der Aufstiegs-Etappen nachts begangen, was auch das Problem der schlaflosen Nacht löst.

Der eigentliche Gipfelsturm startet dann am Tag 7 gegen 5.00 Uhr morgens. Vom Camp bleiben nur ca. 200 Höhenmeter übrig, die relativ gemütlich in nur einer Stunde absolviert werden. Es versteht sich von selbst, dass man somit vergleichsweise ausgeruht und ausgeschlafen den **Uhuru Peak** (5.895 m) erreicht.

Die Lemosho-Route im Überblick

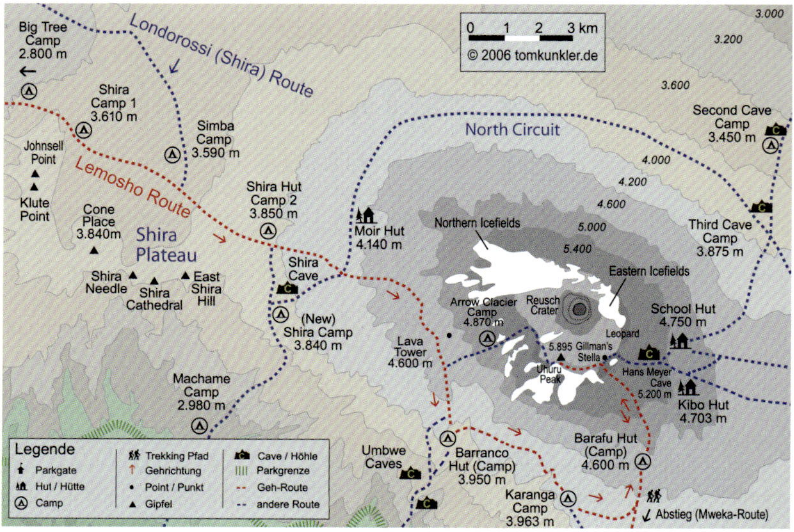

	Startpunkt	Zielpunkt	Höhenm.	Distanz	Gehzeit
Tag 1	Lemosho Glades (2.100 m)	Big Tree Camp (2.800 m)	↑ 700 m	7 km	3 h
Tag 2	Big Tree Camp (2.800 m)	Shira Camp 2 (3.850 m)	↑ 1.050 m	14 km	7-8 h
Tag 3	Shira Camp 2 (3.850 m)	Barranco Camp (3.950 m)	↑ 700 m ↓ 600 m	10 km	6-7 h
Tag 4	Barranco Camp (3.950 m)	Karanga Camp (3.963 m)	↑ 250 m ↓ 250 m	6 km	3-4 h
Tag 5	Karanga Camp (3.963 m)	Barafu Camp (4.600)	↑ 650 m	4 km	3-4 h
Tag 6	Barafu Camp (4.600)	Krater Rand (5.700 m)	↑ 1.100 m	7 km	7-8 h
Tag 7	Krater Rand (5.700 m)	Uhuru Peak (5.895) - Mweka	↑ 150 m ↓ 3.045 m	12 km	7-8 h
Tag 8	Mweka Camp (2.850 m)	Mweka Gate (1.800 m)	↓ 1.050 m	10 km	3-4 h
Total			**9.095 m**	**70 km**	**46 h**

Positiv (+) wenig begangen, landschaftlich sehr reizvoll, gute Akklimatisierung

Negativ (-) Trittsicherheit erforderlich, Übernachtung im Zelt, lange Route

Routen-Details

Tag 1 Lemosho Glades (2.100 m) - Big Tree Camp (2.800 m)

Aufstieg in der Regenwaldzone, Gehzeit ca. 3 Stunden (7 km)

Nachdem die gesamte Ausrüstung gepackt ist und das Gewicht durch Ihren Guide überprüft wurde, geht es voll beladen mit dem gesamten Team vom Hotel im Geländewagen auf die Hauptstraße Moshi-Arusha. Egal aus welcher Richtung Sie anreisen, geht es dann im Städtchen **Boma N'Gombe** *(swah. Siedlung der Rinder)* in nördlicher Richtung etwa 25 km bis zum lebendigen Massai-Ort **Sanya Juu**. Letzte Vorräte können nur noch hier eingekauft werden, danach gibt es keine Möglichkeiten mehr. Etwa 5 km nach dem Ortsausgang wird aus der vorher gut ausbauten Teerstraße eine holprige Geröllpiste, wie aus der Serengeti bekannt. Der weitere Straßenverlauf führt Sie nun etwa 45 km (1,5 Stunden) entlang des fruchtbaren westlichen Kilimanjaro-Massivs in Richtung **Londorossi.** Immer schlechter wird die Piste mit gelegentlichen Schlaglöchern so groß wie eine Badewanne. An einer Kreuzung mit dem ersten Hinweis „Londorossi-Gate“ biegen wir links ab. Weitere 30 Minuten Fahrt, vorbei an

kleinen Siedlungen, die durch die außergewöhnlich hohen Lattenzäune an Western-Städte erinnern, geht es über holprige Wege und Hügel weiter hinauf bis zum Londorossi-Gate (2.200 m). Dieses Gate ist die offizielle Anmeldestelle für die **Londorossi-**, **Shira-**, und **Lemosho-Route**. Würden Sie die Londorossi-Route wählen, ginge es nach der Anmeldung mit dem Geländewagen weitere 11 km hoch bis zum **Morrum Parkplatz** (3.200 m). Ab hier geht es dann zu Fuß nur noch 45 Minuten weiter bis zum **Simba Camp** (3.505 m). Die gemütliche Anfahrt hat den Nachteil, dass sich die Akklimatisierungsphase um einen Tag verkürzt, eine nicht wirklich empfehlenswerte Variante.

Wie bereits erwähnt, ist das **Londorossi Gate** auch für die hier beschriebene **Lemosho-Route** Ausgangspunkt und Anmeldestation. Anmelden, wiegen, umpacken, nachwiegen, usw. – die ganze Prozedur dauert eine gute Stunde und bringt den Guide wegen der heftigen Diskussion ums Gepäckgewicht zur deutlichen Erregung. Der lokale Ranger ist daran interessiert aufgrund des möglichen Übergepäckes mindestens einen zusätzlichen Träger aus seinem Kreis mitzuschicken – Ihr Tour-Operator und das Team möchten dagegen nur eigenes, mitgebrachtes Personal einsetzen. Irgendwann sind sich beide Parteien einig und die Fahrt geht weiter. Der Startpunkt zur Lemosho-Route liegt etwa 15 km südöstlich von hier und führt eine gute Stunde weiter über einen Feldweg, den ich schlechter in ganz Tanzania noch nicht gesehen habe. Nach insgesamt rund 4,5 Stunden Anfahrt haben Sie endlich den heutigen Startpunkt, einen unscheinbaren Waldparkplatz (2.100 m), erreicht. Nach einem kurzen Picknick startet am späten Nachmittag die 1. Etappe zum **Big Tree Camp** *(swah. Mti Mkabwa*). Nach etwa 2,5 - 3 Stunden gen Osten sollte das Camp erreicht sein.

Der Aufstieg beginnt unmittelbar hinter dem Startpunkt über einen steilen Pfad entlang des saftig grünen Regenwaldgürtels. Schon kurz darauf merkt man deutlich den Pulsschlag im ordentlich strapazierten Körper. Nach weiteren 20 Minuten nimmt die Steigung ab und der feuchte, grundige Pfad schlängelt sich vorbei an großen Baumwurzeln und üppiger Natur. Einige Abschnitte sind rutschig und nur mit Hilfe der Hände an Baumwurzeln zu passieren. Durch die vielen Auf- und Ab-Passagen über kleine Hügel und Täler hat man das Gefühl nicht wirklich an Höhe zu gewinnen, was aber natürlich nicht so ist. Der Regenwald ist hier, im Vergleich zum ersten Tag auf den anderen Routen, deutlich ursprünglicher und auf Tuchfühlung mit der Natur. Die Temperatur im Wald beträgt 15°C. Es gibt keine ausgebauten Forststraßen und trotz der sehr saftigen und wuchernden Pflanzenwelt immer wieder lichte Stellen im Wald, die durch die einfallenden Sonnenstrahlen ein ganz besonderes Bild vom Regenwald präsentieren. Oft stößt man auch auf Großwild wie Büffel oder Elefanten, deren Spuren in Form von niedergetretenen Sträuchern oder Dung zuweilen präsent sind. Berechtigterweise begleiten deshalb oftmals bewaffnete Ranger den ersten Tag bis zum Camp. Aufgrund der niedrigen Besteigungszahlen gibt es kaum weitere Touristen und man erlebt im wahrsten Sinne des Wortes „Natur pur“. Ich hatte leider Pech und bin an meinem ersten Tag immer wieder einer Gruppe von etwa 30 Personen mit Team begegnet.

Nach etwa 2,5 Stunden haben Sie am späten Nachmittag das **Big Tree Camp** *(swah. Mti Mkabwa)* erreicht. Es liegt mitten im Wald und bietet an diesem Tag nicht wirklich viel Platz für die vielen Zelte der heutigen Bergtouristen. Nach Aussagen meines Guides Saidi ist die heutige Anzahl von gezählten 50 Zelten auch wirklich eine absolute Ausnahme. Das Camp bietet neben der Ranger-Hütte einige Toilettenhäuschen mit Plumpsklo und ansonsten viel Natur. Der erste Tag am Berg geht mit einem hervorragenden Abendessen zu Ende. Der Koch serviert nach heißem Tee, Popcorn und Keksen meist eine heiße Suppe, ein Fleisch- oder Hühnchengericht mit Reis, Nudeln oder Kartoffeln und als Dessert Früchte oder Süßspeisen. Abhängig vom Veranstalter wird für Ihre Gruppe zusätzlich ein Essenszelt mit Tischen und Stühlen aufgestellt, das neben den Mahlzeiten als zentraler Mittelpunkt und als schützendes Gemeinschaftszelt dient.

Tag 2 Big Tree Camp (2.100 m) - Shira Camp 2 (3.850 m)

Aufstieg im Heideland-Moorland, Gehzeit ca. 7-8 Stunden (14 km)

Die von mir um 7.00 Uhr gemessene Lufttemperatur liegt bei 8°C. Kurz nach dem Aufstehen bringt der „Waiter“, wie auf anderen Routen beschrieben, eine kleine Wasserschüssel mit warmem Wasser für die tägliche Katzenwäsche ans Zelt. Danach stehen ein kräftiges Frühstück und das Befüllen Ihres Wassersystems oder der Trinkflaschen an. Hierzu kocht der Koch Bergwasser ab. Sie tun gut daran ihn beim Abkochen auf die notwendige Dauer hinzuweisen *(siehe Kapitel A-Z > Wasserentkeimung)* und zusätzlich KATADYN Micropur-Entkeimungstabletten zuzugeben.

Die heutige Etappe ist mit geschätzten 8 Stunden lang und an manchen Stellen recht anstrengend. Pünktlich gegen 7.30 Uhr starten wir über den schmalen Pfad hinaus aus dem dichten Regenwald. Bereits nach 30 Minuten sieht man den Regenwaldgürtel von oben und begibt sich langsam in die Heide- und Moorlandzone. Bei wolkenlosem Himmel öffnet sich ein atemberaubender 180° Rückblick über die westlichen Ausläufer des Kilimanjaro, bis zum **Londorossi-Gate** und südlich bis zum über 60 km entfernten **Mt. Meru**. Der Aufstieg ist angenehm und führt, ähnlich wie am Vortag, bergauf und bergab über schmale, mittlerweile staubige Pfade, durch niedrige Gräser und erste **Erica-Bäume** *(lat. Erica arborea)*. Je nach Jahreszeit sind auch einige kleine Flüsse zu „überspringen“, die aber meist ausgetrocknet sind oder ihre Anwesenheit nur noch durch ein kleines Rinnsal behaupten. Ab und zu versperren größere Felsbrocken den Weg, was für den geübten Trekker aber keine wirkliche Herausforderung darstellen sollte.

Blick zum Mt. Meru

Man benötigt eine gute Stunde, um erstmals die 3.000 m Höhengrenze zu überschreiten. Zwischen den saftigen Hügeln führt der Pfad erst noch ein letztes Mal talabwärts, bevor er dann die folgenden 3 Stunden kompromisslos 700 Höhenmeter hinauf bis an den Rand des Shira-Plateaus geht. Staubige und felsige Passagen beherrschen den Aufstieg und neben zahlreichen **Erica-Gewächsen** gesellen sich nun auch **Phillippia Büsche** *(lat. Phillippia excelsa)*. Der schmale Trail schlängelt sich weiter bergauf über zahlreiche Hügel und Gipfel, die aufgrund des grandiosen Ausblickes immer wieder zum verweilen einladen. Nicht zuletzt freut sich auch der angestrengte Körper über kleine Ruhepausen und Energie-Riegel während des durchaus als schwer zu bezeichnenden Aufstiegs.

Einzelne Karawanen von schwer beladenen Trägern *(engl. Porter)* ziehen vorüber oder verweilen am Wegrand. Immer wieder werden Sie mit einem freundlichen „Jambo" *(deutsch: Hallo)*, gefolgt von einem „Pole, pole" *(swh. langsam , langsam)* begrüßt. Ob Träger, Guide oder Tourist – hier oben sind alle gleich und sind als „Team" aufeinander angewiesen. Ohne Träger kommen Sie nicht hoch – und ohne Sie hat der Träger keine Verdienstmöglichkeiten. Man arrangiert sich und kann nebenbei viel Spass zusammen haben und

Blick in Richtung Londorossi (Nordwesten)

Freundschaften fürs Leben knüpfen. Kurz nach dem Erreichen des Shira-Ridge (Bergkamm) geht es mit moderater Steigung und Blick auf den östlichen Kibo weiter bis zum **Shira Camp 1** (3.610 m). Dieses erreicht man bei gemütlichem Aufstieg nach etwa 4-5 Stunden, pünktlich zur Mittagspause. Das Camp besteht nur aus einer grünen, runden Ranger-Hütte und den obligatorischen Toilettenhäuschen. Es dient heutzutage nur noch wenigen Bergtouristen als Nachtlager, da viele Tour-Operators aufgrund des Wettbewerbs und des straffen Zeitplans das **Shira Camp 2** vorziehen.

Wie immer sind Koch und Team vorausgeeilt und haben für Sie einen Picknickplatz mit angemessenem Lunch vorbereitet. Das Team selbst zieht anstatt westlicher Speisen zu jeder erdenklichen Möglichkeit **Ugali**, ein lokales Maisgericht mit Fleisch- oder Fischeinlagen, vor. Lehnen Sie einen Versuch nicht ab – **Ugali** ist lecker, günstig und sehr nahrhaft. Bei wolkenlosem Himmel sorgt die Sonne, trotz 3.600 m Höhe, für Frühlingsgefühle bei angenehmen 15-20° C. Bei guten Wetterbedingungen können Sie den Blick zum südlich gelegenen **Johnsell Point** (3.962 m), dem höchsten Gipfel des **Shira-Ridge**, genießen.

Nach der Mittagspause führt der Weg am oberen Rand der Heide- und Moorlandzone über eine karge Lava-Landschaft. Tausende schwarzer Lavasteine, teilweise so groß wie ein PKW, wurden hier vor rund 1 Million Jahren aus dem aktiven Vulkan des Kilimanjaro herausgeschleudert und sind heute noch stumme Zeitzeugen der Geschichte. Zwischendrin finden sich unzählige tote Wurzeln und Baumstümpfe einzelner Erica-Bäume, die bei einem großen Feuer im Jahr 2000 zerstört wurden. Damals fiel ein großflächiges Gebiet des Shira-Plateaus den Flammen zum Opfer. Es ist eine öde, fast gespenstige Landschaft, deren einziges Geräusch der pfeifende, kalte Wind (ca. 8°C) in unseren Ohren darstellt. Wenngleich der Nachmittag mit nur noch 250 Höhenmeter in 3 Stunden keine größere Herausforderung mehr bietet, so zieht sich der Weg in der Alpinen Wüste doch lange hin. Etwa ein Stunde vor Erreichen des Tagesziels, gegenüber der sehenswerten Felsformationen **Shira-Needle** und **Shira-Cathedral**, trifft von links die **Londorossi-Route (Simba Camp)** auf unseren Weg und verläuft ab hier bis zum Gipfel parallel.

Nach einer Weile werden die Felsen weniger und die letzten **Erica-Gewächse** behaupten sich noch ein weiteres Mal, bevor sie aufgrund der Naturgesetze endgültig aus der Alpinen Wüste verbannt werden. Wenn dann am entfernten Horizont, nach einigen kleinen Hügeln, eine große Formation der bekannten

Riesenkreuzkräuter *(lat. Senecio kilimanjari)* auftaucht, ist das Ziel nicht mehr weit. Nur noch 30 Minuten trennen Sie vom Ende der 2. Tagesetappe und vom **Shira Camp 2** (3.850 m). Die hohe Antenne der grünen Ranger-Hütte ist das Erste, was man am Ende des noch einmal ansteigenden Hügels sieht, bevor dann die ersten Zelte und Touristen wahrzunehmen sind.

Nach 8 Stunden Gehzeit sind Sie am Ziel und werden, sofern es das Wetter zulässt, am Abend mit einer grandiosen Aussicht auf den Kibo und einem kaum zu übertreffenden Sonnenuntergang über dem **Mt. Meru** belohnt. Falls Sie kein Glück mit dem Wetter haben – so wie ich bei meiner Tour – bietet Ihnen das hoffentlich wasserdichte Zelt und ein gutes Buch die wohlverdiente abendliche Entspannung. Etwaige Kopfschmerzen sind auf dieser Höhe „normal", solange keine weiteren Anzeichen einer Höhenkrankheit hinzukommen *(siehe Kapitel A-Z > Höhenkrankheit)*. Bei vernünftigen Wetterverhältnissen haben Sie in diesem Camp meist auch die Chance auf ein Handy-Netz, damit Sie die Liebsten zu Hause über die ersten Tage am Berg unterrichten können. Natürlich gibt es auch an diesem Tag wieder ein köstliches Abendessen, was unter den widrigen Umständen am Berg nicht unbedingt selbstverständlich ist.

Blick vom Shira Camp 2 (3.850 m) auf Steinmännchen und Mt. Meru (4.566 m)

Blick auf das Shira Camp 2, bei Sonnenaufgang (3.850 m)

Tag 3 Shira Camp 2 (3.850 m) - Barranco Camp (3.950 m)
Aufstieg im Moorland / Alpinwüste, Gehzeit ca. 6-7 Stunden (10 km)

Die zweite Nacht lässt die Lufttemperatur erstmals unter den Gefrierpunkt fallen. Im Zelt liegt diese bei gemessenen 3°C noch leicht darüber. Der heutige Tag trägt zur besseren Akklimatisierung bei. Sie legen zwar insgesamt beim Auf- und Abstieg, vorbei am **Lava-Tower** (4.430 m), über 1.300 Höhenmeter zurück, schlafen aber nur 100 Meter höher als am Vortag.

Es gibt heute 2 alternative Routenabschnitte:

Alternative A ist der Weg in **Richtung Lava-Tower** über die sandige, schwarze Lava-Wüste mit großen Felsbrocken. Kurz vor dem Lava-Tower trennen sich dann die Wege des South Circuit in östliche Richtung zum **Western Breach** (Kletter-Route) und südlich zum **Barranco Camp**.

Alternative B ist sozusagen eine Abkürzung die vom Shira Camp direkt zum **Barranco Camp** führt. Nach etwa 1,5 Stunden Gehzeit durch das Moorland trifft von oben die originale Machame-Route A auf den Trail.

Ich persönlich bin immer wieder die Variante A gegangen, die sich meiner Erfahrung nach durch die größere Tageshöhe zur besseren Akklimatisierung eignet. Deshalb möchte ich diese Variante hier auch beschreiben.

Der erste Teilabschnitt des Tages verläuft schnurstracks den Hügel hoch in Richtung Kibo und schon bald parallel auf der Machame-Route. Nach etwa 1,5 Stunden trifft man nämlich auf die Abzweigung zur nördlich gelegenen **Moir Hut** (in Gehrichtung links) und nur einen Bergkamm weiter auf die von südlich eintreffende **Machame-Route** (in Gehrichtung rechts). Von hier ab gehen Sie geradeaus weiter, anfangs sogar leicht bergab, immer in Richtung Lava-Tower. Der Trail ist eingebettet in eine triste Wüste aus schwarzem Lava-Sand und Millionen schwerer Felsbrocken, die oft an Kreaturen von einem anderen Stern erinnern. Übermütige Bergtouristen haben sich hier oben auch an den legendären „Steinmännchen" versucht.

Es ist gespenstig ruhig und Sie hören nur Ihren eigenen Pulsschlag und das Pfeifen des kalten Windes in den Ohren. Die Route verläuft vormittags fast ausschließlich über Fels und Stein, ist aber recht gut passierbar. Die Gehzeit zum **Lava Tower** liegt bei etwa 3 Stunden und ist sowohl die „Halbzeit" als auch gleichzeitig mit ca. 4.430 m der höchste Punkt der Tagesetappe. Durch die kurz vorher passierte Kreuzung zur Zusammenführung dreier Routen ist es kaum verwunderlich, dass am Picknickplatz vor dem Lava-Tower ein reges Treiben herrscht. Ruhen Sie sich aus und stärken Sie den Körper für den Nachmittag. Oberhalb des Lava-Towers ist deutlich die Schneegrenze zu erkennen, die oftmals für Tagestemperaturen nahe dem Gefrierpunkt sorgt. Die Luft ist dünn und Kopfschmerzen sind mittlerweile bei vielen Trekkern allgegenwärtig. Achten Sie neben den Kopfschmerzen unbedingt auf weitere Anzeichen der Höhenkrankheit *(siehe Kapitel A-Z > Höhenkrankheit).* Der später bevorstehende Abstieg zum **Barranco Camp** sollte Ihnen auf jeden Fall gut tun.

Entlang des Bergmassives geht es über den Kibo-Circuit in südöstlicher Richtung, teils bergab und teils berauf, ins **Barranco Valley**. Die triste Steinwüste wird langsam wieder zum Heide- und Moorland. Großartige Formationen der hier typischen **Riesenkreuzkräuter** *(lat. Senecio johnstonii cottonii),* die bis zu 10 m hoch werden können, stehen wie römische Säulen in der Graslandschaft. Daneben dominieren wieder Gräser, Strohblumen und vereinzelte Lobelien. Nach etwa 7 Stunden haben Sie das Tagesziel erreicht.

Das **Barranco Camp** liegt exponiert auf einer Höhe von 3.950 m, nur etwa 4 km Luftlinie vom Kibo entfernt. Gegenüber dem Camp erhebt sich am östlichen Bergmassiv die **Great Barranco Wall**, von den Trägern auch „Breakfast" genannt, die am nächsten Morgen mit vollem Krafteinsatz zu erklimmen ist. Links neben der Barranco Wall haben Sie am späten Nachmittag eine hervorragende Aussicht auf den südwestlichen Kibo mit dem **Western Breach**, dem **Window** und den Süd-Gletschern **Heim-, Kersten-** und **Decken-Gletscher**. Die goldene Abendsonne lässt das Camp und die Berghänge in einer Palette wunderschönster Farben erscheinen, bevor sie kurz danach am westlichen Horizont untertaucht. Sofort wird es eisig kalt und man spürt die einfallenden Winde und Wolken von den mächtigen Berghängen über dem Plateau. Das Barranco Camp ist ein großes, ordentliches Camp mit den typischen Toilettenhäuschen. Fließendes Wasser oder gar Elektrizität gibt es natürlich nicht, aber es gibt wieder Handy-Empfang für die Bergtouristen mit Heimweh. Bereiten Sie sich auf eine kalte Nacht unter dem Gefrierpunkt vor und gehen Sie früh ins Bett. Es ist die letzte Nacht vor dem Gipfelsturm (wenn es keinen weiteren Akklimatisierungstag gibt) und Sie benötigen jede Minute Schlaf, die Sie kriegen können. Die Chancen heute gut zu schlafen, stehen um ein Vielfaches besser als in der kommenden Nacht.

Barranco Camp (3.950 m) bei Sonnenaufgang

Aufstieg in der Great Barranco Wall – auch „Breakfast“ genannt

Tag 4 Barranco Camp (3.950 m) - Karanga Camp (3.963 m)
Aufstieg über „Breakfast Wall" in die Alpinwüste, bis Karanga
Gehzeit ca. 3-4 Stunden (6 Km)

Die heutige Etappe wird aufgrund ihrer anspruchsvollen Steigung in relativ großer Höhe sehr kraftraubend. Bei einer „langen" Tour wie beispielsweise der hier beschriebenen 8 Tage Lemosho-Route, macht es deshalb unter Umständen Sinn, Kräfte einzuteilen und am Tag 4 nur bis zum **Karanga Camp** aufzusteigen. Nicht zuletzt dient dies auch einer besseren Akklimatisierung, was letztendlich Ihre Gipfelchance deutlich erhöht. Vereinbaren Sie mit Ihrem Guide unbedingt einen möglichst frühen Abmarsch. Da das **Barranco Camp** Knotenpunkt der Machame-, Lemosho- und Umbwe-Route ist, campieren nicht selten über 300 Personen in einer Nacht hier. Legen Sie Wert darauf, einer der Ersten zu sein, um somit langsam und ohne Stau die Wand erklimmen zu können.

Beginnen Sie den Tag mit einem kräftigen Frühstück, da Sie heute große Kraftreserven mobilisieren müssen. Der anstrengendste Abschnitt der Etappe wartet schon 30 Minuten nach dem Camp. Es gilt, die **Great Barranco Wall** auch „Breach Wall" oder „Breakfast" genannt, zu überschreiten. Dazu muss man etwa 1 - 1,5 Stunden über Felsen und Felsvorsprünge unter Zuhilfenahme der Hände aufsteigen, wozu auch eine gewisse Schwindelfreiheit notwendig ist. Da Sie, wie gerade erwähnt, beide Hände für die Kletterpassagen benötigen, sollten die Trekking-Stöcke unbedingt schon vorher sicher verschnürt am Rucksack hängen. Lassen Sie sich beim Klettern Zeit und achten Sie auf ausreichend Abstand zum Vordermann (Steinschlaggefahr). Bei den kleinen Verschnaufpausen in der Wand können Sie optimal das ganze Barranco-Tal überblicken und die Aufbruchstimmung im Barranco Camp aus gut 200 m Höhe beobachten.

Östlich des Camps, über den bewaldeten Hügeln der südlich eintreffenden **Umbwe-Route**, streckt der Mt. Meru seinen Gipfel durch die Wolkendecke. Es ist ein harter Aufstieg, aber gleichzeitig ein erhabenes Gefühl, von hier oben die grün bewachsenen Bergkämme des Kilimanjaro zu bestaunen. Hat man die steilen Passagen der **Great Barranco Wall** nach etwa 90 Minuten überwunden und eine Höhe von rund 4.100 Meter erreicht, wartet ein karges steiniges Plateau mit atemberaubendem Ausblick auf den Kibo. Nirgendwo sonst kann man die 3 Südgletscher des Kibo, **Heim-**, **Kersten-** und **Decken-Gletscher**, besser und so hautnah erleben als an dieser Stelle. Genießen Sie die Pause und sammeln Sie Kräfte für den weiteren Weg.

Blick auf die Kibo-Gletscher.

Ab hier führt der staubige Weg über Schotter und Sand durch ein felsiges Hochmoor bergab. Es geht vorbei an Bachläufen und Steinwiesen, auf denen vereinzelt kleine Ansammlungen von **Riesenkreuzkräutern** anzutreffen sind. Bergauf und bergab über Felsen und Steinplatten geht es nun 2-3 Stunden bis zum **Karanga Camp** (3.963 m), dem heutigen Nachtlager, weiter. Auf dem Gipfel des jeweils erklommenen Hügels kann man ständig aufs Neue den weiteren, endlos erscheinenden Routenverlauf einsehen und Karawanen mit Trägern an den steilen Hängen des nächsten Hügels beobachten. Es fällt nicht schwer die noch bevorstehenden Strapazen im Voraus zu erkennen. Die Luft wird dünner, der Pulsschlag schneller und wie an den Vortagen beherrschen Kopfschmerzen die Gedanken vieler Bergtouristen.

Nach guten 2 Stunden ist das **Karanga Camp** erreicht. Es ist ein weitläufiges, ungeschütztes und karges Steincamp ohne jede Attraktion und Abwechslung. Erfreulicherweise ist es noch früh am Tag und beim Gedanken an einen „freien“ Nachmittag kommt Freude auf. Aufgrund der recht kurzen Tagesetappe, verbunden mit der schwer begehbaren **Great Barranco Wall**, ist das Team heute nicht unbedingt schneller als Sie, sondern lässt auf sich warten. Nach etwa 30 Minuten sollten dann aber die Träger mit dem Gepäck eingetroffen sein und Sie haben zwischenzeitlich genug Kraft getankt,

um ausnahmsweise mal beim Zeltaufbau mitzuhelfen. Nach getaner Arbeit reicht der Koch ein warmes Mittagessen.

Der Nachmittag steht nun zur freien Verfügung und kann zum Ausruhen, Vorschlafen oder auch für kleine Wanderungen und Steine sammeln genutzt werden. Ich beispielsweise habe die Ruhephasen am Berg immer damit zugebracht mit meinem Guide Saidi einige Runden Mühle zu spielen. Nach kurzer Zeit haben wir damit auch das Interesse der anderen Teammitglieder geweckt und es gab regelrechte Turniere. Während des Zusammensitzens haben die tanzanischen Teammitglieder (Guide, Koch und Träger) gerne eine Kostprobe ihrer legendären Berglieder gegeben, unvergessene Momente, die aus der Besteigung ein ganz besonderes Erlebnis machen. Den Text des wohl bekanntesten Kilimanjaro-Songs finden Sie zum auswendig Lernen und späteren Mitsingen im Kapitel *„Besteigung Allgemein“*.

Bei gutem Wetter, spätestens wenn sich die Wolken am späten Nachmittag verzogen haben, gibt es erstmals einen hervorragenden Blick auf die gewaltigen Eishänge des **Rebmann Gletschers** auf der Südost-Seite des Kibo, an dessen rechter Flanke Sie morgen den Aufstieg zum Krater wagen dürfen. In 180° entgegen gesetzter Richtung hat man nicht selten einen atemberaubenden Blick über das **Karanga-Valley** bis hin zur gut 15 km entfernten Stadt **Moshi**. Wenn Sie dann noch Zeuge eines glühend roten Sonnenuntergangs über dem rund 60 km entfernten **Mt. Meru** werden, ist der Tag in Sachen „Naturschauspielen“ kaum zu toppen. Schon während des Sonnenunterganges fühlen Sie die mit dem eisigen Wind einfallende Kälte und bekommen ein erstes Gefühl für die bevorstehende Nacht unter dem Gefrierpunkt.

Sonnenuntergang im Karanga Camp

Sonnenaufgang im Karanga Camp, Blick zum Mt. Meru

Tag 5 Karanga Camp (3.963 m) - Barafu Camp (4.600 m)
Aufstieg in der Alpinwüste, Gehzeit ca. 3-4 Stunden (4 km)

Nach extrem kalter und windiger Nacht im flatternden Zelt (-5°C) erholen sich die müden Knochen nur langsam von den Strapazen der Vortage. Einzig die obligatorische Schüssel mit warmem Waschwasser und die einfallenden, ebenfalls warmen Sonnenstrahlen sind die Gründe, den Schlafsack zu verlassen. Der erste Blick aus dem Zelt geht wie ein Blitz durch den Körper. Der oft wolkenbedeckte Kibo steht in den ersten Sonnenstrahlen des Tages völlig frei und zum Greifen nahe über dem Camp. Keine 5 km entfernt (Luftlinie) liegt nun der gewaltige Zielpunkt vor Augen. Vergessen sind die Anstrengungen der letzten Tage und einzig der Anblick zum Gipfel des sagenumwobenen höchsten Berg Afrikas reicht für einen neuen kräftigen Energieschub.

Der heutige Tag ist mit 3-4 Stunden Gehzeit keine wahre technische Herausforderung, aber durchaus als „Generalprobe“ für den morgigen Gipfeltag zu sehen. Nach kräftigem Frühstück startet der Tag in Richtung **Barafu-Camp** *(Barafu = swahili: Eis)* bis auf eine Höhe von 4.600 m. Der Aufstieg verläuft anfangs auf einem schmalen,

steinigen Pfad mit moderater Steigung. Die bisher dominierende Moorlandschaft mit einzelnen Gräsern verwandelt sich zusehends in eine felsige, lebensfeindliche Steinwüste mit Millionen von schwarzen und grauen, vereinzelt gelblich moosbewachsenen Steinblöcken. Wo am Anfang des Tages noch saftige Gräser und widerspenstige Büsche wuchern, dominieren von nun an nur noch graue Felsen, Staub und Geröll.

Ständig im Visier steht links der Route der über alles erhabene gewaltige Kibo mit seinen schneeweißen Gletschern. Auch die beliebten „Steinmännchen", die auf allen Berggipfel der Welt zu finden sind, bieten auf diesem Streckenabschnitt ein interessantes und gleichzeitig bizarres Bild. Der Boden wechselt später vom schwarzen, rundlichen Lava-Gestein in tausende, kantige Felsplatten, die teilweise an zertrümmerte Tontöpfe aus dem alten Rom erinnern. Ein eisiger Wind bläst uns teilweise in Orkanstärke um die Ohren und körnigen Staub in die Augen. Immer wieder sind kurze Pausen nötig, um bei niedrigerem Pulsschlag ausreichend Sauerstoff zu tanken. Die Erinnerung an die ersten vermeintlich schwierigen Tage liegt, verglichen mit der jetzigen Stimmung, wie Sonntagsausflüge im Gedächtnis. Nach etwa zwei schweißtreibenden Stunden ist auf 4.350 m ein seit dem Morgen ständig vor Ihren Augen präsenter Berggipfel erreicht. Wenn dann etwas weiter nach fast drei Stunden am Horizont der lange Kamm des **Barafu Camps** zu sehen ist, werden die letzen Kräfte mobilisiert und der Endspurt des heutigen Tages beginnt. Ein dumpfer, schneller Pulsschlag dröhnt betäubend in Kopf und Ohr, die Konzentration lässt merklich nach und auch der Kopfschmerz ist ein ständiger, lästiger Begleiter. Endlich, nach guten 2-3 Stunden, ist auch diese Nachmittagsetappe geschafft und es bleibt einzig und alleine noch die Herausforderung der Gipfelnacht. Karibu Barafu - willkommen im Barafu Camp.

Das Camp bietet im Gegensatz zu allen anderen Camps kaum ebene Flächen und schon gar keinen haltbaren Boden zum Befestigen der Zelte. Sie werden daher bei meist extrem windigen Bedingungen aufgestellt und auf dem felsigen Boden mit schweren Steinen statt Heringen verankert. Nicht selten bläst der kräftige Wind feinen Staub durch die feinen Zeltöffnungen, der sich über Nacht zu einer braunen Staubschicht auf der Ausrüstung formiert. Ein weiteres Opfer des Windes sind die aus Holzlatten hergestellten Toilettenhäuschen mit Plumpsklo. Man findet sie hier oben freistehend auf einzelnen Felsbrocken windschief verankert und nicht selten auch vom Wind aus der Verankerung gerissen und zertrümmert in den Felsspalten liegen.

Nach einer kurzen Erholungsphase wird, wie an jedem Abend, heißer Tee mit Keksen und salziges Popcorn serviert. Anschließend bereitet der Koch ein warmes, kräftiges Abendessen vor. Im Gegensatz zu der parallel verlaufenden **Machame-Route** beginnt der Weitermarsch nicht gegen Mitternacht sondern erst am Morgen des nächsten Tages. Auch wenn durch den rasenden Puls und die möglichen Kopfschmerzen ein guter Schlaf auf der großen Höhe nicht mehr bei jedem möglich ist, steht dennoch eine ganze Nacht zur Regeneration des Körpers zur Verfügung. Ruhen Sie sich einfach nur gut aus - schlafen können Sie auch nächste Woche im Hotel!

Der Mawenzi (Blick vom Barafu Camp)

Wenn das Wetter mitspielt, erhalten Sie am späten Nachmittag einen direkten und ungetrübten Blick zum 2. Gipfel des Kilimanjaro, dem bizarren **Mawenzi** (5.149 m).

Nach dem Abendessen sollten Sie Ihre persönliche Ausrüstung für den Gipfelsturm bereit legen (siehe Checkliste) und bald einschlafen. Bereiten Sie sich auf eine kalte Nacht (bis -10°C) und auf einen kalten und windigen Gipfelaufstieg mit extremer UV-Einstrahlung am nächsten Morgen vor. Sorgen Sie unbedingt dafür, dass alle Körperstellen vollständig abgedeckt oder mit Alpin-Sonnenschutz (LS-Faktor 30+) eingerieben werden. Tragen Sie auf jeden Fall Handschuhe, eine Kopfbedeckung und eine geeignete Gletscher- oder Sonnenbrille mit seitlichem Lichteinfallschutz. Sollten Sie eine Digitalkamera mitführen, ist es ratsam die Batterien über Nacht herauszunehmen und im Schlafsack bei Körpertemperatur zu lagern, da die Leistungsfähigkeit aufgrund der niedrigen Temperaturen ansonsten bis auf 10% abfallen kann. Einen Ersatz-Akku sollten Sie während des Aufstiegs immer nahe am Körper transportieren.

Tag 6 Barafu Camp (4.600 m) - Krater (5.700 m)
Aufstieg über die Geröllpiste bis Stella-Point und weiter zum Krater
Gehzeit ca. 7-8 Stunden (7 km)

Nach geruhsamer, aber höchstwahrscheinlich stürmischer und teilweise schlafloser Nacht werden Sie bereits früh morgens gegen 5.00 Uhr von Ihrem Guide geweckt, damit die pralle Mittagssonne Sie nicht beim extrem anstrengenden Aufstieg in der Geröllpiste erwischt. Da die heutige Geröllpiste sehr staubig wird, sollten Sie Ihre mitgebrachten Gamaschen anlegen. Im Gegensatz zu den anderen Gipfel-Etappen bleiben Team und Gepäck heute nicht zurück, sondern steigen mit auf und werden auch kommende Nacht benötigt.

Die ersten Schritte führen über die großen Felsbrocken des **Barafu Camps** hinauf in die steilen Berghänge des südlichen Kibo. Danach geht es über große Felsplatten und herumliegende Felsbrocken steil bergauf. Die ersten Minuten sind, verglichen mit der noch bevorstehenden Geröllpiste, ein Spaziergang. Schon bald merken auch die gut trainierten Sportler die Strapazen im Grenzbereich und fühlen den rasenden Pulsschlag im ganzen Körper. Langsames Gehen, kombiniert mit kleinen Pausen, der Verzehr von Energie-Snacks und eine regelmäßige Flüssigkeitszufuhr sind das einzige Erfolgsrezept dieser Etappe.

Im weiteren Verlauf wechseln Felsen und unbefestigte Geröllmassen ab, während die Steigung stetig zunimmt und der Luftdruck immer weniger Sauerstoff in unserem Gehirn zulässt. Diese Tatsache kann im Einzelfall die Körperfunktionen, das Gleichgewicht und die Sprache stark beeinflussen. Anzeichen einer einsetzenden Höhenkrankheit sind umgehend dem Guide mitzuteilen und ein sofortiger Abstieg in Erwägung zu ziehen. *(siehe unter Kapitel A-Z > Höhenkrankheit)*. Die Piste ist vergleichbar mit dem Geröllhang der östlich gelegenen **Marangu-Route,** jedoch abwechslungsreicher und nicht so lange. Besonders der Aufstieg am Tage bringt wunderschöne Ausblicke auf Berghänge und Gletscher, was beim nächtlichen Aufstieg komplett fehlt.

Also, unbedingt durchhalten und Schritt für Schritt dem Kraterrand und damit dem **Stella Point (5.740 m)** näher kommen! Nach 5-6 Stunden ist dieser Punkt erreicht und man spürt deutlich den „abfallenden Druck“ auf den Schultern wenn kein großer Gipfel mehr in Aussicht ist und man mehr oder weniger eben das Tagesziel angeht.

Rebmann Gletscher

Ab dem **Stella Point** sind es nur noch 30-40 Minuten hinunter zum Kraterboden und zum Nacht-Camp vor dem gewaltigen **Furtwängler Gletscher** (ca. 5.700 m). Der abfallende, staubige Pfad führt Sie in der inneren Kraterwand entlang in westlicher Richtung bis unterhalb des **Uhuru Peak** (5.895 m), gegenüber dem **Furtwängler Gletscher**. In der Regel trifft man keine bis sehr wenige Bergtouristen hier oben, da die Bedingungen wirklich extrem lebensfeindlich sind und nicht gerade zum Verweilen einladen. Dennoch waren die Tage und Nächte auf dem Kraterboden für mich persönlich die Höhepunkte aller Kilimanjaro-Besteigungen. Nirgendwo sonst kommt man den Gletschern so nah und kann den gigantischen **Reusch Krater** ausspähen. Auch die unendliche Stille hoch oben, abseits jeglicher Zivilisation, ist ein ganz besonderes und unbeschreibliches Erlebnis. Man weiß sich mitten im heißen Afrika, nur 10 km Luftlinie von der sonnenverwöhnten Stadt Moshi entfernt und doch zeigt das Thermometer -10°C Lufttemperatur an.

Nur einige Gehminuten vom Camp entfernt steht unbeschreiblich groß und mächtig der etwa 25 m hohe und über 250 m lange **Furtwängler Gletscher** auf dem staubigen Kraterboden. Obwohl er dort seit Jahrhunderten steht und langsam vor sich hin schmilzt, wirkt er wie gerade dort abgestellt und eher fehl am Platz. Der Gletscher lädt zu einem Besuch und kleinen Kletterversuchen ein. Auch ein Erinnerungsfoto in einer der metertiefen Eisspalten lässt sich kaum an einem anderen Platz der Erde wiederholen.

Der legendäre **Ash Pit** im **Reusch Krater** (5.835 m) liegt etwa 45 anstrengende Gehminuten nördlich des Camps, den sandigen Kraterkegel hinauf. Man kann ihn vom niedriger liegenden Krater Camp aus daher nicht sehen.

Das Krater Camp vor dem gigantischen Furtwängler Gletscher (5.700 m)

Tom Kunkler vor der 25 m hohen Eiswand des Furtwängler Gletschers (5.700 m)

Blick in Ash-Pit und Reusch Krater (5.835 m)

Sonnenaufgang im Krater Camp, mit Blick vom Uhuru Peak (5.895 m), Furtwängler Gletscher und die Northern Ice Fields (Hintergrund)

Mein Guide Saidi Ngaina mit Eiszapfen am Rebmann Gletscher

Auch vom Uhuru Peak (5.895 m) ist der **Reusch Krater** nur eingeschränkt aus rund 2 km Entfernung auszumachen. Das gesamte Kraterloch misst etwa 1,9 x 2,4 km und beinhaltet im Zentrum den mächtigen Ash-Pit mit etwa 800 m Durchmesser und 200 m Tiefe. Der Blick vom oberen Kraterrand und Aussichtspunkt ist atemberaubend und einzigartig zugleich. Wer Lust und noch immer ausreichend Körperenergie besitzt, kann zusätzlich von Norden her in den Krater hinabsteigen und bis tief in den Schlund hinein sehen. **Vorsicht:** Es gab in den letzten Jahren einige tödliche Abstürze aufgrund von abrutschendem Geröll am Rand des Schlundes. Bitte denken Sie daran, dass die Körperfunktionen und der Gleichgewichtssinn auf dieser Höhe nur eingeschränkt funktionieren. Bitte keine Experimente und Mutproben wagen!

Zurück am Zelt bietet die untergehende Sonne ein wunderbares Farbspiel. Ein stahlblauer Himmel steht über dem ewigen Eis, das mit unendlichen Farbnuancen der einfallenden Sonnenstrahlen illuminiert wird. Sofort nach Sonnenuntergang wird es bitter kalt und noch ungemütlicher, als es am Tag schon war. Die heiße Suppe des Kochs bietet da eine willkommene Stärkung, die durch das anschließende Abendessen noch überboten wird. Schon früh am Abend zieht man sich ins schützende Zelt und in den warmen Schlafsack zurück. Durch die extreme Kälte (ca. -15°C) kommt es definitiv zum Einfrieren jeder Flüssigkeit in Ihrem Zelt. Bewahren Sie deshalb alle am kommenden Tag benötigten Wasservorräte, Trinkschläuche und Batterien/Akkus im Inneren Ihres Schlafsacks auf. Nur so können Sie eine Funktion der Ausrüstung am nächsten Morgen sicherstellen. Ziehen Sie sich warm an und versuchen Sie trotz der möglichen Kopfschmerzen und dem deutlich spürbar erhöhten Pulsschlag eine einigermaßen angenehme Nacht zu verbringen.

Tag 7 Krater (5.700 m) - Uhuru Peak (5.895 m) - Mweka Camp (2.850 m)
Aufstieg zum Uhruru-Peak und Abstieg bis zum Mweka Camp
Gehzeit ca. 7-8 Stunden (12 km)

Wecken um 5.00 Uhr: Heute steht der lang ersehnte Gipfelsturm an. Lediglich 200 Höhenmeter und 60 Minuten Aufstiegszeit trennen Sie vom Höhepunkt Ihrer Kilimanjaro-Besteigung. Direkt hinter dem Zeltplatz, unmittelbar 200 m unter dem Uhuru-Peak, startet gegen 6.00 Uhr der Aufstieg in der steilen, felsigen Nordwand an der südlichen Flanke des Kibo. Trotz relativ guter Nachtruhe und bester Ausrüstung wird der frühmorgendliche Aufstieg eine unerwartet anstrengende und frostige Angelegenheit. Der eisige Wind bläst scharf wie Messerklingen und große Felsbrocken machen den steilen Weg noch schwieriger. Erst die langsam aufgehende Sonne am östlichen Kraterrand gibt dem Tag etwas Positives und bringt ein erwärmendes Gefühl in die frostigen Glieder.

Nach guten 60 Minuten erscheint plötzlich und ohne lange Ankündigung das bekannte Holzschild es **Uhuru Peak** mit den Zeilen „CONGRATULATIONS! – YOU ARE NOW AT UHURU PEAK, TANZANIA, 5.895 M. AMSL".

Ein erhabenes Gefühl, was bei dem einen oder anderen Gipfelstürmer auch mal eine Träne fliesen lässt. Es ist (fast) geschafft. Zumindest ist der höchste Punkt Afrikas schon mal erreicht und nur noch der Abstieg zu bewältigen. Genießen Sie die atemberaubende Szenerie im 360° Panorama und vergessen Sie nicht das Erinnerungsfoto.

Nachdem alle Gipfel-Eindrücke festgehalten sind, beginnt sodann der Abstieg. Vom Uhuru Peak geht es in östlicher Richtung auf dem Bergkamm vorbei an **Kersten-**, **Decken-** und **Rebmann-Gletscher** sowie dem **Hans Meyer Point** (5.888 m), bis kurz vor den **Stella Point** (5.740 m). Hier führt die Abstiegs-Route nun zwischen

Rebmann Gletscher und **Ratzel Gletscher** steil bergab über anfangs rutschige, staubige Geröll-Passagen und später über felsige Steinplatten. Nach etwa 3 Stunden Abstieg ist das **Barafu Camp** (4.600 m) endlich erreicht.

Nach der Mittagspause, mit frisch zubereitetem, warmen Mittagessen, geht es mit den gepackten Rucksäcken und dem gesamten Team weiter bergab. Die verbleibenden 10 km bis hinunter zum **Mweka Camp** (2.850 m) verlaufen in einer abwechslungsreichen Vegetation. Kaum hat man das **Barafu Camp** verlassen, tauchen die ersten Gräser und Büsche auf. Bereits am Horizont kann man den grünen Gürtel der Moorlandschaft erkennen, die bald darauf Einzug nimmt. Geröll, Felsen und Erica-Bäume bestimmen das Landschaftsbild bis zum Camp. Nach guten 3 Stunden haben Sie endlich das Mweka Camp und damit das Ende der heutigen Tagesetappe erreicht. Der Spätnachmittag verläuft ruhig und dient zum Regenerieren von Körper und Geist.

Tag 8 Mweka Camp (2.850 m) – Mweka Gate (1.800 m)
Abstieg durch Moorland und Regenwald, ca. 3-4 Stunden (10 km)

Gut ausgeschlafen beginnt der Tag mit einem reichhaltigen Frühstück. Danach ruft der Guide, wie auf jeder Route, das Team zur „Trinkgeld-Zeremonie" zusammen. Alle Personen versammeln sich nun für das Gruppenbild und zum Erhalt des klar verdienten Trinkgeldes *(siehe Kapitel A-Z > Trinkgeld).*

Die letzte Etappe Ihrer Kilimanjaro-Besteigung ist nicht besonders schwierig. Es geht ausschließlich bergab und fast nur über gut ausgebaute Waldwege. Vereinzelt finden sich stabile Holzbrücken über die herabströmenden Flüsse der Kilimanjaro-Gletscher, die sich ideal für letzte Erinnerungsfotos eignen. Mit abnehmender Höhe tasten Sie sich immer näher an den saftigen Regenwaldgürtel vor, der die zweite Hälfte des Abstiegs dominiert. Die Geräuschkulisse lässt unlängst erkennen, dass die Tierwelt einzieht und Sie mit großen Schritten der Zivilisation näher kommen.

Spätestens wenn die ersten Kids, Brennholz sammelnd, am Wegrand auftauchen, ist das **Mweka Gate** (1.800 m) nur noch ein paar Minuten entfernt. Stolz dürfen Sie nach der Ankunft hier Ihren Namen in das Besteigungsbuch eintragen und ein Gipfelsouvenir im kleinen Shop kaufen. Die Urkunde zur erfolgreichen Besteigung erhalten Sie meist am Abend im Hotel von Ihrem Guide. Natürlich freuen sich Guide und Team auch über eine abendliche Einladung zum Drink. ■

Umbwe-Route (ca. 51 km)

Die **Umbwe-Route** ist eine landschaftlich sehr reizvolle, **klassische 5-Tagesroute** aber mit Abstand das Schwierigste, was der Kilimanjaro zu bieten hat. Die ersten beiden Tage sind extrem anstrengend und ausschließlich gut trainierten Bergsportlern vorbehalten, die bereits Erfahrungen auf anderen anspruchsvollen Bergrouten gesammelt haben und über eine hervorragende Trittsicherheit verfügen. Akklimatisierungsphasen gibt es auf der Standard-Route kaum, es sei denn, man legt einen 6. Zusatztag im **Karanga Valley** ein.

Zur Gruppen-Besteigung eignet sich die Route aufgrund der unterschiedlichen Konditionsstufen der Touristen nur bedingt. Ein MUSS ist sie dagegen für alle „Besessenen“, die den Kilimanjaro bereits auf den fünf anderen Routen bezwungen haben und nun den krönenden Abschluss erzielen möchten oder für diejenigen, die ein Buch schreiben ☺. Nach neusten Statistiken der TANAPA (Nationalparkbehörde) steigen nur 2% aller Bergtouristen über die **Umbwe-Route** zum Gipfel. Bei meiner Besteigung war ich für zwei Tage, bis zum **Barranco Camp**, der einzige Tourist auf der Route.

An den ersten beiden Tagen müssen jeweils über 1.000 Höhenmeter auf schmalen Pfaden durch steiles, oft matschiges Gelände sowie über urzeitlich anmutende Baumwurzeln und rutschige Felsen bewältigt werden. Der Aufstieg erfolgt bis zum **Cave Camp** (2.850 m) steil ansteigend und urtümlich durch den tropischen Regenwald und teilweise ohne befestigten Pfad. Zwar ist die Route heutzutage an vielen Stellen geflickt und präpariert, doch sind meterhohe Baumwurzeln oder senkrecht verlaufende Pfadabschnitte nicht einfach zu beseitigen. Der zweite Tag bis hinauf zum **Barranco Camp** (3.950 m) bietet in der ersten Hälfte noch steilere, kaum begehbare Waldabschnitte und eine etwa 15 Meter hohe Felspassage, die fast senkrecht und ohne Ausrüstung geklettert werden muss. Nach dem Eintritt in die Heide- und Moorlandzone wird der Weg besser und es bieten sich belohnende, einzigartige Blicke auf den südlichen Kibo.

Ab dem **Barranco Camp** verlief die Route früher über die **Western Breach Wall**, die aber wie bereits in anderen Kapiteln mehrfach erwähnt, im Jahre 2005 gesperrt wurde. Somit verläuft die heutige **Umbwe-Route exakt entlang der Machame-Route** über die anspruchsvolle **Great Barranco Wall** und **Karanga Valley** bis hoch zum **Barafu Camp**. Von dort aus führt der nächtliche Aufstieg vorbei am **Stella Point** (5.740 m) bis zum **Uhuru Peak** (5.895 m) und später abwärts über die **Mweka-Route**.

Um zu viele Wiederholungen zu vermeiden, beschreibe ich für die wenig begangene Umbwe-Route nur die ersten 2 Tage als einzelne Route. Danach lesen Sie bitte den möglichen Routenverlauf in der Machame- oder Lemosho-Route nach.

Die Umbwe-Route auf einen Blick

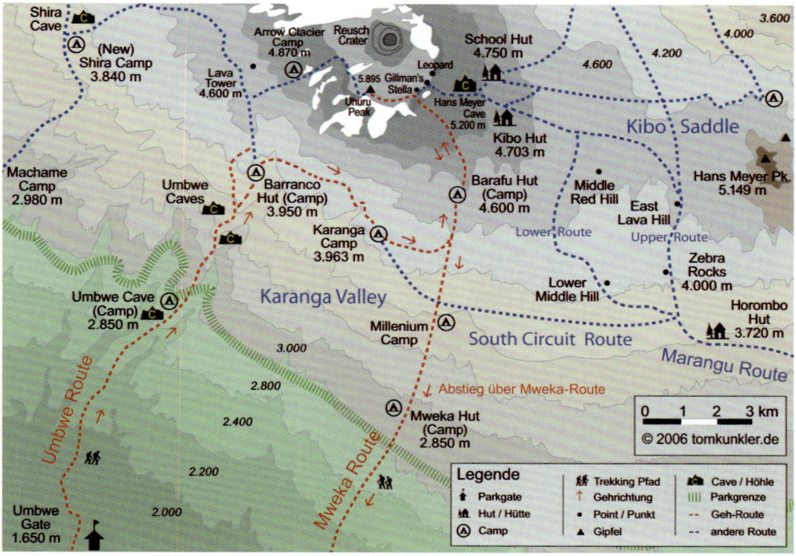

Etappen und Gehzeiten:

	Startpunkt	Zielpunkt	Höhenm.	Distanz	Gehzeit
Tag 1	Umbwe Gate (1.650 m)	Cave Camp (2.850 m)	↑ 1.200 m	8 km	4-6 h
Tag 2	Cave Camp (2.850 m)	Barranco Camp (3.950 m)	↑ 1.100 m	6 km	4-6 h
Tag 3	Barranco Camp (3.950 m)	Barafu Camp (4.600)	↑ 650 m	8 km	7-8 h
Tag 4	Barafu Camp (4.600 m)	Uhuru Peak (5.895) - Mweka	↑ 1.295 m ↓ 3.045 m	19 km	12-14 h
Tag 5	Mweka Camp (2.850 m)	Mweka Gate (1.800 m)	↓ 1.050 m	10 km	3-4 h
Total			**8.340 m**	**51 km**	**38 h**

Plus (+) wenig begangen, landschaftlich sehr reizvoll und ursprünglich

Minus (-) anstrengendste Route am Berg, sehr gute Trittsicherheit erforderlich, nur für gut trainierte Bergsportler zu empfehlen

Wichtig: Alle Angaben beziehen sich auf meine Besteigung der Umbwe-Route im Monat September, bzw. der Machame-Route während der kleinen Trockenzeit in den Monaten Dezember/Januar. Eine andere Besteigungszeit bringt zwangsweise auch andere Wetterverhältnisse mit sich.

Routen-Details

Tag 1 Umbwe Gate (1.650 m) – Cave Camp (2.850 m)
Aufstieg in der Regenwaldzone, Gehzeit ca. 5-6 Stunden (8 km)

Nachdem am Vortag im Hotel das offizielle Briefing mit dem Guide stattfand, sind Sie grob über den Routenverlauf und die Besonderheiten informiert. Meistens wird ein Treffen gegen 9.00 Uhr verabredet.

Die Fahrt zum **Umbwe Gate** (1.650 m) ist die kürzeste Anfahrt zur Besteigung des Kilimanjaro. Der Weg führt aus Moshi hinaus in Richtung Arusha. Auf der Hauptstraße passiert man zunächst die beiden Supermärkte „Highway" und „Rosaki". Sie dienen bei Bedarf dem letzten Einkauf für Schokolade und Kekse, die auf der **Umbwe-Route** ohne Zweifel gute Dienste leisten werden. Nur wenige Kilometer nach dem Ortsausgang von Moshi biegt die Straße rechts ab in Richtung des vorausliegenden Kilimanjaro. Die etwa einstündige Fahrt auf dem holprigen Feldweg führt zunächst durch kleine Bergdörfer, vorbei an einigen Schulen und großen Bananenplantagen, bis hinauf zum Bergdorf „Umbwe", nach dem die Route benannt wurde. 2-3 Autominuten nach dem Ortsausgang teilt sich die Straße und der Fahrer folgt dem Schild „Kilimanjaro Nationalpark – Umbwe Entrance". Nach etwa 5 Minuten sieht man links, etwas verlassen, den heutigen Startpunkt, das Umbwe-Gate.

In vielen Büchern und Karten ist die Höhe des Startpunktes mit über 1.800 m angegeben. Nach mehreren eigenen Messungen und Vergleichen mit anderen Höhenmessern habe ich mich jedoch für 1.650 m entschieden. Die Registrierung der Gruppe ist, entgegen den Aussagen anderer Bücher, auch direkt hier am Gate möglich, soweit die Gebühren im Vorfeld durch den Tour-Operator am Marangu-Gate entrichtet wurden. Die hiesige Ranger Station besteht aus einem Hauptgebäude und zwei luftigen Pavillons, die wohl als Regenschutz dienen. Vor dem Start muss jeder

Bergtourist, wie auf allen Routen üblich, seinen Aufstieg mit Name, Anschrift, Alter und Reisepassnummer bestätigen. Wie ich aus den Eintragungen meiner Vorgänger erkennen kann, kommen nur alle paar Tage aufstiegswillige Touristen zur Registrierung vorbei. Der Ranger wartet also bloß darauf endlich ein „Opfer“ zu finden, mit dem er über zu schweres Gepäck diskutieren kann, um evtl. seinen Sohn oder Neffen als zusätzlichen Träger mitzuschicken. Bei uns hat es nicht geklappt, da geschicktes Umpacken und deutliche Worte meines Guides Saidi ihn überzeugen konnten.

Am späten Vormittag, gegen 11.30 Uhr, ist dann endlich der Abmarsch angesagt. Die ersten 30 Minuten führen über eine gut 4 Meter breite, matschige Forststraße in den dichten Regenwald. Schon kurz nach dem Start kann man auf kleine Gruppen von Kindern treffen, die für ihre Familien Feuerholz sammeln. Sie schnüren gut 20-30 kg schwere Holzbündel, um sie aus dem feuchten Regenwald nach Hause zu bringen. Es ist für uns Europäer schwierig nachzuvollziehen, wenn man kaum bekleidete Kinder von 8-10 Jahren mit der Zementsack schweren Last auf dem Kopf sieht. Durch das Verschenken von ein paar Gummi-Bärchen und frischem Obst kann man in überaus glückliche und dankbare Kindergesichter blicken.

Nach einer Weile wird der Weg schmäler und vor allem deutlich matschiger. Wenn Sie nicht aufpassen, stehen Sie bis zum Knöchel im Matsch oder rutschen womöglich darin aus. Die Vegetation nimmt parallel zur Steigung zu. Durch die gigantischen Farngewächse, hohen Urwaldbäume und dichten Gräser fällt kaum mehr Licht auf den Weg. Nur die leuchtend roten Springkrautblüten *(lat Impatiens kilimanjari)* und ihre Cousinen in violetter Blütenpracht *(Impatiens pseudoviola)* bringen etwas Farbe in das dunkelgrüne Pflanzengewirr. Über matschige Hänge und überdimensional große Baumwurzeln bahnt man sich einen Weg nach oben.

Der Puls schlägt heftig und die Anstrengung ist für die noch relativ geringe Höhe (ca. 2.200 m) mehr als beachtlich. Der stark renovierungsbedürftige Trail schlängelt sich so die ersten 2-3 Stunden den Berg hinauf und fordert manchen Energieriegel und viel Flüssigkeit aus dem Wasservorrat.

Auf der Landkarte betrachtet, führt der Pfad entlang eines Bergkammes zwischen zwei Tälern mit dem **Umbwe River** auf der rechten und dem **Lonzo River** auf der linken Seite. Ab und zu kann man im Stimmengewirr des Urwaldes das Rauschen der Flüsse hören und erhält einen kleinen, nicht allzu tiefen Blick hinunter ins **Lonzo-Tal**. Wahrscheinlicher ist es aber, dass gespenstig dichter Nebel sowohl weit reichende Blicke in das Tal, als auch in den Regenwald unmöglich machen. Seien Sie auch auf stärkere Regenschauer gefasst, die im Regenwald ohne jegliche Ankündigung plötzlich einbrechen können.

Doch plötzlich werden Sie Ihren Augen kaum trauen, denn aus dem eben noch kaum erkennbaren, unwegsamen Bergpfad wird ein 1,5 Meter breiter, gut ausgebauter Wanderweg, den die TANAPA erst im Frühjahr 2006 präpariert hat. Hochmotiviert schreitet man mit großen Schritten über den befestigten Boden und gewinnt schnell an Höhe. Ab und zu sind einige verwucherte Seitenwege zu erkennen, auf denen früher die Route verlief. Seien Sie froh, dass diese Zeiten vorbei sind, denn die nächste Anstrengung lässt nicht lange auf sich warten.

Nach weiteren 2 Stunden (4 Stunden ab dem Start) ist es vorbei mit dem ausgebauten Wanderweg und man kann nur noch erahnen, dass hier ein Pfad verläuft. Extreme Steigungen und große Hindernisse in Gestalt umgefallener Bäume und bedrückend wirkende Baumwurzeln versperren den Weg. Immer wieder muss man meterhohe Hänge erklettern, um dem Anschlussweg zu folgen. Es ist verdammt anstrengend und man erkennt spätestens hier, warum die Umbwe-Route nur durchtrainierten Bergtouristen vorbehalten ist. Im letzten Abschnitt des Tages verläuft der Pfad dann am Grad des **Lonzo-Tals** und ist aufgrund vorhergehender Unfälle mit einem lang gezogenen Holzgeländer gesichert. Hinter der Bergklippe geht es unmittelbar mehrere hundert Meter steil bergab. Auch wenn dichter Nebel keinen wirklichen Abgrund erkennen lässt, spürt man deutlich den gefährlichen Grad, auf dem man läuft. Danach pirscht man sich noch etwa 1 Stunde weiter durch grundige Hänge, ewig feuchten Matsch und unbequeme Wurzeln, bis endlich das **Cave Camp** (2.850 m) unscheinbar auf einer Waldlichtung erscheint. Nach guten 5-6 Stunden haben Sie das Tagesziel erreicht und das vorausgeeilte Team begrüßt Sie mit einem freundlichen „Jambo" *(Hallo).*

Das Camp besteht aus einzelnen, kleinen Freiflächen, die aus dem verwucherten, feuchten Waldboden heraus geformt wurden. Maximal 1-3 Zelte haben auf den jeweiligen Terrassen Platz und für mehr als 10 oder 15 Zelte wird es wohl kaum genügend Stellplätze geben. In größeren Abständen findet man rund ums Camp einige der am Kilimanjaro üblichen Toilettenhäuschen mit Plumpsklo aus vermoderten Holzlatten. Angeblich haben hier, im dichten Regenwald, zur Jahrtausendwende 50 Zelte gestanden, was einem Märchen aus dem Buch der Gebrüder Grimm gleich kommt.

Die **1. Umbwe-Höhle**, nach der das Camp benannt wurde, befindet sich direkt unterhalb der Zeltplätze unter einem mit Gras bewachsenen Felsvorsprung. Sie diente bis vor einigen Jahren den Trägern und Köchen als nächtliches Camp. Wie in allen Höhlen des Kilimanjaro ist die Nutzung zur Übernachtung heutzutage verboten.

Nach kurzer Rast und dem Einquartieren ins eigene Zelt steht das wohl verdiente Abendessen auf dem Programm. Wie bei den anderen Routen ausführlich beschrieben, gibt es auch hier wahre Schlemmermenüs am Berg. Bei meinen Besteigungen habe ich zudem oftmals Fertiggerichte vom deutschen Hersteller „Trekking Mahlzeiten“ dabei, die auch für den afrikanischen Gaumen von Koch und Team eine nette Abwechslung zur durchaus hervorragenden lokalen Küche darstellen. Nur mit der Zugabe von heißem Wasser lässt sich der Packungsinhalt in ein vollwertiges Hauptgericht verwandeln. Wer kann schon nein sagen, wenn auch mal „Beefsteak Stroganow“ oder „Curry Huhn mit Reis“ auf der Speisekarte steht?

Das Beste an den mitgebrachten Speisen ist aber für mich der damit verbundene Kontakt zu Team und Koch im Küchenzelt. Es ist so zusagen „das Salz in der Suppe“, wenn man auch mal beim Kochen mithelfen darf und sich dadurch in die Gespräche und Verhaltensmuster einer anderen Kultur begibt. Nicht selten werden auch tanzanische Berglieder vorgetragen, von alten Zeiten erzählt und dabei viel gelacht.
Bei einer gemessenen Außentemperatur von 10°C kann man trotz feuchter Umgebung eine angenehme Nacht erwarten. Durch den frühen Sonnenuntergang in Afrika ist es bereits vor 19.00 Uhr komplett dunkel und schon bald wird man von der Müdigkeit eingeholt.

Tag 2 Cave Camp (2.850 m) – Barranco Camp (3.950 m)

Durch den Regenwald bis zur Alpinwüste, ca. 4-6 Stunden (6 km)

Wecken gegen 6.00 Uhr. Die Nachtruhe wurde das eine oder andere Mal durch laute Tiergeräusche in der nahen Umgebung gestört. Auch beim nächtlichen Toilettengang habe ich im entfernten Gebüsch die reflektierenden Augen einer Wildkatze beobachten können. Der Legende nach soll es auf der Umbwe Route neben Affen und zahlreichen Vogelarten auch Leoparden geben. Ein herrlicher Sonnenaufgang, wie in anderen Camps am Berg, ist hier im dunklen, nebligen Regenwald nicht zu erwarten.

Nach einem kräftigen Frühstück wird das Nachtlager abgebaut und der Tagesrucksack gepackt. Wasser erhalten Sie jeweils morgens frisch abgekocht vom Koch. Da nicht jeder Tour-Operator seine Köche mit den Regeln der Wasserentkeimung vertraut macht, ist es sinnvoll pro Liter Wasser 1 Tablette MICROPUR FORTE hinzu zu geben. KATADYN und MICROPUR Produkte sind in vielen Hotels oder direkt beim Tour-Operator erhältlich. Mehr zum Thema „Trinkwasser" finden Sie im *Kapitel A-Z > Wasserentkeimung*.

Eine der härtesten Passagen des Tages beginnt direkt am Camp. Nur schwer ist an diesem Morgen überhaupt die weitere Richtung oder ein Pfad auszumachen, denn die wenigen Trampelpfade auf dem Zeltplatz führen in verschiedene Himmelsrichtungen. Aber da gibt es ja noch den Guide, der seinen Job sicherlich gut macht und den richtigen Weg weist. Direkt geht es über mehrere hohe, teilweise frostige Baumwurzeln und extrem matschige Hänge. Nur mühsam kommt man mit Hilfe kräftiger Handgriffe an den Baumstämmen Meter um Meter höher. Der ewig rutschige Matschboden erschwert den steilen Aufstieg umso mehr. Auf schmalem, schulterbreitem Pfad oder auch mal ganz ohne sichtbaren Weg werden die ersten 30 Minuten des Tages unter extremen Bedingungen durchgeführt. Man glaubt es kaum, aber die Strapazen des Vortages sind tatsächlich noch zu toppen. Steiler, matschiger, felsiger und anstrengender lautet die Devise des heutigen Tages.

Der felsige Trail auf dem Bergkamm (ca. 3.000 m) mit typischen, Moos - behangenen Erica-Bäumen (lat. Erica arborea) der Moorlandschaft.

Im weiteren Verlauf nimmt die Steigung kurzzeitig leicht ab und ein etwa 1 Meter breiter Pfad führt hinaus in die langsam einziehende Heide- und Moorlandzone. Immer lichter wird der Wald und die hohen, schattigen Laubbäume weichen den für diese Region typischen 3-4 Meter hohen **Erica-Baumheiden** *(lat. Erica arborea).* Gewaltige Moosansammlungen und Flechten wuchern rechts und links des Weges, den sie immer wieder versuchen einzunehmen. Auch erste Blicke in das links verlaufende **Umbwe-Valley** und dem bereits genannten **Umwbe-River** werden sichtbar. Die Blicke offenbaren, dass Sie auf einem schmalen Grad laufen, der rechts und links hunderte Meter im felsigen Abgrund endet. Auch erste Sonnenstrahlen treffen auf die mit Moos bewachsenen Felsen und den feuchten Boden. Schon bald spürt man ihn deutlich abtrocknen und fester werden, was von großem Vorteil ist. Vorbei sind der Matsch und die unwegsamen Passagen. Nach all den Strapazen tut es gut auch mal „geradeaus“ zu gehen.

Durch unzählige moosbehangene Erica-Bäume geht es auf dem Bergkamm des Umbwe-Valley weiter, bis eine senkrechte, augenscheinlich unpassierbare Felswand den Weg versperrt. Zögerlich folge ich den Anweisungen meines Guides und lege Rucksack und Trekkingstöcke ab. Er wird sich um das Gepäck kümmern, sobald ich die Wand bestiegen habe. Die gut 10 Meter hohe Felspassage ist die steilste Wand auf den üblichen Kilimanjaro-Routen. Absolute Schwindelfreiheit und vollständig intakte Muskeln und Gelenke sind ein MUSS. Es gibt kaum Haltepunkte für Hände oder Füße und doch muss die Wand irgendwie bewältigt werden. Nach ein paar Minuten ist es dann geschafft und auch die Rucksäcke über felsige Kanten nach oben transportiert. So, als wäre nichts gewesen, setzt sich der abtrocknende Weg durch die Heide- und Moorlandzone weiter fort.

Blick vom Bergkamm auf den südwestlichen Kibo

Doch plötzlich öffnet sich entlang der rechten Wegseite der Wald und ein tiefes Tal wird sichtbar, an dessen oberen Hängen stolz und mächtig der schneebedeckte Kibo herausragt. Blicke auf den **Western Breach** und die **Südgletscher** werden sichtbar, wenn zeitgleich durch den wundervollen Anblick ein „motivierender" Ruck durch den Körper schießt. Immer wieder bietet der Wegverlauf nun Blicke auf den Kibo, bevor er von kleinen Hügeln verdeckt wird. Die Landschaft wird ab einer Höhe von rund 3.200 m nun mehr und mehr von niedrigeren Gräsern bestimmt, wo gleichzeitig der Weg oftmals felsige Passagen bereithält. Auch die Steigung nimmt erneut deutlich zu und knüpft an die härtesten Passagen des Vortages an. Zwar gibt es kaum mehr Matsch und Schlamm, aber einzelne Hohlwege und große Felsbrocken sind nur mühsam zu bezwingen. Nach gut 2-3 Stunden Gehzeit hat man die Waldgrenze erreicht und weitere großartige Panoramablicke belohnen für den harten Aufstieg.

Ab etwa 3.300 m, noch kurz vor dem Erreichen der **2. Umbwe-Höhle,** säumen einzelne Formationen der bekannten **Riesenkreuzkräuter** oder auch **Senecien** genannt *(lat. Senecio kilimanjari)* den Weg. Interessant ist, dass sie hier anfangs nicht wie üblich freistehend dominieren, sondern eher zurückhaltend in Feldern

von niedrigen **Erica-Baumheiden** zu finden sind. Wie auch immer - es lohnt sich ein Erinnerungsfoto, da die Senecien so nah nur am heutigen Tag angetroffen werden. Durch saftige Gräser und vorbei an wahrhaften **Senecien-Feldern** geht es nun gute 2 Stunden weiter bergauf, vorbei an den beiden verbleibenden **Umbwe-Höhlen**. Die Wanderung in besonderer Naturschönheit täuscht am frühen Nachmittag über die enormen Strapazen hinweg. Je nach körperlichem Zustand wird der Inhalt des mitgebrachten Lunch-Pakets auf einer Lichtung oder später im Camp verzehrt. Gute 500 Meter nach der 3. Höhle stößt man auf eine Kreuzung, die rechts ab zum **Barranco Camp** führt. Links würde man durch das **Barranco Valley**, quasi über Abschnitte der Machame-Route, zum **Lava Tower** oder dem **Arrow Glacier** (mit gesperrter Western Breach Wall) aufsteigen.

Sie werden sich höchstwahrscheinlich für den rechten Weg entscheiden und treffen nach guten 500 Metern auf die südliche Grenze des imposant gelegenen **Barranco Camp** (3.950 m), das zu den schönsten Camps am ganzen Berg zählt. Je nach Wahl des Zeltplatzes durch das vorausgeeilte Team sind noch einige Gehminuten durch das lang gezogene Areal nötig.

Die 2. Tagesetappe auf der Umbwe-Route kann als die anstrengendste Etappe aller Kilimanjaro-Routen bezeichnet werden. Zuerst sind es nur die anstrengenden, steilen und unwegsamen Passagen und später kommen der fehlende Sauerstoff der Höhe und mögliche Höhenbeschwerden hinzu. **Alles in allem, wie schon mehrfach beschrieben, eine harte Tortur, der Sie sich nur in austrainiertem Zustand unterwerfen sollten.**

Zur detaillierten Beschreibung des weiteren Routenverlaufs lesen Sie bitte ab dem Ende des 3. Tages in meiner Beschreibung der Machame-Route. ■

Mount Meru (ca. 44 km)

Der **Mount Meru** ist mit 4.566 (Gipfelschild 4.562,13 m) der 5.-höchste Berg Afrikas und einer der attraktivsten zugleich. Er liegt direkt am nördlichen Ende der Stadt Arusha und bietet ideale Trekking-Bedingungen mit dem Touch einer **Walking-Safari**.

Der **Mt. Meru** eignet sich vorzugsweise als Vorbereitungs- und Akklimatisierungsberg für eine anschließende Kilimanjaro-Besteigung und bietet zudem ein spannendes Trekking mit hautnahem Tiererlebnis für alle, die sich sportlich betätigen wollen, aber nicht gleich den höchsten Gipfel Afrikas anstreben. Dennoch stellt er eine große und anstrengende Herausforderung dar, die deutlich höher einzustufen ist als die Besteigung des **Kilimanjaro** über die klassische **Marangu-Route**. Besonders die steilen, nicht abgesicherten Felspassagen im oberen Drittel des **Meru** haben es in sich. Die gesamte Route wird wegen der Gefahr durch freilaufende Wildtiere von einem **Ranger** begleitet.

Es gibt nur eine Route, die man jedoch beim Auf- und Abstieg etwas variieren kann. Die Hauptroute führt ab dem **Momella Gate** zuerst westlich über eine Brücke des **Engarenanyuki River** über die tierreiche **Momella Ebene** und von dort zwischen dem **Tululusia Hill** und **Shapero Hill**, etwa 3 Stunden hinauf in Richtung **Miriakamba Hut** (2.514 m). Der erste Tag bietet eine garantierte Begegnung mit den tierischen Bewohnern der afrikanischen Hochebenen. Giraffen, Büffel, Zebras, Antilopen oder Paviane können aus nächster Nähe beobachtet werden. Übernachtet wird an allen Tagen in geräumigen Hütten. Der 2. Tag startet über lange und kraftraubende Treppen durch den Regenwald und führt vorbei an einzelnen Lichtungen und mit Flechten behangenen Bäumen bis zur **Saddle Hut** (3.566 m). Nach der Mittagspause kann man zur besseren Akklimatisierung, innerhalb einer Stunde Fußmarsch in nordwestliche Richtung den **Little Meru** (3.801 m) besteigen. Neben der guten Akklimatisierung belohnt der Weg mit einem hervorragenden Ausblick über die gesamte Region des Arusha Nationalparks.

Der eigentliche Gipfelsturm startet am 3. Tag gegen 2.00 Uhr morgens, um rechtzeitig bei Sonnenaufgang am Gipfel zu stehen. Es gilt gute 1.000 Höhenmeter auf anfangs staubigem und unwegsamem Trail zurückzulegen. Im weiteren Verlauf, vorbei am **Rhino Point** (3.800 m), geht es über schmale Bergkämme und sehr felsige und gefährliche Passagen bis zum Gipfel. Nach etwa 5 Stunden ist das Ziel erreicht und Sie stehen bei 4.562,13 m (gemäß Schild) auf dem so genannten **Socialist Peak**, dessen Namensgebung noch an die früheren sozialistischen Zeiten Tanzanias erinnert. Bei gutem Wetter kann man in den **Meru-Krater** und seinen **Ash-Cone** (Vulkanschlund) sehen. Selbst ein Blick zum benachbarten Kilimanjaro ist bei gutem Wetter auf jeden Fall möglich. Der Abstieg verläuft über denselben Weg bis hinunter zur **Saddle Hut**, wo ein warmes Mittagessen auf Sie wartet. Das Tagesziel ist aber erst dann erreicht, wenn Sie 3 Stunden später erschöpft und mit müden Beinen die **Miriakamba Hut** erblicken.

Der Abstieg am Tag 4 kann dann wahlweise über die bereits 2 Tage zuvor gegangene Aufstiegsroute (Northern Route) oder über die gut 3 km südlicher gelegene 4x4 Forststraße (Southern Route) stattfinden. Diese führt durch den vegetationsreichen **Kitoto Forest**, vorbei an Wasserfällen und einem sehenswerten, durch die Straße gespalteten **Arched Fig Tree** (Feigenbaum). Am frühen Nachmittag erreicht man nach erfolgreicher Besteigung wieder das **Momella Gate**.

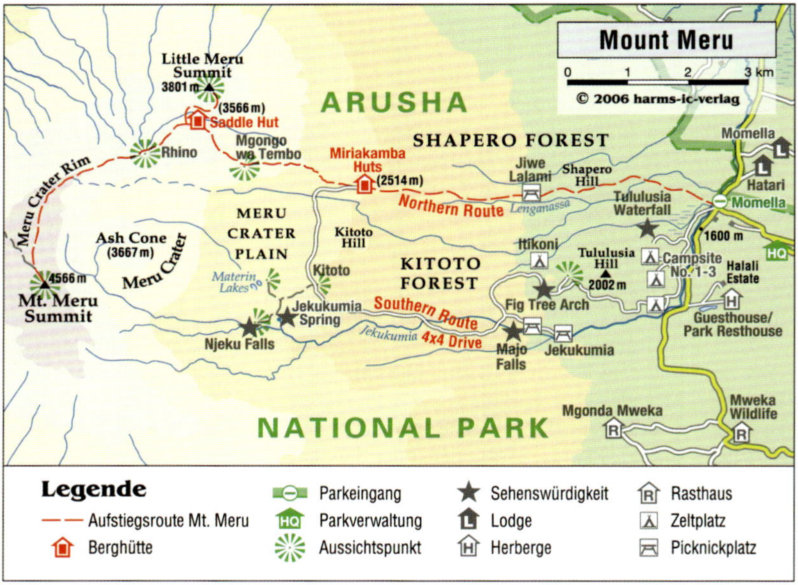

	Startpunkt	Zielpunkt	Höhenm.	Distanz	Gehzeit
Tag 1	Momella-Gate (1.580 m)	Miriakamba Hut (2.514 m)	↑ 950 m	6 km	4-5 h
Tag 2	Miriakamba Hut (2.514 m)	Saddle Hut (3.566 m)	↑ 1.050 m	6,5 km	3-4 h
Tag 3	Saddle Hut (3.566 m)	Socialist Peak (4.566 m) → Miriakamba Hut	↑ 1.000 m ↓ 2.050 m	6 km 13 km	12-14 h
Tag 4	Miriakamba Hut (2.514 m) **über Südroute**	Momella-Gate (1.580 m)	↓ 950 m	14 km	4-5 h
Total			**6.000 m**	**45,5 km**	**28 h**

Positiv (+) wenig begangen, tolle Tierwelt, saubere Hütten, idealer Vorbereitungsberg für spätere Kilimanjaro Besteigung

Negativ (-) Trittsicherheit erforderlich, felsige Gipfelpassage, anstrengender Abstieg (geht auf die Kniegelenke)

Routen-Details

Tag 1 Momella Gate (1.580 m)) - Miriakamba Hut (2.514 m)
Aufstieg in der Kultur- und Regenwaldzone, Gehzeit ca. 4-5h (6 km)

Je nach Ausgangsort, Arusha oder Moshi, benötigt man 1 bis 1,5 Stunden Anfahrt zum **Ngongongare Gate**, etwa 10 km nördlich der Hauptverkehrsstraße, die von Arusha nach Moshi führt. Auch wenn Arusha in geringer Entfernung zum Berg liegt, ist die Anfahrt über die holprige Schotterstraße, vorbei an Reisfeldern, Plantagen und Lodges, langwierig. Nachdem das Eingangsgate zum **Arusha Nationalpark** erreicht ist, werden hier die Formalitäten erledigt, Parkgebühren gezahlt und die mitgebrachte Verpflegung noch einmal sortiert, um das maximal zugelassene Tragegewicht der Träger nicht zu überschreiten.

Anders als bei den übrigen Nationalparks kann man hier auf eigene Faust anreisen und selbst die anfallenden Gebühren *(siehe Kapitel Safari-Parks)* begleichen. Auch die Besteigung des **Mt. Meru** ist ohne einen lokalen Tour-Operator möglich, sofern man die eigene Verpflegung und Kochgelegenheiten mitbringt sowie einen im Park angestellten, bewaffneten Ranger anheuert. Dieser fungiert als Guide und als Bodyguard im Falle einer unerwarteten Begegnung mit einem Leoparden oder Büffel. Bitte seien Sie auch trotz Ranger vorsichtig! Die hier geschilderte Besteigung habe ich nicht auf eigene Faust, sondern mit meinem befreundeten Guide Saidi Ngaina von ZARA-Tours und seinem Team durchgeführt, die mich ebenfalls auf allen Kilimanjaro-Besteigungen begleitet haben. Als bewaffneter Ranger stand uns mein langjähriger Freund Joseph Samba zur Verfügung. Er ist seit Jahren mein treuer Begleiter im Arusha Nationalpark. Obwohl ich üblicherweise immer alleine mit meinem Team unterwegs bin, führte ich diese Meru-Besteigung mit Paul aus London durch. Wir lernten uns im Hotel kennen und beschlossen die Tour gemeinsam, aber mit unterschiedlichen Guides, zu gehen, bevor wir beide 1 Woche später, getrennt und über verschiedene Routen, den Kilimanjaro bestiegen haben.

Nach aufwendiger Abfertigung in praller Sonne kann das **Ngongongare Gate** nach etwa 30 Minuten passiert werden. Denken Sie bereits jetzt an ein Sonnenschutzmittel, um der starken Sonneneinstrahlung während des Aufstiegs entgegen zu wirken. Direkt nach dem Gate ändert sich die Landschaft und man befindet sich inmitten von Afrikas Safari-Welt. Auf den folgenden 14 km, entlang einem der vielen Feldwege bis zum **Momella Gate**, kann man zahlreiche freilaufende Tiere auf lichten Plätzen antreffen. Sowohl Giraffen als auch Büffel-, Zebra- und Gnuherden grasen unbeeindruckt entlang der saftigen Wiesen an den vielen kleinen Wasserlöchern und Seen. Meist erreicht man am frühen Nachmittag das **Momella Gate**, gerade rechtzeitig, um den mitgebrachten Lunch zu verzehren. Sobald nun zum zweiten Mal alle Papiere von den Park-Angestellten kontrolliert wurden, bekommt man einen **Ranger** zugeteilt.

Kurz nach Mittag beginnt die erste Tagesetappe zur **Miriakamba Hut** (2.514 m). Vom Gate aus geht es in Richtung Norden, über die Brücke des **Ngare Nanyuki Rivers,** auf die **Momella-Hochebene**. Schon nach einigen Minuten tauchen in sicherer Entfernung die ersten Büffelherden auf. Etwas näher, fast in Streichelnähe, trifft man auf erste Giraffen, die noch bis hoch an den Berghängen zu finden sind. Es ist keine Seltenheit, dass man bis auf 10 Meter an sie herankommt und fantastische Erinnerungsfotos schießen kann. Auch Paviane kreuzen manchmal den Weg. Hobby-Fotografen sollten für diesen Tag unbedingt das Teleobjektiv parat haben. Nach der ersten Stunde spannender Walking-Safari beginnt die Steigung am **Shapero Hills** zuzunehmen. Rasch erreicht man die 2.000 Meter Grenze und durchwandert erste Waldstellen mit gelb-rot blühenden **Fackellilien** *(eng. Red Hot Poker, lat. Kniphofia thomsonii)* und blühenden Gräsern. Der anfangs 2 Meter breite Weg wird mit der Zeit schmäler, bis er nach den ersten Stunden einem schmalen Trampelpfad immer ähnlicher wird. Der erste Tag führt kaum durch den Regenwald, sondern bietet offene und weit reichende Blicke von verschiedenen Aussichtshügeln. Selbst der Kilimanjaro kann am östlichen Horizont bei gutem Wetter gesichtet werden.

Nach 4-5 Stunden mäßig anstrengendem Aufstieg erreicht man auf 2.514 Metern die **Miriakamba Hut**. Das Lager besteht aus 3 großen Hütten, von denen eine als Küche dient und die beiden anderen, mit je 24 Betten, Gruppenräume für die Touristen darstellen. Die Hälfte der Hütte ist in abgetrennte Vierbettzimmer aufgeteilt. Die hölzernen Hoch-

Miriakamba Hut (2.514 m)

betten sind geräumig und die Matratzen in recht gutem Zustand, wenn man sie mit denen der Kilimanjaro-Hütten vergleicht. Man benötigt also nur einen Schlafsack und keine Iso-Matte. Daneben gibt es ein kombiniertes Toilettenhäuschen mit Waschgelegenheit. Das gelb-trübe Wasser am Mt. Meru sollte übrigens keinesfalls undesinfiziert und ungefiltert getrunken werden, da es hochgradig verschmutzt ist. Selbst Führer und Ranger raten vom Genuss des Wassers -auch abgekocht- grundsätzlich ab. Besser ist es aus der Stadt 3-4 Liter Trinkwasser pro Tag mitzunehmen. Das Gesamtgewicht von etwa 10-12 Liter pro Person wird von den Trägern (Porter) getragen und belastet nicht Ihren eigenen Rücken. Auf den Hütten bieten Ranger zusätzlich Softdrinks an.

Wenn Sie über einen Veranstalter gebucht haben, steht Ihnen nach der Ankunft auf der Hütte das Team mit einem Koch zu Verfügung. Sie erhalten Waschwasser und eine warme Mahlzeit. Ähnlich wie bei der Kilimanjaro-Besteigung werden zunächst Popcorn und Kekse serviert, bevor dann ein mehrgängiges Abendessen folgt. Wie oft am Berg sind Körper und Geist müde und man bewegt sich recht früh ins Bett. Die Nachttemperatur in den unbeheizten Hütten kann auf etwa 10°C fallen. Die Außentemperatur bewegt sich um 5°C.

Tag 2 Miriakamba Hut (2.514 m) - Saddle Hut (3.566 m)
Aufstieg in der Regenwald- und Moorlandzone, Gehzeit ca. 4h (7 km)

Die 2. Etappe ist etwas kürzer als die des Vortags, aber dafür deutlich schwieriger. Der grundige Weg führt etwa 3-4 Stunden steil bergauf, bis er nach etwa 1.000 Höhenmetern an der **Saddle Hut** endet.

Wir starten um 8.30 Uhr nach einem kräftigen Frühstück. Wie üblich hängen vormittags dichte Nebelfelder im dunklen Regenwald und schon 15 Minuten nach dem Start beginnt eine steile Etappe über hunderte hölzerne Treppenstufen, die das feuchte Erdreich befestigen. Sie sind unüberschaubar lang und erinnern im ersten Moment an die ewig langen Rolltreppen in Londons U-Bahn, nur dass diese den Passagier automatisch nach oben befördern und wir die hiesigen aus eigener Kraft bewältigen müssen. Unter Schnaufen und Stöhnen schaffen wir uns eine halbe Stunde über die Treppen nach oben. Danach setzt wieder der übliche, etwa 1,5 Meter breite Trekkingweg ein. Man trifft erneut auf große Ansammlungen der blühenden **Fackellilie** und auf große **Akazien** sowie mit Flechten behangene **Erica-Baumheiden,** die den Wegrand säumen. Das dichte Moos und hervorsehende Baumwurzeln versuchen an manchen Stellen wildwuchernd den gesamten Weg einzunehmen. Umgestürzte Bäume und seit Jahren dahinmodernde Baumstümpfe lassen manchen Wegabschnitt zur Kletterstrecke werden.

Auf einer Höhe von ca. 3.000 Metern herrscht noch immer dichter Nebel im tropischen Regenwald. Nur einzelne leuchtende Pflanzen wie die schon mehrfach beschriebene **Fackellilie** (lat. *Kniphofia thomsonii*), die knall-gelbe **Geflügelte Kassie** *(lat. Cassia didymobotrya)* oder die rote **Schwertlilie** *(lat. Gladiolus watsonoides)* bringen Farbe in das satte Grün des Waldes.

Vorbei am Viewpoint **Mgogo wa Tembo** (der Rücken des Elefanten) wird nach etwa 3 Stunden wird die Vegetation lichter und man kommt auf einer Höhe von 3.200 Metern an **Paul's Picknickplatz**. Es ist ein idyllisch gelegener Wiesenplatz mit grandioser Aussicht auf den **Little Meru** (3.801 m). Paul und ich nutzen die Gunst der Stunde und verzehren an dem später nach ihm benannten Platz, im Gras sitzend, Sandwich und Hühnchenkeule aus der vom Koch gefüllten Lunchbox. Die Stärkung tut gut und man tankt neue Kräfte die schon bald darauf gebraucht werden.

Der weitere Weg führt durch zahlreiche metertiefe und gerade noch fußbreite Erdlöcher und Gräben weiter steil nach oben. Trittsicherheit und intakte Fußgelenke sind auf diesem Abschnitt wirklich notwendig. In steilen Serpentinen schlängelt sich der schmale Bergpfad immer weiter nach oben, bis man nach weiteren 2 Stunden die grünen Holzbauten der **Saddle Hut** (3.566 m) erblickt. Direkt an der ersten Hütte steht einladend eine selten große Ansammlung von **Lobelien** *(lat. Lobelia deckenii)*. Das Lager ist ähnlich dem letzten angeordnet und besteht ebenfalls aus 2 Hütten mit je 24 Betten für die Touristen und aus 2 weiteren Hütten die als Küche, Vorratsraum und Unterkunft für Guides und Träger zur Verfügung stehen. Ein stabiles Toilettenhäuschen mit Plumpsklo ist außerdem vorhanden. Da wir heute als eine der ersten Gruppen ankommen, erhalten Paul und ich eines der bevorzugten Vierbettzimmer.

Nach der Lunch-Pause beschließen wir den **Little Meru** zu besteigen, um uns besser für den nächtlichen Gipfelsturm zu akklimatisieren. Außerdem erhält man ja auch schon für diesen Gipfel eine erste Urkunde. Falls Sie also am großen Gipfel wider Erwarten scheitern sollten, haben Sie dieses Papier schon einmal in der Tasche. Der Aufstieg zum **Little Meru** (3.801 m) dauert 45-60 Minuten und man hat eine herrliche Sicht auf die Saddle Hut und die gerade nicht von durchziehenden Nebelfeldern bedeckten Berghänge. Zwischendurch werden auch Blicke auf das Gebiet der **Momella Seen** frei, die, friedlich in saftiges Grün eingebettet, die 2.000 Höhenmeter tiefer liegende Landschaft verzaubern.

Saddle Hut (3.566 m), Blick vom Little Meru (3.801 m)

Sogar die Momella Lodge, **Hardy Krügers** ehemaliges Buschhotel, ist bei guter Sicht von hier oben auszumachen. Der Aufstieg ist recht anstrengend und man merkt deutlicher die fortgeschrittene Höhe, die man bisher ohne großartige Akklimatisierung erreicht hat. Auch erste Kopfschmerzen machen sich langsam bemerkbar. Nach kurzem Aufenthalt auf dem windigen Gipfel des **Little Meru** sind wir in einer guten halben Stunde wieder am Lager und nutzen den restlichen Nachmittag zum Ausruhen.

An den großen Tischen im Vorraum der Hütten gibt es ausreichend Platz für das üppige Abendessen, welches stilvoll auf mitgebrachten Tischdecken serviert wird. Da Paul und ich ja genau genommen 2 getrennte Gruppen darstellen, bekommt jeder von uns einen eigenen Tisch mit eigener Tischdecke zugeteilt, was uns schon etwas schmunzeln lässt. Nach dem leckeren Abendessen sollten Sie die Ausrüstung für den nächtlichen Gipfelsturm bereit legen. Neben warmer Kleidung, Regenjacke, Mütze und Handschuhen ist die Kopflampe das wichtigste Utensil. Benutzen Sie auch Gamaschen, damit der feine Lava-Sand beim knöcheltiefen Einsinken nicht in Ihre Schuhe eindringen kann. Sinnvoll ist auch eine geschlossene Ski- oder Gletscherbrille, welche die Augen vor den starken Sandwinden schützt und am Vormittag die UV-Strahlen abhält. Zudem sollten Sie einen Sonnenschutz bereithalten (LS Faktor 30+), um sich am frühen Vormittag einreiben zu können. Die Sonnenstrahlen in der Gipfelregion können für ungeschützte Haut schon nach wenigen Minuten einen starken Sonnenbrand verursachen.

Gegen 20.00 Uhr liegen wir in den Betten, da bereits um 2.00 Uhr das Wecken für die nächtliche Gipfelbesteigung vereinbart wurde. Das Schlafen fällt schwer, weil man zum einen vor dem Gipfelsturm etwas aufgeregt ist und zum anderen die Höhe ihre Attribute fordert. Durch den niedrigen Luftdruck versucht der Körper den nötigen Sauerstoffanteil mit schnellerem Atmen und einem schnelleren Herzschlag zu kompensieren. Gerade Letzteres sorgt durch den rasend und deutlich pochenden Puls im ganzen Körper für eine (fast) schlaflose Nacht. Die Temperatur in der Hütte liegt bei 5°C und ist durch den warmen Schlafsack im windgeschützten Zimmer als sehr angenehm zu bezeichnen.

Tag 3 Saddle Hut (3.566 m) - Socialist Peak (4.566 m) - Miriakamba Hut
Aufstieg in der Heidelandzone und Alpinwüste, Abstieg durch den Regenwald, Gehzeit ca. 12-14 h (19 km)

Bereits vor dem eigentlichen Wecken um 2.00 Uhr reißt mich der Lärm in den Nachbarzimmern aus dem leichten Schlaf, den ich hatte. Offensichtlich wollen alle als Erste den Gipfel erreichen. Es fällt schwer zu dieser Uhrzeit und bei den kühlen Temperaturen aus dem warmen Schlafsack zu klettern, aber schon nach kurzer Zeit ist der Körper fit und das Frühstück im Vorzimmer serviert. Es gibt Kekse und heißen Tee, bevor es dann gegen 2.30 Uhr mit voller Montur und Kopflampe in die dunkle Nacht geht. Das Gepäck bleibt im Zimmer und wird erst nachmittags nach der Rückkehr vom Gipfel gepackt.

Die Temperatur liegt knapp über dem Gefrierpunkt und es windet sehr stark. Schon nach den ersten Minuten treibt mir der Wind unzählige Sandkörner in die Augen, da ich keine entsprechende Brille dabei habe. Im Gänsemarsch tasten wir uns in der sternklaren Nacht über die staubigen Gräben zwischen den niedrigen **Erica-Baumheiden** *(lat. Erica arborea)*. Zunehmend wird der Weg sandiger und rutschiger, bis man nach etwa 1,5 Stunden auf 3.800 m, den **Rhino Point** erreicht. Hier führt der Trail über einen schmalen Bergkamm mit tiefen seitlichen Abgründen, die man aber bei Nacht nicht erkennen kann. Nach Überschreitung der 4000 Meter Grenze ändert sich der Untergrund erneut und gleicht nun den Geröllfeldern an den seitlichen **Kibo-Berghängen**. Immer rutschiger werden die schrägen Passagen aus Lava-Sand und kleinen Geröllsteinen, während die Steigung weiter zunimmt.

Gifelbereich bei Tag

Die Luft wird knapp und man spürt unausweichlich die große Höhe. Verschnaufpausen und die Energiezufuhr in Form von Power- und Schokoriegeln werden immer wichtiger, während der rasende Pulsschlag wie ein Hammer im ganzen Körper pocht. Erste Zweifel der ganzen Aktion kommen auf und die Willenskraft, den noch immer 3 Stunden entfernten Gipfel zu erklimmen, nimmt deutlich ab. Der Weg führt nun über die westliche, steile Flanke des Meru. Der Weg verliert sich danach auf etwa 4.200 Meter in eine mit großen Felsbrocken übersäte Gipfellandschaft am steilen Hang. Viele davon sind vereist, rutschig und nur unter großer Anstrengung zu überklettern. Die mutmaßliche Gehrichtung ist nur an den wenigen grün bemalten Steinen zu erkennen, einen richtigen Weg gibt es nicht mehr. In den Alpen würden solche Passagen definitiv als Klettersteig mit Stahlseilen abgesichert. Schwindelfreiheit und Trittsicherheit sind ein Muss!

Der Himmel wird langsam hell und man kann erahnen, dass demnächst die ersten Sonnenstrahlen auf das Bergmassiv treffen. Nach ein paar Minuten ist der östliche Horizont glühend orange und die beiden Gipfel des **Kilimanjaro** erheben sich über den Wolken, vor der aufsteigenden Sonne. Wir sind etwas zu spät und können trotz der zahlreichen, bereits passierten Hügel den eigentlichen Gipfel noch nicht sehen. Unter großer Anstrengung sind dann die letzten hundert Meter mit Hilfe der Hände zu bestreiten. Die Strapazen sind groß und man freut sich sehr nur 50 Meter weiter oben endlich die tanzanische Flagge des Gipfels zu erspähen. Leider ist die Sicht an diesem Tag durch dichten Nebel eingeschränkt und gibt nur wenig des sonst grandiosen Ausblickes über den Norden Tanzanias frei.

Kurz nach dem Sonnenaufgang ist also nach 6 Stunden Gehzeit der **Socialist Peak** (4.566 m) erreicht. Es ist bitterkalt und ein kräftiger Bergwind bläst uns um die Ohren. Die Gipfelplattform ist knappe 3 x 3 Meter groß und fällt an der nordöstlichen Seite direkt und ohne Sicherheitsabsperrung einige hundert Meter tief ab. Aufgrund des eher geringen Aufkommens an Gipfelstürmern entsteht aber kein Gedränge. Unter der Flagge ist eine Aluminium-Box angebracht, die das Gipfelbuch enthält. Hier kann sich jeder Gipfelstürmer zum Beweis der erbrachten Leistung eintragen. Nach einigen Erinnerungsfotos schreiten wir zum Abstieg, der über dieselben steil abfallenden Geröllhänge führt. Hügel um Hügel, mit fantastischen Ausblicken in den **Meru Krater**, gehen und rutschen wir bis zum **Rhino Point** bergab. Erst jetzt, bei Tageslicht sieht man die teils gefährlichen Passagen, die nachts zu meistern waren. Ab 3.700 Meter setzt langsam wieder Vegetation ein und der Weg führt durch ausgetretene, sehr staubige Hohlgräben. Jeder Schritt des vorausgehenden Rangers wirbelt Sand auf, der durch den starken Wind in die Augen geblasen wird. Ich wünschte mir so sehr eine winddichte Brille zu haben, die ich an dieser Stelle nochmals empfehlen möchte.

Nach insgesamt 10 Stunden Marsch, seit dem Start an der **Saddle Hut**, hat uns diese wieder. Es folgt eine verdiente Mittagspause mit leckerem Menü vom Koch Rama, bevor es mit dem gesamten Gepäck und Team weiter bergab bis zur **Miriakamba Hut** geht. Am späten Nachmittag erreicht man dann nach 12-14 Höhenmetern endlich das Lager. Es ist kaum zu glauben, dass manche Berg-Touristen den Abstieg noch am gleichen Tag bis zum Momella Gate fortsetzen und die komplette Besteigung somit in nur 3 Tagen abwickeln. Meine Empfehlung ist klar die 4-Tages Variante. Ein tiefer Schlaf ist nach diesen Strapazen sicher.

Tag 4 Miriakamba Hut (2.514 m) - Momella Gate (1.500 m)
Abstieg über die Southern-Route, Gehzeit ca. 4-5h (14 km)

Das erste was man am 4. Tag nach dem Aufwachen deutlich spürt, sind die strapazierten Beine... Nach dem Frühstück startet dann erst einmal die „Trinkgeld-Zeremonie", zu der das gesamte Team zusammen kommt und in Reih und Glied parat steht. Bitte beachten Sie, dass Sie den einzelnen Teammitgliedern jeweils persönlich das Trinkgeld aushändigen und nicht dem Guide alleine das gesamte Geld übergeben. Eine Empfehlung über die Höhe des Trinkgeldes ist im *Kapitel A-Z > Trinkgeld* detailliert aufgeführt.

Heute kann man zwischen Abstiegsvarianten wählen. Die einfachste und kürzeste ist die über den gleichen Weg abzusteigen, wie man aufgestiegen ist (Northern Route). Im letzten Abschnitt, kurz vor dem Erreichen der Hochebene, bietet sich dann eine 15-minütige Exkursion zu den **Tululusia Falls** (Wasserfälle) an, die man aber auch schon am ersten Tag des Aufstiegs besuchen kann. Der Vorteil bei dieser Alternative liegt in der kürzeren Abstiegszeit von etwa 2-3 Stunden. Die zweite Alternative ist der Abstieg über die parallel verlaufende Offroad Straße durch den Akazienwald, südlich des **Kitoto Hills** (Southern Route).

Wenn Sie noch Kraft und Ausdauer haben, empfehle ich den im Folgenden beschrieben, längeren Weg, da er landschaftlich sehr reizvoll ist und nicht so schnell steil bergab führt. Es führt zunächst über einen steilen Feldweg ab der **Miriakamba Hut,** gute 100 Meter höher in Richtung Krater und dort auf der Krater-Ebene, mit atemberaubendem Ausblick über Bergkette und Vulkan. Nun überquert den nur saisonal vorhandenen **Lenganassa River** und geht dann über abwärts verlaufende Serpentinen am nördlichen **Kitoto Hill** weiter Richtung Tal. Man steigt im dichten Regenwald ab, der von vielen Blumen und Pflanzen dominiert wird. Nach etwa 2,5-3 Stunden wird die **Maio Falls Picknick Area** erreicht, eine wunderschöne Wiesenlandschaft an den gleichnamigen Wasserfällen, die zu einem Zwischenstopp einlädt. Danach macht der Weg eine lang gezogene Kurve in Richtung Norden, in der Ansammlungen der gelbblühenden **Geflügelten Kassia** *(engl. Popcorn Cassia)* zu bewundern sind.

Kurz darauf folgt der bekannte **Arched Fig Tree** (geteilter Feigenbaum). Der etwa 7 Meter (!) breite Baum wird durch die hindurchführende Forststraße geteilt, ein einzigartiger Anblick und bestens geeignet für ein unvergessliches Erinnerungsfoto. Der letzte Tagesabschnitt verläuft ähnlich der Aufstiegs-Route. Nach dem Verlassen des Waldes warten **Giraffen** auf ein letztes Foto, bevor man dann nach Durchwanderung der weitläufigen Ebene wieder die Brücke zum **Momella Gate** überquert. Am Gate angekommen, werden vom Ranger die Urkunden zur erfolgreichen Gipfelbesteigung ausgehändigt und danach geht es mit dem Offroad-Jeep des Tour-Operators zurück ins Hotel.

Ol Doinyo Lengai – der heilige Berg der Massai

Der 2.878 m hohe **Ol Doinyo Lengai** *(engl. mountain of god)* ist ein noch immer aktiver Vulkan des **Ostafrikanischen Grabenbruchs** *(siehe Kapitel Kilimanjaro)*. In der Sprache der **Massai** bedeutet **„Ol Doinyo Lengai"** soviel wie „Der Berg Gottes". Nach dem Glauben der Massai sitzt am Berggipfel der Gott **Engai,** dessen Zorn durch Vulkanausbrüche symbolisiert wird. In früheren Tagen wurden dem Gott Lengai durch die Stammesältesten der Massai Ziegen als Opfergaben bis zum Kraterrand gebracht.

Der Vulkan ist in den letzten 100 Jahren rund 20-mal ausgebrochen und hatte seinen letzen Ausbruch erst im März 2006. Die erkalteten Lavaströme sind an der tief zerfurchten Südseite des Berges sehr gut zu erkennen. Auch an den anderen Bergseiten sind 5-10 Meter tiefe Furchen der vergangenen Lavastrombahnen bereits aus einigen Kilometer Entfernung zu erkennen. **Der Ol Doinyo Lengai** ist der weltweit einzige Vulkan, der **Karbonatitlava** (magmatisches Gestein mit mehr als 70% Karbonat-Mineralien) ausstößt. Diese besondere Lavaart ist sehr dünnflüssig und fast vergleichbar mit der Viskosität von Wasser. Die neu erstarrte Lava hat eine dunkle Farbe, die sich aber schnell in ein helles Beige verwandelt. Diese helle Lava und weiße Vulkanasche geben dem Berg seine weiße, schneeähnliche Haube. Die Lava des Vulkans erreicht maximal 590° C, was im Vergleich zur Lava anderer Vulkane eine relativ geringe Temperatur bedeutet. Die hauptsächliche Förder-Aktivität findet in einem "Kratersee" im Berginneren statt. An den Austrittsstellen der Lava bilden sich steile Kegel, so genannte **Hornitos**, von denen einige über 10 Meter hoch sind. Sie pusten in regelmäßigen Minuten-Abständen heiße Luft empor, was Sie bei einer Besteigung hautnah miterleben können.

Der **Mt. Lengai** ist besonders reizvoll für aktive Trekkingtouristen, weil man ihn in nur einem Tag (während der Nacht) besteigen kann und er ein unvergessliches Erlebnis auf dem vulkan-warmen Boden des Kraterkessels bietet. Er ist ein sehr steiler Berg, dessen Route schnurstracks 1.500 Höhenmeter über steile Felspassagen und aalglatte Felsplatten nach oben führt. Die Besteigung setzt eine hervorragende **Fitness**, absolute **Trittsicherheit** und uneingeschränkte **Schwindelfreiheit** voraus. Der Berg ist zwar in gut 10-12 Stunden Auf- und Abstieg zu bezwingen, es ist jedoch eine Tortur, die den Anstrengungen am **Mt. Meru** oder **Kilimanjaro** weit überlegen ist.

Der **Ol Doinyo Lengai** liegt im Norden Tanzanias, etwa 120 km nordwestlich von Arusha, an der nördlichen Grenze der **Ngorongoro Conservation Area** und an der Südseite des **Lake Natron**. Er ist mit einem Geländewagen in guten 7-8 Stunden ab Arusha oder Moshi zu erreichen. Man fährt zuerst über die Hauptverkehrsstraße, die von Arusha nach Dodoma führt, bis zur Abzweigung im Ort **Makuyuni**. Dort geht es rechts ab in Richtung **Lake Manyara**. Kurz vor dem Ort **Mto wa Mbu** biegt man rechts in nördlicher Richtung in die Savanne ab und folgt etwa 2 Stunden der Schotterpiste parallel zum **Rift Valley**. Die Strecke passiert zahlreiche haushohe Termiten-Hügel und einige eindrucksvolle und ursprüngliche **Massai-Siedlungen**, wie man sie sonst kaum antrifft. Ein kleiner Stopp lohnt sich auf jeden Fall. Später erscheint nach einigen freistehenden Berghügeln auf der linken Seite wie eine Riesen-Pyramide der kegelförmige **Ol Doinyo Lengai**. Man folgt nun der holprigen Strecke Richtung Westen und fährt quasi am Berg vorbei bis zur 20 km westlich vom Berg liegenden **Waterfall Camp Side**. Das von Massai verwaltete Camp liegt in einem Tal, direkt am Fluss **Engaresero**, der wenige Kilometer weiter in den **Lake Natron** mündet. Das Camp ist ein ideales und ruhiges Nachtlager und der Ausgangspunkt für die spätere Besteigung des **Mt. Lengai.** Die Besteigung kann zwar von einem Tour-Operator in Moshi oder Arusha organisiert werden, ist aber nur mit einem lokalen **Massai-Bergführer** möglich. Diesen findet man im nahe gelegen Ort **Engaresero**, wo auch die Formalitäten erledigt werden.

Das Wecken, wie auch am Kilimanjaro in der Gipfelnacht üblich, ist gegen 23.00 Uhr angesagt. Da man beim Aufstieg mit kalten Winden und Temperaturen knapp über dem Gefrierpunkt rechnen muss, ist warme Kleidung und eine staubdichte Brille dringend empfohlen. Die nächtliche Fahrt zum etwa 1.400 m hoch gelegenen Startpunkt an der Südseite des Berges dauert etwa 45 Minuten. Der Weg führt erst durch die staubige **Massai-Steppe** bevor er nach einigen Schlaglöchern und diversen Lava-Schluchten in einer Wiese mit hohem Gras, direkt am Bergmassiv endet.

Der Aufstieg beginnt gegen 1.00 Uhr nachts auf einem schmalen Waldpfad. Im Lichtkegel der Kopflampe kann man außer der mannshohen Vegetation unmittelbar am Pfad nichts erkennen. Sowohl die steile Bergwand voraus als auch die tiefen Abgründe rechts und links des Trails sind nur bei Vollmond zu erkennen. Der Aufstieg ist mühsam und führt direkt steil nach oben. Schon nach einer Stunde verlangt der Körper nach Energieriegeln und einer ersten Verschnaufspause. Der pfeifende Wind bläst uns Sand und Staub ins Gesicht, was an die zahlreichen Gipfelnächte der Kilimanjaro-Besteigungen erinnert. Trotz massiver Anstrengung und starker Schweißentwicklung ist es bitterkalt und recht ungemütlich. Die Strapazen gehen auf diese Weise gute 5 Stunden weiter, bis man über eine extrem steile und rutschige Felswand den Kraterrand erreicht. Wer etwas zu früh, vor dem Sonnenaufgang, den Gipfel erreicht kann eine der mollig warmen Felsspalten aufsuchen, die am Kraterrand mit feuchtwarmen, ausströmenden Schwefelgasen aufwarten. Wenn sich dann der Himmel langsam erhellt, sollte man sich im gut 250 m Durchmesser umfassenden Kraterkessel

Der Ol Doinyo Lengai Krater (2.878 m) mit weißer Asche und Lava

Ausblick vom Gipfel des Ol Doinyo Lengai Kraterrand auf das Rift Valley

befinden, um das Farbspiel des Himmels und der ersten Sonnenstrahlen zu beobachten. Der schneeweiße, mit Asche bedeckte Kraterboden fühlt sich an wie ein weiches Moosfeld und die Szenerie erinnert an eine Mondlandschaft. Bis zu 10 m hohe **Hornito-Kegel** stoßen immer wieder kleine Wolken von Vulkangasen aus und die aufgehende, rot-glühende Sonne verwandelt den weißen Aschenboden für einige Minuten in einen farbigen Samtteppich. Am Kraterrand hat man nun eine atemberaubende 360° Aussicht auf den Lake Natron und die furchendurchzogenen Bergketten, mit den tiefen Spuren vergangener Lavaausbrüche. An Tagen mit klarer Sicht kann man über der afrikanischen Savanne den über 100 km entfernten **Mt. Meru** sehen.

Wenn die Sonne gegen 7.00 Uhr vollständig am Himmel steht, sollte man schleunigst den Abstieg antreten, da die einfallenden Sonnenstrahlen zu einer starken Hitzeentwicklung führen und den extrem schwierigen und gefährlichen Abstieg an den rutschigen Steilwänden noch anstrengender machen.

Der Abstieg dauert mindestens drei Stunden, benötigt Ihre volle Konzentration und entzieht dem Körper die letzten verfügbaren Energie-Reserven.

Dennoch: Der **Ol Doinyo Lengai** belohnt mit einem einzigartigen Vulkan-Flair, wie es kaum ein anderer Berg auf der Welt mit sich bringt. ■

Massai - ein Urvolk im Umbruch

Die **Massai** (auch **Maasai, Maassai** oder **Masai genannt)** sind ein ursprünglich nomadisch lebendes **Hirtenvolk** im Osten Afrikas. Sie wanderten ab dem Jahr 1550 entlang des Nils aus Sudan und Ägypten ein und brachten Kenntnisse über den Ackerbau und die Viehzucht mit. Einen Höhepunkt erlebte die Einwanderungswelle erst im 18. Jahrhundert. Zu diesen Zeiten waren die Massai als „wilde Barbaren" gefürchtet und ihre Territorien wurden von den Arabern, von Bergvölkern, Missionaren und von den europäischen Handelsreisenden gleichermaßen gemieden, oder sie mussten Wegzölle in Form von brauchbaren Handelswaren zahlen. Ende des 19. Jahrhunderts brachen dann Dürre, Rinderpest, Cholera- und Pocken-Epidemien über das Volk ein, wodurch die Massai stark geschwächt wurden. Dazu kamen Bürgerkriege mit den Bergvölkern, die ihnen klar überlegen waren. In kurzer Zeit verloren sie so Land, Vieh und ihren Wohlstand. Als dann um 1930 die Briten das damalige Tanganyika besetzten, wurden erste Jagdreviere und in den späten 50er Jahren Nationalparks auf dem Massailand etabliert. Die Massai verloren dadurch Kilometer um Kilometer Land und wurden über die Jahre immer weiter vertrieben und teilweise in abgegrenzte Reservate gesteckt. Es gab sogar Zeiten in denen Massai in traditioneller **Shouka**-Bekleidung (Umhang) nicht in öffentlichen Verkehrsmitteln mitfahren durften. Sie wurden über Jahrzehnte diskriminiert und haben keine nennenswerte Gegenwehr leisten können. Wo damals in den 60er Jahren noch durchschnittlich 26 Rinder und Ziegen pro Massai gezählt wurden, bleiben heute gerade mal 5 Tiere pro Kopf übrig. Zwar sitzen mittlerweile auch Massai auf einigen Positionen der Behörden, aber nicht in den wirklichen Schlüsselrollen. Der Einfluss ist somit beschränkt und der Fortbestand der Massai-Kultur steht langfristig leider unter keinem guten Stern.

Anfang des 2. Jahrtausend vollziehen die Massai den Umbruch von einem **Nomadenvolk** in ein **sesshaftes Leben**. Sie leben auf einzelne regionale Stämme verteilt, in Kenia und im Norden Tanzanias. In Tanzania findet man sie vorwiegend in der Gegend um **Arusha** sowie in der **Ngorongoro Conservation Area** und in der **Serengeti**. Schätzungen zu Folge leben heute etwa 140.000 Massai in Tanzania. Ein Großteil von ihnen wohnt heute bereits als **Halbnomade** in einem **Kral** *(enk-ang)* und wechselt nur alle paar Jahre, abhängig von der Fruchtbarkeit der Landschaft, den Platz. Sie versuchen einerseits die Traditionen beizubehalten, aber gleichzeitig am modernen Lebensstil teilzunehmen. Immer mehr Massai schicken zumindest eines ihrer Kinder zur Schule, damit diese später ein „besseres" Leben führen können. Während der Schulzeit tragen die jungen Massai Jeans, Turnschuhe und T-Shirts und melden sich bei den Stammesältesten per Handy.

Sprache

Massai sprechen die so genannte **Maa-Sprache**, die zur Familie der **Nilotischen Sprachen** gehört. Wie der Name schon deuten lässt, stammt sie aus dem Niltal und dort vorwiegend aus dem Sudan. Viele „moderne" Massai haben sich aber im Laufe der Zeit auch das in Tanzania gesprochene **Swahili** angeeignet. Ein lokaler Touristen-Führer kann somit gut mit den Massai kommunizieren und Ihnen als Dolmetscher zur Verfügung stehen.

Hinweis: Alle *kursiven Worte* in Klammern sind Begriffe aus der Maa-Sprache

Boma (Hütte)

Die Hütten (*Boma*) der Massai sind aus getrocknetem **Kuhdung, Lehm** und einzelnen Holzpfosten hergestellt. In den Hütten, in denen auch Kleintiere schlafen, brennt ständig ein kleines Feuer, das am Tag zum Kochen dient, die Moskitos fern hält und abends für Wärme sorgt. Außer durch ein kleines Loch im Schlafraum, fällt kein Tageslicht hinein. Stühle, Tische oder Wandschmuck gibt es nicht und als Schlafgelegenheit dienen mehrere Rinderfelle. Um die Menschen und Tiere vor Raubtieren und Feinden zu schützen, werden abends die Herden in einen abgesperrten Bereich des **Krals** (Siedlung) getrieben und die am Tag offenen Eingänge mit den gleichen Dornenbüschen versperrt, die den gesamten Kral einzäunen.

Kleidung

Überall am Straßenrand und auf Märkten sieht man traditionell gekleidete Massai. **Die Frauen** tragen am Körper einen karierten, meist roten Umhang *(Shouka)* und in den ausgeweiteten Ohrläppchen ihrer kahl geschorenen Köpfe lange, silberne oder selbst gemachte Perlenohrringe *(el tanga)*. Um den

Hals tragen sie schwere Halsketten *(enkarewa)* und um die Gelenke bunte Perlenbänder. Oftmals kommt ein Kopfschmuck hinzu, der ebenfalls aus silbernen Schmuckornamenten und bunten Perlen besteht.

Die Männer tragen ebenfalls den traditionellen **Shouka-Umhang** in verschiedenen Farben und Binde-Versionen, dazu einen Stock *(emudi)* oder ein kleines Schwert *(ol alem)*. Die wenigsten Männer tragen Ohrringe, aber oft breite Perlen-Armbänder *(ngimeita oder swh. romkanda)*.

Schuhe für Männer und Frauen werden aus dem Gummi alter LKW Reifen produziert. In Arushas Seitenstraßen kann man einige der Produktionsstellen an den hunderten alten Autoreifen erkennen. Diese Sandalen *(raiyo)* sind die klassische Fußbekleidung aller Massai.

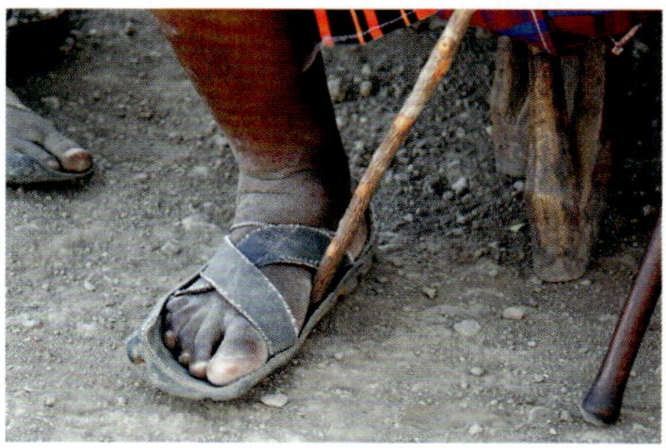

Glaube & Religion

Die tanzanischen Massai sind ein sehr traditionsbewusstes und stolzes Volk und glauben an den Gott **Engai**, der am Gipfel des Berges **Ol Doinyo Lengai** wohnen soll. Sie glauben daran, Gott hätte ihnen die Herrschaft und Macht über alle Rinder dieser Erde zugeteilt. Sie nutzen ihren Speer als ein Geschenk Gottes und leiten aus dem Glaube das Recht ab, anderen Völkern ihre Rinder gewaltsam wegnehmen zu können. Die Massai nutzen alle Tierbestandteile für ihren Lebensraum. Was nicht essbar ist wird zu Werkzeugen verarbeitet (z.B. Knochen) oder anderweitig genutzt. Das Fell der Tiere kann beispielsweise als Kleidung, Wasserbehälter oder als Bettauflage genutzt werden.

Altersklassen nach Jahren (Männer)

Jeder Massai gehört ab der Geburt einer bestimmten **Altersklasse** an, die sein soziales Leben, den Status und die Aufgaben bestimmt. Der erste große Schritt ist die **Beschneidungszeremonie** *(eunoto),* der Übergang vom Jungen zum Mann. Sie wird nur alle paar Jahre in einer so genannten „offenen Beschneidungsperiode“ für jeden Jungen im Alter von 10-15 Jahren durchgeführt. Dieser wird dann zum **Moran** (wörtl. der Beschnittene) ernannt und ist fortan Krieger. Danach durchläuft er bis ins hohe Alter weitere Altersklassen, die ihn kategorisieren.

In den folgenden Jahren der „geschlossenen Beschneidungsperiode“ sind die Jungen ungeduldig und werden angeblich von den Älteren oft provoziert um ihre „Verbote“ zu brechen, um so die Bereitschaft zur Beschneidung zu signalisieren.

8-15 **Laiyoni** – Die Jungen des Stammes. Sie treiben täglich die Schafe und Ziegen zu den Wasserlöchern, schützen sie vor Dieben und Raubtieren und werden von den Älteren angelernt. Ab einem Alter von 12-15 Jahren treiben sie auch die Rinderherden. Sie dürfen keine Verabredungen mit Mädchen treffen und unterstehen voll der Autorität des Vaters. Dies ändert sich, wenn sie im Alter von 10-15 Jahren beschnitten werden. Danach nennt man Sie auch **Krieger** oder **Moran** (die Beschnittenen).

15-30 **Konringa (Moran)** – die jungen Krieger**.** Sie schützen den Kral und die Familien vor Raubtieren und Überfällen. Zudem halten sie Ausschau nach fruchtbaren Gebieten und organisieren die Wanderung in neue Gebiete. Sie dürfen mit **unbeschnittenen Mädchen** *(endito)* Bezieh-ungen eingehen und sich auch ohne Einfluss des Vaters frei bewegen und entfernte Feste besuchen. Es ist quasi eine „Lehrzeit“ in der Wanderschaft.

30-40 **King'onde** - die Krieger *(Senior warrier).* Sie helfen den **Konringa** die Krals zu schützen, und kümmern sich um Projekt- und Problemlösungen. Im Weiteren halten sie **Moran** als **Paten** *(ol-piron)* unter Kontrolle, die in ihrer „Sturm- und Drangzeit“ oftmals ungewollte Zwischenfälle mit Behörden oder Nachbardörfern provozieren. Als **King'onde** dürfen die Krieger endlich heiraten. Jeder Massai kann mehrere Frauen haben.

40-60 **Makaa** (bis 50) und **Seuri** (bis 60) - die „alten Herren“ (Junior elders). Sie kümmern sich um das Lehren der jüngeren Generation und gelten als Ansprechpartner für alle Fragen. Sie sichern die Familien ab und kümmern sich um wesentliche Belange des Clans und um die Erhaltung der Klassen und den Fortbestand der **Massai-Kultur**.

60-80 **Meshuki** - die Häuptlinge (senior elders). Sie bleiben im Kral und sind weise Ansprechpartner für alle anwesenden Frauen und Jungen. Sie haben das Recht zu „sitzen“ und keine körperliche Tätigkeit mehr auszuüben. Die **Meshuki** sind maßgeblich bei Entscheidungen beteiligt und haben das letzte Wort. Sie besitzen oft Statussymbole in Form von **Gnu-Schwänzen** und **Stöcken** *(emudi).* Sie werden von den Kindern mit gebeugtem Kopf begrüßt und streicheln dann das Kind mit der Hand an dessen Kopf.

Beschneidung

Auch heute noch werden aus der Tradition heraus viele **Massai-Mädchen** vor der Pubertät, im Alter von 10-15 Jahren, von älteren Frauen an der Klitoris **beschnitten**. Dies geschieht bei einer speziellen **Zeremonie** *(eunoto)* bei der aus der ganzen Nachbarschaft Milch, Kühe und Geschenke gebracht werden. Danach stehen die Mädchen den **Moran** (junge Krieger) für erste Beziehungen und im späteren Alter auch zum Heiraten zur Verfügung. Vorwiegend ältere Moran bekommen dann den „Zuschlag", da der von den Eltern des Mädchens geforderte „Brautpreis" über 30 oder 40 Rinder, nicht von den jungen Kriegern aufgebracht werden kann. **Hinweis:** Die Beschneidung ist sehr schmerzhaft und medizinisch bedenklich. Weltweit gibt es heute Organisationen die dagegen vorgehen (z.B. Rüdiger Nehbergs www.target-human-rights.de)

Die **Jungen** werden im Alter von 10 bis 15 Jahre zu einer **Altersklasse** zusammengefasst und dann gemeinsam beschnitten, was mit einem großen Fest gefeiert wird. Die Mutter rasiert für das **Beschneidungs-Ritual** ihrem Sohn zunächst den Kopf kahl und andere Stammesmitglieder hängen dem jungen Mann eine **schwarze Robe** *(olaibatak)* um. Die ganze Nacht über tanzen und singen die **Moran** (Krieger) das **Beschneidungslied** *(lebarta)* zu Ehren der neuen Mitglieder. Am Morgen kommt der Beschneider, der den Jungen erst Milch über den Kopf gießt und dann ohne Betäubung und mit einem normalen Messer und ohne weitere hygienische Maßnahmen die Vorhaut abtrennt und mit Asche desinfiziert. Ein Zeichen von Schmerz gilt als Schwäche und Schande für die ganze Familie und wird somit unterdrückt.

Nahrung

Massai haben seit jeher eine enge Verbindung zu ihrem Vieh. Rinder und Ziegen spielen in der Religion, in der Nahrung, in der Medizin und in sozialen Beziehungen eine große Rolle. Der Reichtum eines Massai wird noch heute an der Zahl der Rinder gemessen. Sie verehren Rinder und sind davon überzeugt, durch den Verzehr der Viehprodukte im Einklang mit ihrem Gott zu leben und gestärkt zu werden. Die früheren Massai haben sich über Jahrzehnte fast nur von Tierprodukten wie Milch, Fleisch und Blut ernährt. Die Nahrung wurde, sofern es der Vorrat erlaubte, mit Mais und Bohnen ergänzt. **Blut** und **Milch** werden auch heute noch zu einer **proteinreichen Mixtur** *(saroi)* vermischt und in **Kalebassen** (Gefäß aus der Frucht des Flaschenkürbis) aufbewahrt. **Kalebassen** *(engl. Calabash, maa. engoti)* dienen den Massai als Aufbewahrungsgefäße für alle

möglichen Flüssigkeiten und Trockenmaterialien. Nur zu besonderen Anlässen wurde mit großen Zeremonien *gegrilltes* Fleisch serviert. Eine Besonderheit war es schon immer, dass die jungen **Moran** (Krieger) kein Fleisch essen dürfen, welches vorher von Frauen oder Mädchen gesehen wurde. Deshalb werden auch heute noch oft die Mahlzeiten der Krieger getrennt eingenommen. Die Zeiten haben sich in vielen Regionen geändert und mittlerweile steht bei den Massai auch gegrilltes Fleisch auf der Speisekarte. Frauen verarbeiten dazu Reis, Mais oder andere Gemüsesorten in verschiedenen Variationen. Auch Fladenbrot und Eier gehören heute bei vielen Familien zum Essensplan.

Aufgaben

Massai leben nach sich ständig wiederholenden Jahreszeitzyklen, die sich in erster Linie um die Nahrungssuche für das Vieh in den Trocken- und Regenzeiten drehen. Die **männlichen Massai** sind ab dem Kindesalter von 5 Jahren an für das Führen der Ziegen und Schafe zuständig und treiben diese Tag für Tag über lange Strecken zu den Wasserlöchern und zum Grasen. In der fortgeschrittenen Jugend dürfen sie dann auch Rinderherden treiben und bekommen von ihren Vätern neue Aufgaben hinzu (siehe unter „Alterklassen"). Neben der traditionsreichen Tierzucht verdienen sich die Männer heutzutage ihr Einkommen auch als Nachtwächter oder Sicherheitspersonal *(askari),* Türsteher an Souvenirläden oder als Verkäufer typischer Massai-Produkte auf den Märkten.

Das Leben der **Frauen** unterscheidet sich grundlegend von dem der Männer. Sie sind nach der Heirat für das Aufziehen der Kinder verantwortlich und bereiten die Mädchen schon im frühen Alter, nach der Beschneidung (10-15 Jahre), auf das Leben einer Ehefrau vor. Die jungen Mädchen helfen den Müttern und Großmüttern bei allen Aufgaben. Alle Frauen sammeln gemeinsam Feuerholz, tragen über kilometerweite Strecken das Wasser auf den Köpfen herbei und bauen die Grundnahrungsmittel in kleinen Gärten an. Auch der Bau der Hütten (Boma) aus Ästen, Lehm und Kuhdung ist traditionell die Arbeit der Frauen. In der heutigen Zeit fertigen sie auch Perlenschmuck an und verkaufen ihn direkt oder über Großhändler auf den Märkten. Man kann sagen, dass die Massai-Frauen ein weitaus härteres Arbeitsleben haben als die Männer. Denn auch im Alter, wenn die 60- bis 80-jährigen Männer sich als „Elders" den Ruhestand verdient haben, schuften gleich alte Frauen bis zur Erschöpfung weiter.

Tourismus

Die **Massai** sind die wohl bekannteste Volksgruppe Ostafrikas. Sie halten einerseits an alten Traditionen und Lebensweisen fest, verstehen es aber andererseits auch, ihre Kultur touristisch zu vermarkten. Entlang den Hauptrouten zur **Serengeti** sieht man einzelne, teilweise sehr touristisch organisierte **Massai- Bomas** (Hütten), die zum Besuch bereit stehen. Schon am Straßenrand laden von Kopf bis Fuß geschmückte **Massai-Krieger** die Touristen in ihren Kral ein. Im Inneren der mit Dornenhecken eingezäunten Siedlung finden Sie traditionelle Hütten, Werkzeuge und Familienmitglieder von jung bis alt. Geschäftstüchtige **Massai-Frauen** werden Ihnen selbst-gefertigten Perlen- oder Metallschmuck und traditionelle Gefäße zum Kauf anbieten. Der **Moran** (Krieger), standesgemäß für das Jagen verantwortlich, versucht Sie zum Erwerb von imitierten Löwenzähnen und „Flugzeug-gerecht" zerlegbaren Metall-Speeren zu bewegen. Für einen angemessen Obolus (5-15 US$) können Sie sich in den Bomas frei bewegen und unvergessliche **Souvenirfotos** schießen.

Wer es etwas weniger touristisch möchte, kann mit Hilfe eines lokalen Führers des Tour-Operator in Moshi oder Arusha, private **Massai-Bomas** in der nahen **Massai-Steppe** aufsuchen und bei einem wirklich ursprünglichen Ausflug die Massai kennen lernen. Achten Sie darauf, dass Sie früh vormittags oder spät nachmittags kommen, da sonst die **Moran** (Krieger) mit den Ziegen- und Rinderherden auf Grassuche sind oder anderen Beschäftigungen nachgehen. Über Tag werden die Bomas nur von Frauen, Kindern, den Älteren und einem männlichen „Aufsichts-Massai" bewohnt. ■

SAFARI - Tanzanias Nationalparks & Naturschutzgebiete

Allgemeine Einleitung

Tanzania ist das Safari-Ziel schlechthin. Kein anderes Land Afrikas hat mehr als 1/3 seiner Gesamtfläche (über 300.000 km^2) als Naturschutzreservate benannt. Es gibt 15 Nationalparks, ein Naturschutzgebiet (Ngorongoro) und einige Wildreservate (z.B. das gigantische Selous-Reservat). Der weltbekannte **Serengeti**-Nationalpark, das riesige **Selous**-Wildreservat und das Mosaik aus anderen Naturschutzgebieten beherbergen zusammen schätzungsweise 20% aller großen afrikanischen Säugetiere. Die Artenvielfalt ist sogar mit 90% einzustufen! Neben der Attraktion „Safari“ bietet Tanzania mit dem **Kilimanjaro** den höchsten Berg Afrikas und sogar den höchsten freistehenden Berg der Welt. Der **Mt. Meru** im „Arusha-Nationalpark“ ist zudem der fünfthöchste Gipfel des afrikanischen Kontinents.

Alle Nationalparks werden von der TANAPA (Tanzania Nationalpark Authority) mit Sitz in Arusha verwaltet und kontrolliert. Eine Vielzahl an Rangern und Parkangestellten kümmern sich um die Erhaltung des

Tierbestandes und um die kontinuierliche Verbesserung der Infrastruktur in den Parks. Tanzanias Nationalparks sind nicht eingezäunt, so dass Tiere und Urvölker jederzeit frei wandern können.

Eintrittsgebühren und Gelder aus den Regierungskassen reichen trotz steigendem Tourismus nicht aus, um die weit reichenden Parkflächen ordnungsgemäß zu bewirtschaften. Die TANAPA ist somit auf Entwicklungshilfen anderer Länder angewiesen. Allen voran steht hier die **Zoologische Gesellschaft Frankfurt** (http://www.zgf.de), deren früherer Direktor, **Prof. Bernhard Grzimek** (1909-1987), in den 50er, 60er und 70er Jahren große Entwicklungsarbeit in den Nationalparks Tanzanias geleistet hat. Die Arbeit der ZGF wird aufgrund der Wichtigkeit für die Serengeti im Unterkapitel „Serengeti" detailliert beschrieben.

Safari – das bedeutet für 90% der Touristen ein Besuch der nördlichen Nationalparks Serengeti, Ngorongoro, Lake Manyara, Tarangire und Arusha. Meist bietet eine Safari *(kiswahili: Reise)* den perfekten Anschluss an eine anstrengende Kilimanjaro-Besteigung. In der Tat ist eine Woche Safari in diesen Parks ein unvergessenes und wahlweise pures oder exklusives Natur-Erlebnis mit bleibendem Lebenseindruck, bei dem Sie mit den legendären Big-Five (Büffel, Löwe, Elefant, Nashorn und Leopard) garantiert auf Tuchfühlung kommen. Wählen Sie, entsprechend Ihrer Aufenthaltsdauer und den Interessen, in Ruhe eine Park-Kombination aus und buchen Sie zuhause, im Reisebüro oder bei namhaften, ortskundigen Reiseveranstalter vor Ort (*Empfehlungen unter Kapitel Reiseinfos von A-Z).* Die absolute „Minimal-Version" sollte auf jeden Fall einen Besuch des Ngorongoro-Kraters beinhalten, in dem Sie auf nur 304 km^2, neben den Big Five über 25.000 Tiere hautnah erleben können.

Eintrittsgebühren

Die Gebühren der Nationalparks steigen aufgrund der zunehmenden Parkkosten ständig an. Der Eintritt in die Serengeti kostet z.B. im Juli 2007 pro Person/Tag 50 US$ zzgl. Guide, Fahrzeug und Übernachtung. Der Eintritt zum Kilimanjaro sogar 60 US$ pro Person/Tag, zzgl. 50 US$ Campinggebühren und Nebenkosten. Kinder unter 16 Jahren und Einheimische zahlen deutlich weniger. So wundert es nicht, dass die Pauschalpreise deutscher Reiseveranstalter für Tanzania-Reisen teilweise sprunghaft ansteigen. Dies ist vor allem auf die steigenden TANAPA-Gebühren und die steigenden Flugpreise (Ölpreis) zurückzuführen. Eine aktuelle Übersicht der Parkgebühren finden Sie nachfolgend beim jeweiligen Park oder immer aktuell unter www.tanzaniaparks.com.

Unterkunft

Die Unterkünfte in den Safari-Parks sind so unterschiedlich wie die Parks selbst. Sie reichen vom einfachen Bush-Camp für 15 US$ pro Nacht über Luxus-Camps und Luxus-Lodges für über 500 US$ pro Nacht. Die besten Preise erzielen Sie auch in Zeiten des Internets oftmals über die klassische Pauschalreise beim lokalen Reiseveranstalter im Heimatland oder über die spätere Buchung beim lokalen Tour-Unternehmer in Moshi oder Arusha.

Der Grund hierfür sind unschlagbare Sondervereinbarungen der Reiseveranstalter mit den jeweiligen Hotel- oder Lodgebetreibern. Zu den einzelnen Parks habe ich einige bekannte Unterkünfte aufgeführt, die aber keinesfalls das gesamte Angebot widerspiegeln. Über die Webseiten des Tanzania Tourist Board www.tanzaniatouristboard.com oder der TANAPA www.tanzaniaparks.com können Sie jederzeit aktuelle Informationen wie Preise und Kontaktadressen zu den meisten Unterkünften einholen. Aufgrund der kontinuierlichen Preisentwicklung im Land und der somit bald überholten Preise habe ich bewusst auf deren Auflistung verzichtet.

Kleidung und Ausrüstung

Bedenken Sie, dass Sie hunderte von Kilometern auf staubigen, holprigen Schotterpisten mit rüttelnden Geländewagen unterwegs sind und der Staub in jede Öffnung kriecht. Bewährt hat sich über die Jahre eine leichte, aber strapazierfähige Kleidung. Sie sollte tagsüber vor Sonne und Staub schützen und abends unbedingt die Haut gegen Moskitos abdecken. Baumwollmaterialien liegen zwar gut auf der Haut, behalten aber die Feuchtigkeit sehr intensiv. Optimal sind Mischtextilien, wie sie im Outdoor-Fachhandel angeboten werden. Darüber hinaus sind ein Sonnenhut, Sonnenbrille und ausreichend Sonnencreme zu empfehlen, da nicht alle Safari-Jeeps über ein Sonnendach verfügen. Abends benötigen Sie noch Mückenschutz (Repellentien) und lange Kleidung. Da die meisten Safariparks über 1.200 m ü.M. liegen, kann es abends und morgens recht frisch werden. Stabile Trekkingschuhe runden die Safari-Ausrüstung ab.

Während der Pirschfahrten *(engl. game drive)* und Überlandfahrten sollten Sie unbedingt ausreichend Wasser mitführen und genügend Taschentücher greifbar haben, um den Staub aus der Nase zu schnupfen. Je nach Wahl der Unterkunft (Bush-Camp bis Luxus-Lodge) kann auch das Wasser zum Waschen knapp werden.

Um Ihnen das Zusammenstellen der Ausrüstung etwas zu erleichtern, finden Sie auf den nächsten beiden Seiten eine Checkliste sinnvoller Gegenstände.

Checkliste für die traditionelle Jeep- & Camping-Safari

Schuhe	**Menge**	**gepackt ?**
Trekking-Schuhe (für Safari & leichtes Trekking)	1 Paar	______
Trekking-Sandalen (für Abendlager & Lodge)	1 Paar	______

Ausrüstung		
Tagesrucksack, 15-30 Liter Volumen	1	______
Trinksystem (3 Liter) oder 1 Liter Trinkflaschen	1	______
Wasserdichter Seesack oder große Tasche für Gepäck	1	______
Leichter Schlafsack (bis +5°C im Komfortbereich)	1	______
Schlafsack Inlett (bei Hitze auch als Schlafsackalternative)	1	______
Iso-Matte (meist werden zudem Feldbetten gestellt)	1	______
Trekking-Schlafkissen	1	______

Kleidung auf Safari		
Trekking-Strümpfe	2-3	______
Funktions-Unterwäsche (besser als Baumwolle)	2-3	______
Funktions-T-Shirt, Hemd oder Bluse (Oberbekleidung)	2	______
Bade- & Sportbekleidung (für Camp oder Lodge)	1	______
Langarmpulli, helle Farbe* (gegen Moskitostiche)	1	______
Trekking-Hose, lang (ideal stichfest & hell*) und Gürtel	1-2	______
Softshell Jacke (oder Ähnliche) bei Regen und Kälte	1	______
Sonnenbrille (mit gutem UV-Schutz)	1	______
Sonnenschutz für Haut & Lippen, LS-Faktor 10+	1	______
Baseball-Cap oder Hut (gegen Sonneneinstrahlung)	1	______

* die Anopheles Mücken bevorzugen dunkle Kleidung!

Kleinkram & Nützliches (Camping-Safari)		
Besteck / Tasse / Becher	1 Set	______
Ersatzbrille (für Brillenträger)	1	______
Handy (auch als Wecker oder für Notfall geeignet)	1	______
Handy Ladegerät	1	______
Kleine Taschenlampe (für Zelt & Toilette)	1	______
Multitool (z.B. Leatherman oder Schweizermesser)	1	______
Katadyn Wasserfilter	1	______
Micropur „Forte" Wasser-Entkeimungstabletten	1	______

Mückenabwehr (Deet 50% oder Autan)	1	_____
Sonnenmilch für Safari, LS-Faktor 10-20	1	_____
Tagebuch + Kuli (Moleskin oder ähnliches)	1	_____
Literatur & Karten zum Reisegebiet	diverse	_____
Karten- oder Reisespiele für lange Zeltabende	1	_____
Moskitonetz (wird meist gestellt, aber oft durchlöchert)	1	_____
Universal-Schnur 3 mm x 10 Meter	1	_____
Sekundenkleber (repariert fast alles)	1	_____
Näh-Set	1	_____
Taschentücher & Toilettenpapier (im Reiseland kaufen)	1-2	_____
Urinbeutel, für sie/ihn (für nächtliche Zeltbedürfnisse)	1	_____

Wichtige Reiseunterlagen & Wertsachen

Brustbeutel oder Gürtelbeutel (für Pass & Geld)	1	_____
Buchungsbestätigungen / Briefwechsel	1	_____
Impfpass / Notrufnummern Ärzte	1	_____
Reisepass mit Visum + Ersatzpassfotos	1	_____
Bargeld in US$ oder TSH (Trinkgelder, etc.)	genug	_____

Wichtige Artikel für den Hygienebeutel

Ohrenstöpsel	1 Paar	_____
Trekking-Handtücher (starke Staubentwicklung)	2-3	_____
Waschlotion / Shampoo	1	_____
Zahnbürste / Zahnpasta / Zahnseide	1	_____

Typisches Safari-Luxus-Zelt

Wichtig: Diese Checkliste ist für manche Leser nicht komplett genug und für andere wiederum viel zu voll mit unnützem Kleinkram. Checklisten sind immer abhängig von der individuellen Trekking- und Reiseerfahrung, von der gebuchten Unterkunftsklasse und vom persönlichen Komfortbedürfnis eines jeden Touristen. Diese Liste dient lediglich als Richtlinie aufgrund meiner Safari-Erfahrung und sollte bei Bedarf erweitert oder gekürzt werden. Tipps und Hinweise sind jederzeit willkommen.

Die Beschreibung der Nationalparks, geordnet nach dem Alphabet

1) Arusha - Nationalpark

Nachdem man den Parkeingang passiert hat, gelangt man zuerst in einen schattigen Bergwald, der von neugierigen Diademmeerkatzen, farbenfrohen **Turakos** sowie akrobatischen, schwarzweißen Colobus-Affen bewohnt wird. Diese, auch „Guerezas" genannten Affen, kann man auf dem nördlichen Safari-Circuit an dieser Stelle optimal beobachten. Mitten im Wald erhebt sich der spektakuläre Ngurdoto-Krater, dessen steile und felsige Wände einen fruchtbaren Boden umschließen, auf dem Herden von Büffeln und Warzenschweinen leben.

Weiter nördlich schmiegen sich die stillen, wunderschönen Momella-Seen in die sanfte, grasbewachsene Hügellandschaft. Je nach Jahreszeit färben tausende von Flamingos das flache Wasser dieser Seen in ein farbenprächtiges Pink. Die Momella-Seen ernähren eine Vielfalt von einheimischen und wandernden Wasservögeln. In den feuchten Uferzonen zeigen struppige Wasserböcke ihre großen Hörner und zwischen weidenden Zebraherden gleiten Giraffen über die grasbewachsenen Hügel. Die großäugigen Dikdiks springen hier wie überdimensionierte, dürrbeinige Hasen durch das niedrige Gebüsch.

Zwar trifft man im Arusha-Nationalpark nur selten auf Elefanten und nie auf Löwen, dafür kann man unter Umständen aber Leoparden und Tüpfelhyänen beobachten, die am frühen Morgen und am späten Nachmittag ihr Unwesen treiben. Im Morgengrauen und während der Abenddämmerung ist zudem die Wahrscheinlichkeit am größten, dass sich die Wolkendecke am östlichen Horizont auflöst und der majestätisch, schneebedeckte Gipfel (Kibo) des nur 50 km entfernten Kilimanjaro sichtbar wird.

Es ist aber nicht der Kilimanjaro, der den Parkhorizont beherrscht, sondern sein „kleiner Bruder", der **Mount Meru**. Er ist mit seinen 4.566 m immerhin der zweithöchste Berg Tanzanias und zudem der fünfthöchste Berg des afrikanischen Kontinents.

Wer den Meru besteigt, wandert mit einem bewaffneten Ranger zuerst durch die bewaldete Savanne und trifft dort immer wieder auf Büffel und Giraffen, die fast zum Streicheln nahe kommen. Danach gelangt man in Wälder voller **Fackellilien** und hängendem Spanischen Moos *(lillandsia)* und erreicht schließlich die hochgelegene, von **Riesenlobelien** besetzte, offene Heidelandschaft. Strohblumen klammern sich an die alpine Einöde und elegante, feinhufige Klippspringer beobachten aus der Ferne den Aufstieg der Bergtouristen, der in der Regel 2-3 Tage in Anspruch nimmt. Geschlafen wird am Berg in gut ausgestatteten Hütten. Steht man dann nach dem nächtlichen Aufstieg auf dem zerklüften Gipfel des Mt. Meru, sieht man über der Wolkendecke den unverhüllten, in der aufgehenden Sonne glühenden Kilimanjaro. Eine Besteigung des Mt. Meru ist neben seinen eigenen Reizen auch als „Akklimatisierungsberg“ für eine spätere Kilimanjaro-Besteigung hervorragend geeignet.

Momella Lodge

Ein besonderes Highlight des Parks ist auch seine weltbekannte „Hollywood-Geschichte“, die ich hier in ausgesprochener Kurzfassung wiedergeben möchte. Im Jahre 1907 siedelte sich die deutsche **Einwandererfamilie Trappe** mit einer großen Rinderfarm auf einem weitläufigen Stück Land zwischen Mt. Meru und den Momella-Seen an. Nachdem die weiße Großwildjägerin **Margarete Trappe** (*1884 - †1957) mit ihrer Familie einige Hochs und Tiefs auf Momella erlebt hatte, wurde rund 50 Jahre später, in den Jahren 1960/61, der Hollywood Blockbuster **„Hatari“** auf der damaligen „Trappe Farm“ gedreht. In den Hauptrollen **John Wayne** und der damals blutjunge **Hardy Krüger** als Großwildjäger. Sie versuchen im Film wilde Tiere mit waghalsigen Abenteuern in der afrikanischen Wildnis einzufangen, um sie später in Zoos oder zum Zirkus nach Europa und in die USA zu exportieren. Die Geschichte ist spannend und mitreißend zugleich, so dass der Name „Hatari“ *(in Kiswahili = Gefahr)* nicht besser gewählt werden konnte. Hardy Krüger wurde noch während der Dreharbeiten mit dem Land „Afrika“ infiziert und kaufte nach dem Film zusammen mit seinen Partnern Rolf Trappe und Jim Mallory die Trappe Farm. Nicht zuletzt durch seine

Freundschaft zum damaligen Präsidenten Tanzanias, Julius Nyerere, wurde 1962 aus der Trappe-Farm und Filmkulisse das „Momella Busch Hotel“, was heute in fast unverändertem Zustand (reno-vierungsbedürftig) die „Momella Wildlife Lodge“ darstellt. Parallel baute Krüger ein paar Meter entfernt sein Privathaus, um alles unter Kontrolle zu haben, aber dennoch ein Stück vom Trubel des Hotels entfernt zu sein. Krüger lebte fast 17 Jahre mit seiner Familie auf seiner idyllischen Farm zwischen Mt. Meru und Kilimanjaro, bis er sich Ende der 70er Jahre aufgrund der politischen Veränderungen im Land schweren Herzens von seiner Farm trennen musste. Auch eine damals neu aufgebaute moderne Fleischfabrik ließ er zurück.

Heute ist Krügers Farm die **Hatari-Lodge**, die von den Pächtern Marlies und Jörg Gabriel seit 2004 betrieben wird. Der „Garten Eden“, wie Krüger sein Stück Land treffend beschrieb, hat auch heute nichts von seinem Charme verloren. Auf der Hatari-Lodge erleben Sie Geschichte und Moderne im Stil der 70er Jahre auf raffinierte Weise vereint – und Giraffen schauen auch mal neugierig auf Ihren Frühstücksteller. Infos unter www.hatarilodge.com.

Wer mehr zu diesem Thema und über Hardy Krügers Leben in Afrika erfahren möchte, dem sei sein Buch „Eine Farm in Afrika“ (Verlag Bastei-Lübbe) unbedingt empfohlen. In diesem Zusammenhang kann ich auch den Reiseführer „Tanzania“ von Jörg Gabriel (dem Pächter der Hatari Lodge) wärmstens empfehlen, erschienen im Reise Know How Verlag. Auch der Film-Klassiker „Hatari“ ist heutzutage auf DVD erhältlich und vor der großen Safari sehenswert.

Die Gräber von Margaret Trappe († 1957) und ihrem Sohn Rolf Trappe († 1984) sind zwar verwuchert, aber mit Hilfe von einem guten Ranger zu besichtigen.

Anreise

Die 45-minütige Fahrt von Arusha zum Park-Gate bietet keine Probleme. Der Kilimanjaro International Airport liegt ungefähr 60 km südöstlich. Die Seen, die Wälder und der **Ngurdoto-Krater** können alle zusammen während eines 1/2 Tagesausfluges zu Beginn oder am Ende einer ausgedehnten Nord-Safari besucht werden.

Aktivitäten

Es sind Waldwanderungen und Walking-Safaris (es gibt reichlich Picknick-Plätze), oder eine 3-4 tägige Besteigung des Mt. Meru als gute Vorbereitung für den Kilimanjaro (siehe Kapitel Mt. Meru) möglich. Seit 2006 können auch Kanu-Safaris an den Momella Seen durchgeführt werden.

Beste Reisezeit

Zu empfehlen sind die Monate Juni bis Februar für Touren auf den Mt. Meru (im Oktober/November kann es auch regnen). Die beste Aussicht auf den Kilimanjaro genießt man von Dezember bis Februar.

Unterkunft
Im Park gibt es Lodges (z.B. **Hatari Lodge** www.hatarilodge.com oder die **Momella Wildlife Lodge**), 2 Gasthäuser, 2 Berghütten und 3 Camps der TANAPA. Außerhalb des Parks findet man am Usa-Fluss 2 weitere Lodges. Kurz vor dem Haupteingangsgate (Ngongongare Gate) liegt die deutsch-geführte **Mt. Meru View Lodge** www.meru-view-lodge.de. Ferner bietet die Stadt Arusha viele Hotels und Herbergen (Hostels).

Parkgebühren 2007
35,00 US$/Tag (Erwachsene ab 16 Jahre, Änderungen vorbehalten)

2) Gombe Stream - Nationalpark

Gombe ist der kleinste und mit derzeit über 100 US$/Tag der für Touristen teuerste Nationalpark Tanzanias. Er wird, wegen seiner großen Population an den menschenähnlichsten Wesen der Erde, auch „Schimpansen-Park“ genannt.

Das Schimpansenland ist ein tropisch bewachsener, ca. 15 km langer Streifen, der die steilen Hänge und Flusstäler bedeckt, welche die sandigen, nördlichen Ufer des Tanganyikasees umschließen. Seine an menschliche Besucher gewöhnten Schimpansen wurden berühmt durch die Pionierarbeit der **Britin Jane Goodall**, die 1960 an diesem Ort eine Verhaltensstudie begann, die heute als längste aktuelle Studie ihrer Art auf der Welt gilt. Noch heute verbringt Jane Goodall viel Zeit bei „ihren“ Schimpansen in Gombe. Der Matriarch „Fifi“, der letzte lebende Vertreter der ursprünglichen Gemeinschaft, war erst drei Jahre alt, als **Jane Goodall** Gombe zum ersten Mal betrat, und kann noch heute mit etwas Glück von Besuchern angetroffen werden.

Schimpansen teilen mehr als 98 % ihrer Gene mit uns Menschen. Es braucht also keinen wissenschaftlichen Experten, um die verschiedenen Repertoires an Keuchen, Rufen und Schreien zu unterscheiden, welche die Stars und die Nebenakteure charakterisieren. Wenn Sie einem Schimpansen in die Augen schauen und er Sie seinerseits mustert, erleben Sie vielleicht unverhofft einen Moment gegenseitigen Erkennens. Neben den Schimpansen bilden die **Paviane** *(engl. Baboon)* einen Großteil der Tierpopulation. Die am Seeufer wohnenden Anubis-Paviane, die ebenfalls seit den sechziger Jahren erforscht werden, kennen kaum Berührungsängste. **Rotschwanzmeerkatzen** und **Rote Colobus-Affen** halten sich dagegen lieber hoch oben in den Bäumen auf. Letztere werden zudem häufig von Schimpansen gejagt. Zu den gut 200 Vogelarten des Parks gehören so unterschiedliche Vertreter wie der berühmte **Fischadler** und der juwelenhafte **Rote Tropfenastrild**, der zahm auf den Arealen der Besuchercenter herumhüpft. Ebenso gehören über 250 Schmetterlingsarten zur Attraktion des Parks. Nach Einbruch der Dunkelheit spiegeln sich der sternenklare Nachthimmel und die Laternen der kleinen Fischerboote im spiegelglatten Tanganyikasee.

Größe
52 km^2, Tanzanias kleinster Nationalpark

Lage
Der Park befindet sich im Westen des Landes, 18 km nördlich von Kigoma an den Ufern des Tanganyikasees.

Anreise
Der Park selbst ist ab Kigoma nur mit dem Boot zu erreichen. Kigoma erreicht man per Linienflug ab Dar es Salaam oder Arusha, mit dem Bummelzug ab Dar es Salaam und Mwanza oder mit dem Geländewagen auf holprigen, nicht asphaltierten Straßen von Mwanza, Dar es Salaam und Mbeya aus. Ebenfalls verkehrt wöchentlich eine Fähre von Mpulungu/Sambia. Von Kigoma aus benötigen einheimische Seetaxis bis zu drei Stunden um Gombe zu erreichen. Man kann aber auch ein Motorboot chartern, mit dem die Reise weniger als eine Stunde dauert.

Aktivitäten
Möglich sind Schimpansentrekkings, Wandern, Schwimmen, Schnorcheln (keine Bilharziose-Gefahr). Ein Besuch lohnt unbedingt das arabisch beeinflusste Fischerdorf Ujiji, 6 km südlich von Kigoma, wo der Journalist Henry Stanley im Jahre 1871 den Afrikaforscher und Missionar mit seinen berühmten Worten "Dr. Livingstone, I presume" begrüßte. Hier können Sie auch das bekannte „Livingstone Museum“ besuchen. Eine Attraktion ist es auch den berühmten Dhau- Handwerkern (Baumeister afrikanischer Holz-Segelboote) bei der Arbeit zuzuschauen.

Beste Reisezeit
Während der Regenzeit (Februar bis Juni und November bis Mitte Dezember) sind die Schimpansen weniger unterwegs und deswegen meist leichter zu finden. Die besten Fotos schießt man in der Trockenzeit (Juli bis Oktober und ab Ende Dezember bis Januar).

Unterkunft
Es gibt eine Luxus-Zelt-Lodge (Gombe Luxury Tended Camp - www.chimpanzeesafaris.com), dazu eine Herberge (Kasekela Hostel) mit Selbstversorgung, eine Pension (Guesthouse) und einige Zeltplätze am Seeufer.

Parkgebühren 2007
100,00 US$/Tag (Erwachsene ab 16 Jahre, Änderungen vorbehalten)

Hinweis: Es gibt strenge Regeln zu Ihrem und zum Schutz der Schimpansen und anderen Tiere. Auf gar keinen Fall dürfen Sie die Tiere füttern oder reizen. Rechnen Sie mindestens zwei Tage ein um Schimpansen zu finden und zu beobachten. Gombe ist kein Zoo - man weiß daher nie genau, wo sich die Schimpansen an einem bestimmten Tag aufhalten.

3) Katavi - Nationalpark

Abgelegen, unbändig und selten besucht ist der **Katavi-Nationalpark** ein Stück ursprüngliche afrikanische Wildnis, wie sie noch vor einem Jahrhundert in ganz Tanzania geherrscht haben muss.

Der größte Teil des 1974 gegründeten Katavi-Nationalparks ist von dichtem **Miombo-Trockenwald** mit einigen Akazienbäumen überzogen, der Rappen- und Pferdeantilopen guten Schutz bietet. Der eigentliche Anziehungspunkt für Tierbeobachter ist aber der **Katuma-Fluss** mit seinen Schwemmebenen, zu denen die saisonalen Seen „Katavi“ und „Chada“ gehören. Während der Regenzeit ziehen diese üppigen, sumpfigen Seen unzählige Wasservögel an und ernähren Tanzanias dichteste Ansammlungen von Flusspferden und Krokodilen. Auch über 400 Vogelarten nennen den Park ihre Heimat. Die Besiedlung des Parks mit der einheimischen Bevölkerung ist vergleichsweise gering, da er u.a. in den Monaten der Regenzeit von der Schlafkrankheit übertragenden „**Tsetse-Fliege**“ bewohnt wird. Dies beeinträchtigt den Tourismus aber kaum, da die Camps saisonal an jeweils idealem Platz für die Touristen aufgebaut werden.

Am eindruckvollsten ist Katavi besonders während der Trockenzeit, wenn das Wasser zurückweicht. Am seichten, zum schmutzigen Rinnsal gewordenen **Katuma**, der einzigen Trinkwasserquelle in weitem Umkreis, halten sich unglaubliche Ansammlungen von Tieren auf. Geschätzte 4.000 Elefanten und Büffelherden mit tausend und mehr Tieren kann man während der Trockenzeit in dieser Gegend antreffen. Auch eine Vielzahl von Giraffen, Zebras, Impalas und Riedböcken, die eine leichte Beute für die zahlreichen Löwen- und Tüpfelhyänenrudel darstellen, sind zu besichtigen. Das legendäre Nashorn dagegen ist hier nicht ansässig.

Katavis spektakulärstes Tiererlebnis sind aber unumstritten die Flusspferde. Gegen Ende der Trockenzeit kann es vorkommen, dass bis zu 200 Tiere gleichzeitig und unter lautem Getöse in einen noch genügend tiefen Flusstümpel eintauchen. Je mehr Flusspferde sich an einem Ort versammeln, desto hitziger wird die Rivalität zwischen den männlichen

Tieren - blutige Revierkämpfe sind alltäglich. Dem unterlegenen Männchen bleibt dann nichts anderes übrig, als unglückselig auf den offenen Ebenen herumzuschleichen, bis es wieder genügend Mut für eine neue Konfrontation gefasst hat.

Größe
4.471 km^2, der drittgrößte Nationalpark des Landes

Lage
Der Park liegt im Südwesten Tanzanias, östlich des Tanganyikasees. Der Parkhauptsitz in Sitalike befindet sich 40 km südlich von Mpanda.

Anreise
Charterflüge ab Dar es Salaam oder Arusha (eigene Landebahn am Katuma River) sind möglich. Der Park liegt eine anstrengende, dafür sehr eindrucksvolle Auto-Tagesreise von Mbeya entfernt (550 km). Ferner kann der Park in der Trockenzeit mit dem Auto von Kigoma aus erreicht werden (390 km). Ebenfalls ist es möglich per Zug ab Dar es Salaam (via Tabora) nach Mpanda zu gelangen. Öffentliche Verkehrsmittel verbinden Mpanda mit Sitalike, wo Tierbeobachtungsfahrten organisiert werden können. Wer mit dem Auto oder Zug unterwegs ist, sollte genügend Zeit für die Hin- und Rückreise einplanen.

Aktivitäten
Es gibt Wander-, Auto- und Campingsafaris (mit einem Ranger der Parkverwaltung). In der Nähe des Katavi-Sees steht die Tamarinde, die vom Geist des legendären Jägers Katavi bewohnt sein soll, nach dem der Park benannt ist. Auch heute noch hinterlassen dort Einheimische ihre Opfergaben, um vom Geist gesegnet zu werden.

Beste Reisezeit
Man reist am besten in der Trockenzeit (Mai bis Oktober). Während der Regenzeit sind die Straßen innerhalb des Parks oft überflutet, wobei sie von Mitte Dezember bis Februar, zwischen den beiden Regenzeiten, meist befahrbar sind.

Unterkunft
Übernachtungsmöglichkeiten bietet während der Trockenzeit im Park, das Katuma Katavi Tented Camp (www.chimpanzeesafaris.com). Außerhalb des Parks das Chada-Luxus-Camp mit Blick auf den Chada-See, ein gehobenes Camp (Flycatcher Tented Camp) und ferner ein Gästehaus in Stalike und Campingplätze einfache Campingplätze. Einfache, aber saubere Hotels findet man auch in Mpanda.

Parkgebühren 2007
20,00 US$/Tag (Erwachsene ab 16 Jahre, Änderungen vorbehalten)

4) Kilimanjaro - Nationalpark

Der Kilimanjaro-Nationalpark ist das Aushängeschild Tanzanias und Sinnbild für die einzigartige Natur Ostafrikas - schon sein Name ist ein Mythos. Seit 1987 ist er von der UNESCO als Weltnaturerbe anerkannt. Der Kilimanjaro bietet mit dem Kibo nicht nur Afrikas höchsten Gipfel, sondern auch den höchsten frei stehenden Berg der Erde. In atemberaubender Abgeschiedenheit erheben sich aus dem ca. 40 km langen gigantischen Bergmassiv, östlich des Shira-Plateaus, die beiden Gipfel Kibo (5.895 m) und Mawenzi (5.149 m).

Der **Kilimanjaro** ist einer der begehrtesten Hochgebirgsgipfel der Erde und damit Anziehungspunkt für jährlich mehr als 25.000 Bergtouristen aus aller Welt. Eine Besteigung ist alles andere als einfach, kann aber mit angemessener Ausrüstung und Entschlossenheit von jedem aktiven Menschen durchgeführt werden. Wer es dann nach 5-8 Tagen bis zum eigentlichen Gipfel, dem **Uhuru Peak** (5.895 m) oder zumindest bis zum **Gillman's Point** (5.681 m) am Kraterrand schafft, hat sich die Gipfelurkunde - und seine Erinnerungen - redlich verdient.

Der Kilimanjaro bietet aber erheblich mehr als bloß einen Gipfel. Diesen Berg hochzusteigen, ist gleichzeitig eine klimatische Weltreise von den Tropen bis zur Arktis. Noch ehe man auf einer Höhe von 2.000 m die Grenze zum Nationalpark überschreitet, machen die durch die Chaggas (ansässiges Bergvolk) bewirtschafteten Ausläufer des Massivs dem üppigen Regenwald Platz. Hier oben kann man an einigen Stellen mit Glück auf scheue Elefanten, Leoparden, Büffel, kleine Antilopenarten und Affen treffen. Noch höher hinaus liegt das Moorland, wo die Landschaft von Riesenheidekraut mit fremd anmutenden **Riesenlobelien** *(lat. Lobelia deckenii)* übersät ist und erste übergroße

Riesenkreuzkräuter *(lat. Senecio cottonii)* auftauchen. Über 4.000 m ernährt dann eine surreale alpine Einöde kaum mehr als noch ein paar widerstandsfähige Moose und Flechten. Schließlich weicht dann ab 4.500 m auch das letzte bisschen Vegetation einer kargen Fels- und Geröllandschaft mit Eis und Schnee. Der überall beschriebene Reusch-Krater liegt etwa 1 Gehstunde nördlich der allgemeinen Route zum Uhuru-Peak und bleibt daher den meisten (oft erschöpften) Gipfelstürmern nur aus weiter Ferne in Erinnerung.

Der Kilimanjaro-Nationalpark bietet auch in der unteren Regenwaldzone zahlreiche Aktivitäten. So kann man beispielsweise auf der Marangu-Route Tageswanderungen bis zur ersten Hütte (Mandara-Hut, 2.720 m) durchführen, den nördlich davon gelegenen „Maundi Krater“ (2.775 m) besichtigen oder die Füße in einem der beliebten Wasserfälle abkühlen.

Größe
755 km^2

Lage
Der Park liegt im Norden Tanzanias
(Parkgrenze: Luftlinie ca. 10 km nördlich der Stadt Moshi)

Anreise (zum südöstlich gelegenen Marangu Park-Gate)
Die Anreise ist vom ca. 125 km Arusha oder dem ca. 45 km Moshi möglich. Der Kilimanjaro-Airport ist 1,5 Stunden Autostunden von Marangu entfernt.

Aktivitäten
Die Auswahl von sechs möglichen Trekking-Routen führen zum Gipfel. Angeboten werden auch Tages- oder Mehrtageswanderungen auf der Shira-Hochebene oder Nähe Marangu, sowie Naturpfade auf den unteren Abschnitten der jeweiligen Routen oder südlich von Moshi. Einen Besuch lohnt auch der wunderschöne Chala-Kratersee an den südöstlichen Hängen des Berges. Neuerdings sind auch Mountainbike-Touren am Bergmassiv möglich. Neu ist „Skydiving“ (Fallschirmspringen), das Sie unter www.kiliair.com buchen können.

Beste Reisezeit
Von Dezember bis Februar ist Trockenzeit, die Sicht ist klar und das Klima am wärmsten (in den Städten eher heiß, auf dem Gipfel kaum Schnee). Nach der langen Regenzeit ist es von Juli bis September am Berg ebenfalls recht trocken, aber weniger warm (in den Städten angenehmer und am Gipfel schneebedeckt).

Unterkunft
Es gibt Hütten (nur auf der Marangu Route) und 22 Campingplätze (auf allen anderen Routen) am Berg, daneben mehrere Hotels und Campingplätze außerhalb des Parks im Dorf Marangu (z.B. Marangu Hotel) und in der Stadt Moshi (z.B. Springlands Hotel, Zebra Hotel, Leopard Hotel, Key's Hotels, etc.).

Parkgebühren 2007
60,00 US$/Tag (Erwachsene ab 16 Jahre, Änderungen vorbehalten)

Hinweis: Wandern Sie langsam und geben Sie Ihrem Körper Zeit, sich auf die wechselnden Bedingungen und auf die Höhe (geringerer Luftdruck) einzustellen. Sie erhöhen somit klar Ihre Chancen den Gipfel zu erreichen. Beugen Sie der Höhenkrankheit vor, indem Sie mindestens fünf, besser sogar noch mehr Übernachtungen für den Aufstieg einplanen. Detaillierte Informationen zur Bergbesteigung finden Sie in den entsprechenden Kapiteln dieses Buches.

5) Kitulo - Nationalpark

Kitulo ist der südlichste und seit 2005 der 14. Nationalpark Tanzanias. Die Einheimischen nennen ihn „Bustani ya Mungu" – den „Garten Gottes", während Botaniker ihn als die „Serengeti der Blumen" rühmen.

Fackellilie (lat. Kniphofia thomsonii)

Die auf ca. 2.700 m ü. M. liegende Plateau-Landschaft ernährt, dank ihrer gut bewässerten vulkanischen Kitulo-Erde, die umfangreichste und bedeutendste Gebirgs- und Graslandschaft Tanzanias. Der Park wird umgeben von den zerklüfteten Gipfeln der Kipengere-, Poroto- und Livingstone-Berge.

Als eines der wichtigsten Einzugsgebiete des **Great-Ruaha-Flusses** ist Kitulo auch der erste Nationalpark im tropischen Afrika, der vor allem wegen seiner Blumen bekannt wurde, nicht nur wegen der Vielfalt an Orchideen (45 Arten), sondern auch wegen der wunderschönen gelb-orangen **Fackellilie** (Foto links) und einer Auswahl von **Aloen, Proteen, Geranien, Riesenlobelien, Lilien** und **Astermargeriten** *(lat. aster daisies)*, von denen mehr als 30 Arten nur in Süd-Tanzania vorkommen. Insgesamt wartet der Park mit über 90 endemischen (nur hier vorkommenden) Blumenarten auf.

Großwild ist hier eher selten. Nur vereinzelt streifen zähe **Berg-Riedböcke** und **Elenantilopen** durch das offene Grasland. Dagegen ist das Botaniker- und Wandererparadies Kitulo sehr reizvoll für Vogelliebhaber. Tanzanias einzige Population der seltenen **Schwarzflügeltrappe**, bedrohte **Stahlschwalben** und andere standorttreue Arten wie der **Nijombe-Zistensänger** sind im Park zu Hause. Hier beheimatete Schmetterlingsarten, Chamäleons, Eidechsen und Frösche tragen ferner zum biologischen Reichtum dieses Paradieses bei.

Größe
442 km²

Lage
Kitulo ist der südlichste Nationalpark Tanzanias. Das zeitweilige Parkhauptquartier befindet sich in Matamba, ungefähr 100 km südlich von Mbeya entfernt.

Anreise
Man kann nur mit Allrad-Geländewagen anreisen. Ab Chimala, das 78 km östlich von **Mbeya** an der asphaltierten Hauptstraße nach Dar es Salaam liegt, geht es auf der spektakulären, nicht asphaltierten Straße namens „Hamsini na Saba (Zahl 57)" Richtung Süden - die Zahl beschreibt treffend die Summe ihrer Haarnadelkurven. Hat man die Übergangsverwaltung in **Matamba** erreicht, steht noch eine einstündige Fahrt zur Hochebene bevor. Einfache, unregelmäßig verkehrende, öffentliche Transportmittel sind vorhanden.

Aktivitäten
Es gibt gute Wanderwege, die demnächst zu einem Netz ausgebaut werden sollen. Ferner kann man frei über Grasland wandern, um Vögel zu beobachten und Wildblumen zu bestaunen. Die benachbarten Gebirgszüge laden zum Bergsteigen ein. Schließlich erreicht man in einer halbtägigen Wanderung durch die Livingstone-Berge die zauberhafte Matema Beach am Nyasa-See.

Beste Reisezeit
Die beste Zeit liegt wegen der blühenden Wildblumen zwischen Dezember und April. Die sonnigeren Monate September bis November sind angenehmer für Wanderungen, dafür weniger lohnend für Pflanzenliebhaber. Von Juli bis August ist es kalt und oft neblig.

Unterkunft
In **Mbeya** gibt es vom Luxushotel bis zur einfachen Pension (Guesthouse) alles. In **Matamba** kann man in zwei einfachen Pensionen unterkommen. Die dem Nationalpark benachbarte **Kitulo-Farm** bietet eine einfache Unterkunft und Verpflegung an. Im Park selbst sind drei Campingplätze in Arbeit.

Parkgebühren
Es waren keine aktuellen Angaben von der Parkverwaltung erhältlich.

6) Mahale Mountains Nationalpark

Tief im Herzen Afrikas und unerreichbar mit dem Auto liegt ein Ort, der wegen seiner weißen Buchten am blauen Tanganyikasees an einen Traum-Strand im indischen Ozean erinnert. Nur wenige Kilometer entfernt ragen über 2.000 m hohe Gipfel aus dem Dschungel empor – die **Mahale Mountains**.

Mahale wurde 1980 unter Staatspräsident **Julius Nyerere** als Nationalpark registriert. Er zieht sich etwa 60 km lang und 2 km breit am Tanganyikasee entlang. Wie sein nördlicher Nachbar „Gombe Stream" bietet auch der abgelegene, fast mystisch wirkende Mahale-Nationalpark in seinen Berghängen, einem Teil der letzten frei lebenden Schimpansen Afrikas, ein angemessenes Refugium. Aktuellen Schätzungen zu Folge leben hier etwa 800 dieser Tiere. Sie sind durch ein seit 1961 laufendes japanisches Forschungsprojekt der Universität Kyoto an menschliche Besucher gewöhnt. Das Aufspüren der **Mahale-Schimpansen** ist ein beeindruckendes Erlebnis, bei dem die Führer zuerst die Affen-Behausungen der vergangenen Nacht erspähen, um dann anhand herumliegender, halbangefressener Früchte und frischem Kot Hinweise auf den Aufenthaltsort der Schimpansen zu finden. Immer tiefer im Wald eingetaucht, huschen bunte Schmetterlinge durch das einfallende Licht der Sonne und plötzlich findet man sich mitten unter den Schimpansen. In Gruppen eng zusammenhockend, säubern sich die Tiere gegenseitig das glänzende Fell oder streiten laut und munter vor sich hin. Andere klettern mühelos und unbeeindruckt von den Besuchern in die Bäume, wo sie sich lässig von Liane zu Liane schwingen.

Grünmeerkatze (Cercopithecus aethiops)

Das Gebiet ist auch unter dem Namen „Nkungwe" bekannt, dem heiligen Berg des **Tongwe**-Volkes. Mit seinen 2.516 m ist der **Nkungwe** der höchste und interessanteste der sechs Gipfel des Parks, die zusammen die Mahale-Bergkette bilden. Die Entstehung der Bergkette ist auf den afrikanischen Grabenbruch zurückzuführen, der die Erdkruste im Bereich des heutigen Tanganyikasees aufriss und heiße Magmamassen ausströmen ließ, deren erkaltete Masse die heutigen Berge bildet. Aus dem tiefen Graben entstand zu dieser Zeit der heute bekannte Tanganyikasee. Neben den Schimpansen, Mahles Hauptattraktion, leben an den Berghängen eine Reihe weiterer interessanter Dschungeltiere. Östlich der Bergkette kann man z.B. die **Roten Colobus-Affen** *(lat. Procolobus badius kirkii)*, **Rotschwanzmeerkatzen** *(lat. Cercopithecus ascanius)* und **Grünmeerkatzen** *(siehe Foto)* sowie ein Kaleidoskop von Waldvögeln beobachten. Auch größere Tiere wie Elefanten, Büffel, Giraffen, Zebras und Löwen sind hier anzutreffen.

Eine Herausforderung ist es sicherlich dem alten Pilgerpfad des **Tongwe-Volkes** durch den Berg-Regenwald-Gürtel zu den Berggeistern zu folgen. Hier oben, wo nur die hier ansässige Art des **Angola-Colobus-Affen** existiert, können Sie wunderbar auf grasbewachsenen Höhen und durch üppigen Gebirgsbambus wandern. Später können Sie im traumhaft klaren Wasser des längsten, zweittiefsten und saubersten Süßwassersees der Welt baden (keine Bilharziose-Gefahr). Schätzungsweise tummeln sich hier über 1.000 verschiedene Fischarten im erfrischenden Gewässer. Nach einer erlebnisreichen Safari reisen Sie so zurück wie Sie gekommen sind - per Boot.

Größe
1.613 km^2 (30 x größer als der Gombe-Nationalpark)

Lage
Der Park liegt etwa 150 km südlich von Kigoma, an den Ufern des Tanganyikasees, im Westen Tanzanias.

Anreise
Die Anreise erfolgt mit einem privaten Charterflugzeug ab Arusha, Dar es Salaam oder Kigoma oder per Privat- oder Nationalpark-Charter-Motorboot ab Kigoma bis Kashiga (4-5 Stunden). Mit dem Dampfschiff einmal pro Woche ab Kigoma (7 Stunden). Für die restliche ein- bis zweistündige Reise mietet man ein Fischerboot oder fordert bei der Parkzentrale ein Parkboot an. Es gibt derzeit keine Straße zum oder im Park. Die Begehung des Parks geschieht ausschließlich in Begleitung eines Rangers auf Fußwegen entlang der westlichen Hänge der Mahale-Bergkette.

Aktivitäten
Schimpansen-Beobachtungstouren (mindestens 2 Tage einplanen), Wandern, Camping-Safaris, Schnorcheln oder Fischen für das Abendessen.

Beste Reisezeit
Die Trockenzeit (Ende Mai bis Oktober) ist am besten für Waldwanderungen geeignet, diese sind aber auch noch während der „kleinen" Regenzeit (November bis Dezember) ohne größere Probleme möglich. Aufgrund der hohen Niederschläge in der „großen" Regenzeit sind Besuche des Parks von Februar bis Mai nicht unbedingt zu empfehlen, da viele Pfade dann unbegehbar sind.

Unterkunft
Gute Unterkunft bieten 3 Luxuszeltlager am See: Das Greystoke Camp (www.nomad.co.tz), Nkungwe Tented Camp (www.chimpanzeesafaris.com) und das Mahale Camp (www.flycat.com) und die beiden kleinen Rasthäuser.

Hinweis: Für den Mahale-Nationalpark gelten ähnliche Regeln für die Tier- und Schimpansenbeobachtung wie für den Gombe Stream Nationalpark.

Parkgebühren 2007
80,00 US$/Tag (Erwachsene ab 16 Jahre, Änderungen vorbehalten)

7) Manyara – Nationalpark

Eine Tierbeobachtungs-Rundfahrt durch den 1960 gegründeten Manyara-Nationalpark bietet auf kleinem Raum alles, was man auf Safari in Tanzania erleben kann. Auf einer Parklänge von etwa 35 km und 3 km Breite (Breite ohne See) am Fuße des 600 m hohen Rift-Valley-Gebirges liegt der sodahaltige „Lake Manyara" wie ein Juwel in Afrikas atemberaubende Landschaft eingebettet. Laut **Ernest Hemingway** „…Das schönste, was er je in Afrika gesehen hat…"

Hinter dem dominanten Eingangstor und den Gebäuden der Parkverwaltung windet sich die Straße anfangs durch einen üppigen, dschungelähnlichen Grundwasserwald, wo Hundertschaften von Pavianen am Straßenrand ungestört faulenzen und Diademmeerkatzen flink durch die uralten Mahagonibäume turnen. Bleibt der Safari-Jeep einmal kurz stehen, vermutet man sich mitten in einem gigantischen, tobenden Zoo-Käfig.

Den Kontrast zur Intimität des Waldes bildet die grasbewachsene Schwemmebene, von der man über den 950 m hoch liegenden, sodahaltigen **Lake-Manyara** weit nach Osten zu den zerklüfteten blauen Vulkangipfeln sehen kann, die sich gewaltig aus der endlosen **Massai-Steppe** erheben. Große Büffel-, Gnu- und Zebraherden versammeln sich auf diesen grünen Ebenen. Dort finden sich auch viele Giraffen, die teilweise farblich so dunkel sind, dass sie aus der Distanz fast schwarz erscheinen. Am nördlichen Seeufer stößt man auf den Hippo-Pool, wo große Herden von Flusspferden eine Erfrischung vor der brennenden Nachmittagssonne suchen.

Der schmale Akazienwald-Gürtel im Innern der Schwemmebene ist der bevorzugte Aufenthaltsort bestimmter **Löwen**, die hier gar auf Bäume klettern, und von über 500 **Manyara-Elefanten** mit ihren eindrucksvollen Stoßzähnen. Oft kommt es vor, dass wandernde Elefantenherden die Parkstraße als „Autobahn" benutzen und so den gesamten Safari-Verkehr unter Kontrolle halten (siehe Foto). Scharen von **Zebramangusten** flitzen zwischen den Akazien hin und her, während die winzigen **Dikdiks** im Schatten der Bäume nach Nahrung suchen. Oft sieht man hier die Silhouetten von **Klippspringer-Paaren** auf den Felsen über einem Feld von Heißwasserquellen, die am Rand des südlichen Seeufers (Parkgrenze) dampfen und blubbern. Das komplette südliche Seeufer (ca. 18 km Länge) liegt übrigens außerhalb der Parkgrenze.

In Manyara lernt man auch Tanzanias Vogelwelt auf eine besondere Art und Weise kennen. Über 400 Arten hat man bisher gezählt und ungefähr 100 davon lassen sich an einem einzigen Tag beobachten. Eine besondere Attraktion sind tausend rosafarbene **Flamingos** (Dezember bis Juli) auf ihrer ständigen Wanderschaft sowie andere große Wasservögel wie **Pelikane, Kormorane** und **Störche**.

Größe
330 km^2,
bei hohem Wasserstand in der Regenzeit bilden bis zu 2/3 des Parks den See.

Lage
Der Park liegt im Norden Tanzanias, ca. 126 km westlich von Arusha. Das Eingangstor befindet sich an der neu asphaltierten Straße Richtung **Ngorongoro**, am Ortsausgang von Mto wa Mbu, einem quirligen Massai-Örtchen mit vielen Boutiquen und Shops.

Anreise
Die Anfahrt kann mit dem Auto sowie mit einem Charter- oder Linienflugzeug von Arusha aus unternommen werden. Manyara eignet sich ideal als Zwischenstopp auf dem Weg zur Serengeti und zum Ngorongoro-Krater.

Aktivitäten
Es bieten sich Tierbeobachtungsfahrten, Kanufahrten bei genügend hohem Wasserstand, Kultur-Ausflüge, Fahrradtouren, Abseilen und Waldwanderungen an den Hängen außerhalb des Nationalparks an.

Beste Reisezeit
Man reist am besten zwischen den Regenzeiten (Dezember bis März und Juni bis Oktober). Die Regenzeiten (November und April bis Juni) können mit witterungsbedingter Einschränkung aber für Vogelexpeditionen, zum Besuch der Wasserfälle und für Kanufahrten genutzt werden.

Unterkunft
Es gibt ein Luxus-Camp mit baumhausähnlichen Unterkünften (Manyara Tree Lodge), öffentliche Bungalows und Campingplätze im Nationalpark, dazu 2 Luxus-Zeltlager (Kirurumu Tent Lodge), Tarangire River Camp (www.chimpanzeesafaris.com) und zwei Lodges (Manyara Serena Lodge / Lake Manyara Hotel) am Rift-Valley hoch über dem See sowie verschiedene Pensionen (Guesthouses) und Campingplätze (z.B. Twiga-Camp) im nahe gelegenen Mto wa Mbu.

Parkgebühren 2007:
35,00 US$/Tag (Erwachsene ab 16 Jahre, Änderungen vorbehalten)

8) Mikumi – Nationalpark

Der 1964 gegründete Mikumi-Nationalpark lehnt sich an die nördliche Grenze von Afrikas größtem Wildreservat, dem **Selous Game Reserve**. Er wird von der asphaltierten Straße von Dar es Salaam nach lringa (Tan-Zam-Highway) durchquert und ist mit seinen 3.000 km^2 daher der zugänglichste Teil einer rund 75.000 km^2 großen Wildnislandschaft unterhalb Dar es Salaams, die sich nach Osten hin fast bis zum Indischen Ozean erstreckt. Der **Tan-Zam-Highway** bietet auch gleichzeitig die größte Gefahr für die Tierwelt, da sich kaum jemand an die Geschwindigkeitsbegrenzung von 50 km/h hält. Viele Tiere werden angefahren, verstümmelt oder getötet. Durch die enge Nachbarschaft der Parks Mikumi, Udzungwa und Selous kann eine unbegrenzte Migration der Wildtiere stattfinden. Gemeinsame Straßen zu den Parks untereinander bestehen jedoch nicht.

Gnu mit Herde

Das Herzstück des Parks ist die rund 500 m ü.M. liegende **Mkata-Schwemmebene** (Mkata-Plains) mit ihrem offenen Horizont und der reichen Tierwelt. Sie wird oft mit den berühmten Ebenen der Serengeti verglichen. Auf den abgeflachten Spitzen von Termitenhügeln und, während der Regenzeit, manchmal auch hoch oben in den Bäumen liegen Löwen und überwachen ihr steppenähnliches Reich. Mit durchziehenden **Zebra-**, **Gnu-**, **Impala-** und gigantischen **Büffelherden** haben sie ständig das nächste Festmahl vor Augen. In den vereinzelten schattigen Akazien-Beständen entlang des **Mkata-Flusses** trifft man oftmals auf **Elefanten** und **Giraffen** bei der Futtersuche. Besonders die Mikumi-Elefanten stellen hier mit über 2.000 Tieren eine der größten Populationen Tanzanias dar.

Nicht zuletzt aufgrund des guten Wegnetzes ist die **Mkata-Schwemmebene** vielleicht der bedeutendste Ort in Tanzania, um die mächtige **Elenantilope** *(lat. Taurotragus oryx)*, die größte Antilopenart der Welt, beobachten zu können. Die nicht weniger eindrucksvolle **Rappenantilope** sucht bevorzugt die **Miombowald** bedeckten Ausläufer der Berge auf, die sich an den Parkgrenzen erheben.

Mehr als 400 Vogelarten leben im Park. Unter ihnen solch farbige Bewohner wie die **Grünscheitelracke**, der **Gelbkehlpieper** und der **Gaukler**. Während der Regenzeit gesellen sich Scharen von europäischen Zugvögeln zu ihnen. Die Attraktion der 2 Wasserstellen, 5 km nördlich des Parkeingangs, sind die **Flusspferde**, die dort in Gesellschaft ständig wechselnder Wasservogelfamilien leben.

Größe
3.230 km^2, der viertgrößte Park Tanzanias und Teil des weit größeren Ökosystems, des riesigen **Selous Game Reserve**.

Lage
Der Park liegt etwa 280 km westlich von Dar es Salaam, nördlich des Selous Game Reserve, am Weg zu den Nationalparks Ruaha, Udzungwa und Katavi.

Anreise
Eine gut asphaltierte Straße verbindet Mikumi über Morogoro mit Dar es Salaam (rund vier Stunden Fahrt). Straßenverbindungen gibt es ferner mit Udzungwa, Ruaha und (allerdings nur in der Trockenzeit) Selous. Charterflüge ab Dar es Salaam, Arusha oder Selous. Per Regionalbus von Dar es Salaam zur Parkverwaltung, wo Safarifahrten organisiert werden können.

Aktivitäten
Es gibt Tierbeobachtungsfahrten und geführte Wanderungen. Besuchen Sie auch den nahe gelegenen Udzungwa-Nationalpark oder reisen Sie weiter zum Selous-Wildreservat oder Ruaha-Nationalpark.

Beste Reisezeit
Der Park kann ganzjährig besucht werden, die beste Reisezeit ist Juni - November.

Unterkunft
Übernachten können Sie in 2 Lodges (New Mikumi Wildlife Loge / Mikumi Kiboga Camp), 2 Luxus-Zeltlager (Foxes Safari Camp / Vuma Hill Tented Camp) und 3 Campingplätze sowie Pensionen (Guesthouses) in Mikumi, am Rand des Parks.

Parkgebühren 2007
20,00 US$/Tag (Erwachsene ab 16 Jahre, Änderungen vorbehalten)

9) Mkomazi - Umba Nationalpark

Der 2007 gegründete Park am Mkomazi-Fluss geht aus zwei bereits 1951 gegründeten Wildreservaten hervor und ist nun Tanzanias 15. und bisher neuster Nationalpark. Er funktioniert aufgrund seiner Lage an der kenianischen Grenze quasi als „Puffer" für den kenianischen Tsavo West - Nationalpark zu Tanzania.

Der Park erstreckt sich von den südlichen **Pare-Mountains** entlang der Usambara-Mountains bis hin zur **Umba-Steppe** im Küstenvorland. In der weiten Busch-Savannen-Landschaft mit vielen Grasflächen und Akazienbäumen, trifft man häufig auf Großwild wie Löwen, Geparden, Elefanten, Büffel, etc. Über 400 Vogelarten runden das „Angebot" ab und machen den bisher sehr wenig besuchten Park zu einem weiteren, leicht erreichbaren Erlebnis im Norden des Landes.

Größe
Mit rund 2.600 km^2 einer der kleineren Parks des Landes.

Lage
Der Park liegt in Nordwest-Tanzania, zwischen den **Usambara-Bergen** und der kenianischen Grenze.

Anreise
Ideal mit dem Auto von Arusha oder Moshi, bzw. mit dem Privatflugzeug

Aktivitäten
Tageswanderungen oder Jeep-Safaris, wenig besucht

Beste Reisezeit
Der Park lässt sich, bis auf wenige Einschränkungen in der großen Regenzeit (März bis Mai), ganzjährig besuchen.

Unterkunft
Babu's Luxus Camp (www.gmsafaris.com) sowie weitere Campingplätze zur Selbstverpflegung .

Parkgebühren 2007
20,00 US$/Tag (Erwachsene ab 16 Jahre, Änderungen vorbehalten)

10) Ruaha - Nationalpark

Der 1964 gegründete zweitgrößte Park Tanzanias bietet mit über 10.000 Tieren die größte Elefantenpopulation aller ostafrikanischen Nationalparks.

Zwar ist die Wildnis des Katavi-Nationalparks noch unberührter, dafür ist der **Ruaha-Nationalpark** deutlich zugänglicher. Er schützt ein weitläufiges, für Zentral-Tanzania typisches Gebiet, unwegsamen, und halbtrockenen Buschlandes. Seine Lebensader ist der **Great-Ruaha-River**, der sich während der langen Regenzeit seinen flutengewaltigen Weg entlang des östlichen Parkrandes bahnt und bis zum **Selous-Wildreservat** führt. Ist die Regenzeit vorbei, schwindet er, bis nur noch wenige kostbare Wasserlöcher übrig sind, die von grellen Flächen aus Sand und Fels umgeben sind. Entlang des **Great-Ruaha-Rivers** und seiner saisonalen Zuflüsse gibt es ein gutes Netz von Tierbeobachtungswegen.

Während der Trockenzeit riskieren dort **Impalas, Wasserböcke** und andere **Antilopen** ihr Leben für einen Schluck Wasser. Die Bedrohung kommt nicht nur von den großen **Löwenrudeln**, sondern auch von **Geparden** und den in dichten Flussbüschen lauernden Leoparden. Die bedeutendste Ansammlung von großen Raubtieren wird noch verstärkt durch **Streifen-** und **Tüpfelhyänen,** sowie durch mehrere auffallende Rudel des von der Ausrottung bedrohten Afrikanischen **Wildhundes**.

Eine Vielfalt an **Antilopen-** und **Impala-Arten** ist hier zu finden, deren Anwesenheit der besonderen Lage des Parks in der Übergangszone zwischen ostafrikanischer Akazien-Savanne und dem Miombo-Wald-Gürtel des südlichen Afrikas zu verdanken ist. Die **Grantgazelle** und der **Kleine Kudu** haben im Park ihr südlichstes Verbreitungsgebiet. Die **Rappen-** und die **Pferdeantilope** sowie der hier in einer der größten Populationen Ostafrikas lebende **Große Kudu** (Antilopenart) mit auffallend interessanten, korkenzieherförmigen Hörnern beim Männchen sind die typischen Bewohner der hiesigen Miombowälder. Der **Große Kudu** bildet übrigens das Tiersymbol des Parkemblems.

Impala Antilope

Eine ähnliche Parallele erkennt man in der Liste der 450 hier vertretenen Vogelarten: Neben den typischen zentraltanzanischen Arten wie dem **Schwarzköpfchen** und dem **Grauglanzstar** lebt hier zum Beispiel der **Haubenbartvogel**, ein reizvoller gelb-schwarzer Vogel, dessen anhaltendes Trillern ein typischer Klang des südlichen Busches darstellt.

Trotz der eher rauen Bedingungen gedeihen hier rund 1.600 verschiedene Pflanzenarten, die besonders während der Regenzeit oder kurz danach ihre volle Farbenpracht entfalten.

Größe
10.300 km^2, Tanzanias zweitgrößter Nationalpark

Lage
Der Park liegt in Zentral Tanzania, 128 km westlich von Iringa.

Anreise
Man reist mit Linienflügen und/oder Charterflügen ab Dar es Salaam, Selous, Serengeti, Arusha, Iringa und Mbeya an. Ganzjährige Straßenverbindung bestehen von Dar es Salaam über Mikumi und Iringa (ca. 10 Stunden) oder von Arusha via Dodoma.

Aktivitäten
Tageswanderungen oder Fußsafaris durch unberührten Busch. Die „Steinzeitruinen von Isimila“, einer der bedeutendsten historischen Plätze Afrikas (bei Iringa), liegen nur 120 km entfernt.

Beste Reisezeit
Zum Beobachten der Raubtiere und großer Säugetiere eignet sich die Trockenzeit (Mitte Mai bis Dezember). Für Vogelexpeditionen oder bei Interesse an üppiger Landschaft und blühenden Wildblumen, kann auch die Regenzeit (Januar bis April) genutzt werden. Der männliche Große Kudu kann am besten während der Paarungszeit im Juni beobachtet werden.

Unterkunft
Es gibt eine Lodge am Flussufer (Ruaha River Lodge), zwei Luxus-Camps (Jongomeru Camp / Mwagusi Safari Camp), zwei Safari-Camps (Ol Mdonya River Camp / Tandala Camp) sowie Bungalows mit Selbstverpflegung und zwei Campingplätze.

Parkgebühren 2007
20,00 US$/Tag (Erwachsene ab 16 Jahre, Änderungen vorbehalten)

11) Rubondo Island - Nationalpark

Die 240 km^2 große Insel Rubondo wurde 1977 zum Nationalpark erklärt. Sie erstreckt sich über 20 km in der südwestlichen Ecke des Viktoriasees, der Tanzania, Uganda und Kenia verbindet. Zum Schutzgebiet des Nationalparks gehören zudem neun kleinere Inseln mit kostbaren Fischlaichgründen. Die Inseln werden ausschließlich zu Fuß oder mit Booten erkundet. In Ausnahmefällen stehen Geländewagen der Parkverwaltung zur Verfügung.

Die Insel **Rubondo** ist mehr als nur ein Wasserwunderland. Einsame Sandstrände schmiegen sich an unberührte Wälder, in denen der gefleckte **Buschbock** sich durch das Labyrinth aus Tamarinden, Palmen und pfahlwurzelumrankten Wildfeigenbäumen, einen Weg sucht. Die zottelige, am Wasser lebende **Sitatunga-Sumpfantilope** mit ihren ausgeprägten Schwimmhäuten, kann hier besonders gut beobachtet werden. Wohlschmeckende **Tilapia** (Buntbarsch) sind die Hauptnahrung der gelbgefleckten **Otter**, die in den felsigen Buchten der Insel herumjagen, während der bis zu 100 kg schwere, räuberische **Nilbarsch** eine lockende Herausforderung für rekordhungrige Sportangler ist.

Vögel sind auf der Insel allgegenwärtig und machen so Rubondo zum Geheimtipp für Vogelliebhaber. Mehr als 400 Arten hat man im Laufe der Jahre registriert. Schwärme von Afrikanischen Graupapageien, die auf der Insel ausgesetzt wurden, nachdem sie bei illegalen Exporteuren beschlagnahmt wurden, veranstalten ein buntes Zwitschern, während sie wild zwischen den Bäumen hin und her flattern. Reiher, Störche und Löffler brüten zahlreich in den sumpfigen Uferzonen. Zu ihnen gesellen sich jedes Jahr Tausende von eurasischen Zugvögeln. Im Wald, aus dem ein geheimnisvolles Potpourri von Düften strömt, wachsen wilder Jasmin und 40 verschiedene Orchideenarten.

90% Prozent des Parks sind Feuchtwald. Ansonsten findet man vor allem offenes Grasland und die am See gelegenen **Papyruswäldchen**. Einheimische Wildtiere wie **Flusspferde, Krokodile, Grüne Meerkatzen, Ginsterkatzen, Dikdiks** und **Mangusten**, teilen ihren geschützten Lebensraum mit angesiedelten Arten wie Schimpansen, schwarzweißen **Colobus-Affen**, **Elefanten** und **Giraffen**, die allesamt aus Rubondos Abgeschiedenheit ihren Nutzen ziehen.

Größe
240 km^2

Lage
Der Park liegt im südlichen Viktoriasee, im Nordwesten Tanzanias, 150 km westlich von Mwanza.

Anreise
Während der Hochsaison gibt es Linienflüge ab Arusha, Lake Manyara, der Serengeti und Mwanza. Außerhalb der Hochsaison erreicht man den Park nur mit Charterflügen oder mit dem Auto von Mwanza bis zum See, und dann im Boot übersetzen. Näheres über die Anreise erfahren Sie bei der Parkverwaltung.

Aktivitäten
Es gibt Safariwanderungen, Bootsausflüge, Sportangeln, Schimpansentouren mit dem Boot und Kanuausflüge.

Beste Reisezeit
Trockenzeit (Juni bis August). Die Regenzeit (November bis März) lohnt sich vor allem wegen der Wildblumen und Schmetterlinge. Von Dezember bis Februar kann man viele Zugvögel beobachten.

Unterkunft
Ein Luxus-Zeltcamp (Rubondo Island Camp). Park-Bungalows und ein Campingplatz

Parkgebühren 2007:
20,00 US$/Tag (Erwachsene ab 16 Jahre, Änderungen vorbehalten)

12) Saadani - Nationalpark

Saadani ist dort, wo Strand und Busch aufeinander treffen. Palmen wiegen sich in der kühlen Brise des indischen Ozeans und blaues Wasser verzaubert die weißen Sandstrände unter tropischer Sonne, während Swahili-Fischer mit ihren Dhaus langsam vorbei segeln.

Als einziges Naturschutzgebiet Ostafrikas stößt der etwa 70 km lange Saadani-Nationalpark in Teilabschnitten an den Indischen Ozean und rühmt sich somit aller Attraktionen, welche die tanzanische Küstenlinie und deren Inseln bei europäischen Sonnenanbetern so beliebt machen. Doch **Saadani** ist auch der Ort, wo (selten) die gemütlichen Stunden des Sonnenbadens durch einen gemächlich vorbeiziehenden **Elefanten** oder einen streunenden **Löwen** unterbrochen werden.

Während Saadani bereits seit den sechziger Jahren als Tierreservat unter Schutz stand, wurde das Gebiet erst 2002 offiziell zum Nationalpark erklärt, als es eine Ausdehnung auf mehr als das Doppelte seiner früheren Fläche erhielt. Bis Ende der neunziger Jahre hatte das Reservat sehr unter der Wilderei gelitten. Die letzten Jahre haben aber eine entscheidende Wende gebracht, da auch die angrenzenden Dörfer in das Naturschutzgebiet integriert wurden.

Heute kann man auf Tierbeobachtungsfahrten und bei Wanderungen eine überraschend große Vielfalt von Grasfressern und Primaten sehen, unter ihnen **Giraffen, Büffel, Warzenschweine, Wasserböcke, Riedböcke, Kuhantilopen, Gnus, Rotducker, Große Kudus, Elenantilopen, Rappenantilopen, Gelbe Babuine (Paviane) und Grüne Meerkatzen.** Immer häufiger begegnet man auch Herden von bis zu 30 Elefanten. Ferner leben hier verschiedene **Löwenrudel**, dazu **Leoparden**, **Tüpfelhyänen** und **Schabrackenschakale**. Bei Bootsausflügen auf dem mangrovengesäumten Wami-Fluss ist die Wahrscheinlichkeit groß **Flusspferde, Krokodile** und eine Auswahl von Meeres- und Flussvögeln wie der **Mangroven-Eisvogel** und den **Kleinen Flamingo** zu sehen. Die Strände Saadani bilden eine der letzten großen Brutstätten auf Tanzanias Festland für brütende **Riesenschildkröten.**

Größe
1.062 km^2

Lage
Saadani liegt an der Nordostküste, etwa 100 km Luftlinie nordwestlich von Dar es Salaam und ungefähr die gleiche Distanz südwestlich von Tanga.

Anreise
Es gibt Charterflüge (zukünftig eventuell auch Linienflüge) ab Sansibar oder Dar es Salaam und 3 x pro Woche einen Shuttle-Bus ab Dar (die Reise dauert 4 Stunden in jede Richtung). Es gibt keine Straßen von Dar entlang der Küste. Man folgt deshalb der Straße Richtung Moshi etwa 160 km und setzt die Reise dann östlich auf einer nicht asphaltierten Straße fort (60 km). Außer nach heftigem Regen kann man Saadani von Tanga und Pangani aus auch mit Geländewagen erreichen.

Aktivitäten
Möglich sind Tierbeobachtungsfahrten im Geländewagen, geführte Wanderungen, Bootsausflüge und Schwimmen am Sandstrand. Ein Besuch des Fischerdorfes Saadani, das innerhalb des Reservats liegt, lohnt. Man kann dort Ruinen besichtigen, die von Saadanis Blütezeit im 19. Jahrhundert als wichtigem Handelshafen zeugen.

Beste Reisezeit
Saadani ist das ganze Jahr über zugänglich, allerdings sind die Zufahrtsstraßen in den Monaten April und Mai zuweilen unpassierbar. Die beste Zeit für Tierbeobachtungen ist im Januar und Februar sowie von Juni bis August.

Unterkunft
Luxus-Zeltcamp& Lodge (Saadani Safari Lodge, www.saadanilodge.com) und Campingplätze.

Parkgebühren 2007:
25,00 US$/Tag (Erwachsene ab 16 Jahre, Änderungen vorbehalten)

13) Serengeti - Nationalpark

Tanzanias 1951 gegründeter, ältester und beliebtester Nationalpark, die Serengeti, ist neben dem enormen Tierreichtum besonders berühmt für die sich jährlich wiederholende Wanderungszeit (Migration). Dann, wenn sechs Millionen Hufe (1.5 Millionen Tiere) über die offenen Ebenen stampfen, wenn mehr als 200.000 **Zebras** und 300.000 **Thomson-Gazellen** sich dem bis zu 40 km langen Zug der **Gnus** nach frischen Weidegründen anschließen, herrscht Hochkonjunktur im Reich der Tiere. Doch auch außerhalb der Wanderungszeit bietet die Serengeti zweifellos das eindruckvollste Tierschauspiel Afrikas. Große **Büffelherden**, interessante Gruppen von **Elefanten** und **Giraffen** sowie Tausende und Abertausende von **Elenantilopen, Topis, Kuhantilopen, Impalas** und **Grantgazellen** bieten ein ständiges Stelldichein in den endlosen Weiten der 14.763 km^2 großen Serengeti *(abgeleitet vom Massai-Wort „siringet" frei übersetzt: endlose Weiten)*. Selbst die UNESCO wurde von der Einzigartigkeit der Landschaft überzeugt und erklärte sie zum Teil des legendären Weltnaturerbes.

In Europa wurde der Park durch zahlreiche Medien-Reportagen und nicht zuletzt durch den legendären Frankfurter Zoodirektor **Prof. Bernhard Grzimek** (1909-1987) bekannt, der hier 1958/59 gemeinsam mit seinem Sohn **Michael Grzimek** (1934-1959) den Oscar-nominierten Dokumentarfilm „Die Serengeti darf nicht sterben" drehte. Tragischerweise verunglückte Michael tödlich, als seine Propellermaschine am 10. Januar 1959, östlich der Serengeti, mit einem Geier kollidierte und er abstürzte. Michael war sofort tot. Auch heute noch ist die **Zoologische Gesellschaft Frankfurt** (http://www.zgf.de) einer der Hauptträger des Nationalparks. Der unermüdliche Einsatz des ZGF Teams unter **Dr. Markus**

Borner wird im nächsten Absatz beschrieben. Die Geschichte der Grzimeks und die enorme Bedeutung der Zoologischen Gesellschaft Frankfurt kann man heute im großzügigen **Visitor-Center**, im Herzen der Serengeti bestaunen.

Ein allgegenwärtiges Erlebnis in Tanzanias größtem Nationalpark ist der Kampf um Leben und Tod zwischen Raubtier und Beutetier. Goldmähnige **Löwenrudel** machen mit der Fülle von Grasfressern reiche Beute. Einsame **Leoparden** suchen den von Akazienbäumen gesäumten **Seronera-Fluss** heim, während viele **Geparden** bevorzugt die südöstlichen Ebenen durchstreifen. An kaum einem anderen Ort Afrikas kommen alle drei afrikanischen **Schakalarten** zusammen vor. Und dann gibt es auch noch die **Tüpfelhyäne** und eine Vielzahl scheuer kleinerer Raubtiere, vom insektenfressenden **Erdwolf** bis zum schönen **Serval**.

Die Serengeti wird aber nicht nur von großen und größeren Säugetieren bewohnt. Grellfarbige **Siedleragamen** und **Klippschliefer** huschen über die vereinzelten **Granit-Kopjes** (große Steinformationen inmitten der Savanne). Fast 100 Arten von Pillendreher-Käfern sind bisher verzeichnet worden, dazu mehr als 500 Vogelarten, die vom imposanten Strauß über den bizarren **Sekretärsvogel** des offenen Graslands bis hin zu den **Kaffernadlern** reichen. Zudem bietet die Weite der Serengeti und die benachbarte **Ngorongoro Conversation Area** die Heimat von schätzungsweise mehr als 80.000 Massai, die vielerorts noch ursprünglich und ohne jeden Luxus in ihren primitiven Bomas (Hütten) leben. Ein Besuch lohnt sich!

Ebenso gewaltig wie das Tierschauspiel, ist das befreiende Erlebnis von unendlicher Weite, das die Serengeti-Ebenen auszeichnet, die sich abends über sonnenverbrannte Savannen bis zum Ende des rotglühenden Horizonts erstreckt. Neben den Ebenen gibt es auch bewaldete Hügel, turmhohe Termitenhügel sowie mit Feigenbäumen und orange-verstaubten Akazienwäldern gesäumte Flüsse. Mag die Serengeti mit über 100.000 Touristen pro Jahr auch noch so beliebt sein, ist sie so großflächig, dass Sie womöglich der einzige menschliche Zeuge sind, der aus dem Safari-Jeep gerade miterlebt, wie ein Löwenrudel seine nächste Mahlzeit einkreist und reißt.

Die Arbeit der Zoologischen Gesellschaft Frankfurt (ZGF)

Bernhard & Michael Grzimek (Foto: Okapia Verlag)

Seit fast 50 Jahren ist die Zoologische Gesellschaft Frankfurt **(ZGF)** bereits in Ostafrika tätig. Der Grundstein für diese Arbeit wurde in den 50er Jahren von **Professor Bernhard Grzimek** gelegt, als dieser mit seinem Sohn Michael im „Zebra-Flugzeug" erste Studien zur Migrationsroute der Gnus in der Serengeti machte. Schon damals erkannte Grzimek, dass wir alle, sowohl vor unserer eigenen Haustür als auch weltweit, die Verantwortung tragen, einzigartige Wildnisgebiete zu schützen. Was damals in der Serengeti begann, entwickelte sich durch die Stiftung „Hilfe für die bedrohte Tierwelt" in ein internationales Engagement der **ZGF**, sodass heute weltweit etwa 80 Projekte in 30 Ländern erfolgreich unterstützt werden.

Dabei gilt es vor allem die lokalen Naturschutzbehörden in ihrer Arbeit zu unterstützen und langfristige, gemeinsame Pläne zu gestalten, die auf guter und enger Zusammenarbeit basieren. Nur so kann sich die ZGF dort einbringen, wo Unterstützung am notwendigsten ist. Dies beinhaltet auch die Weiterbildung der lokalen Verantwortungsträger, damit diese in der Lage sind zukünftig unabhängiger zu werden. Nicht nur „für", sondern auch „mit" den Menschen vor Ort treibt die **ZGF** den Schutz von einzigartigen Wildnisgebieten voran, die gleichzeitig das Überleben von abertausenden Tieren in ihrem Ökosystem sichern. Hierzu zählen z.B. auch der Ostabhang der Anden in Peru, die Altyn-Dala Steppe in Kasachstan und die einzigartige **Serengeti**.

Die Unterstützung von **TANAPA** (Tanzania National Parks) und **NCAA** (Ngorongoro Conservation Area Authority) im alltäglichen Management dieser Schutzgebiete ist ein wichtiger Bestandteil des **ZGF**-Einsatzes. So brauchen Schutzpatroullien eine Unterkunft (Rangerposten), Fahrzeuge, Ausrüstung und Ausbildung. Genau dort setzt die ZGF an und hilft mit finanzieller und logistischer Unterstützung sowie Know-How-Transfer, diese Projekte umzusetzen.

Aber auch andere Themen, die schon zu Grzimeks Zeiten höchste Brisanz hatten, sind heute noch wichtiger Bestandteil der Naturschutzarbeit in Tanzania. Dazu zählen Tierzählungen vom Flugzeug aus sowie die Besenderung von verschiedenen Tierarten, die heute mit modernster Technik durchgeführt werden und so einzigartige Einblicke und Aufschluss über das größte existierende Migrationssystem der Welt geben.

Schulkinder lernen den Park kennen (Foto: ZGF)

Die Erkenntnis, dass Naturschutz nur dann wirksam ist, wenn er Hand in Hand mit der Bevölkerung geht, ist nicht neu - die erfolgreiche Umsetzung dagegen ist eine andauernde neue Herausforderung. Umweltbildung und Unterstützung für die Schutzmaßnahmen im Park werden immer wichtiger, da der Druck auf den Park durch die steigenden Bevölkerungszahlen wächst. Einerseits wird versucht der umliegenden Bevölkerung ein Werkzeug in die Hand zu geben, damit sie selbst vom Schutz der Tiere profitieren können, andererseits fördert man das Verständnis der angesiedelten Menschen. Dabei helfen auch eine Jugendherberge, das großartige **Visitor Center** im Herzen der Serengeti, und ein **Game-Viewing-Truck**. Diese Einrichtungen schaffen die Möglichkeit, Schüler und Studenten aus umliegenden Gebieten an der einzigartigen Wildnis teilhaben zu lassen und somit vielleicht weitere 50 Jahre den erfolgreichen Schutz der Serengeti zu ermöglichen.

Für weitere Fragen oder Spenden zur Unterstützung der ZGF, hier die Adresse:

Zoologische Gesellschaft Frankfurt
Grzimeks Hilfe für die bedrohte Tierwelt
Alfred-Brehm-Platz 16
60316 Frankfurt am Main
Tel.: 069 943446-0, Fax: 069 439348,
www.zgf.de

Spendenkonto 80002
Frankfurter Sparkasse, BLZ 500 502 01

ZOOLOGISCHE GESELLSCHAFT FRANKFURT
GRZIMEKS HILFE FÜR DIE BEDROHTE TIERWELT

Größe
14.763 km^2
seit 1981 von der Unesco zum Weltnaturerbe benannt

Lage
Die Serengeti liegt 335 km von Arusha entfernt, an der westlichen Seite der **Ngorongoro Conservation Area.** Im Norden grenzt der Park an Kenia (Massai Mara Nationalpark) und im Westen an den Viktoriasee.

Anreise
Es gibt Linien- und Charterflüge ab Arusha, Lake Manyara und Mwanza. Mit dem Auto von Arusha, Lake Manyara, Tarangire oder vom Ngorongoro-Krater aus.

Aktivitäten
Angeboten werden Pirschfahrten zu den „Big Five“, Heißluftballon-Safaris, Ausflüge zu den „Kopjes“ *(afrikaans: kleine Köpfe),* zu Felsmalereien und zu Dörfern der Massai und zu den Musical Rocks. Möglich ist der Besuch des benachbarten Ngorongoro-Kraters, der Olduvai-Schlucht, des Ol Doinyo Lengai-Vulkans und der Flamingos am Lake Natron.

Beste Reisezeit
Um der Wanderung der Gnus zu folgen, ist Dezember bis Juli die beste Reisezeit. Um Raubtiere zu beobachten, bieten sich Juni bis Oktober an.

Unterkunft
Im Park gibt es vier Lodges (Seronera Wildlife Lodge / Lobo Wildlife Lodge / Sopa Wildlife Lodge / Serena Lodge), einige wandernde Luxus-Zeltlager (Serena Kirawira Luxury Camp / Ndasiata Migration Luxury Camp / ZARA Luxury Camps) und, über den Park verteilt, verschiedene Campingplätze. Außerhalb des Parks findet man ein Luxus-Camp (Swala Camp), eine Lodge und zwei Zeltlager.

Hinweis: Route und Zeit der Gnuwanderung können nicht genau vorausgesagt werden. Planen Sie mindestens drei Tage ein, um sicherzugehen, dass Sie den Gnus begegnen, und reservieren Sie sich noch mehr Zeit, wenn Sie auch die größeren Raubtiere sehen möchten.

Parkgebühren 2007
50,00 US$/Tag (Erwachsene ab 16 Jahre, Änderungen vorbehalten)

14) Tarangire - Nationalpark

Herden von bis zu 300 Elefanten scharren im trockenen Flussbett nach Wasseradern, während wandernde **Gnus, Zebras, Büffel, Gazellen, Kuh-** und **Elenantilopen** sich an den schwindenden Wasserlöchern drängen. Der 1970 aus ehemaligen Jagdrevieren gegründete Tarangire-Nationalpark ist die größte Konzentration wild lebender Tiere außerhalb des Serengeti-Ökosystems. Mit rund 2.600 km^2 zählt er zu den fünf größten Parks in Tanzania und bietet einen „gedeckten Tisch“ für Raubtiere. Nur hier kann man Festland-**Antilopen** wie den stattlichen **Büschelohr-Spießbock** und die eigenartige **Giraffengazelle** ständig beobachten.

Während der Regenzeit verteilen sich die Tiere des Tarangire weit über die Parkgrenzen hinaus auf ein Gebiet von rund 20.000 km^2, solange, bis sie die grünen Ebenen kahl gefressen haben und das pulsierende Herzstück des Parks, der **Tarangire Fluss**, zur Rückkehr ruft. Im Gegensatz zu den anderen Tieren des Parks sind die Elefantenherden auch während der Regenzeit aufzufinden. Nicht umsonst gilt er aufgrund seiner 4.000 Tiere im nördlichen Tanzania unumstritten als der „Park der Elefanten“.

Die Landschaft des Tarangire unterscheidet sich von den anderen Parks vor allem durch die großen, saisonabhängigen Sumpfgebiete und die endlos scheinenden Baumsavannen. Die Niederschläge sind hier deutlich weniger als beispielsweise am benachbarten **Lake Manyara** oder in der **Ngorongoro Conservation Area**. Die Landschaft wird eher vom zentralafrikanischen trockenen Klima geprägt.

Die stets grünen Sümpfe ziehen über 550 Vogelgattungen an und nirgends sonst auf der Welt brüten in einem Gebiet so viele Arten. Auf trockenerem Grund findet man die Riesentrappe, den Schwergewichtler unter den fliegenden Vögeln, und den **Massai-Strauß**, den größten Vogel der Welt. Ganz besonders interessierte Vogelliebhaber halten möglicherweise Ausschau nach kreischenden Schwärmen von farbenprächtigen **Schwarzköpfchen** und nach dem farblich etwas matteren **Rotschwanzweber** und dem **Grauglanzstar**. Dies sind Vögel, die nur in den trockenen Savannen Nordzentral-Tanzanias vorkommen. Verlassene Termitenhügel werden häufig von Kolonien liebenswürdiger **Zwergmangusten** aufgesucht.

Affenbrotbaum (Baobab tree)

Besonders im Nordosten des Parks findet man dichte Anhäufungen von Afrikas legendärem Riesenbaum, dem **Baobab** *(deutsch Affenbrotbaum, lat. Adansonia digitata)*. Die großen **Pythons** des Tarangire erklettern Bäume, wie es auch die **Löwen** und **Leoparden** im Park gerne tun.

Die Raubkatzen liegen faul im Geäst, wo die schaukelnden Früchte des **Leberwurstbaumes** *(lat. Kigelia africana)* das Zucken ihrer Schwanzspitzen tarnen.

Leberwurstbaum (Sausage tree) >

Größe
2.600 km^2

Lage
Der Park befindet sich 118 km südwestlich von Arusha.

Anreise
Er ist problemlos mit dem Auto ab Arusha oder Lake Manyara auf einer asphaltierten Straße zu erreichen, von der es am Ende noch 7 km bis zum Park-Haupteingang sind. Man kann auch zum Ngorongoro-Krater und der Serengeti weiterfahren. Charterflüge gibt es jederzeit von Arusha und der Serengeti aus.

Aktivitäten
Jeep-Safaris, geführte Walking-Safaris und Ausflüge zu Massai-Dörfern sowie zu den hunderten alten Felszeichnungen in der Nähe von Kolo an der Dodoma-Strasse.

Beste Reisezeit
Der Park kann das ganze Jahr über besucht werden, vorzugsweise aber in der Trockenzeit (Juni bis Oktober), weil man dann durch die beginnende Migration (Tierwanderung) die größten Tieransammlungen vorfinden kann. Diese erreicht im November ihren Höhepunkt. Zwischen den Regenzeiten (Februar/März) beherrschen oft lästige Tsetse-Fliegen den Park (Gefahr der Schlafkrankheit).

Unterkunft
Es gibt im Park eine Lodge (Tarangire Sopa Lodge), eine Lodge mit Bungalows und Zelten (Tarangire Safari Lodge) und ein Luxus-Zeltlager (Swala Camp). Einige weitere exklusive Lodges und Zeltcamps liegen unmittelbar außerhalb der Parkgrenze. Campingplätze findet man im Park und um den Park herum.

Parkgebühren 2007
35,00 US$/Tag (Erwachsene ab 16 Jahre, Änderungen vorbehalten)

15) Udzungwa - Nationalpark

Düster und urzeitlich wirken die dichten, nebligen Wälder, die von 30 Meter hohen Bäumen dominiert werden. **Udzungwa** wurde erst 1992 mit Unterstützung des **WWF** (World Wildlife Fund) eröffnet und ist das größte und biologisch vielfältigste Gebirge von 12 großen bewaldeten Berghängen. Diese erheben sich majestätisch von 250 m bis auf über 2.000 m aus dem flachen Küstenbuschwerk Ost-Tanzanias. Zusammen bilden sie die **Eastern Arc Mountains**. Der höchste Gipfel des Gebirges ist der **Luhombero** mit 2.579 m. Man nennt diesen Archipel isolierter Gebirge auch „**Afrikas Galapagos**“ wegen seines Schatzes an selten vorkommenden Pflanzen und Tieren. Von den uralten Gebirgszügen des Eastern Arc hat nur Udzungwa den Status eines Nationalparks erhalten, da das lückenlose Blätterdach seines Waldes für Tanzania einzigartig ist.

Zwar ist Udzungwa nicht das typische Ziel für Tiersafaris, dafür ist der Nationalpark aber ein magischer Anziehungspunkt für Wanderer. Ein ausgezeichnetes Netz von Waldwegen ermöglicht z.B. die beliebte Halbtageswanderung zum **Sanje-Wasserfall**, der sich 170 Meter tief durch dunstige Gischt in das darunter liegende Tal stürzt. Der anspruchsvollere **Mwanihana-Trail** (mind. 2 Übernachtungen einplanen) führt auf das Hoch-Plateau, wo man einen wunderschönen Rundblick auf die Zuckerplantagen der Umgebung genießt, bevor man weiter zum **Mwanihana-Peak** aufsteigt.

Ornithologen dagegen zieht es wegen der mehr als 400 hier lebenden Vogelarten nach Udzungwa. Zu diesen zählen beispielsweise der wunderschöne und einfach zu findende **Grünkopfpirol**, aber auch mehr als ein Dutzend schwer aufspürbaren Arten, die in den Eastern Arcs heimisch sind. Vier Vogelarten kommen gar nur in Udzungwa vor. Genannt sei z.B. das erst 1991 entdeckte **Waldrebhuhn**, das in Asien nähere Verwandte hat als in Afrika. Auch zwei der sechs hier lebenden Primaten-Arten, den **Uhehe-Rotkopf-Guereza** oder **Stummelaffe** *(engl. Red colobus)*) und den **Sanje-Mangabe**, gibt es nirgendwo sonst auf der Welt. Zweifellos hat dieser große Wald noch nicht alle seine Schätze enthüllt. Durch seine fortdauernde wissenschaftliche Erforschung wird die Liste der endemischen (nur hier vorkommenden) Tiere und Pflanzen sicherlich weiter wachsen.

Größe
1.990 km^2

Lage
Der Park liegt 5 Stunden (350 km) von Dar es Salaam entfernt, 65 km südwestlich von Mikumi.

Anreise
Man reist mit dem Auto ab Dar es Salaam oder vom Mikumi-Nationalpark aus an.

Aktivitäten
Der Park kann nur zusammen mit einem Ranger zu Fuß erkundet werden – es gibt keine Straßen. Von einer zweistündigen Wanderung zum Wasserfall bis zu Camping-Safaris ist alles möglich. Es bietet sich auch an diesen Nationalpark in Verbindung mit dem nahe gelegenen Mikumi-Nationalpark oder als Zwischenstation auf dem Weg zum Ruaha-Nationalpark zu besuchen.

Beste Reisezeit
Man kann den Park das ganze Jahr über besuchen, allerdings sind die Wege in der Regenzeit oft rutschig. Die Trockenzeit beginnt im Juni und endet im Oktober vor der kurzen Regenzeit. Auch die Monate Januar bis März sind noch empfehlenswert. Man sollte jedoch stets auf Regen gefasst sein.

Unterkunft
Das Zelten im Park ist möglich (Lebensmittel und Ausrüstung muss man selbst mitbringen). Zwei bescheidene, aber bequeme Lodges mit geräumigen Zimmern stehen 1 km vom Parkeingang entfernt zur Verfügung (Twiga Hotel / Udzungwa Mountain View Hotel).

Parkgebühren 2007
20,00 US$/Tag (Erwachsene ab 16 Jahre, Änderungen vorbehalten)

16) Ngorongoro Conservation Area (NCA Naturschutzgebiet)

Ngorongoro ist Teil des einzigartigen Serengeti-Ökosystems. Die Bezeichnung „Naturschutzgebiet" kommt in seiner Bedeutung und Wichtigkeit dem Status eines Nationalparks gleich, auch wenn die Verwaltung des Parks nicht der **TANAPA** untersteht. Die NCA (Ngorongoro Conservation Area) wurde 1979 aufgrund ihrer einzigartigen Landschaft und Tierwelt von der UNESCO als Teil des **Weltnaturerbe** benannt, anderenorts wird der zentrale Krater gar als das „Achte Weltwunder" bezeichnet. Das Gebiet grenzt an seiner nordwestlichen Ausdehnung an die Serengeti und nördlich an den **Oldoinyo Lengai**, dem heiligen Gottes-Berg der Massai. Die Beliebtheit des Parks wird durch die jährlich über 200.000 registrierten Safari-Touristen mehr als bestätigt.

Im Jahre 1959 führte **Bernhard Grzimek** mit seinem Sohn Michael eine groß angelegte Untersuchung der Serengeti (NCA war damals ein Teil der Serengeti) durch, damit Weidewirtschaft, Naturschutz und Tourismus auch zukünftig nebeneinander bestehen können. Gleichzeitig erweiterte man den Serengeti-Nationalpark nördlich bis zum Massai Mara Wildreservat an der kenianischen Grenze. Das Projekt hatte damals absoluten Pioniercharakter.

Die NCA umfasst unterschiedlichste Lebensräume, vom offenen Grasland bis zum Gebirgswald und von Busch-Ebenen bis zur Hochlandheide. Während im bekannten **Ngorongoro-Krater** das ganze Jahr hindurch ca. 25.000 Tiere leben, kann der Bestand im gesamten Park saisonal bis auf 2,5 Millionen anwachsen. Im Krater befindet sich der **Lake Magadi**, dessen alkalisches Wasser auf Ablagerungen von Vulkanasche zurückzuführen ist. Der weiß schimmernde See ist in der Regenzeit gerade mal 2 Meter tief, während in der Trockenzeit Wassertiefe und Größe nochmals rapide abnehmen. Am Flussufer sind oft hunderte pink-leuchtender **Flamingos** und schlammverschmierte **Hyänen** hautnah zu beobachten. Für Touristen bieten

der Ngorongoro-Krater und die abwechslungsreiche Landschaftsstruktur ein Naturschauspiel, das weltweit einzigartig ist. Wo zottelige **Löwen** im windverwehten Steppengras ungestört auf Beutejagd gehen, gewaltige **Elefanten** Bäume umholzen, Hundertschaften von **Gnus** und **Zebras** fröhlich über die Weiden galoppieren und **Hippos** unter ohrenbetäubendem Schnaufen hohe Fontänen aus dem Wasser spritzen, liegt das Herz eines einzigartigen Naturreservats – der **Ngorongoro-Krater.**

In der NCA, nahe **Laetoli**, hat man menschliche Fußabdrücke gefunden, die auf ein Alter von 3,6 Millionen Jahre geschätzt wurden. Weiter nördlich, in der **Olduvai-Schlucht** stieß man gar auf Überreste von Menschen und Tieren aus einer älteren Zeitepoche. Außergewöhnliche Fossilien-Funde von Paläoanthropologen in dieser Gegend, mit deren Hilfe man die Evolution des Menschen rekonstruieren konnte, haben Wissenschaftler davon überzeugt, dass Afrika die Wiege der Menschheit ist.

Vor etwa 200 Jahren kamen die ersten **Massai** und siedelten sich recht schnell in der fruchtbaren Gegend des Great Rift Valley's am Rande der NCA an. Trotz mehrerer auf dem Reißbrett geplanten Umsiedlungen durch die Parkbehörden im Laufe der letzten Jahrzehnte (zum Leid der Massai), bietet die NCA heute die Heimat für über 45.000 Bewohner des afrikanischen Urvolkes. Als Ergebnis der kontinuierlichen Vertreibung aus fruchtbaren Gebieten des Parks, seit den 50er Jahren mit fadenscheinigen Gründen, schwand der durchschnittliche Tierbestand der Massai von ehemals 26 Rindern, Ziegen und Schafen pro Kopf, gerade mal auf heute nur noch fünf Tiere pro Kopf. Direkt an der Straße zur Serengeti und unweit der Sopa Lodge (beim Dorf Irkeepusi) sind traditionelle **Massai-Bomas** (Hütten) zur Besichtigung aufgebaut. Ein Besuch lohnt sich auf jeden Fall, wenngleich das beliebte Massai-Foto mit einigen tausend Tanzania-Schilling belohnt werden sollte. Die **Datoga,** ein Nilo-Hamatisch sprechendes Hirtenvolk, das bereits vor 300 Jahren vor den Massai in die Serengeti/Ngorongoro Landschaft einzog und später von den Massai vertrieben wurde, lebt heute an der Parkgrenze im **Lake Eyasi Gebiet**.

Größe
8.292 km^2
seit 1979 UNESCO Weltnaturerbe mit dem größten Kraterkessel der Welt (19,2 km Ø / 304 km^2 / 610 m tief)

Lage
Das Naturschutzgebiet liegt im Norden Tanzanias neben dem Lake Manyara, 3 Stunden westlich von Arusha.

Anreise
Man kommt mit dem Geländewagen ab Arusha oder Lake Manyara, oder mit dem Charterflugzeug ab Arusha, Dar es Salaam oder von anderen Parks.

Aktivitäten
Angeboten werden Jeep-Safaris durch den Regenwald oder im 19,2 km Ø großen Kraterkessel und Walking Safaris außerhalb des Kraters (mit Führer). Man sieht eine beeindruckende Tierwelt, hat die nahezu „Big Five Garantie" und erlebt Massai-Kultur hautnah.

Beste Reisezeit
Man kann den Park das ganze Jahr über besuchen, allerdings sind die steilen Wege hinab zum Krater in der Regenzeit oft rutschig. Die Trockenzeit beginnt im Norden Tanzanias im Juni und endet im Oktober. Auch die Monate Januar bis März, direkt nach der kleinen Regenzeit, sind empfehlenswert. In der Trockenzeit ist in der NCA mit starker Staubentwicklung zu rechnen (Staubschutz empfehlenswert).

Unterkunft
Es gibt 4 oben am Kraterrad gelegene Luxus-Lodges für den größeren Geldbeutel (Crater Lodge, Sopa Lodge, Wildlife Lodge und Serena Lodge, einige Campingplätze außerhalb des Kraters und weitere gute Lodges und Hotels (z.B. das Highview Hotel) im nahe gelegenen Ort Karatu.

Parkgebühren 2007
30,00 US$/Tag (Erwachsene ab 16 Jahre, Änderungen vorbehalten) plus 100 US$ für Fahrzeuge, die in den Krater einfahren (max. 6 Stunden).

17) Selous – Game Reserve (Wildpark)

Der **Selous-Wildpark** ist mit rund 52.000 km² das größte Wildnaturschutzgebiet Afrikas und gar das zweitgrößte der Erde. Zusammen mit den angrenzenden **Parks Mikumi** und **Udzungwa**, bildet der Selous ein gewaltiges Öko-System mit einer ungefähren Fläche der doppelten Schweiz. Das Gebiet wurde, wie die bekannte Serengeti, 1982 von der UNESCO zu einem Teil des **Weltnaturerbes** erklärt. Im Gegensatz zu den „Nationalparks" Tanzanias ist im rauen und ursprünglichen Selous die kommerzielle Großwildjagd erlaubt, was dem ambitionierten Hobby-Fotografen durch einen Fehlschuss leicht zum Verhängnis werden könnte. Deshalb sind nur einige jagdfreie Gebiete nördlich des **Great Ruaha Rivers** und **Rufiji Rivers** für den Safari-Touristen zugänglich.

Der Name des Wildparks, der übrigens französisch ausgesprochen wird, geht zurück auf den Engländer **Frederick Courtney Selous**. Er war so zusagen der afrikanische „Buffalo Bill" und wurde Anfang des 20. Jahrhunderts vor allem durch seine Großwildjagden in Ostafrika bekannt. Selous wurde als freiwilliger Soldat des 1. Weltkrieges am 4. Januar 1917, im Alter von 63 Jahren, durch eine feindliche Kugel getötet. Es war eine Schlacht am **Beho Beho River**, was ihm zumindest einen Tod in der von ihm geliebten afrikanischen Wildnis bescherte.

Mehr als 3/4 des Parks sind von dichtem **Miombo-Trockenwald** bewachsen, der von Juni bis September, während des Wachstumszyklus, ein schillerndes Farbspiel an Blättern präsentiert. Das Farbspektrum reicht über rote und violette bis hin zu den endgültigen grünen Blättern. In den nördlichen Touristengebieten dominieren Gras- und Sumpflandschaften die Szene, die vom bekannten afrikanischen Bild der **Affenbrotbäume** und **Akazienbäume** aufgelockert wird. Auch die bis zu 30 Meter hohen **Doum**- und **Borassusplamen** sowie **Mango-Bäume** sind an gut bewässerten Stellen zu finden.

Pavian (Baboon)

In Sachen Tierwelt steht der Selous mit über 1 Million Tiere ganz oben auf der Liste und bietet neben **Löwen, Giraffen, Nashörnern** (wenige), **Zebras, Pavia ne und Impalas** die größte Population an **Elefanten** in ganz Tanzania (etwa 66.000 Tiere). Das Beobachten der Tiere ist aufgrund der dichten Vegetation oft nur bedingt möglich, aber ein guter Guide kennt sich aus und wird Sie sicherlich an die richtigen Stellen führen. Die Schlagader des Parks ist der gewaltige **Rufiji River**, der sich seinen Weg östlich der **Stiegler's Gorge** (Schlucht) teilweise bis zu 100 Meter breit durch die Landschaft bahnt und Schauplatz vieler **Krokodile** und **Flusspferde** darstellt.

Auch die restliche Tierwelt hält sich in der Trockenzeit mit Vorliebe am schattigen und feuchten Flussufer auf.

Der anspruchsvolle Vogelliebhaber kommt bei über 400 Arten ebenfalls voll auf seine Kosten. In Flussnähe sind u.a. **Kuhreiher, Pelikane** und bunte **Orixweber** zu bestaunen, ein Festival für Augen und Ohren.

Im vorwiegend südlichen Teil des Selous-Parks bestimmt auch die Schlafkrankheit übertragende, tagaktive **Tsetse-Fliege** den Alltag. Es ist sicherlich der Hauptgrund dafür, dass die Gegend bisher nicht zu sehr besiedelt wurde. Für die Safari-Touristen im abgegrenzten nördlichen Teil des Parks besteht jedoch kaum ein Infektionsrisiko. Schutz- und Vorsichtsmaßnahmen finden Sie auch im *Kapitel A-Z > „Schlafkrankheit" und unter „Safari"*.

Größe
Als größtes Naturschutzgebiet Afrikas bedeckt er mit 52.000 km^2 rund 5% von ganz Tanzania.

Lage
Der Wildpark liegt im Südosten, 4-5 Autostunden westlich von Dar es Salaam

Anreise
Die Anreise passiert mit Geländewagen, Charterflugzeug, mit der urtypischen Ta-Za-Ra-Eisenbahn oder mit dem kostengünstigen Bus ab Dar es Salaam.

Aktivitäten
Das Angebot reicht von Jeep- und Walking-Safaris (mit Ranger) im Norden des Parks entlang des Rufiji Rivers, über Ausflüge zur „Stiegelers Gorge" mit Wasserfällen, wo die beiden Flüsse Rufiji und Ruaha sich vereinen, bis zu Fishing-Touren zum Tagalala Lake.

Beste Reisezeit
Wie fast überall in Tanzania ist die Trockenzeit von Juni bis Februar auch die beste Reisezeit für den Selous-Wildschutzpark. In der zweiten, landschaftlich grüneren Hälfte der Saison, kann es öfters zu kleinen Regenschauern kommen. Sie beeinträchtigen aber keinesfalls die Safari.

Unterkunft
2 Luxus-Lodges (Sand Rivers Selous Lodge / Tembo Safari Lodge an Stiegler's Gorge) und mehrere Camps (z.B. Selous Safari camp / Beho Beho Camp / Impala Camp). ■

Die „Big 5“ in Afrika

Tiernamen in der Reihenfolge Deutsch / Englisch / Swahili und Latein

Löwe (männlich)
Lion / Simba
Panthera leo

Löwin (weiblich)
Lion / Simba
Panthera leo

Leopard
Leopard / Chui
Panthera pardus

Elefant
Elephant / Tembo
Loxodonto africana

Kaffern Büffel
Buffalo / Nyati
Syncerus caffer

Spitzmaul Nashorn
Black Rhino / Kifaru
Diceros bicornis

Weitere Großtiere in Tanzania

Giraffe
Giraffe / Twiga
Giraffa camelopardalis

Gepard
Cheetah / Duma
Acinonyx jubatus

Flusspferd
Hippo / Kiboko
Hippopotamus amphibius

Gnu
Wildebeest / Nyumbu
Connochaetes taurinus

Zebra
Zebra / Punda milia
Equus quagga boehmi

Warzenschwein
Warthog / Ngiri
Phacochoerus aethiopicus

Fleckenhyäne
Spotted Hyena / Fisi
Crocuta crocuta

Grünmeerkatze
Vervet Monkey / Tumbili
Cercopithecus aethiops

Anubis Pavian
Olive Baboon / Nyani
Papio anubis

Schwarzfersen-Antilope
Impala / Swala Pala
Aepyceros melampus

Thomson Gazelle
Thomson Gazelle / Swala Tomi
Gazella rufifrons thomsoni

Dikdik
Kirks's *Dik-Dik / Mgingi*
Madoqua kirkii

Strauß (männlich)
Ostrich / Mbuni
Struthio camelus

Marabu
Marabou / Korongo
Leptoptilos crumeniferus

Flamingo
Flamingo / Heroe mdogo
Phoenicopteriformes

Sansibar - Geschichte & Facts

Sansibar *(engl. Zanzibar)* ist eine kleine Inselgruppe die ca. 40 km vor der Ostküste Tanzanias liegt. Sie besteht aus der Hauptinsel **Sansibar**, genannt **Unguja Island** - das Land der Fülle (1.658 km^2), der nördlich gelegenen Insel **Pemba,** genannt **Al Khudra Island** (984 km^2) und vielen kleinen Atollen. Ihren Namen bekam die Insel aus dem Arabischen durch die Worte **„Zinj“** = schwarz und **„Barr“** = Land. Frei übersetzt bedeutet es also „Die Insel der Schwarzen“.

Unguja, die Hauptinsel, ist ein Paradies im indischen Ozean welches mit Palmen gesäumten Sandstränden, zeitlosen Fischerdörfern, Gewürzplantagen und bunten Märkten den steigenden Tourismus begeistert. Die Insel ist etwa 85 km lang, 30 km breit und im Gegensatz zum tanzanischen Festland sehr arabisch geprägt. Zahlreiche Sultane, Sklavenhändler und Prinzessinnen sorgten durch ihre Anwesenheit für ein turbulentes Inselleben von dem heute an jeder Straßenecke Zeitzeugen vergangener Jahrhunderte zu finden sind. Araber, Inder und Briten kämpften Jahrhunderte lang um die Herrschaft der Insel.

Stonetowns Hafenpromenade mit Sultan-Palast (heute National Museum)

Pompöse Gebäude wie beispielsweise der ehemalige Wohn-Palast des Sultans (heute **Palace Museum)** oder sein Zeremonie-Palast, das **House of Wonders,** wurden majestätisch zwischen den schmalen Straßen des alten Stadtkerns **Stonetown** und der Küste errichtet. Das Flair des späten 19. Jahrhunderts zieht auch heute noch durch die Gebäude, die jedoch meist schon bessere Tage gesehen haben. Oftmals fehlt der Regierung das Geld zu Renovierung und ehemals prunkvolle Gebäude zerfallen langsam vor sich hin.

Sansibar ist seit 1964 ein autonomer Teil von Tanzania, der auch in der Namensgebung Tan**za**nia wieder zu finden ist. Die Hauptstadt und wirtschaftliches Zentrum der Insel ist **Sansibar City** mit der weltberühmten Altstadt **Stonetown**, die seit dem Jahr 2000 als UNESCO Weltkulturerbe gilt.

Als berühmtesten Sohn der Stadt kann man den verstorbenen Queen-Sänger **Freddy Mercury** (*05.09.1946 - †24.11.1991) zählen. Er wurde 1946 als **Farokh Bulsara,** Sohn einer aus Indien stammenden persischen Familie, auf Sansibar geboren. Seine Kindheit verbrachte er in Stonetown und im Alter von 10 Jahren siedelte er in ein indisches Internat nahe Bombay um. 1963 kam er als 17-jähriger an seinen Geburtsort zurück. Als es dann 1964 zu blutigen Revolutionen gegen den Sultan kam, flüchteten die Bulsaras nach London. Dort lebte und komponierte Freddy, bis er im Jahr 1991 starb. Das mittlerweile heruntergekommene Geburtshaus des Künstlers ist heute in einer Seitenstraße, gegenüber dem Eis-Café „Amore Mio", zu finden. Im oftmals zitierten Haus mit dem früheren „Camlurs Restaurant", gegenüber dem Africa House Hotel, hat er nach meinen Recherchen nie gewohnt. Es soll lediglich das Wohnhaus von Freunden der Familie gewesen sein. Das letzte Domizil der Bulsaras, bevor sie nach London flohen, ist heute in der Kenyatta Road als „Mercury House" zu besuchen. Es ist gleichzeitig des Hauptsitz der Fotografen Javed Jafferji und seiner Zanzibar Gallery (Souvenir-Shop & Buchhandlung).

Die meisten Reisetipps und Informationen im vorherigen Kapitel *„Reiseinfos von A-Z"* treffen auch für Sansibar zu. Deshalb möchte ich im Folgenden vorwiegend touristische Informationen über Stadt und Insel weitergeben.

Anreise

Details zur Anreise nach Tanzania finden Sie im Kapitel *„Reiseinfos von A-Z"*. Aus Deutschland wird Sansibar als Direktflug derzeit nur von Condor und Ethiopian Airlines angeflogen. Im Land haben Air Tanzania und Precision Air die Nase vorn. Nach Ihrer Safari, können Sie ab dem Kilimanjaro-Airport oder ab Dar es Salaam direkt nach Sansibar fliegen. Der **einfache** Flugpreis pro Person beträgt zwischen 100-150 US$ ab Kilimanjaro und 50-90 US$ ab Dar es Salaam. Vom Hafenbecken in Dar es Salaam aus verkehren zudem täglich mehrere Fährverbindungen nach Zanzibar-City (Stonetown). Der Preis der Fähre liegt bei etwa 45 US$ pro Person (einfach). Der relativ hohe Preis und die bis zu 3 Stunden dauernde Überfahrt rechtfertigen oftmals besser einen Flug. Bei der Abreise wird am Sansibar-Airport eine Flughafengebühr fällig (5 US$ füre Inlands- und 30 US$ für Auslandsziele – Stand 09-2007):

Bevölkerung

Die Inselbewohner werden **Sansibari** genannt und zählen im Jahr 2006 mehr als eine Million Menschen. Sie sind ein bunt gemischtes Volk aus Afrikanern, Indern, Persern und Arabern. Auch einige Mzungus (Weiße) haben mittlerweile ihren Wohnsitz auf der sonnenverwöhnten Insel. Richtungsweisende Religion ist mit

98% Anteil der **Islam**. Hinzu kommen eine Minderheit an **Hindus** und **Christen**, die alle in einer toleranten Gemeinschaft miteinander leben. Amtssprache ist wie in Tanzania, das **Kiswahili** *(deutsch: Suaheli)*. Die Kleidung unterscheidet sich durch den arabischen Einfluss stark von jener im Norden Tanzanias. Viele moslemische Frauen tragen die knöchellangen **Buibui-Gewänder** und über dem Kopf ein weißes Tuch mit filigranen Stickereien. Frauen afrikanischer Herkunft und auch vereinzelte moslemische Frauen schmücken sich oftmals mit farbenfrohen **Kanga-Tüchern**, die aus einem Stück bestehen, und um den Körper gewickelt werden. Moslemische Männer tragen beinlange, weiße **Kanzu-Hemden** und den bestickten **Kofia** als traditionelle Kopfbedeckung. Kofia werden auch auf dem Festland und ebenso von Christen getragen.

Flora & Fauna

Sansibar bestand vor einigen hundert Jahren noch vorwiegend aus tropischem Regenwald. Dieser musste dann im 19. Jahrhundert den gewaltigen Nelken- und Kokosplantagen der Araber weichen. Der **Jozani-Forest** und der **Kichwele-Forest** sind heute die einzigen verbliebenen Urwälder und stehen unter Naturschutz.

Auf der westlichen Inselhälfte finden sich Mango-, Papaya-, Guaven-, Orangen-, Kakao- oder Nelkenbäume. Aber auch Bananenstauden, Kokospalmen und Gewürzsträucher wie Chili, Pfeffer, Kardamom oder Zimt sind hier zu Hause. Im Norden findet man große Felder mit Zuckerrohr, Mais und Reis. Die Ostseite der Insel ist durch die Korallen- und Sandböden ein eher trockenes Buschland mit großen Palmen, vereinzelten **Affenbrotbäumen** *(lat. Adansonia digitata)* und den nadelähnlich bewachsenen **Kasuarinenbäumen** *(lat. Casuarina)*.

Tierwelt

Große Säugetiere sind auf Sansibar nicht beheimatet. Vielmehr findet man hier kleinere Antilopenarten, Affen und Katzen. Zu den Antilopen zählen u.a. der **Blauducker** *(lat. Cephalophus adersi, engl. Blue Duiker)*, das **Moschus-böckchen** *(lat. Nesotragus moschatus, engl. Suni)* und die endemischen **Sansibar Rotducker** *(lat. Cephalophus adersi, engl. Aders Duiker)*.

Unter den Affen findet man eine Sansibar-Gattung der **Diademmeerkatzen** *(lat. Cercopithecus mitis, engl. Blue Monkey)* und **Nachtäffchen** oder **Sansibar Galago** *(lat. Galago zanzibaricus, engl. Lesser Bushbaby).*

Darüber hinaus bevölkern über **2.000 Fischarten** den warmen indischen Ozean und zahlreiche Krabben- und Schildkrötenfamilien die Strände. Bekannt sind vor allem die bis zu 200 Jahre alten **Riesen-Landschildkröten** *(lat. Geochelone gigantia)* sowie die ortsbekannte **Geisterkrabbe** und die große **Kokosnusskrabbe** *(lat. Birgus latro, engl. Coconut crab)*, die bis zu 60 cm groß und 4 kg schwer werden kann.

Geisterskrabbe

Da Sansibar noch eine Vielzahl weiterer interessanter Tiere zu bieten hat, die den meisten Touristen verborgen bleiben und deren Beschreibung die Seiten dieses Buches sprengen würden, empfehle ich den Besuch des **Natural History Museum** in der Altstadt.

Tourismus

Sansibar bietet eine Vielfalt an kulturellen und aktiven Möglichkeiten. Die jahrhundertealte Kultur spiegelt sich in der weltbekannten **Altstadt Stonetown** und auf den zahlreichen Märkten wider. Die gesamte Insel ist umgeben von weißen, von Palmen gesäumten Bilderbuchsandstränden erster Klasse. Am weitesten entwickelt sind die Nord- und Ostküste, die mit hervorragenden Mittel- und Firstclass Hotels aufwarten. Häuser für den kleineren Geldbeutel finden sich meist im Süden und Westen, sowie vereinzelt ebenfalls bei **Nungwi** im Norden.

Alte arabische Holzschiffe, die so genannten **Dhaus (Dhows)**, verkehren auch heute noch auf den früheren Handelsrouten entlang der Küste. Sie bestehen aus einem Segelmast und haben weder Motor noch Metallteile. Sie können ohne Werkzeuge gebaut werden und halten in der Regel 15-20 Jahre. Der Nordwind **Kazkazi,** der von Dezember bis März bläst, trieb die Dhaus damals von Arabien, vorbei an Persien und Somalia, bis nach Sansibar. Von April bis November sorgte der Südwind **Kuzi** dann für die sichere Rückkehr. Der Anblick der **Dhaus** versetzt Sie auch heute noch in die Zeit des 19. Jahrhunderts, als arabische Geschäftsleute und Sklavenhandel die Insel beherrschten.

Stonetown ist heute Wohnviertel vieler wohlhabender Geschäftsleute und Zentrum für Gastronomie und Handwerk. In den kleinen Gassen bieten lokale Händler eine Vielzahl von einheimischen Handwerksarbeiten und, bis hin zum China-Import, alles an, was dem Touristen gefallen könnte. Neben der klassischen Erkundungstour durch die schmalen Gassen der Altstadt gibt es einige interessante Gebäude zu besichtigen, welche die Geschichte der Insel maßgeblich geprägt haben. Die interessantesten möchte ich hier kurz vorstellen:

1) Das Arabische Fort befindet sich direkt hinter den **Forodhani Gardens**, der Flaniermeile **Stonetowns**. Die großen Mauern der Arena sind nicht zu übersehen. Das Fort wurde in den Jahren 1698-1701 von der omanischen Al-Yarubi-Dynastie errichtet. Im Lauf der Jahrhunderte änderte es oft seine Bestimmung und wurde als Gefängnis, Marktplatz oder gar als Tennisplatz genutzt. Seit 1994 dient das große Amphitheater größeren Events als Standort. Am bekanntesten ist das jährlich im Februar stattfindende **Dhow Country Music Festival**, bei dem Musikgruppen der gesamten afrikanischen Ostküste teilnehmen.

2) Das House of Wonders *(Beit al-Ajaib),* mit dem dominanten Leuchtturm, wurde 1883 als „Zeremoniepalast“ des **Sultans Barghash bin Said,** fertig gestellt und nennt sich heute **National Museum of Zanzibar**. Es war das erste Gebäude in ganz Ostafrika mit Elektrizität und fliesend Wasser in Stahlrohren. Ebenso wurden von den Architekten erstmalig Gusseisen-Pfosten, Balustraden, Balkone und eine offene Gallery im Inneren kombiniert.

Nach dem Tod des Sultans im Jahre 1888 wurde der Palast von seinen Söhnen, den nachfolgenden Sultans, genutzt und bewohnt, bis es 1896 von den Briten bombardiert wurde und zur Flucht des selbsternannten Sultans Khalid bin Bargash, einem Enkel von Sultan Seyyid Said, kam **(Britisch-Sansibarischer Krieg).** Später wurde das Gebäude renoviert und diente von 1913 - 1990 zuerst dem Sitz der britischen Kolonialregierung und später der sansibarischen und tanzanischen Regierungen. Im Jahre 2002 wurde der erneut renovierte Palast offiziell und zum **Museum für die Geschichte Sansibars und Swahili-Kolonial-Geschichte** eröffnet. Das Gebäude wurde im Jahr 2000 zusammen mit der Altstadt Stonetown zum **Weltkulturerbe** benannt. (Öffnungszeiten täglich von 8.30 – 18.00 Uhr. Lage direkt an der Hafenpromenade, links neben dem alten Fort).

3) Der Sultans Palast, heute „Palace Museum“ *(Foto S. 308),* befindet sich unmittelbar links neben dem **House of Wonders.** Er diente von 1834 bis 1964 dem jeweils regierenden Sultan als Regierungssitz und Wohnhaus. Seit dem Sturz des letzten **Sultans Jamshid** im Jahre 1964, wurde der Palast von der Regierung zur Verwaltung genutzt. Seit 1994 dient er offiziell als **Palast-Museum**. Das Museum zeigt eindruckvoll das Leben der Sultans mit prächtigen Räumen, die mit Geschenken der damaligen Staatspräsidenten aus aller Welt geschmückt sind. Interessant ist auch die hier dokumentierte Lebensgeschichte von **Princess Salme,** Tochter von **Sultan Seyyid Said** (reg. 1806-1856), die sich in einen deutschen Geschäftsmann verliebte, in Hamburg wohnte und 1924 in Jena starb. Vom oberen Stockwerk des Palastes hat man einen hervorragenden Blick über die Hafenbucht von Stonetown. Ein Besuch lohnt sich! (Öffnungszeiten täglich von 8.30 – 18.00 Uhr. Lage direkt an neben dem House of Wonders, an der Hafenpromenade.

4) The Old Dispensary, heute das „Stone Town Cultural Center“ wurde ab 1887 vom indischen Geschäftsmann und Sultan-Berater **Sir Tharia Thopan** entworfen und gebaut. Erst 1897, einige Jahre nach seinem Tod, konnte das Gebäude fertig gestellt werden. Es besticht durch seine ausgefallene und attraktive Architektur mit hölzernen Balustraden. Das Gebäude wurde bis 1964 als Klinik und Apotheke genutzt. Vor dem Zerfall gerettet und renoviert wurde es von der Stiftung des Milliardärs **Karim Aga Khan**, der es am 16. März 1997 als **Stone Town Cultural Center** eröffnete. Es dient heute als Museum für sansibarische Kultur. (Öffnungszeiten täglich von 9.00-18.00 Uhr. Lage, am Ende der Hafenbucht, gegenüber der „Mercury’s Bar“.

5) Die Anglikanische Kathedrale von Sansibar befindet sich an der Stelle, wo früher der **Sklavenmarkt** war. Die Kirche wurde von der „Universities Mission“ des bekannten **David Livingstone** und dem britischen Bischof **Edward Steere** (*04.05.1829 - †27.08.1882) in den Jahren 1873-1880 erbaut. Das Grab des Bischofs ist in der Kirche, direkt vor dem Altar zu finden.

Als **David Livingstone** 1856 nach Sansibar kam war er entsetzt von der Art und Weise wie hier Menschen be- und gehandelt wurden. Seine ersten Beschwerden bei der britischen Regierung wurden später von **John Kirk**, dem britischen Generalkonsul in Sansibar, gestärkt. Dieser drängte letztendlich **Sultan Barghash bin Said** mit politischem Druck zum endgültigen Ende des Sklavenhandels, was am 06. Juni 1873 besiegelt war. Sofort wurde der Grundstein der Kirche gelegt, die dann in 7 Jahren erbaut wurde.

Wo heute der Altar steht soll früher der Baum gestanden haben an dem die Sklaven angekettet und gehandelt wurden. Vor der Kirche ist ein Denkmal zu sehen, welches nachgebildete, steinerne Sklaven an einer echten, früher verwendeten Kette zeigt (siehe Foto). In den Kellergebäuden nebenan kann man die Räume ehemaliger Sklavenquartiere besichtigen.

Ausflüge & Sehenswertes

1) Als absolutes Highlight steht natürlich die Erkundung der historischen Altstadt **Stonetown** auf dem Programm. Diese kann man innerhalb einer geführten Tour- oder auch auf eigene Faust in Angriff nehmen um dann die o.a. Gebäude, Plätze und Märkte der Stadt zu erkunden. (Halb- oder Ganztagestour).

Stonetown bietet ein einzigartiges Kaleidoskop an verschiedenen Kulturen. Ob Inder, Araber, Afrikaner, Massai, Moslems, Christen oder Hindus - alle leben hier friedlich in den engen Gassen Sansibars zusammen.

2) Vom **Mtoni Marine Center** können **traditionelle Dhau-Fahrten** unternommen werden. Besonders Schnorcheltouren, Dinner-Cruises oder Tagestouren zu den vor gelagerten Inseln stehen hoch im Kurs. (Halb- oder Ganztagestour)

2) Ein Muss für jeden Sansibar-Reisenden ist die **Spice-Tour** (Gewürztour) zu den Palast-Ruinen, den Gewürz- und Früchtekammern und Plantagen der Inseln. Ein echtes Highlight mit frischem Gewürz- und Früchtebuffet. (Halbtagestour)

3) Für Naturfreunde könnte eine geführte Tour über den **Jozani Nature Trail** im gleichnamigen Nationalpark anstehen, bei dem die berühmten Stummelaffen *(lat. Procolobus badius kirkii, engl. Red Colobus Monkey)* neben dem beeindruckenden Regenwald die Attraktion darstellen. (Ganztagestour)

4) Vor dem Hafen der Altstadt liegt die kleine Insel **Prison Island** (Changuu Island), deren Gebäude Anfang des 20. Jahrhunderts ursprünglich als Gefängnisse erbaut wurden. Durch die ständig wachsenden Einwanderungsströme nach Sansibar und die damit eingeschleppten Krankheiten, beschloss die Regierung jedoch am 11. Juni 1923 (also nach dem Sklavenhandel) die Insel und deren Gebäude als Quarantäne Station für Einwanderer zu nutzen. Sie diente demnach niemals als Gefängnisinsel und wurde auch nicht, wie gerne erzählt, zur Haltung von Sklaven genutzt.

Heute steht die Insel unter Leitung der Hotel & Lodges Company, die alte und neue Gebäude zu einer ansprechenden, Natur belassenen Hotelanlage umgestaltet hat. (www.privateislands-zanzibar.com: Ebenso finden sich hier Sansibars bekannte Riesenschildkröten *(lat. Geochelone gigantia)*, die 1919 von der Regierung der Seychellen als Geschenk an die Briten übergeben wurden. Heute können über 100 der Exemplare von den Touristen bestaunt und gefüttert werden. (Halbtagesausflug in nur 20 Minuten ab Stonetown)

5) Einen Besuch lohnt natürlich auch der **traditionelle Central Market**, den Sie an der **Benjamin Mkapa Road**, gegenüber der Bus- und Dalla-dalla Station im Norden Stonetowns finden. Das Angebot reicht von frischem Fisch, Geflügel und Fleisch in 2 großen Markhallen, bis hin zu Früchten, Gewürzen und Haushaltswaren. Der Markt ist montags bis samstags ganztägig von 7.00 – 17.00 Uhr - und sonntags bis 12.00 Uhr geöffnet. Auf der anderen Straßenseite, hinter dem Busbahnhof, kann man zusätzlich den **traditionellen Stoffmarkt** besuchen, wo typisch moslemische und arabische Stoffe und Kleidungsstücke gehandelt werden.

5) Die **Forodhani Gardens,** direkt an der Wasserfront, gelten als abendliche Flaniermeile von Stonetown. Jeden Abend, wenn die pralle Sonne sich am Horizont dem Ozean nähert, werden die Gar- und Grillküchen in Position gebracht und Holzkohlefeuer entfacht: Ein gigantisches Angebot an frischen Fischen und lokalen Spezialitäten wie Calamari, Hummer, Mishikaki, Chapatis, Samosas oder das legendäre „Zanzibar Pizza“, begeistern Abend für Abend im Sonnenuntergang hunderte von Touristen und Einheimischen. Für wenige TSH kann man sich ein Abend-essen vom Feinsten gönnen.

Buntes Treiben am Strandbuffet der Forodhani Gardens

Als Tour-Operator vor Ort kann ich z.B. Salim Suleiman empfehlen. Seine Firma **Zenith Tours** organisiert auf Wunsch Hotels, Mietwagen, Ausflüge, etc. Auch deutschsprachige Guides stehen zur Verfügung. *Contact:* Zenith Tours Gizenga St. (hinter dem alten Fort), Stone Town, www.zentithtours.com / info@zenithtours.com

Zenith
Tours & Travel Ltd.

Weitere Tourist- und Hotel-Informationen erhalten Sie bei der **Zanzibar Commission for Tourism,** P.O. Box 1410, Amaan Road, nahe Amaan Stadium. Local-Phone 2233485, zanzibartourism@zanzibattourism.net oder www.zanzibartourism.net. Informationen zur Regierung und Politik finden Sie unter www.tanzania.go.tz.

Die Geschichte der Kangas

Der **Kanga** ist das verbreitetste und beliebteste Kleidungsstück der ostafrikanischen Frauen. Besonders auf Sansibar werden die bunt bedruckten Stofftücher überall und in tausendfacher Variation angeboten. Je nach Farbe, Aufdruck und Wicklung verwirklicht die Frau ihren eigenen Typ mit dem **Kanga**.

Der Ursprung liegt an der afrikanischen Ostküste des 19. Jahrhunderts, wo das Tragen schwarzer Baumwolltücher (Kanginis) irgendwann durch bunte Tücher (Kangas) ersetzt wurde. Überlieferungen zur Folge hat eine Gruppe sansibarischer Frauen verschiedenfarbige Import-Taschentücher der Portugiesen zusammengenäht, die eigentlich für den individuellen Verkauft bestimmt waren. Sofort war ein neuer Trend entdeckt und man versuchte fortan die bunten Muster durch Aufdrucken von Farben auf Stoffe zu kopieren. Als Druckwerkzeug wurden Holzstücke als Stempel benutzt, wodurch die ersten Kangas meist mit farbigen Punkten und Ornamenten verziert wurden.

Der Name „Kanga“ wurde abgeleitet von dem Swahili Wort für „Guinea Huhn“, einem afrikanischen Huhn mit auffällig gesprenkelten Federn.

Heutzutage werden die bunten Kanga-Tücher professionell und in unendlich vielen Variationen hergestellt. Farbe und verschiedene Text-Aufdrucke verleihen dem Kleidungsstück Charakter und können auch als private oder politische Werbebotschaft dienen.

Dem Einsatz des bunten Stoffes sind keine Grenzen gesetzt. Neben dem klassischen Wickel-Tanga findet das Material Verwendung für Hemden, Hosen, Baby-Tücher, Schürzen, Nachthemd, usw.

Wer anderen eine Freude machen will, schenkt in Tanzania einen Tanga-Stoff. Auch als typisches Souvenir darf der Kanga in keinem Heimreisekoffer fehlen.

Schwimmen und Tauchen

Sansibar und Pemba sind mit durchschnittlich 24-27°C Wassertemperatur Hochburgen für Taucher und Schnorchler. Beide Inseln bieten traumhafte Unterwasserlandschaften mit einzigartigem Fischreichtum des indischen Ozeans. Viele Hotels und lokale Veranstalter bieten Tagesausflüge auf kleine Inseln oder zu den Korallenriffen an. Eine Schnorchelausrüstung (ABC-Ausrüstung) kann mitgenommen oder vor Ort geliehen werden. Professionelle PADI-Tauchschulen bieten Einsteigern und Profis die gesamte Palette des Tauchsports mit professionellem Equipment unter optimalen Bedingungen an. Besonders die Ostküste bietet Tauchern ideale Bedingungen.

Für Frauen ist „oben ohne" im ganzen Land tabu. Zudem sollte auf der arabisch geprägten Insel Sansibar mit Rücksicht auf die Religionen und Brauchtümer nur an ausgewiesenen Stellen gebadet werden.

Hotels

Sansibar besitzt mehrere hundert Kilometer weiße Sandstrände, teilweise wie aus dem Bilderbuch. Immer mehr neue und luxuriöse Strandhotels der renommierten Hotelketten sorgen für steigenden Tourismus. Wenngleich Sansibar und Tanzanias Küsten vor Jahren noch als „Geheim-Tipp" gehandelt wurden, machen sie mittlerweile dem Strandtourismus Kenias große Konkurrenz. Hier finden Sie einige empfehlenswerte Luxus- und Mittelklassehotels, die meist auch bei deutschen Reiseveranstaltern (günstiger) buchbar sind. Hotels der einfachen Klasse finden Sie auch ohne Buchung in großer Auswahl an den Küsten oder über die Website des Touristboard www.zanzibartourism.net.

Stonetown

Zanzibar Serena Inn, www.serenahotels.com (Luxus $$$)
Tembo House, www.tembohotel.com (gehobene Mittelklasse $$)
Africa House Hotel, www.theafricahouse-zanzibar.com (Mittelklasse $$)

Ostküste

Breezes Hotel, www.breezes-zanzibar.com (Luxus $$$)
Karafuu Hotel, www.karafuuhotel.com (gehobene Mittelklasse $$-$$$)
Ocean Paradise, www.oceanparadisezanzibar.com (geh. Mittelklasse $$-$$$)

Nordküste

Ras Nungwi Beach Resort www.rasnungwi.com (Luxus $$$)
Nungwi Village Beach Resort www.nungwivillage.com (Mittelklasse $$)
Tanzanite Beach Resort, www.tanzanitebeachresort.com (unt. Mittelklasse $-$$)
Kendwa Rocks www.kendwarocks.com (Backpacker Hotel $)

Klima

Das Klima auf Sansibar ist ein typisch tropisches Inselklima mit teils heftigen Winden und Regenfällen während der Regenzeit (März bis Mai). Es kann auch außerhalb der Regenzeit zu kleinen Regenschauern kommen, die aber rasch abtrocknen. Als beste Reisezeit gelten die Monate Dezember und Januar (heiß und trocken) und Juli bis September (meist trocken und angenehm temperiert). Die Tagestemperaturen liegen ganzjährig zwischen 22 und 32 °C Die Wassertemperatur beträgt das ganze Jahr über zwischen 24°C und 27°C.

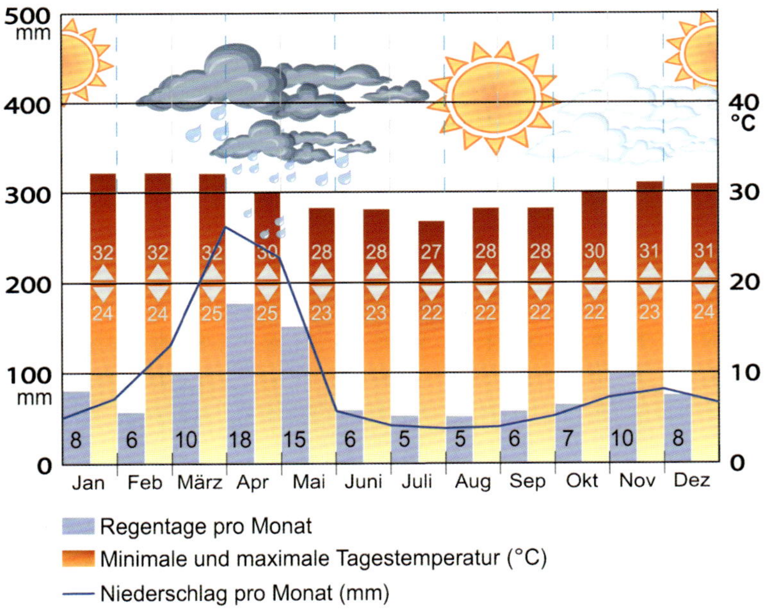

Die Wirtschaft

Sansibars Wirtschaft basiert auf **Gewürzen** (einschließlich Gewürznelken, Muskatnuss, Zimt und Pfeffer), **Kokospalmen** und dem **Tourismus**. Außerdem bauen Frauen rund um die Insel im seichten Wasser eine nicht heimische Algenart an, die zu geringen Preisen von Händlern abgenommen und zur Kosmetik- und Arzneiproduktion exportiert wird. Die Arbeit ist höchst schädlich für die Gesundheit, da das Salzwasser aggressiv ist und die Sonne enorm reflektiert. Viele der Frauen verlieren so ihre Sehkraft oder leiden an Arthritis. Die Algenart zerstört zudem die empfindliche Fauna der die Insel umgebenden Korallenriffe, da sie aus Asien importiert und nicht heimisch ist.

Chronologische Entwicklung Sansibars

800 Die ersten Besucher sind arabische Kaufleute aus Oman und Yemen, die einen regen Handel mit den Küstenregionen Kenias und Tanzanias ausüben. Sie nennen die Küste der Inseln ***bar des zandj*** *(arab. Küste des Schwarzen Mannes)*. Mit den Arabern kommt die heute noch dominierende Religion, der **Islam**. Als Folge der Kommunikationsschwierigkeiten zwischen Händlern und Küstenbewohnern entwickelt sich eine neue Handelssprache, die heute als Swahili oder Suaheli *(sahil = arab: Küste)* bekannt ist. Sie ist eine Mischung aus dem Arabischen und der Sprache der einheimischen Stämme, wobei die Struktur der Sprache afrikanisch blieb. Es werden jedoch viele Lehnwörter aus dem Arabischen und heute auch zunehmend aus dem Englischen übernommen. Das „Sansibar-Swahili" gilt als das akzentfreieste Swahili.

1100 Die ersten Araber lassen sich nieder und gründen eigene Kolonien, die sich zu blühenden Siedlungen entwickeln. Als älteste Spur der Araber geht zurück auf das Jahr 1107, wo im Ort **Kizimkazi** die erste Moschee gebaut wurde. Sie ist auch heute noch zu besichtigen.

1499 Der portugiesische Seefahrer **Vasco da Gama** (*1469 - †24.12.1524) segelt als erster den Seeweg nach Indien um das Horn von Afrika und stößt auf Sansibar. Von nun an suchen die Portugiesen nach Stützpunkten auf ihrem Seeweg nach Indien und finden an der ostafrikanischen Küste mit Sansibar & Co. ideale Bedingungen, die die Araber schon seit Jahrhunderten aufgebaut hatten.

1503 Die ersten Portugiesen landen auf Sansibar und bilden dort eigene Handelsstationen. Kriege beginnen und die Portugiesen erobern sich ein Gebiet nach dem anderen. Auch Sansibar, Pemba und Mombasa fallen den Portugiesen zu.

1700 Ab dem 17. Jahrhundert erobern die Araber sukzessive von den Portugiesen das Land zurück. Der **Sultan von Oman** verfügt über eine überlegene Flotte und schlägt so die Portugiesen in die Flucht. Die folgenden 200 Jahre bildet Sansibar das Zentrum für den östlichen Sklavenhandel.

1818 Die Kultivierung von **Gewürznelken** machten die Insel reich, berühmt und begehrenswert. Im Gegenzug sind die muslimischen Herrscher Sansibars auf den Kauf von Schusswaffen und Munition angewiesen, um die Herrschaftsstrukturen der Sklaverei (Sklavenhandel, Sklavenjagd und Sklavenkarawanen) bis ins Innere Afrikas durchzusetzen. Anfang des 19. Jahrhunderts werden jährlich etwa 10.000 Sklaven gehandelt. Zu Anfang des 19. Jahrhunderts stehen von der Stadt Sansibar-City nur einige Hütten und eine Burg.

1840 Durch die ständig wachsende Beziehung zwischen Ostafrika und Oman, verlegt **Seyyid Said bin Sultan** seinen Regierungssitz auf die Insel Sansibar. Mit der Umsiedlung kommen zahlreiche wohlhabende Familien und der Einfluss der Araber steigt. Die Bevölkerung steigt sprunghaft auf über 5.000 an. Schon einige Jahre danach sind fast 20.000 Einwohner zu zählen und der Bau „westlicher" Gebäude beginnt. Als erstes kommt das amerikanische Konsulat, gefolgt von dem Englischen (1841) und dem Französischen (1844). Somit wird das Sultanat Sansibar international anerkannt.

1850 Sansibar besitzt den weltweit größten Sklavenmarkt. Rund 25.000 Sklaven werden Mitte des 19. Jahrhunderts jedes Jahr nach Sansibar gebracht und bis ca. 1870 im großen Stil gehandelt. Ausgerechnet **Hamed bin Mohammed al Murjebi** (genannt **Tippu Tip**), ein Enkel afrikanischer Sklaven, geht als gefürchtetster und bekanntester Sklavenhändler in die Geschichte der Insel ein.

Tippu Tip wurde 1830 auf dem tanzanischen Festland als Sohn eines arabisch-afrikanischen Händlers geboren. Schon früh begleitete er seinen Vater auf den Karawanenstraßen und sah zuzunehmend die Bedeutung des Sklavenhandels. Bereits im Alter von 18 Jahren begann er dann mit seinen eigenen Aktivitäten als Sklavenhändler, die ihm später weltweit seinen berühmt-berüchtigten Ruf bringen. Seinen Spitznahmen bekam er durch seine auffallend zuckenden Augen, was an den einheimischen Vogel „Tippu Tip" (Blinker) erinnerte.

1856 Nach dem Tode **Seyyid Saids (reg. 1806-1856)** aus der Said-Dynastie wird das Sultanat geteilt. Sein Sohn **Seyyid Majid,** Bruder von **Princess Salme,** wird Sultan von Sansibar. Nach dessen Tod am 7. Oktober 1870 folgt ein jüngerer Bruder des Sultans, **Barghash bin Said.** Als auch dieser 1888 stirbt, folgt ihm sein zweiter Bruder **Seyyid Khalifa bin Said**. 1888 zählt die Stadt 3.000 Häuser und über 80.000 Einwohner.

Prinzessin Salme wurde am 30. August 1844 als Tochter von Sultan **Seyyid Saids** und seiner Concubine Jilfidan geboren. Sie wuchs verwöhnt und behütet im **Mtoni Palast** des Sultans auf und wurde mit den damals typisch weiblichen Arbeiten wie nähen, sticken, etc. vertraut gemacht und studierte den Koran mit einem Privatlehrer. Ihr jugendlicher Frieden wurde erstmals im Jahre 1856 mit dem Tod des Vaters erschüttert. Im späteren Machtkampf um die Thronfolge ihrer Brüder, wurde Sie in Verschwörung und Verrat verwickelt und daraufhin von der Familie verstoßen. Einsam und verloren lernt Sie den deutschen Kaufmann **Rudolph Rüte** kennen und verliebt sich in ihn. Im Wissen bald ein Kind von Rüte zu gebären, flieht Sie 1868 mit dem britischen Kriegsschiff HMS Highflyer von Sansibar nach Hamburg. Das Paar wird katholisch getraut, bekommt 3 Kinder und lebt einige Jahre glücklich und zufrieden im Deutschland, bis Rudolf Rüte 1871 bei einem Straßenbahnunglück ums Leben kommt. Als sansibarische Prinzessin mit 3 Kindern in einer fremden Kultur, sucht Sie wieder den Kontakt zu ihrem Bruder **Barghash**, dem Sultan von Sansibar. Dieser versöhnt sich mit ihr und erlaubt die uneingeschränkte Rückkehr. Eine komplette Umsiedelung in die mittlerweile für sie fremde Kultur scheitert jedoch. Unglücklich versucht sie ihr Glück in anderen Ländern wie z.B. Syrien, bevor sie 1914 nach Deutschland zurückkehrt. Sie stirbt 1924 in Jena.

1857 Der bekannte Afrikaforscher **David Livingstone** setzt sich in England erstmalig für die Beendigung des Sklavenhandels ein.

1873 Am 06. Juni wird der Sklavenhandel in Sansibar offiziell beendet und der Handelsplatz geschlossen. Das Grundstück wird je zur Hälfte an den indischen Geschäftsmann **Jairam Senjie** und Pfarrer **Arthur West** verkauft, die sofort beide ihren Besitz an **Bischof Edward Steere** spendeten. Dieser legt unmittelbar danach den Grundstein für die **Anglikanische Kirche Sansibars** (erbaut 1873 - 1877), die heute am Platz des Sklavenhandels steht.

1890 Am 1. Juli wird zwischen Deutschland und England das so genannte **Sansibar-Helgoland Abkommen** unterzeichnet. Nach zähen Verhandlungen hat Deutschland an England das von **Carl Peters** kurz vorher erworbene, für England strategisch wichtige **Königreich Buganda** (heutiges Uganda) und ein Protektorat (autonomes Schutzgebiet) über Sansibar abgetreten. Im Gegenzug erhielt Deutschland die strategisch ebenso wichtige **Insel Helgoland.** Die duftende „Gewürzinsel" **Sansibar** wurde also nicht, wie allgemein dargestellt, 1890 von Großbritannien gegen die Insel Helgoland eingetauscht (Sansibar-Vertrag). Die Insel war auch nie deutsche Kolonie, sondern bis 1890 freies Sultanat.

1896 Am 27. August kommt es zum kürzesten Krieg der Weltgeschichte, dem nur 38 Minuten dauernden **Britisch-Sansibarischen Krieg**. Der Krieg beginnt um 9.00 Uhr morgens und ist um 09.38 Uhr beendet. Nachdem der **Sultan Seyyid Hamad bin Thuwayni** (reg.

THE HAREM AFTER THE BOMBARDMENT.

1893-96) am 25. August gestorben war, behauptet sein Cousin **Khaled bin Barghash,** der die Unterstützung des Deutschen Kaiserreiches annahm, den Thron für sich. Der britische Admiral **Sir Harry Rowson** lässt daraufhin nach einem Ultimatum den Palast des selbst ernannten „Sultans" bombardieren, woraus dieser sofort die Flucht in deutsche Konsulat ergreift. **Seyyid Hamoud bin Mohammed** wird kurz darauf von den Briten als Sultan anerkannt (1896-1902).

1897 Der Sklavenhandel wird durch das britische Militär endgültig (offiziell) abgeschafft, was zu finanziellen Einbußen der muslimischen Oberschicht führt. Inoffiziell geht der Handel mit deutlich gefallenen Sklavenpreisen weiter. Die Briten befinden sich fortan zwischen den Spannungen der verschiedenen Bevölkerungsgruppen.

1963 Am 10. Dezember erlangen **Sansibar** (444.000 Einwohner) und **Pemba** (314.000 Einwohner) die Unabhängigkeit von der britischen Kolonialherrschaft. **Sultan Jamshid** (1963-64) wird jedoch schon 1964 nach wenigen Monaten gestürzt. Es kommt zu einem Massaker seitens der schwarzen Bevölkerungsmehrheit an der bis dahin regierenden arabischen Ober-schicht. Viele überlebende Araber flüchten auf das Festland oder zurück in den Orient. Ihre Anwesen und Häuser werden verstaatlicht. Der Sultan erhält Asyl in Dar es Salaam und später in England. Eine Revolutionsregierung unter **Abeid Karume** macht sich nach dem Tod des Sultans stark und gibt den Ton an.

1964 **Julius K. Nyerere,** der Präsident Tanzanias, drängt die Revolutionsregierung ein Bündnis mit dem Festland einzugehen, um die Unruhen zu beenden. Es kommt zu einer Einigung und am 26. April wird die **United Republic of Tanzania** gegründet.

Der Name des Landes entsteht aus **Tan**ganyika + **Za**nzibar + Aza**nia**. Azania steht für das alt-griechische Wort für „Festlandküste".

Nach der Revolution von 1964 wird **Sheikh Abeid Amani Karume** zum Präsidenten des neuen Bundesstaates gewählt. Er wird am 7. April 1972, vor dem offiziellen Ende seiner Amtszeit, ermordet. **Aboud Jumbe Mwinyi** wird zu seinem Nachfolger gewählt. Unter ihm und der sozialistischen Politik **Nyereres** bricht der Nelkenpreis weltweit ein und Sansibar zusammen.

1984 Erst unter dem dritten Präsidenten Tanzanias, **Ali Hassan Mwinyi** beginnt auch in Sansibar eine spürbar positive Marktwirtschaft zu entstehen. Seit 2000 ist **Karumes** Sohn **Amani Abeid Karume** Präsident von Sansibar.

2005 Seit Januar 2005 hat Sansibar eine neue Staatsflagge. Es gibt viele Stimmen, die eine Unabhängigkeit von Tanzania anstreben. Möglicherweise ist die Flagge ein erster Schritt.

Legende

Sehenswürdigkeit	Information	Tankstelle	Kirche	Denkmal
Museum	Post	Parkplatz	Moschee	Schule
Hotel	Krankenhaus	Schiffsanleger	Tempel	
	Polizei	Leuchtturm	Friedhof	

ZANZIBAR
(UNGUJA)
Legende
Sehenswürdigkeit
Hotel
Flughafen
Ruinen
Moschee
Leuchtturm
Fähre
Badestrand
Segeln
Windsurfen
Tauchen
Nationalpark
Schutzgebiet
Korallenbank
Meerestiefe bis 20m
Mangroven
Wald, Plantagen
Reisfelder, Zuckerrohr
1 = Nungwi Village Beach Resort
2 = Paradise Guesthouse
3 = Amaan Bungalows
4 = Baobab Beach
5 = Sunset Bungalows
6 = Kendwa Rocks
7 = Amaan Annex
8 = Mnarani Beach
9 = Ras Nungwi Beach
10 = Shooting Star,
11 = Venta Club
12 = Bluebay Beach Resort
13 = Vera Club
14 = Bravo Club
15 = Kiwengwa Club Village
INDIAN OCEAN
Zanzibar Channel
Menai Bay
Chwaka Bay
Kiwani Bay
Internal Pass
Pete Inlet
Dar es Salaam
Ras Nungwi
Nungwi
Turtle Aquarium
Kidoti
Fukuchani Ruins
Fukuchani
Mvuleni Ruins
Mnemba
Mnemba Island
Tumbatu
Gomani
Potowa
Kigomani
Matemwe Bungalows
Kivunge
Matemwe Beach Village
Fish Market
Matemwe
Ras Uso Wa Membe
Mkokotoni
Protea Zanzibar Beach Resort
Pale Hill 82 m
Mambo Guesthouse
Bububu
Chaani Ndogo
Pwani Mchangani
Mapenzi Beach Resort,
Coral Reef Village
Donge
Bumbwini
Kinyasini
Slave Caves
State Farm
Mahonda
Mangapwani
Kiwengwa
Reef View
Coral Caves
Bondeni
State Farm
Kazole
Nature Safari Lodge
Coral Cave
Mwakaje
Kichwele Forest Reserve
Mchangani
Pongwe
Mabinwini Venta Club
Chuini
Bumbwi Sudi
Chuini Palace Ruins
Persian Baths
Kizimbani
Kiboje
Uroa
Uroa White Bay,
Tamarind Beach,
Zanzibar Safari Club
Bububu
Machui
Mpapa
Kibweni Palace
Nature Trail
123 m
Ras Michamwi
Mtoni
Mtoni Palace R.
Dunga Ruins
Michamwi
Karafuu
Maruhubi Palace Ruins
Mwera
Koani
Pingwe
Chwaka Beach
Bawe
ZANZIBAR TOWN
Chwaka
Sultan Palace
Blue Marine Dongwe
Charawe
Breezes Beach Club
Zanzibar Beach Resort,
Mbweni Ruins Hotel
Tunguu
University of Dar es Salaam
Jozani Chwaka National Park
Ukongoroni
Sunrise
Zanzibar Airport
Twisted Palm,
Bwejuu Dere Beach Resort,
Seven Seas
Chukwani
Bwejuu
Chumbe Island Coral Park
Kombeni
Bungi
Paradise Beach Bungalows
Bikhole Ruins
Jozani
Paje
Paje by Night (Hotel Bizarre)
Chumbe Island Lodge
Bweleo
Unguja Ukuu
Kitogani
Zala Park
Fumba
Ras Mkita
Muungoni
Jambiani
Sav Inn,
Jambiani Beach,
Blue Oyster,
Gomani Guesthouse
Unguja Ukuu Ruins
Uzi
Uzi
Kiembeni
Niamembe
Kwale
Vundwe
Makunduchi
Kufile
Kizimkazi Dimbani
Mzuri
Pungume
Dimbani Mosque
Kizimkazi Mtendeni
Mzambarauni
Dolphin Tours
Dolphin View Village
0 5 10 15 20 km
© 2006 harms-ic-verlag

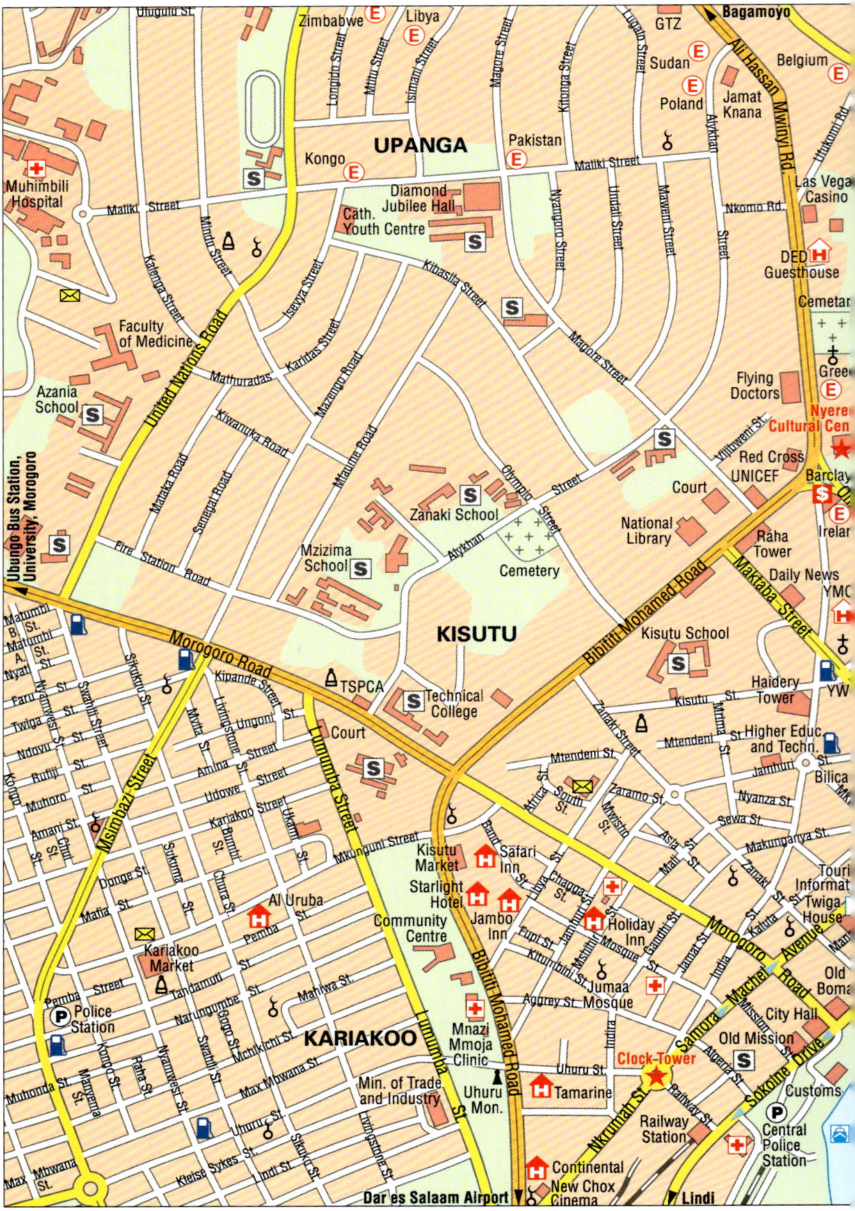
UPANGA
KISUTU
KARIAKOO
Bagamoyo
Ali Hassan Mwinyi Rd.
United Nations Road
Morogoro Road
Bibititi Mohamed Road
Lumumba Street
Msimbazi Street
Maktaba Street
Samora Machel Avenue
Sokoine Drive
Maliki Street
Kibasila Street
Magore Street
Olympio Street
Fire Station Road
Mathuradas
Kiwanuka Road
Mazengo Road
Mtaune Road
Mataka Road
Senegal Road
Karadas Street
Iseyya Street
Kalenga Street
Mindu Street
Ulunguru St.
Zimbabwe
Libya
GTZ
Sudan
Poland
Belgium
Jamat Knana
Pakistan
Kongo
Diamond Jubilee Hall
Cath. Youth Centre
Muhimbili Hospital
Faculty of Medicine
Azania School
Las Vegas Casino
DED Guesthouse
Flying Doctors
Nyerere Cultural Cen
Red Cross
UNICEF
Court
National Library
Raha Tower
Daily News
Zanaki School
Mzizima School
Cemetery
Kisutu School
Haidery Tower
Higher Educ. and Techn.
TSPCA
Technical College
Kisutu Market
Safari Inn
Starlight Hotel
Jambo Inn
Holiday Inn
Community Centre
Al Uruba
Kariakoo Market
Police Station
Mnazi Mmoja Clinic
Jumaa Mosque
City Hall
Old Mission
Clock-Tower
Tamarine
Uhuru Mon.
Min. of Trade and Industry
Railway Station
Customs
Central Police Station
Continental
New Chox Cinema
Dar es Salaam Airport
Lindi
Ubungo Bus Station, University, Morogoro
Tourist Informat
Twiga House
Old Boma
Kipande Street
Ungoni St.
Amina Street
Udowe Street
Kariakoo Street
Mkunguni Street
Narungombe St.
Mchikichi St.
Max Mbwana St.
Uhuru St.
Kleist Sykes St.
Lindi St.
Livingstone St.
Nkrumah St.
Railway St.
Aggrey St.
Kitumbini St.
Mtendeni St.
Zaramo St.
Jamhuri St.
Mosque St.
Kisutu St.
Makunganya St.
Sewa St.
Nyanza St.

DAR ES SALAAM
0 100 200 300 400 500 m
© 2006 harms-ic-verlag
Legende
Sehenswürdigkeit
Hotel
Herberge
Bank
Botschaft
Information
Post
Krankenhaus
Polizei
Schule
Kirche
Moschee
Tempel
Denkmal
Friedhof
Sportplatz
Golfplatz
Fähre
Tankstelle
Einbahnstraße
INDIAN OCEAN
Ocean Road
Golf Course
Gymkhana Club
Golf Course
Ocean Road Hospital
Chimara Road
Ghana Avenue
Shaban Robert St.
Denmark
"Stuhlmann House"
Holiday Inn
Royal Palm
Botanic Gardens
UNHCR
Norway
Germany, Netherlands, U.K.
Karimjee Hall
Umoja House
Sweden, Finland
Samora Machel Avenue
Luthuli Street
National Museum
Mozambique
Canada
Ministry of Health
Egypt
KIVUKONI
Main Post Office
Garden Avenue
India
Speakers Office
State House
Embassy Hotel
Angola, Malawi, Uganda
Pamba Rd.
Zambia
Bank of Tanzania
Shaban Robert Street
Askari Monument
Monte Carlo Hotel
Ohio Street
Kilimanjaro
Madaraka Avenue
High Court
Survey Dept.
Luthuli Street
Swimming Club
Salamander/ Vodacom
New Africa
Luth. Church
Kivukoni Front
Bureau of Statistics
Government Buildings
Magogoni Street
Police Marine
Market
Fish Market
Dalla Dalla Stand
Kivukoni Front
Passenger Terminal
Kigamboni Ferry
Zanzibar, Pemba, Tanga
Mafia, Mtwara
KIGAMBONI

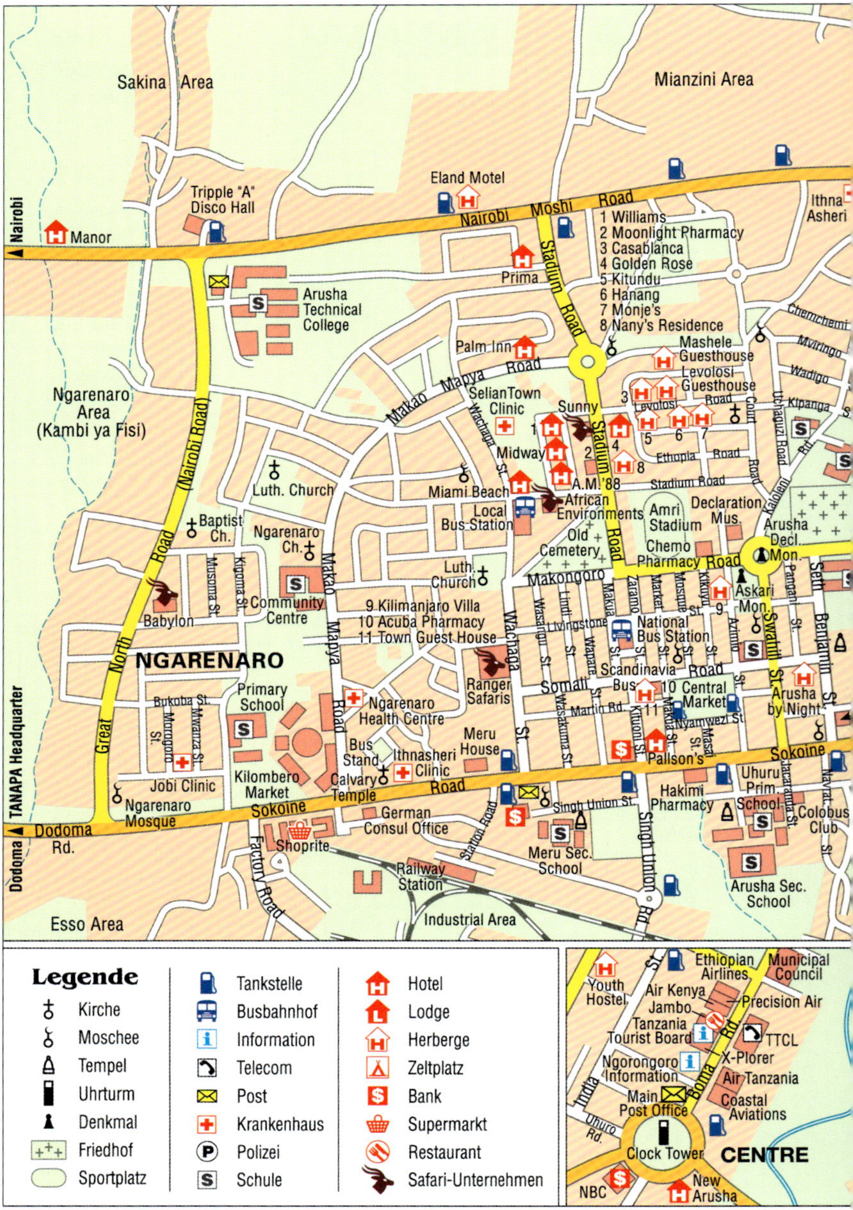
Sakina Area
Mianzini Area
Nairobi
Manor
Tripple "A" Disco Hall
Eland Motel
Nairobi Moshi Road
Ithna Asheri
1 Williams
2 Moonlight Pharmacy
3 Casablanca
4 Golden Rose
5 Kitundu
6 Hanang
7 Monje's
8 Nany's Residence
Prima
Stadium Road
Arusha Technical College
Palm Inn
Makao Mapya Road
Mashele Guesthouse
Levolosi Guesthouse
Chemchemi
Mviringo
Wadigo
Kipanga
Levolosi Road
Court
Uchaguzi Road
Selian Town Clinic
Sunny
Wachaga St.
Midway
Ethiopia Road
Stadium Road
Ngarenaro Area (Kambi ya Fisi)
(Nairobi Road)
Luth. Church
Miami Beach
A.M.'88
African Environments
Kaloleni
Local Bus Station
Amri Stadium
Declaration Mus.
Arusha Decl. Mon.
Old Cemetery
Chemo Pharmacy Road
Baptist Ch.
Ngarenaro Ch.
Luth. Church
Makongoro
Askari Mon.
Musoma St.
Kigoma St.
Community Centre
Makao Mapya Road
9 Kilimanjaro Villa
10 Acuba Pharmacy
11 Town Guest House
Livingstone
National Bus Station
Babylon
Wasangu St.
Lindi St.
Wapara St.
Zaramo St.
Market St.
Mosque St.
Kikuyu St.
Azimio St.
Pangani St.
Seth Benjamin St.
NGARENARO
Great North Road
Ranger Safaris
Wachaga St.
Scandinavia Bus
Somali Road
10 Central Market
Swahili St.
Arusha by Night
Bukoba St.
Morogoro St.
Mwanza St.
Primary School
Ngarenaro Health Centre
Wasakuma St.
Martin Rd.
Kituoni St.
Nyamwezi St.
Masai St.
Meru House
Bus Stand
Ithnasheri Clinic
Pallson's
Sokoine Road
TANAPA Headquarter
Jobi Clinic
Kilombero Market
Calvary Temple
Uhuru Prim. School
Ngarenaro Mosque
Sokoine Road
Singh Union St.
Hakimi Pharmacy
Jacaranda St.
Navrat. St.
Colobus Club
Dodoma Rd.
German Consul Office
Station Road
Shoprite
Factory Road
Meru Sec. School
Singh Union Rd.
Railway Station
Arusha Sec. School
Esso Area
Industrial Area
Dodoma
Legende
Kirche
Moschee
Tempel
Uhrturm
Denkmal
Friedhof
Sportplatz
Tankstelle
Busbahnhof
Information
Telecom
Post
Krankenhaus
Polizei
Schule
Hotel
Lodge
Herberge
Zeltplatz
Bank
Supermarkt
Restaurant
Safari-Unternehmen
Youth Hostel
Ethiopian Airlines
Municipal Council
Air Kenya
Jambo
Precision Air
Tanzania Tourist Board
TTCL
X-Plorer
Ngorongoro Information
Air Tanzania
India
Boma Rd.
Main Post Office
Coastal Aviations
Uhuru Rd.
Clock Tower
CENTRE
NBC
New Arusha

ARUSHA
0 100 200 300 400 500 m
© 2006 harms-ic-verlag
Sanawari Area
Maasai Safari Lodge & Campsite
Sanawari Mosque
PPF Building
TAXI
Nairobi Moshi Road
Naura Spring
NHCC Quarters
Police Station
Diamond Trust
Kilimanjaro Int. Airport
Moshi
Philips
Naura River
Goliondoi River
Boulevard
Lodge Road
Themi River
Mt. Meru Hospitals
Office of the United Nations
AICC Conference Centre
High Court
Gymkhana Club
Novotel Mt. Meru
PAPU Building
District Police
Immigration Offices
TRA
Simon
German Boma (Museum)
NCAA
District Office
Makongoro Office
Makongoro Road
Bank of Tanzania
Municipal Council
THEMI
Haile Sellassie Road
Golf Course
Luth. Ch.
Youth Hostel
India St.
Boma Rd.
TTCL
CENTRE
Standard Chartered
Goliondoi Rd.
Uhuru Rd.
Clock Tower
Naaz
NBC
New Arusha
Kaunda Road
Kanisa Road (Church Rd.)
Moshi Road
Hotel 77
Sports Ground
Christ Church
Themi Road
Arusha Resort
Old Arusha Clinic
Kibo Palace
Sembouze Rd.
AICC Hospital
Kenyatta Rd.
AAR Clinic
Bewes (Vijana Rd.)
KK
UNDP Houses
Kijenge Juu Area
La Bella Luna
Le Jacaranda
Kijenge
Kodak (Ethiopian)
Arusha School
School Road
Old Moshi Road
Mingira Road
River Road
PPF Hotel
Roy
Impala
Luth. Church
Bethel Pentekoste Church
Barclays
Maharaja
Leopard Tours
Dragon Pearl (Chinese)
Trinity Medical Clinic
The Outpost
Serengeti Road
Njiro Road
AICC Club
AICC Quarters
Stiggy's Bar& Restaurant
Kijenge River
Mr. Price
Industrial Area
Victoria House
Roman Catholic Church

Kibosho
Shinga
Doctor's Housing
Kilimanjaro Christian Medical Centre (KCMC)
Mtaa wa Kisinane
International School Moshi (ISM)
Uptown Grocery
Sokoine Primary School
RAU MADUKANI AREA
ISM Health Centre
Academy
El Rancho Restaurant
Emma Grocery
ISM
Rau Primary School
Heri Cote Bar
Shanty Town Road
Amani Centre for Street Children
Salinero
Impala
Lema Road
Kishari Boy's Home
Kilimanjaro Primary School
Old Moshi Secondary School
SHANTY TOWN
Kijito House
Panda (Chinese Rest.)
Upendo Children's Home
Sokoine Road
AMEG
Tanzania Police College
Moshi Primary School
Peter's Road
Moshi University College
Shanty Town Dispensary
Glacier Bar
Lutheran Uhuru Hostel
Karanga River
Moshi Chapel
Bishop's Residence
Barabara ya Mashina
J. K. Nyerere Primary School
Key's
Dar es Salaam
Marangu
Boro
Golf Course
Kilimanjaro Road
Nkomo Ave.
Uhuru Ave.
Uru Road
Mr. Price Supermarket
YMCA
Moshi Club
Wandi Way
Mawenzi Secondary School
Kiborloni Rd.
Sekou Toure Way
Rombo Ave.
Pare Ave.
St. Margaret's
Bustani Alley
CCM Building
Arusha
Shah Tours
Barabara ya Ismailia
Ahsante Tours
Taifa Road
TRA
Golf-The Pub
Arusha Road
Law Court
Kilimanjaro Int. Airport
Highway Supermarket
Rosaki Supermarket
Peace Shop Supermarket
Boma Rd.
Horombo Rd.
Rengua Rd.
Kibo Rd.
KNCU
Old Moshi Rd.
Factory St.
Cemetery
Arusha Rd.
Kilimanjaro Hosp.
Victorious Church
Sports Ground
New Market
SOWETO
Cemetery Road
Reg. Comissioner Office
Town Council
Aga Khan Rd.
Station Rd.
Kaunda St.
Police Avenue
Mawenzi Hospital
TAXI
Bus Terminal
Railway Station
Kilima St.
Ben Bella St.
Kenyatta St.
Selous St.
Market St.
Double Rd.
Ghala Rd.
MOSHI TOWN
Chagga St.
Kiusa Rd.
Kahawa St.
Lindi St.
Mission St.
Market
Guinea St.
New St.
MOSHI
Dar es Salaam St.
Mafuta St.
Myrtle St.
J.K. Nyerere Rd.
Mtaa wa Swahili
Mtaa wa Mawenza
0 500 1000 m
© 2007 harms-ic-verlag
Saw Mill
Shah Industries
Mill Rd.
Mtaa wa Viwanda
KORONGONI AREA
INDUSTRIAL ZONE
PASUA AREA
MOSHI AIRPORT
ZARA Tours Springlands Hotel
Samanga
Legende
Busbahnhof
Tankstelle
Polizei
Krankenhaus
Post
Telecom
Safari-Veranstalter
Hotel
Herberge
Bank
Supermarkt
Restaurant
Café
Golfplatz
Schule
Kirche
Moschee
Tempel
Friedhof

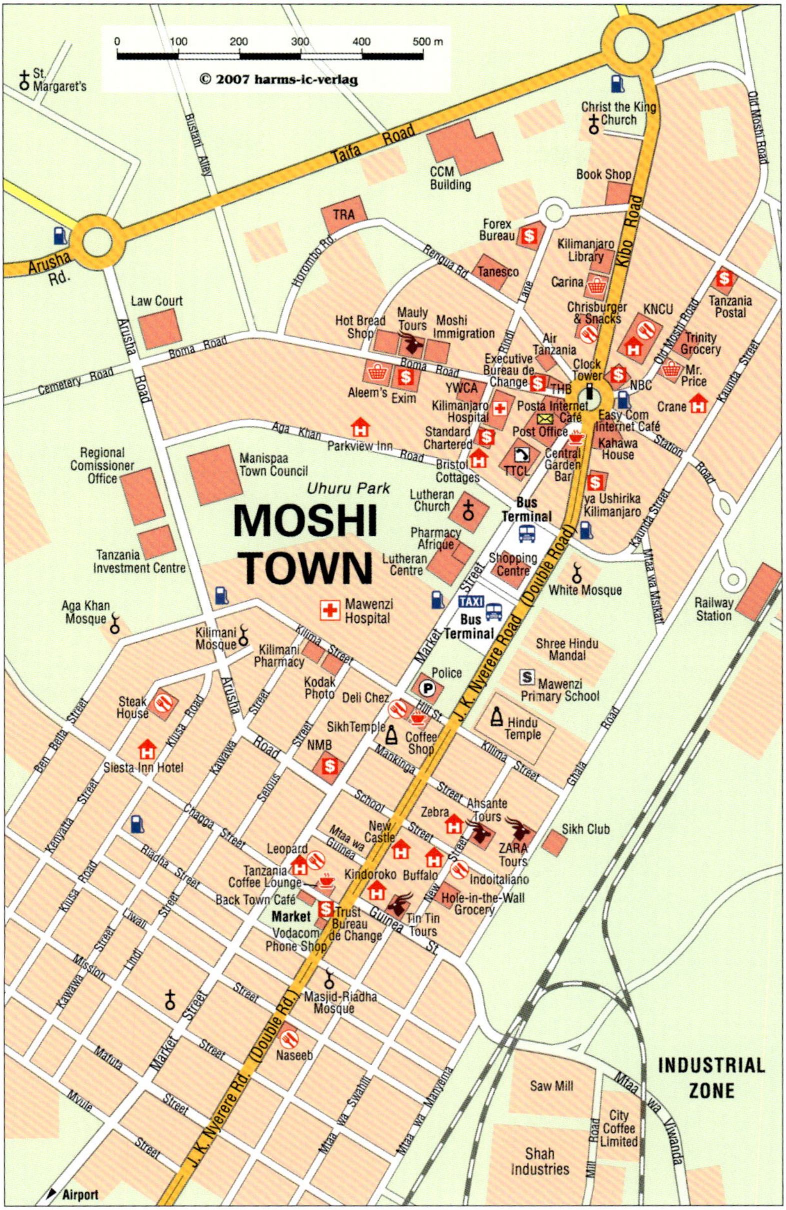
0
100
200
300
400
500 m
© 2007 harms-ic-verlag
St. Margaret's
Bustani Alley
Taifa Road
Arusha Rd.
CCM Building
Christ the King Church
Book Shop
Old Moshi Road
TRA
Forex Bureau
Horombo Rd.
Rengua Rd.
Tanesco
Kilimanjaro Library
Kibo Road
Carina
Law Court
Arusha Road
Hot Bread Shop
Mauly Tours
Moshi Immigration
Rindi Lane
Chrisburger & Snacks
KNCU
Tanzania Postal
Old Moshi Road
Trinity Grocery
Air Tanzania
Boma Road
Cemetery Road
Executive Bureau de Change
Clock Tower
Mr. Price
Aleem's
Exim
YWCA
THB
NBC
Crane
Kilimanjaro Hospital
Posta Internet Café
Easy Com Internet Café
Aga Khan Road
Parkview Inn
Standard Chartered
Post Office
Kahawa House
Station Road
Regional Comissioner Office
Manispaa Town Council
Bristol Cottages
TTCL
Central Garden Bar
Uhuru Park
Lutheran Church
ya Ushirika Kilimanjaro
MOSHI TOWN
Bus Terminal
Kaunda Street
Pharmacy Afrique
Tanzania Investment Centre
Lutheran Centre
Shopping Centre
Mtaa wa Msikiti
White Mosque
Railway Station
Aga Khan Mosque
Mawenzi Hospital
TAXI
Bus Terminal
J. K. Nyerere Road (Double Road)
Kilimani Mosque
Kilimani Pharmacy
Kilima Street
Market Street
Shree Hindu Mandal
Police
Mawenzi Primary School
Kodak Photo
Deli Chez
Steak House
Hill St.
Hindu Temple
Ben Bella Street
Klusa Road
Kawawa
Sikh Temple
Coffee Shop
Kilima Street
Ghala Road
Siesta Inn Hotel
NMB
Mankinga Street
Selous
School Street
Kenyatta Street
Zebra
Ahsante Tours
Sikh Club
Chagga Street
New Castle
Mtaa wa Guinea
ZARA Tours
Leopard
Riadha Street
Tanzania Coffee Lounge
Kindoroko
Buffalo
Indoitaliano
Back Town Café
Hole-in-the-Wall Grocery
Klusa Road
Liwali
Market
Trust Bureau de Change
Guinea St.
Tin Tin Tours
Vodacom Phone Shop
Mission
Lindi
Kawawa
Masjid-Riadha Mosque
Mafuta
Naseeb
INDUSTRIAL ZONE
J. K. Nyerere Rd. (Double Rd.)
Saw Mill
Mtaa wa Viwanda
Mvule Street
Mtaa wa Swahili
Mtaa wa Manyema
City Coffee Limited
Mill Road
Shah Industries
Airport

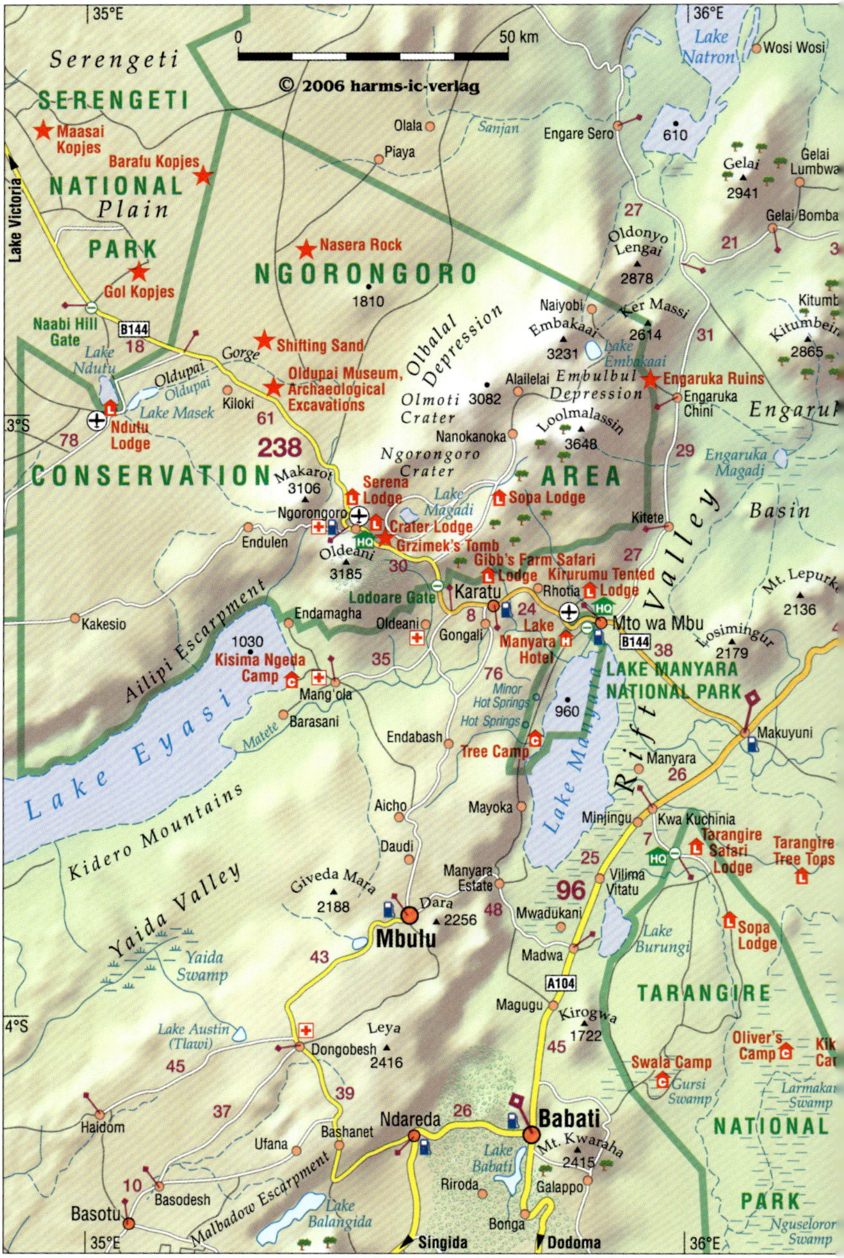
35°E
36°E
3°S
4°S
0
50 km
© 2006 harms-ic-verlag
Serengeti
SERENGETI NATIONAL PARK
Plain
Maasai Kopjes
Barafu Kopjes
Gol Kopjes
Lake Victoria
Naabi Hill Gate
B144
Lake Ndutu
Oldupai Gorge
Lake Masek
Ndutu Lodge
Kiloki
NGORONGORO CONSERVATION AREA
Nasera Rock
Shifting Sand
Oldupai Museum, Archaeological Excavations
Olbalal Depression
Olmoti Crater
Ngorongoro Crater
Makarot 3106
Ngorongoro
Serena Lodge
Crater Lodge
Grzimek's Tomb
Lake Magadi
Sopa Lodge
Endulen
Oldeani 3185
Gibb's Farm Safari Lodge
Kirurumu Tented Lodge
Lodoare Gate
Karatu
Rhotia
Mto wa Mbu
Lake Manyara Hotel
Gongali
Oldeani
Endamagha
Kakesio
Ailipi Escarpment
1030
Kisima Ngeda Camp
Mang'ola
Barasani
Lake Eyasi
Matete
Kidero Mountains
Yaida Valley
Yaida Swamp
Endabash
Minor Hot Springs
Hot Springs
Tree Camp
LAKE MANYARA NATIONAL PARK
Lake Manyara
960
Rift Valley
Makuyuni
Manyara
Minjingu
Kwa Kuchinia
Tarangire Safari Lodge
Tarangire Tree Tops
Vilima Vitatu
Lake Burungi
Sopa Lodge
TARANGIRE NATIONAL PARK
Oliver's Camp
Swala Camp
Gursi Swamp
Larmakau Swamp
Nguseloror Swamp
Aicho
Mayoka
Daudi
Manyara Estate
Giveda Mara 2188
Dara 2256
Mbulu
Mwadukani
Madwa
A104
Magugu
Kirogwa 1722
Lake Austin (Tlawi)
Leya
Dongobesh 2416
Haidom
Ufana
Bashanet
Ndareda
Babati
Mt. Kwaraha 2415
Lake Babati
Riroda
Galappo
Bonga
Basodesh
Basotu
Malbadow Escarpment
Lake Balangida
Singida
Dodoma
Olala
Piaya
Sanjan
Engare Sero
Lake Natron
Wosi Wosi
610
Gelai 2941
Gelai Lumbwa
Gelai Bomba
Oldonyo Lengai 2878
Ker Massi 2614
Naiyobi
Embakaai 3231
Lake Embakaai
Embulbul Depression
Alailelai
3082
Engaruka Ruins
Engaruka Chini
Engaruka Magadi
Loolmalassin 3648
Nanokanoka
Kitete
Basin
Mt. Lepurko 2136
Losimingur 2179
Kitumbeine 2865
1810
238
96
18
61
78
27
21
31
29
30
24
8
38
35
76
26
7
25
48
43
45
39
37
26
10

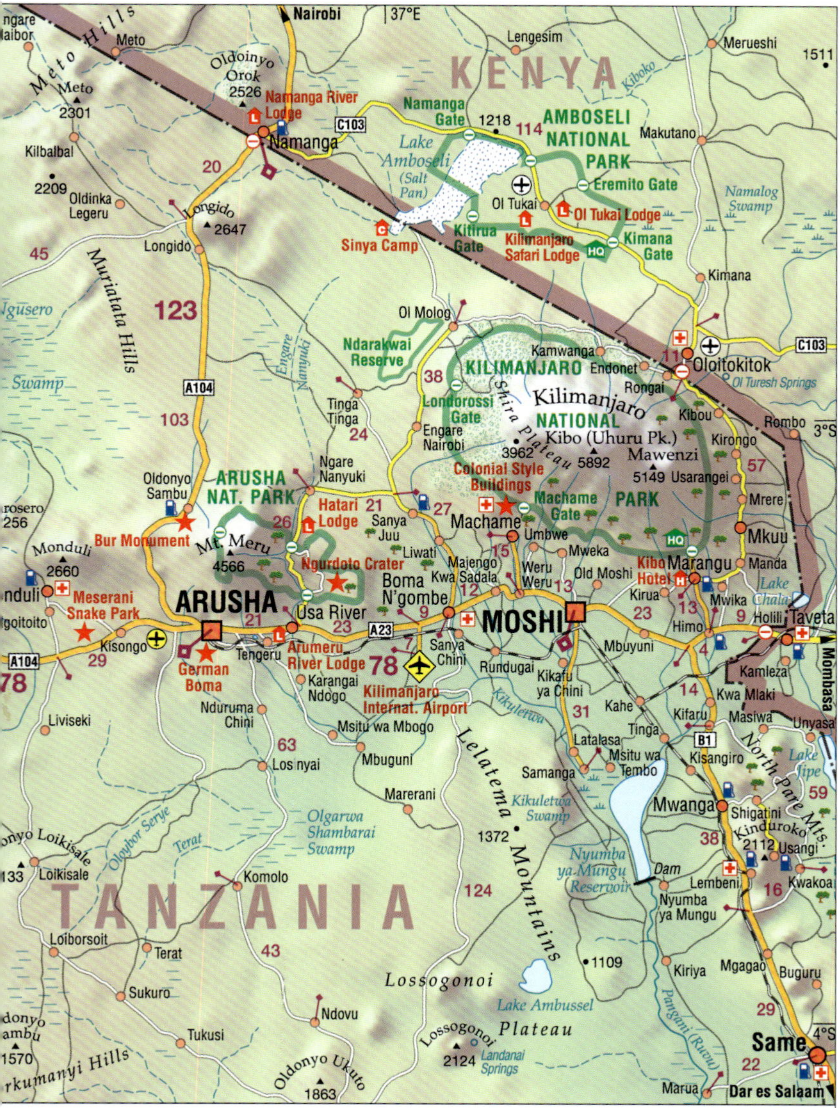

Legende

78 / 49 / 29 Entfernungen in km	Internat. Flughafen	Grenzübergang	Hotel
• 1372 Höhe in Metern	Flugplatz	Parkeingang	Lodge
	Landeplatz	Parkverwaltung	Camp
	Tankstelle	Krankenhaus	Sehenswürdigkeit

UGANDA
Lake Victoria
Bukoba
Musoma
Mwanza
Kigali
RWANDA
BURUNDI
Bujumbura
Kigoma
Tabora
Shinyanga
Singida
TANZANIA
DODOMA
Lake Tanganyika
DEM. REP. OF CONGO
Mpanda
Sumbawanga
Lake Rukwa
Rukwa Rift Valley
Mbeya
Iringa
ZAMBIA
MALAWI
Lake Nyasa
Mzuzu
Songea
Kasama
Mpika
Lake Bangweulu
Lake Mweru
SERENGETI
NGORONGORO
Serengeti Plain
Lake Eyasi
Lake Natron
RUAHA
Ugalla River
Moyowosi
Kigosi
KATAVI PLAINS
MAHALE MOUNTAINS
GOMBE STREAM
NYIKA
NORTH LUANGWA
ISANGANO
MWERU WANTIPA
NSUMBU
LUSENGA PLAIN
KITULO
Rungwa
Muhesi
Kizigo
Mtera Reservoir
Great Ruaha
Makambako
Njombe
Mafinga
Tunduma
Kyela
Karonga
Mbala
Mpulungu
Isoka
Uvinza
Kasulu
Kalemie
Moba
Ikola
Inyonga
Sikonge
Itigi
Manyoni
Kondoa
Babati
Mbulu
Karatu
Nzega
Igunga
Kahama
Urambo
Kaliua
Ngara
Biharamulo
Geita
Magu
Bunda
Tarime
Migori
Kibondo
Muyinga
Gitega
Butare
Ruhengeri
Goma
Kabale
30°E
35°E
5°S
10°S

SOMALIA
KENYA
TSAVO EAST
TSAVO WEST
AMBOSELI
Nairobi
Thika
Kithioko
Mwingi
Kitui
Endau
Tala
Athi River
Machakos
Elengata
Kajiado
Emali
Namanga
Kibwezi
Oloitokitok
Kilimanjaro
5892
Moshi
Arusha
Mwanga
Same
Wundanyi
Voi
Tsavo
Rukanga
Mariakani
Kinango
Mombasa
Ukunda
Shimba Hills
Mkomazi-Umba
Bura
Kolbio
Bur Gavo
Arawale
Boni
Dodori
Kiunga
Kiunga Marine
Bodhei
Mkowe
Garsen
South Kitui
Tana
Galana
Malindi
Malindi Marine
Watamu-Malindi Marine
Kilifi
KISITE MARINE
Tanga
Muheza
Korogwe
Mombo
Lushoto
Usambara Mts.
2219
1364
Handeni
Kibaya
Pangani
Pemba
Chake Chake
Mkokotoni
Zanzibar Town
Zanzibar (Unguja)
Makunduchi
Mkata
917
Nguru Mts.
SAADANI
Gairo
Dumila
Mpwapwa
Wami
Bagamoyo
Chalinze
Mlandizi
Dar es Salaam
Kilosa
Morogoro
2646
Mkuranga
Ruvu
MIKUMI
Kilombero
Kibiti
Utete
91
Mohoro
Rufiji
Selous
Mahenge
Mafia
MAFIA ISLAND MARINE
Nangurukuru
Kilwa Masoko
Matandu
Liwale
488
Lindi
Mtama
Mtwara
Msangamkuu-Mnazi Bay
Nachingwea
Masasi
Ndanda
Msanjesi
Newala
Palma
Lukwila-Lumesule
Tunduru
998
Ruvuma
Niassa
MOZAMBIQUE
Mueda
Mocímboa da Praia
INDIAN OCEAN
40°E
5°S
10°S
A3
B7
A104
A109
C103
A23
B8
B1
A14
A7
B2
B5
A19
86
1123
1313
0 50 100 150 200 km
© 2006 harms-ic-verlag
Legende
Landeshauptstadt
Internationaler Flughafen
Staatsgrenze
Grenzübergang
Nationalpark, Weltnaturerbe
Schutzgebiet
Eisenbahn
Fernverkehrsstraße asphaltiert
Fernverkehrsstraße unasphaltiert
Hauptverkehrsstraße asphaltiert
Hauptverkehrsstraße unasphaltiert
Nebenstraße, Piste
A104 Straßennummer
Autofähre
1134 Höhe in Meter

Swahili Wörterbuch – eine kleine Hilfe vor Ort

Die Sprache „Swahili“

ist eine so genannte **Bantu-Sprache**, was die Zugehörigkeit zu einer Gruppe von 400-500 vergleichsweise eng verwandten Sprachen kennzeichnet. Alleine in Tanzania findet man weit über 100 verschiedene Dialekte. „Swahili“ wird heute von etwa 85% der Tanzanier gesprochen. Der Name kommt in den verschiedensten Schreibweisen vor (z.B. Suaheli, Suahili oder Swahili), kennzeichnet aber immer dieselbe Sprache. Oftmals findet man auch die Schreibweisen „Kisuaheli“ oder „Kiswahili“, wobei der Präfix „Ki“ lediglich das Wort „Sprache“ darstellt. Der Name ist abgeleitet von dem arabischen Wort „saahil“ (Plural sawaahil), das übersetzt „Küste“ bedeutet. Man kann also davon ausgehen, dass „Swahili“ ursprünglich einmal „Küstensprache“ bedeutete. Heute sprechen geschätzte 100 Millionen Menschen in Kenia, Tanzania, Uganda, Ruanda, Ost-Zaire (Kongo) und Burundi „Swahili“.

Zahlen

Deutsch	Kiswahili	Englisch
1	moja	one
2	mbili	two
3	tatu	three
4	nne	four
5	tano	five
6	sita	six
7	saba	seven
8	nane	eight
9	tisa	nine
10	kumi	ten
11	kumi na moja	eleven
12	kumi na mbili	twelve
13	kumi na tatu	thirteen
20	ishirini	twenty
21	ishirini na moja	twenty one
30	thelathini	thirty
40	arobaini	fourty
50	hamsini	fifty
60	sitini	sixty
70	sabini	seventy
80	themanini	eighty
90	tisini	ninety
100	mia moja	one hundred
1.000	elfu moja	one thousand
10.000	elfu kumi	ten thousand

Basics

Deutsch	Kiswahili	Englisch
ja	ndiyo	yes
nein	hapana	no
Vielen Dank!	ahsante sana!	Thank you very much!
bitte	tafadhali	please
Entschuldigung!	samahani!	Excuse me!
Guten Tag/ hallo	Jambo	Hello
Auf Wiedersehen!	Kwa heri!	Bye bye
Gute Reise!	Safari njema!	Have a good trip!
Wie geht es dir/ Ihnen?	Hujambo?	How are you?
Wie geht es euch/ Ihnen?	Hamjambo?	How are you?
Mir geht es gut!	Sijambo!	I'm fine.
Uns geht es gut!	Hatujambo!	We are fine.
Was gibt es Neues?	Habari gani?	What's up?
Wie heißen Sie?	Unaitwa nani?	What's your name?
Mein Name ist…	Jina langu ni…	My name is…
Ich verstehe nicht…	sifahamu…	I don't understand…
Ich verstehe …	nafahamu…	I understand…
Ich möchte gerne…	ninapenda…	I would like…
Herzlich willkommen!	karibu sana!	Welcome!
Gute Nacht !	lala salama!	Good night!
Darf ich fotografieren?	Naweza kupiga picha?	May I take a picture?
Halten Sie bitte hier!	simama hapa tafathali!	Please stop here!
Das Essen war sehr gut.	chakula hiki ni kizuri sana	the meal was very good.
Wie spät ist es?	Ni saa ngapi?	What is the time please?
Verstehen Sie Kiswahili?	Unafahamu Kiswahili?	Do you understand Swahili?
Nur ein wenig!	kidogo tu!	Only a little!
Sprechen Sie bitte langsam.	tafadhali sema polepole.	Please talk slowly!
Ich spreche nur English.	ninafahamu Kiingereza tu.	I only speak English.
Ich spreche nur Deutsch.	ninafahamu Kijerumani tu.	I only speak German.
Wie heißt das?	Hii inaitwa nini?	What is that called?
Wieviel kostet das?	Shilingi ngapi?	What's the price?

Personal Pronomen

Deutsch	Kiswahili	Englisch
ich	mimi	I
du	wewe	you
er/ sie/ es	yeye	he/ she/ it
wir	sisi	we
ihr	ninyi	you
sie	wao	they

Fragewörter

Deutsch	Kiswahili	Englisch
Wann?	Lini?	When?
Warum?	Kwa nini?	Why?
Was?	Nini?	What?
Welche/-e, -es?	Gani?	Which?
Wer?	Nani?	Who?
Wie?	Vipi?	How?
Wieviel?	Kiasi gani?	How much/ many?
Wo?	Wapi?	Where?

Tageszeiten/ Wochentage

Deutsch		Kiswahili	Englisch
abends		jioni	(in the) evening
gestern		jana	yesterday
heute		leo	today
mittags		mchana	(at) noon
morgen		kesho	tomorrow
morgens		asubuhi	(in the) morning
nachts		usiku	(at) night
der Tag		siku	the day
Montag	(Tag 3)	Jumatatu	Monday
Dienstag	(Tag 4)	Jumanne	Tuesday
Mittwoch	(Tag 5)	Jumatano	Wednesday
Donnerstag	(Tag 6)	Alhamsini	Thursday
Freitag	(Tag 7)	Ijumaa	Friday
Samstag	(Tag 1)	Jumamosi	Saturday
Sonntag	(Tag 2)	Jumapili	Sunday

Tiere

Deutsch	Kiswahili	Englisch
Tier	mnyama	animal
Fleisch	nyama	meat
Büffel	nyati	buffalo
Elefant	tembo	elephant
Esel	punda	donkey
Gazelle	swala	gazelle
Gepard	duma	hunting leopard
Giraffe	twiga	giraffe
Gnu	nyumbu	wildebeast

Huhn	kuku	chicken
Hund	mbwa	dog
Hyäne	fisi	hyena
Katze	paka	cat
Leopard	chui	leopard
Löwe	simba	lion
Moskito	mbu	mosquito
Nashorn	kifaru	rhinoceros
Nilpferd	kiboko	hippopotamus
Rind/ Kuh	ng'ombe	ox/ cow
Schaf	kondoo	sheep
Schlange	nyoka	snake
Schwein	nguruwe	pig
Spinne	buibui	spider
Strauß/ Vogelstrauß	mbuni	ostrich
Vogel	ndege	bird
Zebra	punda milia	zebra
Ziege	mbuzi	goat

Essen/ Trinken

Deutsch	**Kiswahili**	**Englisch**
Frühstück	chai ya asubuhi	breakfast
Mittagessen	chakula cha mchana	lunch
Abendessen	chakula cha usiku	dinner
Guten Appetit!	karibu chakula!	Have a nice meal !
Lasst uns trinken!	karibu tunywe!	Let's have a drink!
Wohl bekommt's!	furahia!	Cheers!
Ist das Wasser gekocht?	Maji yamechemshwa?	Has the water been boiled ?
Ich bin satt.	nimetosheka	I have had enough.

Notfälle/ auf Reisen

Deutsch	**Kiswahili**	**Englisch**
Helfen Sie mir bitte!	Nisaidie tafadhali!	Help me please!
Rufen Sie bitte die Polizei!	umwite polisi tafadhali!	Please call the police!
Gibt es einen Arzt?	Kuna daktari hapa?	Is there a doctor?
Bitte keine Spritze!	Sitaki sindano yako!	No injection please!
Beeilung!	fanya haraka!	Hurry up!
Wo ist die Toilette?	Choo kiko wapi?	Where is the toilet?
Flughafen	kiwanja cha ndege	airport
Hotel	hoteli	hotel
Krankenhaus	hospitali	hospital
Polizei	polisi	police

Register

F = Foto / Z = Zeichnung / K = Karte

A

B

C

D

E

F

G

M

N

O

P

R

Quellen

Auswärtiges Amt der Bundesrepublik Deutschland, www.auswaertiges-amt.de
Bergwandern & Trekking, Alpin-Lehrband 1/ Karl Schrag, BLV-Verlag (2001)
DAV Panorama Magazin / Dr. Christoph Höbenreich (06/2005)
Eine Farm in Afrika / Hardy Krüger, Bastei Lübbe Verlag, www.luebbe.de
Gesundheits-Fibel für die Reise, Tropeninstitut Hamburg / Helmut Jäger (2004)
Höhenanpassung / Dr. Klaus Mees, Bruckmann Basic (2005)
Katadyn Schweiz, Die Wasserfibel / www.katadyn.de oder www.katadyn.ch
Kilimandscharo - der weiße Berg Afrikas / P. Werner Lange, AS-Verlag (2005)
Kilimanjaro / Henry Stedman, www.trailblazer-guides.com
Thomas Lämmle, Sportwissenschaftler und Ausbilder des DAV
Massai / Serge Desouter & Robert Wayts, Act Verlag, Brüssel
Meyer Hans / Die Erstbesteigung des Kilimandscharo, Edition Erdmann (2001)
Praktische Berg- und Trekkingmedizin / Pollard/Murdock, Ullstein Verl. (1998)
TANAPA - Tanzania National Park Headquarters / www.tanzaniaparks.com
Tansania / Jörg Gabriel, Reise Know-How Verlag (2003)
Tanzania Tourist Board / www.tanzaniatouristboard.com
The Last of the Massai / Amin, Willetts & Eames, Camerapix, Kenia (2004)
Website der Tanzania Botschaft in Berlin / www.tanzania-gov.de
Website des Travel Med Service, Düsseldorf / www.travelmed.de
Website Dr. Walter Treibel / www.treibel-bergmed.de
Website Tansania Hilfe / www.tansania-hilfe.net
Website Intermedis GmbH / www.fit-for-travel.de
Website von Wikipedia / www.wikipedia.de
Website des Zanzibar Tourist Board / www.zanzibartourism.net
Zanzibar - an essential guide / Javed Jafferji und Amanda Harley

Bildnachweis / Kartennachweis

o = oben, u = unten

Ethiopian Airlines, Frankfurt	18
Flying Doctors, Kenia	20
Fotolia.de, Bildagentur	52, 72, 74, 272, 306
Harms IC-Verlag, Kandel	242, 264, 326-337
Kiliair, Tanzania	85 u, 89, 91, 292,
Okapia Verlag	294
Wikipedia, Lizenzfreies Archiv	8 u, 10, 11, 13, 90, 95, 98, 323
Zoologische Gesellschaft Frankfurt	295